Symbole der Politik
Politik der Symbole

Symbole der Politik
Politik der Symbole

herausgegeben von
Rüdiger Voigt

mit Beiträgen von
Rüdiger Voigt, Thomas Meyer
Harry Pross, Dirk Wendt
Dieter Tiemann, Gerhard Brunn
Max Matter, Lothar Mikos
Horst Ueberhorst, Eike Hennig
Detlev Kraa, Wolfgang Seibel
Otwin Massing, Harald Kindermann
Manfred Opp de Hipt

Leske Verlag + Budrich GmbH, Opladen 1989

Prof. Dr. jur. Rüdiger Voigt ist Professor für Politikwissenschaft an der Universität Siegen und insbesondere am Zusammenhang von Recht und Politik interessiert.

CIP-Titelaufnahme der Deutschen Bibliothek

Symbole der Politik, Politik der Symbole / hrsg. von
Rüdiger Voigt. Mit Beitr. von Rüdiger Voigt ... — Opladen:
Leske u. Budrich 1989

ISBN: 3-8100-0697-1

NE: Voigt, Rüdiger [Hrsg.]

© 1989 by Leske + Budrich, Opladen
Druck und Verarbeitung: Temming-Druck, Bocholt / Westf.
Printed in Germany

Inhalt

1. Teil
Ritualisierung der Politik —
Entpolitisierung der Gesellschaft

Rüdiger Voigt

Mythen, Rituale und Symbole in der Politik

„Was sich bei den schriftlosen Völkern als komplizierte Dämonologie und Totemismus, in den Gebäuden der christlichen Kirche als nicht minder komplizierte Vorschriften von Gottesdienst und Lithurgie äußerte, zeigt sich in den Kulturen der Massenkultur als mehr oder minder fetischisierter Umgang mit Konsumwaren, als mystische Erhöhung von Gegenständen und vor allem Personen"[1].

1. Mythen, Rituale, Symbole: Ein Überblick

Symbole, Rituale und Mythen begegnen uns überall, oft genug gleichzeitig. Zum Beispiel bei folgendem Vorgang: Abendappell in einer US-Garnison irgendwo auf der Welt. Auf Befehl eines Vorgesetzten holen zwei Soldaten bei Sonnenuntergang die „Stars and Stripes" vorsichtig Hand über Hand ein, falten sie sorgfältig nach Vorschrift, ein Soldat soll sie wegbringen. Da fällt dem Soldaten das Fahnentuch aus der Hand und berührt den Boden. Weiter kein Unglück? Die Reaktion scheint völlig unangemessen: Der Soldat wird vor versammelter Mannschaft bestraft und degradiert, die Fahne muß verbrannt werden, sie ist schließlich „entweiht" worden. Dies ist nicht etwa ein extremer Einzelfall, sondern alltägliche militärische Praxis. Ähnliches gilt aber auch außerhalb des Militärs: Der Papst küßt den Boden des Landes, das er zum erstenmal betritt, für eine Königin wird der „rote Teppich" ausgerollt und zur Begrüßung Salut geschossen, ein Ministerpräsident schreitet eine militärische Ehrenformation ab, deren Soldaten das Gewehr präsentieren, der Offizier grüßt mit gezücktem Säbel. Das alles scheint ein wenig theatralisch-lächerlich und doch zugleich auch selbstverständlich zu sein. Dennoch hat dieses Phänomen Ursachen und Wirkungen, denen es sich gerade aus der Sicht der Politikwissenschaft nachzugehen lohnt.

Mythen bestimmen unser Weltverständnis, oft ohne daß wir uns dessen bewußt werden. In vielen Fällen prägen sie unser Denken so nachhaltig, daß uns ein abweichendes Verhalten nur schwer möglich scheint. Das läßt sich an einigen Beispielen zeigen: Kann man als Japaner einen „Gottkaiser" kritisieren, oder schirmt der Mythos die Person des Tenno gegen jede von Menschen stammende Kritik an seinem vergangenen und gegenwärtigen Tun ab? Kann man als Franzose den Mythos von der „Grande Nation" bespötteln, z.B. indem man den Triumphbogen am Place de l'Étoile mit der Spraydose „verziert" oder — noch schlimmer — die aktive Beteiligung aller Franzosen an der „résistance" in Zweifel zieht? Kann man als Deutscher das Gewaltmonopol des mythisch überhöhten Staates in Frage stellen oder sich gar über die Abgeordneten des Deutschen Bundestages mit dem Vorschlag lustig machen, diese sollten doch — wie die Sportler — Leibchen mit dem Namen ihres Sponsors tragen? Kann man als „deutscher Patriot" den Kniefall Willy Brandts vor dem Warschauer Getto gutheißen? Kann man als Sozialdemokrat ungerührt bleiben, wenn das mehr als hundert Jahre alte Traditionsblatt „Vorwärts" — längst selbst ein „Mythos" — eingestellt werden soll?

Mircea Eliade, der große Mythenforscher, führt die Phänomene auf ihren Urgrund zurück: „… Symbol, Mythos und Ritus bringen, auf verschiedenen Ebenen und mit den ihnen eigenen Mitteln, ein komplexes System von zusammenhängenden Feststellungen über die letzte Wirklichkeit der Dinge zum Ausdruck, ein System, das man als Darstellung einer Metaphysik betrachten kann".[2] Und wenn der Philosoph *Hans Blumenberg* Mythen als „Geschichten, in denen die Bedeutsamkeit der Welt auf Umwegen erschlossen wird", bezeichnet[3], dann macht er damit deutlich, daß hinter den Zeichen und Geschichten Sinndeutungen stehen, die für die Menschen so (lebens-)wichtig sind, daß die Grenze zwischen Profanem und Sakralem überschritten wird.

Versatzstücke religiöser Mythologien werden benutzt, um totalitäre Machtausübung zu legitimieren oder Kriege zu rechtfertigen. So kann man geradezu von einer Ikonographie der sowjetischen Maifeiern oder der Nazi-Aufmärsche sprechen. Feldgeistliche aller Nationen segnen heute wie seit vielen Jahrhunderten vor Schlachtbeginn das Kriegsgerät und stärken die Soldaten (jede Seite die ihren) in dem Vertrauen, daß sie einer „gerechten Sache" dienen. So feierten die Amerikaner nicht nur ihren Eintritt in den Zweiten Weltkrieg als „Kreuzzug" gegen das barbarische Nazi-Deutschland, sondern auch die Sowjetunion wurde — zumindest bis zum Amtsantritt Gorbatschows — von der anderen Supermacht als „Welt des Bösen" verteufelt. Ronald Reagan war nicht zuletzt deshalb ein so erfolgreicher Präsident, weil er es meisterhaft verstand, die Gefühle seiner Landsleute anzusprechen. Das schloß wie selbstverständlich die Vorstellung ein, daß Amerika „God's own land" und — spiegelbildlich — der kommunistische Ostblock das Werk des Teufels sei, dazu gehörte aber auch die Wiederherstellung des Nimbus von der Unbesiegbarkeit der US-Armee, der in Vietnam im Kampf gegen die „schwarzen Teufel" schweren Schaden gelitten hatte. Und Michael Gorbatschow ist vor allem deshalb ein ebenbürtiger Widerpart des Westens, weil er als „Lichtbringer" mythischen Glanz ausstrahlt. Daß er daneben auch ein begnadeter Selbstdarsteller im Medientheater ist, versteht sich beinahe von selbst.

Es mutet wie eine Ironie der Geschichte an, wenn die schiitischen „Gotteskämpfer" des Iran ihre Kraft aus dem Kampf gegen die „gottlosen Amerikaner" und die afghanischen Mudschaheddin aus der Schlacht mit den „gottlosen Russen" schöpfen. Beide im Namen Allahs. Und es scheint auch kein Widerspruch zu sein, im Namen Gottes die heilige Stadt Mekka zum Kriegsschauplatz und zigtausende von frommen Pilgern zu unfreiwilligen Kombattanten zu machen.

Mythen gehören zum Leben der Menschen, ohne Mythen kann der Mensch ebenso wenig leben wie eine Pflanze ohne Wurzeln. Sie erst ermöglichen das Verknüpfen der Gegenwart mit einer als sinnvoll angesehenen Vergangenheit und wirken damit sinnstiftend für diese. Mythen selbst sind weder gut noch böse, sie lassen sich allerdings benutzen. Davon soll im folgenden die Rede sein. Wie wichtig auch im Zeitalter des scheinbar unbegrenzten technologischen „Fortschritts" (der sich allerdings mehr und mehr als bloße Schimäre entpuppt) die Suche nach dem Sinn des Lebens geworden ist, macht nicht zuletzt das wiedererwachte Interesse an Mythen und Kulten in allen hochentwickelten Gesellschaften der Welt deutlich. Gerade angesichts der wachsenden Zukunftsunsicherheit gewinnt diese Rückbindung an den geschichtlichen „Urgrund" durch den Mythos an Bedeutung. Der Mythos wirkt hier als Sedativ gegen die Angst vor der Zukunft. Die Fähigkeit der Menschheit zum atomaren Selbstmord, zur Zerstörung der Umwelt und zur Manipulation des Erbgutes führt zu der unabweisbaren Erkenntnis, daß der Mensch nicht alles tun darf, was technisch machbar ist, um sich nicht selbst zu vernichten. Der Fetisch der Wissenschaftlichkeit, die Descartes'sche Rationalität des Denkens wird als ausschließlicher Beurteilungsmaßstab mehr und mehr in Zweifel gezogen. Neben die Vernunft tritt damit stärker die „Logik des Herzens"[4], die — vor allem in Extremsituationen — besser geeignet zu sein scheint, Sinn zu vermitteln.

Zur Konkretisierung des im Mythos enthaltenen umfassenden Sinnzusammenhanges für das hier und jetzt kommen vor allem Feste mit ihrer besonderen Hochstimmung in Betracht.[5] In politischen Festen — wie historischen Gedenkfeiern, Nationalfeiertagen, Kaisergeburtstagsfesten oder Maifeiern — werden Mythen immer aufs Neue beschworen und Akzeptanz für deren politischen Gehalt hergestellt. Wie überhaupt wünschenswerte Zukünfte offenbar nur durch die Zuhilfenahme „passender" Mythen realisiert werden können. Wichtig erscheint in diesem Zusammenhang der Hinweis, daß das Nationalgefühl von denselben ontologischen Vorstellungen geprägt ist wie das mythische

11

Verständnis der Zugehörigkeit zu einer Sippe oder einem Stamm.[6] Welch ungeheure Bedeutung z.B. Gedenktage für die staatliche Identitätsbildung und -bewahrung haben, läßt sich besonders anschaulich am Beispiel unseres alter ego, der DDR, illustrieren. Allerdings verweist die Frage, ob wir selbst neben dem Gedenktag zum 17. Juni, dessen Ausstrahlung mit dem Abbau der Feindbilder in Ost und West deutlich abklingt, auch einen offiziellen Verfassungstag (23. Mai) brauchen, auf ähnliche Probleme in unserem Staat. Selbst christliche Feiertage, die keineswegs zufällig mit vorchristlichen („heidnischen") Festen zusammenfallen, zeigen, daß unser gesamter Fest- und Feiertagskalender mythische Ursprünge hat.

1.2. Rituale — Aufhebung der Zeit

In Ritualen wird die durch den Mythos hergestellte Bindung an eine bestimmte Vergangenheit (d.h. an ein bestimmtes Weltverständnis) einer Gruppe, einer Nation oder Glaubensgemeinschaft durch stete und gleichbleibende Wiederholung bekräftigt. Das Besondere daran ist die Aufhebung der Zeit: Durch das Ritual wird die Vergangenheit (im wahrsten Sinne des Wortes) lebendig. Rituale vermitteln Sinn nicht über das verstandesmäßige Denken, also nicht über den Kopf, sondern über den Körper oder — wenn man so will — über das Herz. Sie entlasten damit den einzelnen von dem Druck, ständig in neuen noch unbekannten Situationen „vernünftige" Entscheidungen treffen zu müssen, deren Folgen er nicht absehen kann. Als Beispiele können hier ebenso die Mannbarkeitsriten der nordamerikanischen Indianer oder die magischen Rituale der afrikanischen Mau-Mau-Bewegung in Kenia angeführt werden, wie die feierliche Rekrutenvereidigung bei der Bundeswehr mit Fahneneid und Treuegelöbnis.

Ein Beispiel aus jüngster Zeit ist die glanzvolle Beerdigung des Bayerischen Ministerpräsidenten, die deutlich mythische Züge trug. Franz Josef Strauß ist — zumindest in Bayern — auf dem Wege, selbst zu einem Mythos zu werden. Trotz aller berechtigter — rational begründbarer — Kritik, verkörpert Strauß für einen großen Teil (nicht nur) seiner Landsleute die Verbindung zu den historischen Wurzeln Bayerns. Oft wird im Ritual eine neue Ordnung mit einer alten versöhnt. Ein Beispiel hierfür ist der „historische Händedruck" zwischen Reichspräsident von Hindenburg und Reichskanzler Hitler im Jahre 1933. Das Bild gibt zu denken: Der eine in voller Uniform als Generalfeldmarschall, gibt — ungebeugt — dem (mächtig gewordenen) „böhmischen Gefreiten" die Hand, der, in Cut und Zylinder, verbeugt sich tief vor dem Mann, der das „alte Deutschland" verkörpert, das freilich nur noch durch seinen Mythos Macht besitzt.

Rituale können aber auch dazu dienen, von allen akzeptierbare Entscheidungen herbeizuführen. Ein drastisches Ritual, bei dem eine solche ‚Ent-

scheidung' von mythischen Vorgängen abhängig gemacht wird, ist das „Gottesurteil", das noch in der fränkischen Zeit (500-900 n.Chr.) vor allem bei Hexerei und Ehebruch als Beweismittel galt. Konnte der Angeklagte seine Unschuld nicht einwandfrei nachweisen (nicht umgekehrt), dann mußte er auf ein „Wunder" hoffen. Nur dann, wenn er den Zweikampf gewann, in dem reißenden Fluß, in den er gestoßen wurde, nicht ertrank, sich aus dem wallenden Kessel („Kesselfang") befreien konnte oder durch die glühenden Eisen, auf die zu treten er gezwungen wurde, nicht verbrannt wurde, war er tatsächlich unschuldig.[7] Aber auch heute noch ist der Strafprozeß deutlich als Ritual erkennbar, zu dem Symbole — wie Roben und Barette, die erhöhte Placierung der Richtenden und das Gebot, sich bei Eintritt des „Gerichts" zu erheben — gehören, die unmißverständlich signalisieren: „Hier urteilen die Herren über Freiheit und Tod".

Rituale bewirken (oder sollen dies doch zumindest) ein Gefühl des Dazugehörens und geben durch Sinnvermittlung dem Individuum wie der Gruppe einen emotionalen Halt. Durch Abgrenzung nach außen und Stabilisierung nach innen gewinnen menschliche Gruppen erst ihre eigene, unverwechselbare Identität.[8] Zu den Mitteln, diesen Vorgang auch äußerlich kenntlich zu machen, gehören wiederum Symbole, wie Uniformen, Abzeichen etc. oder kahlgeschorene Köpfe und auffällige Kleidung. Im Ritual nimmt der einzelne am gemeinsamen „Gefühlshaushalt" aller Gruppenmitglieder oder einer Menschenmasse teil, im Extremfall fanatisierter Menschenmassen kann sich das daraus entstehende Hochgefühl bekanntlich bis zur Massenhysterie steigern.[9] Für diesen letzteren Fall finden sich besonders in der Zeit des Nationalsozialismus in Deutschland so viele Beispiele, daß hier nur auf einen besonders prägnanten Fall hingewiesen werden kann, die berühmte Sportpalast-Rede, in deren Verlauf die „gläubige" Masse Göbbels' Frage: „Wollt Ihr den totalen Krieg?" begeistert bejahte, obgleich die grausigen Folgen dieser Entscheidung den Zuschauern — bei nüchterner Betrachtung — unmittelbar einsichtig gewesen sein dürften.

1.3. Symbole — Die nonverbale Verständigung

Symbole sind codierte Signale, deren Sinn nur der versteht, der den Code entschlüsseln kann.[10] So überkommt den einen beim Anblick der Nationalflagge ein „heiliges Schaudern", der andere sieht darin lediglich ein mehrfarbiges Tuch. Die im Ritual eingeschlossenen Symbole erleichtern die Anpassung der neuen Gegebenheiten an das vorhandene Repertoire von Sinndeutungsmustern und erleichtern so die Auswahl unter Entscheidungsalternativen. Im Hinblick auf das Erringen oder Behalten politischer Macht ist daher auch der Kampf um Symbole und symbolträchtige Wörter keineswegs sinnlos. So steht das Tragen von Nazi-Symbolen in Deutschland bekanntlich aus gutem Grund unter Strafe. Kriegsorden aus dieser Zeit — wie z.B. EK I oder Ritterkreuz — dürfen freilich in „entnazifizierter" Form getragen werden. Das Symbol selbst, das Eiserne Kreuz, schmückt wieder Panzer und Kampfflugzeuge der Bundeswehr. Kasernen und Kriegsschiffe tragen die Namen bekannter Generale und Admirale der Großdeutschen Wehrmacht. Zwar liegt es nahe, daß eine Armee an die militärische Tradition angeknüpft — der Pariser Triumphbogen legt hierfür in Frankreich beredtes Zeugnis ab — nur läßt sich der Mythos der deutschen Wehrmacht, so oft er auch in „Landser"-Heften und U-Boot-Filmen beschworen wird, eben nicht von den Verbrechen trennen, die im Namen Deutschlands in dieser Zeit verübt worden sind.

Wie wichtig auch in anderen Zusammenhängen der Kampf um symbolhafte Wörter ist, zeigt die jüngste Debatte um das kommunale Ausländerwahlrecht.[11] Erschien das Wort „Mitbürger" bislang allenfalls als freundlich-freundschaftliche Geste gegenüber dem türkischen Arbeitskollegen, der jugoslawischen Nachbarin oder dem griechischen Mitschüler, so wird nun die Symbolträchtigkeit des Wortes spürbar, seitdem ein heftiger Streit um die Frage entbrannt ist, wer ein solches schmückendes Etikett tragen darf. Nach der von der Bundesregierung vorgegebenen Sprachregelung sind Ausländer eben gerade keine Mitbürger, weil sie ja keine deutschen Staatsbürger sind, sondern allenfalls „Gäste", die sich vorübergehend in der Bundesrepublik aufhalten. Dagegen vermag der — rationale — Einwand, Gäste ließe man nicht arbeiten und behandelte sie auch besser, wenig auszurichten. Zu tief steckt in den meisten Menschen die Überfremdungsangst, die Furcht, nicht mehr „Herr im eigenen Hause" zu sein, womöglich die eigene Identität zu verlieren. Massenarbeitslosigkeit und nachlassendes Wirtschaftswachstum schüren diese Angst und lassen die ausländischen Arbeitnehmer zu Sündenböcken für den eigenen (verschuldeten oder unverschuldeten) wirtschaftlichen Mißerfolg werden. Die Republikaner in der Bundesrepublik leben ebenso von dieser Urangst der Menschen wie die Le-Pen-Bewegung in Frankreich.

Mythen, Rituale und Symbole können also auch dazu führen, daß Probleme gar nicht erkannt oder falsch beurteilt und notwendige Lernprozesse verhindert werden. Die Auseinandersetzung mit der jüngsten Geschichte, vor allem mit dem Nationalsozialismus, liefert hierfür reiches Anschauungsmaterial. Gespräche mit den „ewig Gestrigen", denen nicht die „Gnade der späten Geburt" zuteil wurde, vermitteln das überraschende Bild, daß es den Propaganda-Experten der Nazis gelungen zu sein scheint, (fast) ein ganzes Volk in ihren Bann zu schlagen. Heute wissen wir natürlich, daß Presse, Rundfunk, Verlagswesen, Theater und Musik „gleichgeschaltet" und der Aufsicht von Propagandaspezialisten unterstellt waren. Die Frage bleibt dennoch unbeantwortet, wie eine Zeitspanne von zwölf Jahren noch nach mehr als vierzig Jahren die Menschen so nachhaltig beeinflussen kann. Die merkwürdige Faszination, die von den in dieser Zeit gedrehten Filmen auch heute noch auf bundesdeutsche (und auf DDR-deutsche) Fernsehzuschauer ausgeht, läßt sich mit der perfekten Propaganda der Nazis jedenfalls kaum erklären. Eher kann man die Wirkung damaliger Massenveranstaltungen nachempfinden, z.B. der sog. Reichsparteitage in Nürnberg, die von theatergeschulten Dramaturgen mit großem technischen Aufwand gestaltet wurden.[12] Die Symbolik der blutroten Fahnen und Standarten ist dabei ebenso auffällig wie das Ritual der Fahnenweihe, dessen spannungsgeladener Höhepunkt stets Hitlers Auftritt unter den Klängen des Badenweiler-Marsches war. Aber wieso überläuft den Zuschauer noch immer ein kalter Schauer, wenn er die Filmdokumente jener Zeit hört und sieht?

2. Mythen, Rituale und Symbole als Thema der Politikwissenschaft

Nicht nur Naturwissenschaftler, sondern auch Geistes- und Sozialwissenschaftler beschäftigen sich seit langem mit Mythen, Ritualen und Symbolen. Dabei interessieren den Psychologen, insbesondere den Sozialpsychologen, individuelle und kollektive Einstellungen wie z.B. Vorurteile, aber auch andere Empfindungen, Affekte etc. Der Ethnologe liefert aus der Beobachtung von Stammesgesellschaften anderer Kontinente hierzu interessantes Vergleichsmaterial, das u.U. Rückschlüsse auf unsere heutige Gesellschaft zuläßt. Als Beispiel soll hier nur auf das Werk *Claude Lévy-Strauss'* hingewiesen werden, der unser Denken über die Mythen anderer Völker nachhaltig beeinflußt hat.[13] Aber auch Literaturwissenschaftler gehen gelegentlich — in vergleichenden Textanalysen — der Frage nach, welche Stereotype, wie z.B. Völkerbilder, in den Nationalliteraturen zu finden sind.[14] Für die auf die politische Bedeutung des Phänomens bezogene Forschung sind daneben besonders die Arbeiten der Erziehungswissenschaftler über das Verhalten von Heranwachsenden, der Historiker über den geschichtlichen Entstehungszusammenhang, der Soziologen über das Funktionieren der Gesellschaft relevant. Sich gerade mit diesem Thema wissenschaftlich auseinanderzusetzen, heißt also, bei der Betrachtung eine die Wissenschaftsgrenzen übergreifende Perspektive zu wählen. Da das Thema wegen seiner Nähe zum Unbewußten bei jedermann (also auch bei Wissenschaftlern) starke Emotionen weckt, bedarf es bei seiner Behandlung allerdings besonderer Sorgfalt und Selbstdisziplin der Beteiligten.

2.1. Politikwissenschaftliche Perspektive

Wir haben gesehen, daß das Thema einerseits nach einer interdisziplinären, andererseits nach einer sozialwissenschaftlich orientierten Sichtweise verlangt. Noch ist aber die Frage unbeantwortet geblieben, was Mythen, Rituale und Symbole speziell mit der Politikwissenschaft zu tun haben, die man doch eher mit der Analyse von Parlamenten, Parteien und Verbänden, Staat, Regierung und Verwaltung, internationalen Beziehungen und ähnlichem in Verbindung bringt. Bekanntlich kann die Wissenschaft von der Politik ihre Ursprünge bis zu den politischen Philosophen des Altertums (Platon, Aristoteles) zurückverfolgen, und doch ist sie — so merkwürdig das klingt — immer noch auf der Suche nach ihrem Gegenstand. Mythen scheinen — zumindest auf den ersten Blick — hierzu jedenfalls nicht zu gehören. Bereits bei dem Versuch einer Klärung des Wortes „Politik" wird freilich die Vielschichtigkeit des Politischen deutlich, wenn der überraschte Leser auf (fast) so viele unterschiedliche Definitionen stößt, wie es Lehrbücher gibt.[15] Bedenkt man, welchen Veränderungen die Gesellschaft allein in den letzten hundert Jahren unterworfen war, dann wird der Grund für diese babylonische „Sprach-Verwirrung" klar: Politik spielt sich nun einmal in einer konkreten Gesellschaft zu einer bestimmten Zeit ab. Dementsprechend unterscheiden sich auch die (äußeren) Erscheinungsformen der Politik, je nachdem, welcher Erdteil, welches Land und welche Epoche untersucht wird.

Uns geht es hier jedoch weniger um die Erscheinungsformen von Politik als solchen (obwohl auch diese in dem vorliegenden Band dargestellt werden), sondern vielmehr um die diesen zugrundeliegenden Beweggründe der Akteure. Diese „subjektive" Dimension von Politik ist — nach amerikanischen Vorarbeiten hierzu in den 60er Jahren — auch in der deutschen Politikwissenschaft zunehmend auf Interesse gestoßen.[16] So versucht die politische Kulturforschung heute der Bedeutung des Individuums für das politische System gerecht zu werden, indem sie Fragen der Identität und der Wertorientierungen in den Mittelpunkt des Interesses rückt. In diesem Zusammenhang sind auch politische Symbole und Rituale untersucht worden.[17] Zum Kern des Problems führt uns allerdings bereits die uralte Erkenntnis des Aristoteles, daß der Mensch ein „zoon politikon" ist. Der Mensch ist also ein Lebewesen unter vielen, das sich dadurch charakterisieren läßt, das es sich nur in der Gemeinschaft („polis") verwirklichen kann. Nicht zu Unrecht wird daher der Begriff „Staat" häufig durch das Wort „Gemeinwesen" ersetzt, um bereits durch die Wortwahl deutlich zu machen, daß es sich dabei um etwas handelt, was uns alle angeht und nicht um etwas Abstraktes, von den Menschen Losgelöstes.

Angesichts der unabsehbaren Gefahren für den Bestand des Lebens (nicht allein des Menschen) auf dieser Erde setzt sich allmählich die Erkenntnis durch, daß der Mensch ein Teil der ihn umgebenden Natur ist, ohne die er nicht überleben kann. Darauf müssen nicht nur in parlamentarischen Demokratien auch die Politiker — und sei es nur, um ihre Wiederwahlchancen zu erhöhen — Rücksicht nehmen. Es versteht sich allerdings von selbst, daß sie versuchen, daraus einen möglichst großen Vorteil für sich zu ziehen. Vorteil bedeutet in politischer Münze Machtgewinn bzw. Machterhalt. Zu diesem Zweck nutzen Politiker — mehr oder weniger gekonnt — das Wissen um die

„geistigen Wurzeln" ihrer Wahlbürger, den Schlüssel hierzu enthalten Mythen, Rituale und Symbole. Um deren Instrumentalisierung für politische Zwecke geht es also in der politikwissenschaftlichen Analyse. Die Unterschiede zwischen den Praktiken der Herrschaft in verschiedenen Epochen interessieren dabei nicht nur den Historiker, sondern auch den Politologen. An den Diktatoren des 20. Jahrhunderts — allen voran Hitler und Mussolini — läßt sich zeigen, daß diese eher intuitiv als überlegt die Symbolik in ihren Dienst gestellt haben. Im Unterschied dazu können die Politiker von heute auf wissenschaftliche Erkenntnisse zurückgreifen, die im Zeitalter der elektronischen Massenmedien ungeahnte Möglichkeiten eröffnen.

Im Grunde ist es weniger erstaunlich, daß Mythen, Rituale und Symbole in unserer Gesellschaft für politische Zwecke genutzt werden, als vielmehr, daß dies oft so tölpelhaft geschieht. „Große" Politiker, die eben auch immer große Schauspieler waren, sind bekanntlich der Ausnahmefall und keineswegs die Regel.

2.2. Politik als Ritual: Partizipation als Fiktion

Unter dem Titel „Politik als Ritual" erschien 1976 in deutscher Übersetzung ein Buch, das vor allem unter kritischen Sozialwissenschaftlern große Resonanz fand. Es handelte sich um zwei Arbeiten des amerikanischen Politikwissenschaftlers *Murray Edelman,* die zusammengefaßt worden waren.[18] In seinem Vorwort ermahnte *Claus Offe* die deutschen Sozialwissenschaftler zu einer intensiven Auseinandersetzung mit den Thesen Edelmans, um so neue Einsichten über die Doppeldeutigkeit („Zwieschlächtigkeit") des Politischen zu gewinnen. Die bundesdeutsche Politikwissenschaft hat diesen Hinweis damals allerdings nicht verstanden, sei es, weil der von Alfred Rosenberg beschworene „Mythus des 20. Jahrhunderts"[19] und das „Tausendjährige Reich" mit seinen perfekt inszenierten Massenritualen noch allzu bedrückend vor Augen standen, sei es, weil gerade uns Deutschen der Gedanke, auch in einer parlamentarischen Demokratie könnte Politik — überspitzt formuliert — im wesentlichen nur Theater bzw. theatralische Inszenierung sein, kaum erträglich ist. Offenbar herrscht nicht nur bei den Adressaten der Politik eine verbreitete Abneigung dagegen, sich die Mechanismen, in denen sich Macht vorbereitet und verwirklicht, bewußt zu machen.[20] Tatsache ist jedenfalls, daß erst ein Jahrzehnt nach dem Erscheinen der Edelmanschen Thesen deutsche Politikwissenschaftler im Rahmen der politischen Kulturforschung empirische Untersuchungen zu diesem Thema vorgelegt haben.[21]

Edelmans Verdienst ist es nun, unter Verwendung des Instrumentariums der phänomenologischen und interaktionistischen Soziologie die Verbindung zwischen Verhaltensforschung, Ethnologie und Sozialpsychologie einerseits und der Politikwissenschaft andererseits, hergestellt zu haben, die für die

Analyse der Bedeutung von Mythen, Ritualen und Symbolen in der und für die Politik unerläßlich ist. Dabei geht es zum einen um die identitätsstiftende und konfliktentlastende Wirkung von Mythen, Ritualen und Symbolen, zum anderen um die Manipulierbarkeit des Menschen durch deren Instrumentalisierung. Zum eigentlichen Kern der Problematik stößt man jedoch erst vor, wenn der Begriff der politischen Realität ins Zentrum der Diskussion rückt. Der Philosoph *Ernst Cassirer* hat bereits 1924 in seiner dreibändigen „Philosophie der symbolischen Formen"[22] mit Nachdruck darauf hingewiesen, daß Symbole als eine „Welt selbstgeschaffener Zeichen und Bilder" der „objektiven Wirklichkeit der Dinge" gegenübertreten. Neben der erkenntnistheoretischen und wissenssoziologischen Bedeutung dieser Aussage fällt ihre politische Brisanz ins Auge. Für die Legitimierbarkeit der Herrschaft in modernen Massendemokratien ist die Frage geradezu lebenswichtig, ob sich der Kern jeder parlamentarischen Demokratie, die zumindest prinzipiell mögliche Beeinflußbarkeit politischer Entscheidungen auf demokratischem Wege, als bloße Fiktion entpuppt und der Beteiligungsvorgang als solcher lediglich als leerlaufendes Ritual erscheint, das von einer dahinterstehenden — anderen — Realität ablenkt.

2.3. Die neue Unübersichtlichkeit oder: Der Geist der Zeit

Der Kunsthistoriker *Friedrich Möbius* hat in dem Band „Stil und Gesellschaft"[23] konstatiert, daß es für jede Gesellschaft ein Repertoire an symbolischen Formen gibt, an dem alle Angehörigen dieser Gesellschaft partizipieren. Gesellschaftliche Konflikte spielen sich demnach innerhalb dieses Grundbestandes ab, den die Konfliktparteien — im Interesse der Gesamtgesellschaft — nicht verändern oder erweitern können. In der besonderen deutschen Situation zweier deutscher Staaten mit unterschiedlichen Gesellschaftssystemen aber einer gemeinsamen unbewältigten Vergangenheit, ist die Frage nach dem gemeinsamen Grundbestand, der von allen akzeptiert wird, besonders dringlich, aber auch besonders schwer zu beantworten. Geht man mit Habermas davon aus, daß der Nationalismus die moderne Erscheinungsform der kollektiven Identität ist[24], dann wird der Streit um die deutsche Nation verständlicher: Ist sie eine Einheit, die Bundesrepublik und DDR umfaßt oder sind es zwei Nationen, nämlich eine „kapitalistische" und eine „sozialistische"? Das Bundesverfassungsgericht hat in seinem Grundlagenvertragsurteil hierzu zwar unmißverständlich im Sinne der einen Nation Stellung bezogen, konnte damit aber bislang nicht bewirken, daß diese Sicht zum allgemeinverbindlichen Grundkonsens geworden wäre. Die Auseinandersetzung geht weiter, sie ist inzwischen um den Begriff „Kulturnation" als einer Art Hilfskonstruktion erweitert worden. Die gemeinsame Kultur beider deutscher Staaten spielt offenbar bei der Vergegenwärtigung des Mythos „Nation" eine zentrale Rolle.

Zur Illustration dieser These läßt sich sowohl die allmähliche „Aneignung" der einst so geschmähten preußischen Vergangenheit (einschließlich Friedrichs des Großen) durch die DDR anführen, als auch das neu erwachende Interesse vor allem konservativer Politiker der Bundesrepublik für die Geschichte. Auch und gerade die Geschichte bietet also einen wichtigen Anknüpfungspunkt für die Bildung und Festigung einer kollektiven Identität. Anders ist kaum das ehrgeizige und von Kritikern als unsinnig bezeichnete Projekt eines „Hauses der Geschichte" zu verstehen, dessen Grundstein Bundeskanzler Kohl 1989 — termingerecht zum vierzigjährigen Jubiläum der Bundesrepublik — legen will.[25] Und nicht zuletzt gehört in diesen Zusammenhang auch der sog. Historikerstreit.[26]

2.4. Mythisches Denken: Das Bild von der Welt

Die moderne westlich orientierte Wissenschaft ist dem „rationalen Denken" verpflichtet, d.h. sie geht grundsätzlich davon aus, daß die Realität verstandesmäßig erfaßbar ist. Ganz anders das „mythische Denken", das Geist und Seele als Einheit versteht.[27] Im Gegensatz zum dynamischen und sezierenden rationalen Denken ist das mythische Denken statisch und holistisch. Es erlaubt keine isolierte Betrachtung von Phänomenen, sondern erhebt den Anspruch auf ein totales Verständnis des Universums. Das bedeutet zum einen, daß es keinen sukzessiven Erkenntnisfortschritt gibt, und zum anderen, daß man solange nichts erklären kann, solange man nicht alles versteht. Anstelle des in unserer Wissenschaft als selbstverständlich vorausgesetzten begrifflichen Denkens werden „gesprochene Szenen" (oder anders gesagt: „Bilder") verwendet, die der Erfahrung entlehnt sind. Mythen halfen den Menschen in archaischen Gesellschaften, die Auseinandersetzung mit der sie umgebenden Natur und deren unerklärlichen Kräften zu bewältigen, sie dienten damals und dienen auch heute dazu, der Gegenwart den Anschluß an die „Urbilder" der Vergangenheit zu ermöglichen.

Maurice Godelier[28] hat dieses mythische Weltbild so charakterisiert: Es „baut ein riesiges Spiegelbild auf, in welchem das gegenseitige Bild vom Menschen und der Welt sich bis ins Unendliche widerspiegelt und sich im Prisma der Beziehungen von Natur und Kultur fortwährend spaltet und wieder zusammensetzt ... Durch die Analogie gewinnt die ganze Welt einen Sinn, wird alles bezeichnend und kann alles bezeichnet werden innerhalb einer symbolischen Ordnung, in die alle ... positiven Kenntnisse sich in der ganzen Fülle ihrer Einzelheiten einfügen".

Nun benötigt bekanntlich jeder Mensch zur Stabilisierung seiner Persönlichkeit eine eigene Identität, auf deren bestandssichernde Funktion er sich in Krisensituationen zurückziehen kann.[29] Um identifizierbar zu sein, muß er als Individuum wie als Gruppe von anderen unterscheidbar sein, wobei durch die Zugehörigkeit zu unterschiedlichen Kulturtraditionen auch unterschiedliche Akzente gesetzt werden können. Der Mensch grenzt sich also einerseits gegenüber der Außenwelt ab und paßt sich andererseits nach innen an. Er ist dabei ständig auf der Suche nach Orientierungsmustern und Wegmarken, die ihm die Unterscheidung zwischen drinnen (gut) und draußen (schlecht) ermöglichen. In einer statischen Welt, in der die Position jedes Mitglieds der Gesellschaft in ihr bereits durch Geburt — z.B. in eine Herrscherdynastie, Kaste oder Klasse — festgelegt ist, wird diese Orientierung durch feststehende Strukturen erleichtert. Man findet einmal seinen Platz in der Gesellschaft, um ihn — abgesehen von Umbruchsituationen — das ganze Leben hindurch beizubehalten. Das Besondere an der modernen Industriegesellschaft ist hingegen ihre Komplexität, d.h. die Unbegrenztheit der Möglichkeiten in ihnen. Nichts, nicht einmal die Geltung von Werten, steht absolut fest; vielmehr ist der stete Wandel gerade das Typische. Orientierung fällt unter diesen Umständen besonders schwer oder wird sogar ganz unmöglich.

Angesichts dieser Orientierungsprobleme wird die ungeheure Attraktivität des mythischen Denkens, die für den heutigen Menschen von einem geschlossenen („holistischen") Weltbild ausgeht, dessen Sinnstiftung durch Mythen gewährleistet ist, erkennbar. Das gilt gleichermaßen für die Anziehungskraft des nationalsozialistischen Mythos vom germanischen Übermenschen, dessen Spiegelbild dann notwendigerweise der slawische Untermensch ist, für den amerikanischen „Traum" von der Freiheit des Menschen (z.B. John F. Kennedy, Martin Luther King) wie für die Pseudo-Mythen von Leinwandidolen (z.B. James Dean) oder von fernöstlichen Gurus, die allwissend und absolut unfehlbar zu sein vorgeben. Aber auch der Totalitätsanspruch islamischer und anderer religiöser Fundamentalisten[30] wird vor dem Hintergrund von Jugendsekten und jugendlichen Neonazis und mit Blick auf eine steigende Zahl von „Teufelsaustreibungen" in der Bundesrepublik Deutschland verständlicher. Es handelt sich um eine Denkart (genauer: ein Wahrnehmungs- und Deutungsmuster), die den einzelnen der Qual des Zweifels enthebt und ihm zumindest Gewißheit, vielleicht sogar irdische oder jenseitige Heilsgewißheit, verspricht.

2.5. Agonie des Realen — Verlust der Realität

Der französische Philosoph *Jean Baudrillard* hat in seinen in Deutschland 1978 unter dem Titel „Agonie des Realen"[31] erschienenen Betrachtungen das Verschwinden der Differenz zwischen Realität und Simulation (im Sinne von Täuschung, Vorspiegelung) konstatiert. Dabei gehe es nicht mehr nur um Imitation, Verdoppelung oder Parodie, sondern um die Substitution des Realen durch Zeichen des Realen. Anders ausgedrückt: Schein und Realität werden *un*unterscheidbar. Aber damit noch nicht genug, sie beeinflussen einander in einer Weise, die von uns Menschen kaum noch bzw. gar nicht mehr erkennbar ist. Für das menschliche Verhalten bringt Baudrillard diese Erkenntnis auf die Formel: „Man ist nicht passiv, man kann vielmehr aktiv und passiv nicht mehr unterscheiden". Im Laufe seines Lebens entwickelt jeder Mensch bestimmte Wahrnehmungs- und Deutungsmuster, die ihm den Zugang zur „Realität" erleichtern sollen. Durch die Ausbildung einfacher Kategorisierungsmechanismen erleichtert er sich das Verständnis abstrakter Sachverhalte. Daten, Fakten, aber auch neue Erfahrungen und Erkenntnisse können auf diese Weise etikettiert und in die passende — bereits vorhandene oder neu einzurichtende — Schublade des menschlichen Geistes gesteckt werden. Folgt man der Baudrillard'schen Denkweise, dann würden gerade diese Vorgänge die Realität aber eher verschleiern als zu erkennen helfen.

Es liegt auf der Hand, daß eine solche Erkenntnis gerade auch für das politische Verhalten des Menschen in einer parlamentarischen Demokratie von größter Bedeutung ist, werden doch die Konsequenzen der eigenen Beteiligung am politischen Prozeß auch für den (angeblich) „mündigen" Bürger undurchschaubar. Zugleich wird damit das Blickfeld für eine neue Dimension politischer Manipulierbarkeit eröffnet. Diese Erweiterung der Perspektive führt freilich zu um so bedrückenderen Einblicken, je tiefer der Beobachter in die Welt der medienvermittelten politischen Kommunikation vordringt. Baudrillards These, daß das Fernsehen die Wahrheit ist und diese zugleich selber schafft, hat durch das Gladbecker Geiseldrama vom August 1988 neue Aktualität gewonnen. Nicht zum ersten Mal drängte sich dem Beobachter hier die Frage auf, ob es auch dann zu den Morden an unschuldigen Geiseln gekommen wäre, wenn das Fernsehen nicht dabei gewesen wäre. Diese These von der realitätsstiftenden Funktion der elektronischen Medien geht in ihrer politischen Sprengkraft weit über den Schlachtruf der späten 60er Jahre von der „Manipulation der Meinungsbildung" hinaus[32], weil sie keine Hoffnung auf eine Änderung der Verhältnisse — etwa durch einen gesellschaftlichen Umbruch — zuläßt. *Harry Pross*[33] hat diesen Zusammenhang in seinem Buch „Politische Symbolik" bereits 1974 umfassend analysiert und mit der Charakterisierung der Politik als ritualisierter Kommunikation zutreffend beschrieben. Seither ist der Möglichkeitshorizont der Massenkommunikation aber nicht enger geworden, sondern — z.B. durch Kabel- und Satellitenfernsehen — ganz erheblich erweitert worden.

2.6. Die Wirklichkeit der Massenmedien

Bemerkenswert ist also weniger die Tatsache, daß Mythen, Rituale und Symbole, die in archaischen Gesellschaften selbstverständlich waren, überhaupt in moderne Industriegesellschaften Eingang gefunden haben, und auch nicht der Umstand, daß Menschen mit ihrer Hilfe — politisch — manipuliert werden können, als vielmehr die Erkenntnis, daß die Möglichkeit zur Manipulation der Realität im Zeichen der technologischen Entwicklung der Massenkommunikationsmittel nahezu ins Unermeßliche gesteigert worden ist. Hitlers Volksempfänger, die berühmt-berüchtigte „Göbbels-Schnauze", war erst der Anfang eines Zeitalters der manipulierten Realitätswahrnehmung, eines Zeitalters, in dem die Realität aus zweiter Hand, eben die durch Massenmedien vermittelte Wirklichkeit, an die Stelle der erlebten Wirklichkeit tritt. Selbst George Orwells Schreckensvision vom „Big Brother is watching you" scheint längst zur Banalität geworden, seitdem — spätestens mit der Barschel-Affäre des Jahres 1988 — Abhörgeräte als sog. „Wanzen" politisch (fast) salonfähig geworden sind.

Orwell gibt in seinem Buch „1984" (das ursprünglich „1948" heißen sollte) allerdings noch einen anderen für unser Thema wichtigen Hinweis, nämlich den auf die Bedeutung einer Bedrohung von außen für die Befriedung im Innern. Bekanntlich finden in der von Orwell geschilderten Welt ständig Kriege mit anderen Erdteilen statt, um die eigenen Bürger zu einer geschlossenen Abwehrhaltung gegenüber dem äußeren Feind zu zwingen und damit von inneren Problemen abzulenken. Die Frage, ob diese Bedrohung tatsächlich besteht oder mit Hilfe der Elektronik nur fingiert wird, bleibt für den einzelnen — zumindest bei Orwell — undurchschaubar. Ein extremes Beispiel für die Mobilisierung der Massen durch das Aufzeigen eines Feindbildes ist die Morddrohung des inzwischen verstorbenen Ayatollah Khomeini gegen den Schriftsteller Salman Rushdie, dessen „Satanische Verse" — angeblich — eine Gotteslästerung darstellen. Viel wichtiger ist jedoch der Effekt dieses Aufrufs zum Mord für die innenpolitische Situation im Iran, wo der greise Regimegründer unbedingt den Volkszorn vom Chaos in seinem Lande ablenken und auf andere Objekte lenken mußte. Welche Verwirrung andererseits der Verlust eines Feindbildes stiftet, zeigt sich an den Reaktionen der Bundeswehrführung auf Gorbatschows Abrüstungsofferten. Wie lassen sich jetzt noch militärische Tiefflüge und teure Rüstungsprogramme im Frieden rechtfertigen, wenn die personifizierbare Bedrohung von außen fehlt?

2.7. Verlust des Denkens: Politik in den Medien

Edelman hatte von einer Inszenierung der Politik gesprochen und damit darauf hingewiesen, daß (demokratische) Wahlen oft weniger mit der Bekundung des Wolkswillens als mit dem Vollzug vorgeschriebener aber wirkungsloser Rituale zu tun haben. Nun ist vor allem dem Spitzenpolitiker in modernen Massengesellschaften — abgesehen von dem immer gefährlicher werdenden „Bad in der Menge" — der direkte Kontakt zu seinen Wählern fast vollständig unmöglich geworden. Die Kommunikation zwischen beiden Seiten muß also auf anderem Wege erfolgen, z.B. durch öffentliche Reden, Wahlkampfauftritte oder Plakatwerbung. Das eigentliche Medium für das Überbringen ihrer Botschaft ist für Politiker aber das Fernsehen, sei es, daß eine mehr oder weniger wichtige Parlamentsrede des Politikers übertragen wird, sei es, daß er bei der Einweihung eines repräsentativen Bauwerks bzw. beim Besuch eines ausländischen Gastes gezeigt oder aber einfach nach seiner Meinung gefragt („interviewt") wird. Besonders wichtig sind in diesem Zusammenhang neben den regelmäßig vom Fernsehen veranstalteten Diskussionsrunden die Auftritte in Talkshows und Unterhaltungssendungen. Zur Illustration sei hier nur an den singenden Bundespräsidenten Walter Scheel („Hoch auf dem gelben Wagen") oder an den Klavier spielenden Bundeskanzler Helmut Schmidt erinnert. Es kann aber auch zu „Quasi-Ritualmorden" im Fernsehen kommen, etwa dann, wenn — natürlich versehentlich — als Neujahrsansprache des Bundeskanzlers die „falsche" Rede, nämlich die Aufzeichnung aus dem vergangenen Jahr, ausgestrahlt wird.

Fatalerweise nimmt parallel zu der durch Satellitenübertragung möglich gewordenen fast zeitgleichen („totalen") Berichterstattung über Ereignisse auf der ganzen Erde die Möglichkeit des Zuschauers ab, eigene Erfahrungen zur Kontrolle und Korrektur des Gesehenen heranzuziehen. Zugleich verbringen die Menschen immer mehr Zeit vor dem Fernsehgerät. Ein immer größerer Ausschnitt des Erfahrungshorizontes stammt daher aus der Bilderwelt der Fernseh-Programmacher. So kann die Bedeutung eines Themas vom Zuschauer bzw. Leser oft nur noch nach Position und Ausführlichkeit der Berichterstattung in der „Tagesschau" oder nach Größe der Überschriften und Placierung der Artikel in der Bild-Zeitung beurteilt werden, auch wenn sich jedermann theoretisch aus anderen Quellen informieren kann. Heute sind die Menschen des Sahel als Opfer einer Dürrekatastrophe noch in den Schlagzeilen, morgen bereits sind sie durch andere scheinbar wichtigere Ereignisse von „der ersten Seite" verdrängt, obgleich sich an ihrer Situation objektiv nichts geändert hat. Solche wellenförmig auftretenden Thematisierungen und Dethematisierungen haben Fernsehzuschauer und Zeitungsleser gleichermaßen widerspruchslos hinzunehmen, ja sie bemerken sie meistens nicht einmal. Darstellung und Realität verschwimmen hier ineinander, die Ränder werden unscharf.

Der amerikanische Kommunikationswissenschaftler *Theodore Roszak*[34] hat als Ursache für den „Verlust des Denkens" den Computer-Kult ausgemacht: „Wir leben in einer Welt, in der elektronische Bilder und Simulationen die wichtigeren, widerspenstigeren Tatsachen des Lebens aus dem Bewußtsein der Menschen verdrängen".

2.8. Manipulation der Gefühle: Politiker im Fernsehen

Dies alles mag einer harmlosen (unpolitischen) Deutung zugänglich sein. Allerdings muß es nachdenklich stimmen, daß zum einen in der kommerziellen Werbung mit allen psychologischen Tricks und Kniffen — bis hin zur äußerst fragwürdigen Ingebrauchnahme von Merkmalen der Schizophrenie — etwa bei der bildlichen Darstellung des Gewissenskonflikts der Hausfrau in der Lenor-Fernsehwerbung — gearbeitet wird, zum anderen sich die politische Propaganda eingestandenermaßen des in der Werbung entwickelten Instrumentariums bedient. Auch das „Produkt" Politik muß schließlich durch politische Werbung („Propaganda") an den Mann gebracht werden.[35] Es ist sicher kein Zufall, daß sich die großen Parteien hierzu der (in der kommerziellen Werbung) erfolgreichsten Werbeagenturen bedienen, um unter Verwendung der neuesten Erkenntnisse der Sozialpsychologie und der Kommunikationsforschung Wahlkampfstrategien und Propagandafeldzüge vorzubereiten und symbolträchtige Plakate und Politslogans zu entwerfen. Das Ergebnis sind häufig Phrasen, deren Sinngehalt sich allenfalls mit Hilfe einer Analyse der verwendeten Symbolik erschließen läßt.[36] Längst haben nicht nur die Bewerber um die amerikanische Präsidentschaft Medienberater (vgl. Bacher für Kohl), um sich jederzeit mediengerecht darstellen zu können. Politikerauftritte werden nicht nur in Wahlkampfveranstaltungen sondern auch im Fernsehen generalstabsmäßig vorbereitet und perfekt inszeniert. Sogenannte „Fernsehduelle" erlangen gelegentlich wahlentscheidende Bedeutung, kein Wunder also, wenn die Matadore und ihre Helfer um Blickwinkel der Kameras, Beleuchtungs-, Frisier- und Schminkmodalitäten feilschen und sich (im wahrsten Sinne des Wortes) „ihre" Moderatoren sowie ihnen genehme Journalisten bestellen.

Dieser Hang der Politiker zur Selbstdarstellung kommt der Neigung der Menschen zur Vereinfachung gesellschaftlicher — und damit auch politischer — Sachverhalte durch Typisierung und Personalisierung entgegen. Beide ergänzen sich und finden ihren gemeinsamen Verbündeten in den Massenmedien, vor allem im Fernsehen. So inszenieren Politiker medien- und damit werbewirksame Auftritte, um in erster Linie auf sich selbst aufmerksam zu machen und bei dieser Gelegenheit — sozusagen en passant — ihre persönliche Botschaft zu verkünden. Ob dabei auf die drängenden gesellschaftlichen Probleme eingegangen oder von ihnen abgelenkt wird, ist für die Wirkung des Auftritts von nachrangiger Bedeutung. Auch hier zeigt sich vielmehr die Parallele zu kommerziellen Werbespots, die wenig oder nichts über den Nutzen der zu verkaufenden Produkte, umso mehr aber über die mit ihnen assoziierten Gefühlsbilder sagen. Phantasien, Träume und Ängste der Konsumenten werden in den Dienst der Werbestrategen und ihrer Auftraggeber gestellt. Das Produkt Politik bildet hier — gerade wegen der Undurchschaubarkeit politischer Zusammenhänge — keine Ausnahme. Politik mediengerecht zu vermarkten, heißt zugleich sie so zu vereinfachen, daß der Zuschauer überhaupt bereit ist, sie zu konsumieren und nicht eine andere Sendung aus dem Angebot auswählt, eine Option, die im Zeitalter des Kabel- und Satellitenfernsehens immer wahrscheinlicher wird.

3. Zum Inhalt dieses Bandes

In dem vorliegenden Band bearbeiten Wissenschaftler unterschiedlicher Fachdisziplinen — Historiker, Psychologen, Ethnologen, Soziologen, Kommunikations-, Politik- und Rechtswissenschaftler — verschiedene Aspekte des Themas unter einem jeweils besonderen Blickwinkel. Es versteht sich von selbst, daß in den insgesamt fünfzehn Beiträgen nur ein Ausschnitt aus dieser wahrhaft umfassenden Thematik, die die Menschheit schon seit Alters her bewegt hat, behandelt werden kann. Dabei werden nicht zufällig im wesentlichen bildliche und sprachliche Zeugnisse für die Analyse von Mythen, Ritualen und Symbolen und ihrer Bedeutung in der und für die Politik herangezogen. Einige Beiträge enthalten dementsprechend auch Karikaturen, Plakate und andere Bilder zur Illustration. Nicht nur die deutlich erkennbare Verwandtschaft zwischen Nazi-Massenveranstaltungen und Wagner-Opern hätte zwar die Einbeziehung von Musikstücken, aber auch von Fernseh- und Kinofilmen, nahegelegt. Die hier mit ihren Beiträgen vertretenen Autoren mußten sich jedoch — vor allem wegen der besseren Zugangs- und Wiedergabemöglichkeiten — auf bildliche Darstellungen und Texte im herkömmlichen Sinne beschränken. Ihr gemeinsames Anliegen ist es, durch die Aufhellung des irrationalen Hintergrundes politischen Handelns zum Verständnis heutiger Politik beizutragen. Auch deshalb wird dieser Band vorgelegt.

Der Band ist in vier Teile gegliedert. Der erste Teil thematisiert den Zusammenhang zwischen der überall zu beobachtenden Tendenz zur Ritualisierung der Politik und einer wachsenden Entpolitisierung der Gesellschaft. Demgegenüber ist der zweite Teil den „Bildern" als Mitteln der Identifikation gewidmet. Gemeint sind nationale Images, Feindbilder, Symbolfiguren und Rollenklischees. Unter der Überschrift „Politische Identität I" gehen sodann die Autoren des dritten Teils der Bedeutung von Symbol, Stil und Ritual für die politische Kultur nach und schließlich wird im vierten Teil („Politische Identität II") die Bedeutung von Staatsmythos, politischer Symbolik und Symbolisierung für die Legitimation von Herrschaft analysiert.

3.1. Ritualisierung der Politik

Die drei Beiträge des ersten — allgemeinen — Teils befassen sich — aus unterschiedlicher Perspektive — mit der Ritualisierung der Politik und ihren Folgen. Bekanntlich spielen bei dieser Ritualisierung die Massenmedien, insbesondere das Fernsehen, eine bedeutende Rolle, so daß sich alle drei Beiträge mehr oder weniger ausschließlich mit diesem Medium beschäftigen. Sie stimmen darin überein, daß sich „Ritualisierung der Politik" und „Entpolitisierung der Gesellschaft" gegenseitig bedingen. Im übrigen unterscheiden sich die Beiträge in Ansatz, Vorgehensweise und Ergebnissen freilich erheblich, und dies, obgleich zwei der Autoren derselben Disziplin angehören, der Politikwissenschaft.

In seinem Beitrag „Mythen, Rituale und Symbole in der Politik" gibt der Siegener Politikwissenschaftler *Rüdiger Voigt* anhand von Beispielen aus der jüngsten Geschichte sowie aus der Gegenwart eine Einführung in das Thema, indem er — kursorisch — die Genese des Forschungsgegenstandes und seiner Bearbeitung darstellt. Zugleich bietet er erste Definitionen für die zentralen Begriffe des Themas an, die helfen sollen, die einzelnen Beiträge des Bandes besser den Grundkategorien Symbol, Ritual und Mythos zuordnen zu können. Darüber hinaus versucht Voigt, die Einzelbeiträge in einen größeren — sozialwissenschaftlichen — Forschungszusammenhang mit der Intention einzubinden, Anstöße für weitere Arbeiten zu diesem Thema zu geben.

Am Beispiel der medienwirksamen Kontroverse zwischen Oskar Lafontaine und IG-Metall-Chef Franz Steinkühler um die Frage, ob auch eine Arbeitszeitverkürzung ohne Lohnausfall akzeptabel sei, analysiert *Thomas Meyer*, ebenfalls Politikwissenschaftler in Siegen, in seinem Beitrag „Von den Fallstricken der symbolischen Politik" die Spezifika symbolischer Politikinszenierung. Mittels einer Inhaltsanalyse der Programme von SPD und DGB weist Meyer nach, daß in den angeblich strittigen Punkten die Beschlußlage nahezu deckungsgleich ist. Offenbar kam es den Medien bei ihrer Berichterstattung garnicht auf tatsächlich bestehende Meinungsunterschiede an, sondern auf den — symbolischen — Kampf der Titanen, die zugleich für ihre Organisationen stehen: Lafontaine für die SPD als ihr zukunftweisender „Lichtbringer" und Steinkühler für die Gewerkschaften als Sinnbild hoffnungslos erstarrter „Dinosaurier". Die Frage, wer dabei für wen welche Zwecke instrumentalisiert hat, muß — zumindest vorläufig — offenbleiben.

Mit der treffenden Formel vom Fernsehapparat als dem „Schrein des 20. Jahrhunderts", in dem das Orakel haust, bringt der Kommunikationswissenschaftler *Harry Pross* in seinem Beitrag „‚Die Medien': Ritualismus als Droge" die Bedeutung der elektronischen Massenmedien auf den Punkt. Durch Ritualisierung ursprünglich profaner Handlungen — wie Wahlkampfveranstaltungen, Neujahrsansprachen, Präsidentenbesuche oder Staatsbegräbnisse — weisen die Medien den Politikern ihren Platz in der nationalen Rangskala zu. Sie stilisieren den Spitzenpolitiker zum Identifikationsobjekt für den Fernsehzuschauer. Mit Hilfe einer inszenierten Gemeinsamkeit in der Bewunderung („Kult") des Fußball-, Pop- oder Fernsehstars lassen sie ein Gefühl der Zusammengehörigkeit von Politiker und Bürger entstehen, das den Hunger der Zuschauer nach Gefühlen stillt. Daß dadurch von den Mechanismen der Herrschaftsbewahrung abgelenkt wird, tritt klar zutage, und die Schlußfolgerung liegt nahe, daß die Medien auf diese Weise entpolitisierend wirken.

3.2. Identifikation durch Bilder

Im Gegensatz zum rationalen Denken, das Begriffe als Grundkategorien verwendet, ist für das mythische Denken der Gebrauch von Bildern typisch. Bildhaftes Denken kommt der Neigung des Menschen entgegen, sich eher gefühlsmäßig als mit dem Verstand, eher konkret als abstrakt, eher holistisch als sezierend neuen Sachverhalten zu nähern. Man macht sich ein „Bild" von einem Menschen oder einer Angelegenheit. Jedermann kennt das Bild vom fleißigen Deutschen, vom geschäftstüchtigen Chinesen, vom glutvollen Italiener, vom stolzen Spanier etc., das wir als Vor-Urteil in unseren Köpfen (oder Herzen?) mit uns tragen. Sobald wir nun mit neuen Geschichten konfrontiert werden, vergleichen wir die Charakteristika der handelnden Personen mit den von uns bei anderer Gelegenheit gespeicherten Bildern („Stereotypen"), die bereits Wertungen, Zuordnungen, Kategorisierungen etc. enthalten. Ein besonders krasses Muster dieser Art zu Denken verwendet Agatha Christie, wenn sie ihre Heldin Miss Marple scheinbar aussichtslose Kriminalfälle lösen läßt, indem diese die Motive und Handlungen der ihr noch unbekannten tatverdächtigen Personen mit Hilfe der Charaktereigenschaften anderer ihr vertrauter (aber gänzlich unbeteiligter) Menschen erschließt.

Aber auch im weniger aufregenden menschlichen Alltag setzt bekanntlich ein Aha-Effekt („ich hab es ja gleich gewußt") ein, wenn der Unbekannte auch tatsächlich so handelt, wie wir dies — aufgrund des Vor-Urteils — von ihm erwartet haben.[37] Solche „Bilder" von Menschen, für die sich die politische Kulturforschung in zunehmendem Maße interessiert, können nun sowohl zur Einordnung der betreffenden Person, als auch zur Identifikation mit ihr dienen. Oft löst sich das Bild von seinem ursprünglichen Träger und wird zum bloßen „Image", im Extremfall übernimmt dieses Image sogar eine handlungsbestimmende Leitbildfunktion. Solchen Leitbildern in unterschiedlichen Zusammenhängen und zu verschiedenen Zeiten gehen die fünf Autoren des zweiten Teils nach. Nicht zufällig handelt es sich bei den untersuchten Beispielen — Feindbilder, nationale Images, Symbolfiguren und Rollenklischees

— fast ausnahmslos um Frauenfiguren. Sie scheinen sich besonders gut dafür zu eignen, Werte, Ideale etc. zu symbolisieren und damit dem Bedürfnis der Menschen entgegenzukommen, politische Ideen sichtbar werden zu lassen.

Den Einstieg in diesen Teil des Buches gibt ein Beitrag des Kieler Psychologen *Dirk Wendt* zum Thema „Feindbild — Seine biologischen und psychologischen Ursachen". Wendt weist darauf hin, daß wir „angeborene Feindbilder" in uns tragen, die sich — z.b. im Kriegsfall — von den Politikern mobilisieren lassen. Aber auch der Rassismus habe hier seine genetische Wurzel. Das Image vom Feind, das möglichst viele abstoßende Assoziationen wecken müsse, lasse sich besonders deutlich an Plakaten ablesen, wie der Autor mit Hilfe einiger Abbildungen nachweist. Aber auch die Boulevardpresse wirke bei der Feindbild-Gestaltung mit, etwa indem sie unliebsame Gruppen mit bestimmten Negativbegriffen (Terroristen etc.) in Verbindung bringe. — Die aktuelle Berichterstattung über Asylanten bietet hier hinreichend Anschauungsmaterial zum Vergleich. —

In seinem Beitrag „Michel und Marianne — Forschungsprobleme des Deutschenbildes der Franzosen und des Franzosenbildes der Deutschen" widmet sich der Dortmunder Historiker *Dieter Tiemann* ausgewählten Problemen der Imageforschung. Freilich lehnt Tiemann jedes klischeehafte Denken ab und bleibt daher auch nicht bei dem Bild vom fleißigen Deutschen oder vom lebensfrohen Franzosen stehen. Vielmehr versteht er die Symbolgestalten des zipfelmützigen Michel und der eine Jakobinermütze tragenden Marianne lediglich als Bündelungen nationaler Selbst- und Fremdwahrnehmungen. Sein Anliegen ist die endgültige Überwindung der „Erbfeindschaft" zwischen Deutschen und Franzosen, die eine ganze Epoche deutsch-französischer Beziehungen überschattet hat, durch einen reflektierten Umgang mit der Geschichte. Mit der Feststellung Tiemanns, daß Völkerbilder durch Selbst- und Fremdidentifizierung ein Wir-Gefühl erzeugen, ist der Übergang zum dritten Beitrag dieses Teils hergestellt.

Denn unter dem Titel „Germania und die Entstehung des deutschen Nationalstaates" geht *Gerhard Brunn*, ebenfalls Historiker, einer ähnlichen Frage nach, nämlich dem Zusammenhang von Symbolen und Wir-Gefühl. Er analysiert die Bedeutung von Symbolen für die „Verbildlichung der Nation" im 19. Jahrhundert am Beispiel der Germaniafigur. Wenn es auch eine feste Ikonographie der Germania nicht gegeben habe, so sei für diese — im Gegensatz zu dem deutschen Michel — doch typisch, daß sie fast immer statuarisch abgebildet werde. Zu einem populären Sinnbild der deutschen Nation, in das Kollektivgefühle projiziert werden, sei die Germania — Brunn zufolge — allerdings erst Anfang der 1860er Jahre geworden und letztlich sei sie als nationales Symbol gescheitert.

Mit der Darstellung einer besonderen Form der politischen Instrumentalisierung von Gefühlen, nämlich der nationalsozialistischen Mutterideologie, beginnt der Frankfurter Ethnologe *Max Matter* seinen Beitrag über den Muttertag. Er zeichnet die Entstehung dieses Ehrentages von seiner Erfindung durch die persönlich betroffene Amerikanerin Ann Jarvis, über die Ausrufung als Nationalfeiertag in den USA im Jahre 1914 und seine allmähliche Etablierung in Deutschland seit Anfang der 20er Jahre über den nationalsozialistischen „Tag der Deutschen Mutter" bis hin zum heute bei uns üblichen — weitgehend sinnentleerten — Ritual nach. Anhand der jüngsten deutschen Geschichte zeigt Matter, daß die inhaltliche Ausgestaltung des Muttertages ein bestimmtes Frauenbild in einer Gesellschaft festschreiben soll. Die stete Wiederkehr derselben althergebrachten Elemente zeigt dabei deutlich den Rückbezug zum Muttermythos.

Ebenfalls mit dem Frauenbild — wenn auch auf einer anderen Ebene — befaßt sich der Berliner Kommunikationswissenschaftler *Lothar Mikos* in seinem Beitrag „Traumfrauen und Putzteufel". Er geht damit auf die stark typisierten Verhaltensweisen von Frauen (und Männern) ein, die die Fernsehwerbung abbildet. Am Beispiel der beiden einander entgegengesetzten Rollenklischees — der jungen, attraktiven „Traumfrau" und dem mütterlich-reinlichen „Putzteufel" — zeigt Mikos die Instrumentalisierbarkeit solcher Stereotype. Auch hier geht es um die Festschreibung eines in der Gesellschaft bereits vorhandenen Frauenbildes, nämlich der einerseits unsicheren, naiven und abhängigen, andererseits schönen, zärtlichen und sanften Frau. Zwar scheinen hierbei weniger die politischen als die kommerziellen Zwecke im Vordergrund zu stehen, auffällig ist allerdings das Spiel mit der (unbewußten) Angst zu versagen, das Mikos — zu recht — als symbolische Gewalt interpretiert.

3.3. Symbolik in der politischen Kultur

In allen modernen Gesellschaften hat die Verwendung (man könnte auch sagen: der Mißbrauch) von Symbolen und Ritualen in der politischen Kultur Tradition. Das gilt selbstverständlich nicht nur für Deutschland, läßt sich aber an den uns vertrauten Beispielen besonders gut zeigen. Weder das Kaiserreich von 1871 — erinnert sei nur an die Symbolkraft der Kaiserkrönung im „Allerheiligsten" des „Erbfeindes", dem Spiegelsaal von Versailles, — ist ohne seinen Kaiserkult und seine Verherrlichung des Militärs ebenso wenig zu verstehen wie die Zeit des Nationalsozialismus ohne seinen Führerkult, seine Rituale — man denke nur an den Fackelmarsch am 30. Januar 1933 oder an die Bücherverbrennungen — und seine zahllosen Symbole — angefangen vom Hakenkreuz über das Runenzeichen der SS bis hin zu den verschiedensten Standarten, Ehrenzeichen etc. Die erste parlamentarische Demokratie, die Weimarer Republik, wurde — nicht zuletzt wegen ihres bewußten Verzichts auf „Glanz und Gloria" — zwischen diesen Extremen, zu denen dann noch die Symbolik der Kommunisten (z.B. die geballte Faust) trat, zerrieben.

Die drei Beiträge dieses dritten Teils befassen sich nun mit Symbolen und Ritualen in historisch und politisch divergenten deutschen Gesellschaften. Sie unterscheiden sich zudem dadurch, daß zwei Beiträge sich mit Symbolen als Mittel einer etablierten bzw. sich etablierenden politischen Herrschaft (im „Dritten Reich" und in der DDR) beschäftigen, während der dritte Beitrag eine Subkultur innerhalb einer Gesellschaft, nämlich die der jugendlichen Neofaschisten in der Bundesrepublik Deutschland, zum Thema hat. Symbole und Rituale dienen in allen drei Fällen als Mittel der Identifikation und zur Abgrenzung nach außen, allerdings sind sowohl die Handlungsräume als auch die Intentionen der Akteure jeweils andere. Gemeinsam scheint freilich allen drei Fällen zu sein, daß Symbole und Rituale für politische Zwecke benutzt werden. Ohne die qualitativen Unterschiede nivellieren und die Parallelen überstrapazieren zu wollen, verspricht doch der Vergleich solcher Vorgänge im Deutschland des Nationalsozialismus, bei den bundesdeutschen Neofaschisten und beim Aufbau der „sozialistischen" Gesellschaft der DDR die Chance, interessante Aufschlüsse über die Bedeutung von Symbolen und Ritualen für die politische Kultur zu erhalten.

In seinem Beitrag „Feste, Fahnen, Feiern" weist der Bochumer Sporthistoriker *Horst Ueberhorst* auf die große Anziehungskraft der Symbole und Rituale im Nationalsozialismus auch für Andersdenkende hin. Die Nazis hätten es meisterhaft verstanden, bereits vorhandene (z.B. sozialistische) Symbole und Rituale umzudeuten und in ihren Dienst zu stellen, um damit von dem dazugehörigen Mythos Besitz zu ergreifen. Als Beispiel hierfür nennt Ueberhorst etwa den aus der Arbeiterbewegung stammenden Ersten Mai, den die Nazis zum „Tag der nationalen Arbeit" erklärten. Besonders auffällig seien aber auch die pseudoreligiösen Elemente des Führerkults und die gebetsähnlichen Beschwörungen (die „messianische Diktion") Hitlers gewesen, der sich — vor allem bei schwerwiegenden Entscheidungen — stets auf die Vorsehung bezogen habe. Zum totalitären Herrschaftsanspruch gehöre auch die unbedingte Ergebenheit der Jugend, ihrer habe sich Hitler vor allem durch die Erziehung in den sog. Napolas versichert.

Stil und Symbol stellt der Kasseler Soziologe *Eike Hennig* in seinem Beitrag „Die Bedeutung von Symbol und Stil im Neofaschismus der Bundesrepublik" in den größeren Zusammenhang der Rechtsextremismusforschung, deren wissenschaftliche Basis er durch soziologische, semiotische und kommunikationswissenschaftliche Aspekte zu verbreitern sucht. Ausgehend von dem theoretischen Konstrukt des „sozialen Raumes" spürt Hennig der Bedeutung von Symbol und Stil für den Neonazismus nach. Dabei stellt er fest, daß der in der Verwendung von Nazisymbolen zum Ausdruck kommende Protest gegen Prozesse der „Kolonialisierung der Lebenswelt" (Habermas) eher Provokation als politische Aktion ist. Am Beispiel des Leitbildes des „politischen Soldaten" weist Hennig nach, daß die Herausbildung eines eigenen (subkulturellen) Stils den Jugendlichen die Möglichkeit gibt, sich als Mitglieder einer verschworenen Gemeinschaft gegenseitig zu erkennen und gegenüber der — potentiell feindlichen — Umwelt zu erkennen zu geben.

Eine besondere Umbruchsituation erfordert offenbar ungewöhnliche Maßnahmen, um die Rückbindung der eigenen gesellschaftlichen Gegenwart an eine (selektierte) Vergangenheit zu ermöglichen. Der Berliner Politikwissenschaftler *Detlev Kraa* geht in seinem Beitrag „Sozialistische Rituale und kulturelle Überlagerung in der DDR" der Frage nach, wie der andere deutsche Staat die Identitätskrise bewältigt hat, die sich aus dem Widerspruch zwischen sowjetisch beeinflußter Ideologie und nationalkulturellen Überlieferungen zwangsläufig nach 1945 für die DDR ergeben mußte. Am Beispiel eines besonders prägnanten Massenrituals, der Mai-Feier, zeigt Kraa, wie sich in der DDR das Verhältnis der unterschiedlichen Stilelemente, die aus der Arbeitertradition einerseits und der leninistischen Staatstradition andererseits stammen, im Verlauf von vierzig Jahren gewandelt hat. Von den Unterwerfungsriten der ersten Jahrzehnte sei wenig übriggeblieben, stattdessen präsentiere sich die DDR heute als Heimat eines deutschen Sozialismus mit eigener Tradition. — Es liegt nahe, daß sich dieser Prozeß der Emanzipation vom großen Bruder Sowjetunion in der Gorbatschow-Ära weiter beschleunigen wird. Die Anzeichen dafür sind unübersehbar.

3.4. Staatsmythos und Herrschaftslegitimation

Ebenfalls um die „Politische Identität" und die Bedeutung von Mythologie und Symbolik für diese Identität, hier allerdings konzentriert auf den staatlichen Bereich, geht es im viertel Teil („Politische Identität II"). Dabei behandeln nicht zufällig die Autoren aller vier Beiträge dieses Teils die Staatlichkeit der Bonner Republik, während lediglich in der Analyse der Staatsdiskussion der Rückbezug zu ihren historischen Vorläufern — explizit — hergestellt wird. Der Staat Bundesrepublik Deutschland und seine Institutionen, vor allem Parlamente und Gerichte, aber auch die politischen Parteien als „Mittler" zwischen Volk und Staat, und die deutschen Staats(rechts)lehrer als Gralshüter der „richtigen" Verfassungsauslegung stehen im Mittelpunkt der Analyse, wenn es um Strategien und Verfahrensweisen zur Legitimation von Herrschaft geht. So wird im folgenden der Mythos des Staates, der auch in sozial und kulturell hoch differenzierten Gesellschaften die „Einheit des Fühlens"[38] erlaubt, von Politik-, Rechts- und Verwaltungswissenschaftlern untersucht, und zwar als Gegenstand der Staatslehre, als Objekt (und Subjekt) verfassungsgerichtlicher Rechtsprechung, als Initiator symbolischer Gesetzgebung und als Schlüsselbegriff in Parteiprogrammen.

In seinem Beitrag zum Thema „Staatslehre und Staatsmythos" untersucht der Kasseler Verwaltungswissenschaftler *Wolfgang Seibel* den Zusammenhang zwischen der (deutschen) Staatslehre und dem Staatsmythos. Auf der Basis einer Analyse der Staatslehre des 19. Jahrhunderts kommt Seibel zu dem Schluß, daß der zu dieser Zeit in Deutschland entstandene „Generalmythos",

Staat und Demokratie seien spannungsgeladene Gegensätze, bis heute nachwirke. Dazu hätten vor allem die Lehren Rudolf Smends und Carl Schmitts beigetragen, die den Staatsmythos erheblich modernisiert hätten. In diesen Zusammenhang gehöre auch der beispiellose Aufstieg der Dritten Gewalt, insbesondere des Bundesverfassungsgerichts, der zu einem enormen Bedeutungsgewinn juristischer Methodenfragen für die Staatspraxis geführt habe. — Vor diesem Hintergrund wird auch die Kontroverse um die Frage des Gewaltmonopols des Staates innerhalb der Grünen (Schily versus Dittfurth) besser verständlich. —

Auch der zweite Beitrag dieses Teils behandelt das Bundesverfassungsgericht, und zwar seine Funktion der Identitätserzeugung. Unter dem Titel „Identität als Mythopoem" analysiert der Hannoveraner Politikwissenschaftler *Otwin Massing* ausgewählte Entscheidungen dieses Gerichts, um die „Ziviltheologie des Verfassungsstaates" nachzeichnen zu können. Dabei geht es ihm in erster Linie um die für die Bundesrepublik typische „synchrone Präsenz" von Recht und Politik, bei der das Recht — gerade auch in Gestalt von Verfassungsgerichtsentscheidungen — die Aufgabe habe, die Politik von unrealistischen Ansprüchen zu entlasten. Das BVerfG selbst werde dabei als Situationsdeuter und als politischer Sinnstifter tätig, indem es Verdichtungssymbole (wie z.B. die „wehrhafte Demokratie") erzeuge und in das öffentliche Bewußtsein implementiere.

Aus der Perspektive der Gesetzgebung betrachtet der Gießener Rechtswissenschaftler *Harald Kindermann* die Phänomene in seinem Beitrag „Alibigesetzgebung als symbolische Gesetzgebung". Es handelt sich dabei um jene Gesetzgebungsakte, durch die das Verhalten ihrer Adressaten nicht — wie sonst üblich — auf rechtliche Weise, sondern durch Symbolisierung zu steuern versucht wird. Auch dieser Autor bezieht sich übrigens auf die Werke Rudolf Smends. Ausgangspunkt der Kindermannschen Analyse ist die Feststellung, daß die moderne Gesetzgebung außer acht läßt, daß der Mensch vor allem ein emotionales Lebewesen ist. Da Menschen ihr Handeln in aller Regel nicht rational steuerten, hätten sich Gesetzgeber früherer Epochen auch stets darum bemüht, das Gesetz als gottgewollte Ordnung zu präsentieren. Heute werde versucht, dieses Bedürfnis der Menschen nach Sinngebung durch symbolische Gesetze zu befriedigen. Darin liege jedoch die Gefahr, daß Politiker sich allein durch „Alibigesetze" als erfolgreich darzustellen versuchten, worunter auf Dauer das Rechtsbewußtsein der Bürger leiden müsse.

Es liegt auf der Hand, daß sich neben den Institutionen des Staates auch dessen Funktionseliten mit dem Staatsmythos auseinandersetzen. Dies wird in Politikerreden, Wahlkampfparolen oder Parteiprogrammen deutlich. Mit letzteren befaßt sich der Berliner Politikwissenschaftler *Manfred Opp de Hipt* in seinem Beitrag „Der Staat schützt die Bürger", indem er die in den Programmen von CDU und SPD verwendeten „Denkbilder vom Staat" in einer Textanalyse untersucht. Dabei werde erkennbar, daß sowohl die Christdemokraten als auch die Sozialdemokraten ein ambivalentes Verhältnis zum Staat hätten. Während die CDU Vertrauen in den starken Staat bei gleichzeitiger Distanz zum Staatsapparat zeige, sei der Staat in den Augen der SPD weder stark noch schwach, dennoch vertraue sie auf staatliche Mechanismen zum Ausgleich für sozio-ökonomisch bedingte Mißstände. Opp de Hipts Fazit, daß sich nämlich die symbolische Sprache nicht nach Belieben als Instrument einsetzen lasse, sondern auch solche Denkmuster wachrufen könne, die die Sprecher lieber vermieden hätten, muß insbesondere der Sozialdemokratie zu Denken geben.

Der vorliegende Band wäre nicht ohne die große wissenschaftliche Kompetenz, das Engagement und die Geduld der Autoren zustandegekommen. Dafür möchte ich allen Beteiligten an dieser Stelle danken. Es ist zu hoffen, daß sich die alte Spruchweisheit wieder einmal bewahrheitet: „Was lange währt, wird endlich gut". Den eigentlichen Anlaß zu diesem Band gab nämlich ein Symposium, das der Forschungsschwerpunkt „Historische Mobilität und Normenwandel" bereits im November 1986 zum Thema „Symbole in der Politik" an der Universität Siegen veranstaltet hat. Einige der in diesem Buch vertretenen Wissenschaftler haben damals teilgenommen, andere konnten hinzugewonnen werden, um das wahrlich umfassende Thema einigermaßen abgerundet behandeln zu können. Der Weg bis zur endgültigen Fertigstellung dieses Bandes war lang und steinig.

Besonderer Dank gebührt meinem Bruder, *Jürgen Voigt*, der — selbst vielbeschäftigter Autor und Fernsehjournalist — mich bei der Bewältigung dieses Themas vor allem in Fragen der naturwissenschaftlichen Mythenforschung beraten hat. Aus den Gesprächen mit ihm habe ich viel gelernt.

Anmerkungen

1 Seeßlen 1983, S. 342
2 Eliade 1984, S. 15
3 Blumenberg 1979
4 Kahle 1981
5 Düding 1988, S. 10ff.
6 Hübner 1985
7 Fehr 1962, S. 58ff.
8 Fröhlich 1972, S. 1 020ff.
9 Mosse 1976
10 Görlitz 1981, S. 482ff.
11 Voigt 1988, S. 1ff.
12 Vondung 1971
13 z.B. Lévi-Strauss 1972
14 Fischer 1981; vgl. auch Allport 1971
15 Böhret et al. 1988[3]
16 Almond/Verba 1963; Reichel 1981
17 Rytlewski/Sauer/Treziak 1987

18 Edelman 1976
19 Rosenberg 1930
20 Haseloff 1969, S. 72
21 Berg-Schlosser / Schissler 1987
22 Cassirer 1964
23 Möbius 1984, S. 8ff.
24 Habermas 1987, S. 159ff.
25 Schäfer 1988, S. 27ff.
26 z.B. Lübbe 1978, S. 97ff.; Mommsen 1979, S. 164ff.; Dahrendorf 1987, S. 71
27 Lévy-Strauss 1980
28 Godelier 1973, S. 301ff.
29 Bergler / Six 1972
30 Meyer 1989
31 Baudrillard 1978
32 vgl. Zoll 1971
33 Pross 1974
34 Roszak 1984
35 Wangen 1983
36 Sarcinelli 1987
37 Karsten 1978; Koch-Hillebrecht 1978
38 Cassirer 1978

Literaturangaben

Allport, Gordon W.: Die Natur des Vorurteils. Köln 1971 (amerikan. Original 1954)

Baudrillard, Jean: Agonie des Realen (Original: Franz.). Berlin 1978

Almond, Gabriel / Sidney Verba: The Civic Culture. Political attitudes and democracy in five nations. New York 1963

Bergler, Reinhold / Bernd Six: Stereotype und Vorurteile, in: Graumann, C.F. / Lenelis Kruse / B. Kroner (Hrsg.): Handbuch der Psychologie. 7. Band: Sozialpsychologie. 2. Halbband: Forschungsbereiche. Göttingen 1972, S. 1 371—1 432

Berg-Schlosser, Dirk / Jakob Schissler (Hrsg.): Politische Kultur in Deutschland. Bilanz und Perspektiven der Forschung. (PVS-Sonderheft 18 / 1987). Opladen 1987

Blumenberg, Hans: Arbeit am Mythos. Frankfurt a.M. 1979

Böhret, Carl / Werner Jann / Eva Kronenwett: Innenpolitik und politische Theorie. Ein Studienbuch. 3. Aufl. Opladen 1988

Bourdieu, Pierre: Zur Soziologie der symbolischen Formen (Orginal: Franz.). Frankfurt a.M. 1970

Cassirer, Ernst: Der Mythus des Staates. Philosophische Grundlagen politischen Verhaltens (1949). 2. Aufl. Zürich / München 1964

Cassirer, Ernst: Philosophie der symbolischen Formen (1924). 3 Bände. 6. Aufl. Darmstadt 1964

Dahrendorf, Ralf: Zur politischen Kultur der Bundesrepublik. In: Merkur 1987, S. 71f.

Düding, Dieter / Peter Friedemann / Paul Münche (Hrsg.): Öffentliche Festkultur. Politische Feste in Deutschland von der Aufklärung bis zum Ersten Weltkrieg. Reinbek 1988

Edelman, Murray: Politik als Ritual. Die symbolische Funktion staatlicher Institutionen und politischen Handelns. Frankfurt a.M. / New York 1976

Eliade, Mircea: Gefüge und Funktion der Schöpfungsmythen. Vorwort zu: Die Schöpfungsmythen. Ägypter, Sumerer, Hurriter, Hethiter, Kanaaniter und Israeliten. Darmstadt 1980, S. 9ff

Eliade, Mircea: Kosmos und Geschichte. Der Mythos der ewigen Wiederkehr. Frankfurt a.M. 1984

Fehr, Hans: Deutsche Rechtsgeschichte. 6. Aufl. Berlin 1962

Fischer, Manfred S.: Nationale Images als Gegenstand Vergleichender Literaturgeschichte. Untersuchungen zur Entstehung der komparatistischen Imagologie. Bonn 1981

Fröhlich, Werner: Sozialisation und kognitive Stile. Einige Denkmöglichkeiten und Befunde. In: Graumann/Kruse/Kroner (Hrsg.): Handbuch der Psychologie, 7. Band: Sozialpsychologie, 2. Halbband: Forschungsbereiche. Göttingen 1972, S. 1020ff.

Godelier, Maurice: Mythos und Geschichte, in: Klaus Eder (Hrsg.): Seminar: Entstehung von Klassengesellschaften. Frankfurt a.M.1973, S. 301—329

Görlitz, Axel: Symbol. In: Greiffenhagen/Greiffenhagen/Prätorius (Hrsg.): Handwörterbuch zur politischen Kultur der Bundesrepublik Deutschland. Opladen 1981, S. 482ff.

Habermas, Jürgen: Geschichtsbewußtsein und posttraditonale Identität. In: ders., Eine Art Schadensabwicklung. Frankfurt a.M. 1987, S. 159ff.

Habermas, Jürgen (Hrsg.): Stichworte zur „Geistigen Situation der Zeit" (2 Bände). Frankfurt a.M. 1979

Haseloff, Otto W.: Über Symbole und Resonanzbedingungen der politischen Sprache. In: K.D. Hartmann (Hrsg.): Politische Beeinflussung — Voraussetzungen, Ablauf und Wirkungen. Frankfurt a.M. 1969, S. 72ff.

Kahle, Gerd (Hrsg.): Logik des Herzens. Die soziale Dimension der Gefühle. Frankfurt a.M. 1981

Karsten, Anitra (Hrsg.): Vorurteil. Ergebnisse psychologischer und sozialpsychologischer Forschung. Darmstadt 1978

Koch-Hillebrecht, Manfred: Der Stoff, aus dem die Dummheit ist. Eine Sozialpsychologie der Vorurteile. München 1978

Lévi-Strauss, Claude: „Primitive" und „Zivilisierte". Zürich 1972

Lévi-Strauss, Claude: Mythos und Bedeutung. Vorträge. Frankfurt a.M. 1980

Lübbe, Hermann: Die Identitätspräsentationsfunktion der Historie. In: ders., Praxis der Philosophie. Praktische Philosophie. Geschichtstheorie. Stuttgart 1978, S. 97ff.

Meyer, Thomas: Fundamentalismus. Aufstand gegen die Moderne. Reinbek 1989

Möbius, Friedrich: Stil als Kategorie der Kunsthistoriographie. In: ders., Stil und Gesellschaft. Ein Problemaufriß. Dresden 1984, S. 8ff.

Mommsen, Hans: Die Last der Vergangenheit. In: Habermas 1979, S. 164ff.

Mosse, George L.: Die Nationalisierung der Massen. Politische Symbolik und Massenbewegungen in Deutschland von den Napoleonischen Kriegen bis zum Dritten Reich. Frankfurt a.M./Berlin/Wien 1976

Pross, Harry: Politische Symbolik. Stuttgart 1974

Reichel, Peter: Politische Kultur der Bundesrepublik. Opladen 1981

Rosenberg, Alfred: Der Mythus des 20. Jahrhunderts. Eine Wertung der seelisch-geistigen Gestaltenkämpfe unserer Zeit. München 1934

Roszak, Theodore: Der Verlust des Denkens. Über die Mythen des Computer-Zeitalters, New York 1987

Rytlewski, Ralf/Birgit Sauer/Ulrike Treziak: Politische und soziale Rituale in der DDR. In: Berg-Schlosser/Schissler 1987, S. 24ff.

Sarcinelli, Ulrich: Symbolische Politik. Zur Bedeutung symbolischen Handelns in der Wahlkampfkommunikation der Bundesrepublik Deutschland. Opladen 1987

Schäfer, Hermann: Das Haus der Geschichte der Bundesrepublik Deutschland. In: Aus Politik und Zeitgeschichte B 2 / 88, S. 27ff.

Seeßlen, G.: Kult. In: Langenbucher / Rytlewski / Weyergraf (Hrsg.): Kulturpolitisches Wörterbuch Bundesrepublik Deutschland / DDR im Vergleich. Stuttgart 1983, S. 342ff.

Tillich, Paul: Symbol und Wirklichkeit. Göttingen 1962

Voigt, Rüdiger (Hrsg.): Gastarbeiter zwischen Integration und Remigration. Bamberg 1988, S. 1ff.

Vondung, Klaus: Magie und Manipulation. Ideologischer Kult und politische Religion des Nationalsozialismus. Göttingen 1971

Wangen, Edgar: Polit-Marketing. Das Marketing-Management der politischen Parteien. Opladen 1983

Zoll, Ralf (Hrsg.): Manipulation der Meinungsbildung. Zum Problem hergestellter Öffentlichkeit. 3. Aufl. Opladen 1974

Thomas Meyer

Von den Fallstricken der symbolischen Politik

Eine Nachbetrachtung zur Lafontaine-Gewerkschafts-Debatte

1. Ein Szenario symbolischer Politik

Einige zugespitzte Äußerungen des stellvertretenden Vorsitzenden der Sozialdemokratischen Partei Deutschlands, Oskar Lafontaine, zu den Themen Arbeitszeitverkürzung und Lohnausgleich sowie neue Formen der Flexibilisierung der Arbeitszeit im Verlaufe der Jahre 1987 und 1988, die genau betrachtet eher Aufforderungen zur Neubesinnung als neue Rezepte enthielten, haben in der Öffentlichkeit der Bundesrepublik Deutschland binnen kürzester Frist den Eindruck erweckt, daß das Verhältnis zwischen den Gewerkschaften und der Sozialdemokratischen Partei zum Zerreißen gespannt sei. Wer sein Bild von den Beziehungen zwischen beiden ausschließlich aus den Medien bezog, von denen sich einige über Monate hinweg auf die wenigen Anlässe dieser Kontroverse mit Leidenschaft und Sorgfalt spezialisiert hatten, mußte zu dem Urteil gelangen, die beiden großen Schwesterorganisationen der alten Arbeiterbewegung seien über den Weg in die Zukunft zerstritten wie nie zuvor. Während sich die Gewerkschaften, insbesondere die IG Metall, deren Vorsitzender Franz Steinkühler die Rolle des Hauptgegenspielers zum Herausforderer Lafontaine übernahm, als Dinosaurier porträtiert sahen, der nicht mehr wahrnehmen kann, was sich in seiner Welt inzwischen verändert hat, wurde Lafontaine vor allem im Nachrichtenmagazin „Der Spiegel" die Rolle des Lichtbringers zugemessen, der der Gesellschaft im ganzen, seiner eigenen Partei und den Gewerkschaften den Weg zeigt, der zu gehen ist, wenn in der gegenwärtigen Krise des Fortschritts aufs neue Zukunft gewonnen werden soll.

Die Rollen waren klar verteilt. Die Dramaturgie der Reproduktion der Debatte in den Medien war jedesmal dieselbe. Immer, wenn Lafontaine in öffentlichen Reden Fragen über die Zukunft der Arbeit neu aufgeworfen hatte, zu denen die Gewerkschaftsposition klar bestimmt schien, brachten die Medien spektakuläre Berichte über ein Zerwürfnis von Sozialdemokratie und Gewerkschaften. Repräsentanten der DGB-Gewerkschaften, mehrfach vor allem Franz Steinkühler, der Erste Vorsitzende der IG Metall, versuchten in scharfer Form Mißverständnisse zu korrigieren oder für sie unakzeptable Positionen zurückzuweisen, um sich der ihnen zugedachten Rolle als unbelehrbare Nachhut des neuen Fortschritts zu entledigen und verstärkten damit am Ende doch nur das Bild, das sich die Medien von ihnen gemacht hatten. Wenn Steinkühler und andere die SPD für die irritierenden Infragestellungen ihres stellvertretenden Vorsitzenden rügten, bestätigten sie durch ihr tatsächliches Verhalten ungewollt das Bild, das sich die Medien von einem SPD-Gewerkschaftskonflikt gemacht hatten. Diese Bestätigung wurde von den betreffenden Medien in einer zweiten Runde wiederum als berichtenswertes Ereignis im SPD-Gewerkschaftskonflikt aufgegriffen und zugleich als Beweis des eigenen Bildes von der Realität dieses Konfliktes instrumentalisiert. Ein Möbiusband vom Bild über die Welt zur Welt, vom Bericht über die handelnden Personen zum Handeln der Personen und zurück war wirkungsvoll geknüpft.

Tatsächlich aber könnte, was das Verhältnis der Zukunftsprogrammatik von Sozialdemokratie und DGB-Gewerkschaften in den umstrittenen Fragen betrifft, die Täuschung kaum perfekter sein, als in jenem Medienbild vermittelt wird. Eine genaue Analyse der Programme und Beschlußlagen beider Organisationen offenbart nämlich, daß der wirkliche politische Konsens zwischen beiden Organisationen seit dem Ende der ursprünglichen sozialliberalen Reformperiode in Wahrheit niemals fundierter und umfassender war als in den Jahren, in denen die Lafontaine-Gewerkschaftsdebatte spielt. Das gilt jedenfalls dann, wenn nicht Gelegenheitsäußerungen einzelner Matadore, sondern die innerhalb beider Organisationen beschlossenen und beim heutigen Stand ihrer Debatten konsensfähigen Zukunftsentwürfe herangezogen werden.

Die Phase eines augenfälligen Dissenses zwischen ihnen in zentralen Fragen der Zukunft des Fortschritts wie Ökologie, Technikgestaltung, Arbeits- und Energiepolitik, die seit der Mitte der siebziger Jahre bis in die Mitte der achtziger Jahre das Bild des Verhältnisses zwischen ihnen geprägt hatte, ist mit der Präsentation neuer Aktionsprogramme und Beschlüsse des DGB und wichtiger Einzelgewerkschaften vornehmlich gerade der IG Metall, in der Mitte der achtziger Jahre zu Ende gekommen. Ihren symbolischen Abschluß fand diese programmatische Wiederannäherung in der Vorlage des legendären Rappe/Steinkühler-Papiers in der SPD-Grundsatzprogrammkommission am 19. 3. 1985. Dieses Diskussionspapier zu den Themen qualitatives Wachstum, Arbeitsbeschaffung und Ökologie war von allen Beteiligten aus SPD und Gewerkschaften als Eckstein des wiedergewonnenen Konsenses beider Organisationen in den neuen politischen Fragen begrüßt worden.

Seither sind Sozialdemokraten und Gewerkschaften nach langen intensiven und streitigen Diskussionen in den großen Zukunftsfragen einander näher gerückt. Ein Vergleich der Nürnberger Beschlüsse und des Irseer Programmentwurfes der SPD von 1986 auf der einen Seite mit den DGB-Programmen „Umweltschutz und qualitatives Wachstum" (1985), „Aktionsprogramm des deutschen Gewerkschaftsbundes" (1988) sowie den Programmen und Beschlüssen wichtiger Einzelgewerkschaften, insbesondere den Ergebnissen der

Zukunftsforen der IG Metall aus den Jahren 1987 und 1988 läßt eine andere Schlußfolgerung nach überprüfbaren Kriterien nicht zu. Natürlich wäre ein blauäugiger Programmidealismus, der die vollmundigen Selbstverpflichtungen im Grundsätzlichen schon für die eigentliche Politik hält, kein verläßlicher Wegführer bei einem solchen Vergleich. Die notorische Differenz von Theorie und Praxis, Programm und Handeln gilt freilich für beide Organisationen gleichermaßen. Insofern liefert der Vergleich der maßgeblichen Programme und Beschlüsse durchaus ein brauchbares Bild der Wege, die sich beide nach den Maßstäben programmatischer Selbstverpflichtung für die Zukunft vorgenommen haben.

2. Die Agonie des Realen und die Realität der symbolischen Politik

Der in der Lafontaine-Gewerkschaftsdebatte inszenierte programmatische Gegensatz zwischen Sozialdemokratie und Gewerkschaften besteht auf realpolitischer und programmatischer Ebene nicht. Das große Interesse, das er fand, und die offenkundige Plausibilität, die ihm zu eigen schien, verdankt sich einer anderen Realität. Sie ist nämlich ein Ereignis auf der Ebene der symbolischen Politik. Es handelte sich dabei um einen klassischen Fall symbolischer Politikinszenierung, die sich ihre eigene Realität schuf, die am Ende realistischer zu sein schien als die eigentliche Wirklichkeit, um die es ging.

Der amerikanische Politikwissenschaftler Murray Edelman hatte bereits in den sechziger Jahren das neue politikwissenschaftliche Paradigma einer systematischen Verdoppelung der Realität des Politischen in zwei voneinander weitgehend unabhängige Wirklichkeitsebenen entwickelt. Politische Handlungen haben in der Regel eine „instrumentelle" Funktion, denn sie erzeugen Wirkungen im Kampf um Güter, Dienstleistungen und Macht. Sie haben stets aber zugleich auch eine „expressive", nämlich symbolische Funktion, denn sie suggerieren durch die Art ihres Vollzugs immer auch eine Deutung ihrer selbst und der Gesellschaft im Ganzen[1]. Die symbolische Bedeutung und Wirkung politischer Aktionen hängt, wie Edelman anhand zahlreicher Beispiele aus den Vereinigten Staaten zeigte, gegebenenfalls in keiner Weise mehr von den tatsächlichen Auswirkungen der politischen Handlungen ab, deren expressive Dimension die symbolischen Deutungen hervorbringt.

Diesem Paradigma zufolge ist die politische Welt auf eine schillernde und häufig schwer zu fassende Weise zweidimensional. Die eine Dimension ist „die unmittelbar gegebene Welt, in der man Dinge macht oder tut, die direkt beobachtbare Folgen zeitigen. Bei diesen Aktivitäten kann man seine Taten und Überlegungen mit ihren Folgen vergleichen und Irrtümer korrigieren; es findet eine Rückkoppelung statt. Doch nur sehr wenige Menschen haben mit der Politik auf diese direkte Weise zu tun." Die andere Dimension ist die Welt der expressiven politischen Akte: „Politik spielt sich für die Mehrheit die meiste Zeit im Kopf ab, als eine Flut von Bildern, mit der Zeitungen, Illustrierte, Fernsehen und politische Diskussionen sie überschütten. Diese Bilder schaffen ein bewegtes Panoptikum aus einer Welt, zu der die Massen praktisch niemals Zutritt haben, die sie aber beschmähen oder bejubeln dürfen ...".[2]

Politik hat in diesem Verständnis stets beide Dimensionen. Sie kann unter keinen Umständen auf jene Rituale und Mythen verzichten, die letztendlich die Einheit eines Gemeinwesens stiften und die emotionale Verbindung der Sehnsüchte, Hoffnungen, Ängste und Wünsche der Massen mit dem gesellschaftlichen Geschehen auf eine verläßliche Weise schafft. Rituelle Gemeinschaftshandlungen, durch deren Vollzug an eine tieferliegende Einheit des Ganzen appelliert wird, mythische Stilisierungen öffentlicher Amtspersonen und kollektiver Handlungen, in denen die Bedeutung des gesellschaftlichen Geschehens mit den Sinnerwartungen der Menschen wirksam verknüpft werden, sind Formen symbolischer Politik, die dem politischen Geschehen als solchem eignen.

Edelmans Strukturbestimmung der beiden Dimensionen des Politischen legt aber zugleich nahe, daß die Rolle der symbolischen Politik in einem bestimmten Sinne in einer Welt beträchtlich zunehmen muß, in der die Chance zur Primärerfahrung politischer Aktionen und ihrer Folgen für die meisten Menschen aus strukturellen Gründen radikal schwindet. Während es nämlich ein Kennzeichen der „unmittelbar gegebenen Welt" ist, daß die Folgen der instrumentellen Aktionen, aus denen sie besteht, empirisch direkt überprüft werden können, sind die Folgen der expressiven symbolischen Akte nur schwer oder gar nicht überprüfbar. Das liegt zum einen schon darin begründet, daß die Beziehungen zwischen der Welt der Symbole und der der instrumentellen Handlungen für den einzelnen Betrachter allenfalls noch mit Mühe und nur in einzelnen Fällen genauer verfolgt werden können. Es liegt aber ebenso daran, daß die symbolischen Aktionen selber häufig von einer Diffusität der Deutungen und Erwartungen geprägt sind, die eine wirkliche Überprüfung, selbst wenn die Folgen der mit ihr verbundenen instrumentellen Handlungen zutage liegen, letztlich vereiteln.

Daher gewinnt die symbolische Dimension der Politik in dem Maße an Bedeutung für das politische Geschehen, wie zwei der Eigenschaften moderner Gesellschaftssysteme dominant werden. Die eine ist die wachsende Komplexität der Strukturen und des Geschehens, die eine direkte Beobachtung, Überprüfung und Urteilsbildung der Fülle der instrumentellen Handlungen, die ihn möglicherweise betreffen, dem einzelnen immer weniger möglich macht, selbst wenn er sich nach Kräften darum bemühte. Die andere ist die Ersetzung der Eigenerfahrung dieser komplexen Realität durch Informationen aus zweiter Hand, durch eine Medienwelt, in der immer schon selektiert, interpretiert, gewichtet, verknüpft oder getrennt ist, was der einzelne über die

Welt, in der er lebt, überhaupt noch wissen kann. Unter diesen Umständen übernimmt die symbolische Dimension der Politik eine doppelte Schlüsselstellung. Einerseits sehen sich die Konsumenten der modernen Massendemokratien zunehmend dazu verurteilt, den Zugang zu ihrer Welt nur noch über die von anderen vorstrukturierten symbolischen Expressionen zu finden. Andererseits wächst eben dadurch die Verführung für die Akteure und Produzenten des politischen Geschehens, aber ebenso für die politisch ambitionierten Medien, ihre Handlungen von vornherein im Hinblick auf ihre gewünschten symbolischen Wirkungen zu entwerfen. Sie inszenieren zum eigenen instrumentellen Handeln zugleich auch noch die Modelle ihrer gewollten Deutung mit, und nicht selten schrumpfen die instrumentellen Handlungen auf jenes Minimum zusammen, das unerläßlich ist, um die symbolischen Wirkungen zu vermitteln.

Claus Offe hatte aus Anlaß der deutschen Präsentation der Analysen Edelmans davor gewarnt, das neue Paradigma eines im politischen Handeln laufend miterzeugten Stroms von Realitätsdeutungen und Relevanzmustern im Sinne der alten Priestertrugstheorien zu interpretieren, so als wäre die symbolische Funktion der Politik nicht eine ihrer objektiven Strukturmerkmale, sondern ein voluntaristischer Akt, der gelegentlich und willkürlich zum Zwecke der Öffentlichkeitstäuschung vollzogen wird. Offe wies aber auch darauf hin, daß eine überkomplexe Welt, in der Bedrohungen, Ängste und Ambivalenzen den Bedarf nach schlüssigen und harmonisierenden Symbolen steigen läßt und gleichzeitig die Kontrolle ihrer Ansprüche nahezu unmöglich macht, die „Inszenierung von Wirklichkeit" zu einer „fortdauernden Strukturbestimmung des Politischen" macht.[3]

Eine objektive Strukturbestimmung des Politischen ist die symbolische Dimension aber unter den gegebenen Umständen nur in dem Sinne, daß eine symbolisch expressive Bedeutung instrumentellem Handeln unvermeidlich anhaftet und daß sie einem wachsenden Bedürfnis der Konsumenten in den Massendemokratien tatsächlich entspricht. Sie ist aber zweifellos nicht in dem weitergehenden Sinne objektiv, daß sich die symbolische Bedeutung öffentlicher Aktionen der subjektiven Willkür, der Planbarkeit und der strategischen Entwerfbarkeit entzieht. Im Gegenteil, die neuen Möglichkeiten symbolischer Politik werden ihrerseits zum Gegenstand virtuos beherrschter Künste von politischen Akteuren und der quasi „kriegswissenschaftlichen" (Kurt Schumacher) Planung von Öffentlichkeitsstrategien, Politikinszenierungen und individuellen wie kollektiven politischen Aktionen der Politik, in denen die Entkoppelung des instrumentellen und des symbolischen Gehalts politischer Handlungen systematisch betrieben und schließlich in einer Weise gehandhabt wird, die die prinzipielle Frage nach der Unterscheidbarkeit der realen und der symbolischen Welt aufwirft.

Jean Baudrillard hat diese Beobachtung des zunehmenden Verschwindens der Realität hinter der medienproduzierten Symbolwelt zur These von der

„Agonie des Realen" zugespitzt.[4] Ihrzufolge geben die in den Medien, in der Werbung und im übrigen Bereich der symbolischen Realitätsdeutung produzierten Bilder heute in Wahrheit schon längst nicht mehr eine an sich seiende objektive gesellschaftliche Realität, wie auch immer gebrochen, wieder. Sie werden vielmehr in einer bodenlosen Kreisbewegung ebenso von dieser hervorgebracht wie sie umgekehrt deren Strukturen und Handlungsformen selbst wieder hervorbringen:

„Heutzutage funktioniert die Abstraktion nicht mehr nach dem Muster der Karte, des Duplikats, des Spiegels und des Begriffs. Auch bezieht sich die Simulation nicht mehr auf ein Territorium, ein referenzielles Wesen oder auf eine Substanz. Vielmehr bedient sie sich verschiedener Modelle zur Generierung eines Realen ohne Ursprung oder Realität, d.h. eines Hyperrealen. Das Territorium ist der Karte nicht mehr vorgelagert, auch überlebt es sie nicht mehr. Von nun an ist es umgekehrt: (Präzession der Simulakra:) Die Karte ist dem Territorium vorgelagert, ja sie bringt es hervor."[5]

Die Symbole werden in einer Welt, die ihrerseits mehr von ihnen hervorgebracht ist, als daß sie ihre feste Bezugsgröße wäre, zu „Simulakra". In der Schleifenbewegung von symbolisch erzeugter Realität und nur noch scheinbar realitätsbezogenem Symbol spielen sie die Rolle von Trugbildern in einem Kreislauf von Realitätserzeugung und Symbolproduktion, der als ganzes an die Stelle der Realität tritt. Die beiden ehedem getrennten Pole der Realität und der symbolischen Repräsentation der Realität verschmelzen, nach Baudrillard, durch einen „Kurzschluß". Ihre Sinndifferenz, ihre dialektische Polarität, lösen sich auf. „Wir befinden uns in der Logik der Simulation, die nichts mehr mit einer Logik der Tatsachen und einer Ordnung von Vernunftgründen gemein hat ... Die Tatsachen besitzen keine eigene Flugbahn, sie entstehen im Schnittpunkt von Modellen, so daß eine einzige Tatsache von allen Modellen gleichzeitig erzeugt werden kann ... Alle Interpretationen sind wahr; ihre Wahrheit besteht darin, sich in einem erweiterten Kreislauf auszutauschen, und zwar nach Maßgabe von Modellen, denen sie selbst vorgeordnet sind."[6]

Baudrillard illustriert diese These am Beispiel des Fernsehens, das selber zum Leben der Menschen wird, deren Leben es angeblich nur abbildet.

Die Macht der öffentlich präsentierten und inszenierten symbolischen Welt wächst unter diesen Umständen ins Ungemessene. „Überall dort, wo sich die Unterscheidung zweier Pole nicht aufrecht erhalten läßt, ganz gleich, auf welchem Gebiet (Politik, Biologie, Psychologie, Medien), betritt man das Feld der Simulation und absoluten Manipulation — man ist nicht passiv, man kann vielmehr aktiv und passiv nicht mehr unterscheiden."[7]

Auch in dieser zugespitzten Form trifft die These von der „Agonie des Realen" ein wesentliches, wenn auch analytisch schwer zu fassendes Merkmal der überkomplexen, medienvermittelten politischen und sozialen Realität der heutigen Gesellschaft. Auf vielen Gebieten, keineswegs nur in der Mode, sondern auch bei der Entfaltung der privaten Lebensstile, der öffentlichen

Handlungsformen, läßt sich mehr und mehr beobachten, daß die symbolischen Weltdeutungen nicht nur die Realität vertreten, die anders nicht mehr zu fassen ist, sondern daß sie selber für die Realität genommen werden, an deren Norm und Eigengewicht sich viele Menschen als Maßstab bei der Beurteilung ihrer Welt orientieren. Sie nehmen sie als eigentliche Realität und nehmen sie in ihr Verhalten so auf, daß das, was ursprünglich als Interpretation des Realen auftrat, zur Realität selber wird.

Symbolische Inszenierungen können daher weit mehr sein, als nur die manipulative Überdeckung tatsächlicher Handlungen und Strukturen. Sie gewinnen unter bestimmten Umständen den Charakter der Erzeugung von Realität.

Es kommt hinzu, daß durch die Pluralisierung der Lebenswelten, die voranschreitende Infragestellung aller traditionellen Bindungen und die Schwächung des modernen Ich, das sich an keine verbindlichen Vorgaben mehr halten kann, die Neigung des einzelnen, zu brauchbaren Surrogaten für eine verbindliche Orientierung in der Welt und im eigenen Leben Zuflucht zu suchen, enorm zunimmt[8]. Wenn die Maßstäbe der Orientierung ins Wanken geraten und die Normen der privaten Lebensführung, der politischen Orientierung und der umfassenden Weltdeutung unsicher und unzuverlässig zu werden beginnen und zudem einem für den einzelnen unauflöslichen und schwer zu handhabenden Pluralismus unterliegen, gewinnt die Suggestionskraft und Orientierungsfähigkeit der medienvermittelnden symbolischen Weltdeutung wachsenden Realitätswert.

3. Eine beispielhafte symbolische Inszenierung

Das Interessante an der Lafontaine-Gewerkschaftsdebatte ist die eigentümliche Entgegensetzung, in der sich die Entwicklung des politisch-programmatischen Verhältnisses zwischen DGB-Gewerkschaften und der SPD auf der einen Seite und seiner öffentlichen Wahrnehmung auf der anderen im gleichen Bezugszeitraum bewegten. Es ging bei dieser Debatte und ihrer medienvermittelten öffentlichen Darstellung nicht um Informationen über den tatsächlichen Stand von politischen Diskussionen, Beschlußlagen und Programmperspektiven in beiden Organisationen. Es ging um etwas anderes. Die geheime Tagesordnung bildete die Vermittlung eines bestimmten Bildes der Gewerkschaften und dessen, was die beteiligten liberalen Medien in der Bundesrepublik als „fortschrittliche" sozialdemokratische Politik betrachten. Diese geheime Tagesordnung lieferte die Hauptbotschaft in den Berichten über den Grundsatzstreit Lafontaines mit den Gewerkschaften über die Reduzierung der Arbeitszeit ohne vollen Lohnausgleich und die Flexibilisierung der Arbeitszeit zugunsten längerer Maschinenlaufzeiten. Die Streitfragen selbst fungierten, wie der Verlauf der Debatte und die Art, in der sie geführt und öffentlich vermittelt wurde, demonstrieren, eher als Vehikel für den Transport der eigentlichen symbolischen Botschaft.

Die erste Schlüsselbotschaft dieser symbolischen Inszenierung lautete: Gewerkschaften und Sozialdemokratie können über entscheidende Fragen der Wirtschaftspolitik nicht einmal mehr miteinander reden, sie können nur noch ohne Verständigungschance einander öffentlich bloßstellen.

Die zweite Botschaft war: Oskar Lafontaine ist mit seinem Liberalisierungskurs der Hoffnungsträger einer zukunftsträchtigen Politik der Sozialdemokratie, die allein die Chance der Mehrheitsfähigkeit in unserem Lande hat.

Als dritte Botschaft wurde alsbald kenntlich: Die Gewerkschaften sind unbeweglich an zukunftslose Sonderinteressen gekettet und daher zu einem glaubwürdigen Gemeinwohlentwurf nicht mehr in der Lage.

Aus all dem ergab sich das Resümee dieser Inszenierung wie von selbst: Zukunfts- und mehrheitsfähige Politik der Sozialdemokratie setzt die Distanzierung von der Programmatik und Politik der Gewerkschaften voraus, da diese den eigentlichen Fortschritt hemmen. Lafontaine ist darum der Hoffnungsträger der Sozialdemokratie, weil er der Dompteur der Gewerkschaften ist.

Die Debatte zwischen Lafontaine und der IG Metall wurde als eine Abfolge von Eklats inszeniert, bei der zwei Teilfragen, radikal und so, als machten sie allein den Kern der politischen Konzepte aus, konfrontativ gegeneinander gestellt wurden. Der wirkliche Diskussionsstand und die Beschlußlagen zu den umstrittenen Fragen der Arbeitspolitik spielten bei der Berichterstattung keine Rolle. Eine Inhaltsanalyse der Programme und Diskussionen über die Grundsatzfragen, die mit dem strittigen Arbeitsbegriff am engsten zusammenhängen, zeigt im Gegensatz zu diesem öffentlichen Eindruck aber gerade einen denkbar lückenlosen Konsens. Für den Erfolg der symbolischen Inszenierung war es natürlich unter anderem wesentlich, das Verhältnis zwischen Lafontaines Denkanstößen und den offiziellen sozialdemokratischen Programmpositionen in den betreffenden Fragen nicht allzu eingehend auszuleuchten.

In der öffentlich inszenierten Form des Streites zwischen Lafontaine und den Gewerkschaften spielte auch das Argument eine Rolle, die Arbeitnehmervertretungen seien ihrem Wesen nach nichts anderes als kurzatmige und interessenfixierte Tarifmaschinen zur Maximierung von Gruppenvorteilen, die sich zu einem Entwurf für das Gemeinwohl gar nicht mehr aufschwingen könnten. Schon deshalb könnten die Zukunftsvisionen der Gewerkschaften für einen gesamtgesellschaftlichen Zukunftsentwurf nicht fruchtbar sein.

4. Ein Blick auf die Wirklichkeit

Niemand, der auch nur eine grobe Idee von der Geschichte der freien Gewerkschaften hat, kann überrascht sein, daß ihre aktuellen Programme alles weniger als eine Summierung von Tarifforderungen sind. Es sind respektable Gemeinwohlentwürfe aus der Interessenperspektive der Arbeitnehmer mit einem begründeten Verantwortungsanspruch für das Gemeinwesen als ganzes. Der Unterschied zwischen Parteien und Gewerkschaften in der Bundesrepublik besteht ja nach deren eigenem Selbstverständnis keineswegs darin, daß die Parteien für politische Gesellschaftsgestaltung allein zuständig wären und den Gewerkschaften nur das Arbeitsverhältnis überlassen bleibt. Auch die Einheitsgewerkschaft zielt auf die Gestaltung der Gesellschaft, weil die Lebenslage der Arbeitnehmer und ihre Arbeitsbedingungen durch die Gesamtheit der gesellschaftlichen Lebensverhältnisse geprägt ist. Als Einheitsgewerkschaft, in der Arbeitnehmer unterschiedlicher politischer Färbung ein Interessenbündnis schließen, kann sie freilich nicht selber Instrument der parlamentarischen Durchsetzung ihres Gemeinwohlverständnisses sein. Sie handhabt es vielmehr als Hebel der Einwirkung auf das Handeln der Parlamentsparteien nach Maßgabe der jeweiligen Durchsetzungschancen ihrer Vorstellungen angesichts der programmatischen Festlegungen der unterschiedlichen Parteien.

Nicht die Reichweite des gesellschaftlichen Gestaltungsanspruchs und auch nicht die Differenz von Gruppeninteressen und Interesse des ganzen macht den spezifischen Unterschied zwischen Partei und Gewerkschaft aus, sondern ihre unterschiedliche Funktion im politischen System. Dazu gehört eben auch, daß Parteien ihre Legitimation dadurch empfangen, daß sie Mehrheiten überzeugen, Gewerkschaften aber formalisierten Legitimationsverfahren, die über ihre Mitgliederbasis hinausgreifen, nicht unterworfen sind.

Eine Inhaltsanalyse, die den Entwurf für ein neues Grundsatzprogramm (Irseer Entwurf) und die einschlägigen Aktionsprogramme der SPD sowie die genannten Gewerkschaftsprogramme zur Grundlage nimmt, führt zu einem eindeutigen Bild:

1. Sozialdemokratie und Gewerkschaften teilen bis in die operativen Konsequenzen hinein die politische Perspektive einer sozial und ökologisch verantworteten Industriegesellschaft. Beide wollen — im Gegensatz beispielsweise zur Partei DIE GRÜNEN — die historischen Grundlagen der Industriegesellschaft bewahren und den durch sie ermöglichten Wohlstand mehren. Beide wollen — im Gegensatz zu Neokonservativen und Liberalen — eine umfassende ökologische Umgestaltung der Produkte, der Produktion und des Konsums auf weitgehend demselben Weg der öffentlichen ökologischen Einflußnahme. Beide verstehen die ökologische Investitionspolitik der öffentlichen Hand zugleich als Strategie der Schaffung neuer Arbeitsplätze. Beide verlangen eine qualitative Steuerung der wirtschafti-

chen Entwicklung nach denselben ökologischen und sozialen Gebrauchswertmaßstäben. Differenzen gibt es nur in wenigen Einzelfragen mit Einzelgewerkschaften, beispielsweise bei bestimmten Aspekten der Chemiepolitik.

2. Sozialdemokratie und Gewerkschaften wollen den von Liberalen und Konservativen noch weiterbetriebenen Selbstlauf der Technikentwicklung durch eine soziale Technikgestaltung steuern. Sie lehnen — im Gegensatz zu den Grünen — den Ausstieg aus der technischen Innovation oder ganzen technologischen Forschungsbereichen ab. Sie teilen beide die Auffassung, daß technischer Fortschritt erst dann zu gesellschaftlichem Fortschritt wird, wenn seine Richtung über Bürgerdialoge, Technikfolgenabschätzung, staatliche Technikpolitik und Arbeitnehmermitbestimmung gesellschaftlich entschieden wird. Beide verlangen enge politische Vorgaben für die Genforschung und den Ausstieg aus der Kernenergie mit weitgehend denselben Vorstellungen über Wege und Ziele. Beide wollen den technischen Fortschritt, der gesellschaftlichen Fortschritt in den Lebenschancen der Bürger möglich macht, auf übereinstimmende Weise öffentlich fördern.

3. Beide verfechten bis in die operativen Details hinein dasselbe Programm der umfassenden Demokratisierung von Wirtschaft und Gesellschaft. Im Unterschied zu Konservativen und Liberalen sehen beide in der Wirtschaftsdemokratie einen Selbstzweck, weil sie allein der Würde und dem Selbstbestimmungsanspruch der arbeitenden Menschen entspräche. Im Unterschied zum grünen Hauptstrom und zur neokonservativen Linie sehen beide in einer auf Rahmenplanung und der Verknüpfung der wirtschaftlichen Entscheidungsebenen beruhenden Demokratisierung das entscheidende Instrument, um ökologische, soziale und technologiepolitische Ziele in einer von privater Kapitalmacht beherrschten Wirtschaft durchzusetzen.

Auf programmatischer Ebene gibt es zwischen ihnen in den Fragen der Rahmenplanung, der staatlichen Verantwortung, der Investitionslenkung, der Mitbestimmung und der Bedeutung des Marktes in sozial definierten Grenzen keine Differenzen. Selbst das vom DGB entwickelte spezifische Instrument der Wirtschaftsdemokratie, die Wirtschafts- und Sozialräte, findet sich in der sozialdemokratischen Vorstellung der Demokratisierung der Wirtschaft wieder. Dem Konzept der Wirtschaftsdemokratie sowohl in den SPD- wie in den Gewerkschaftsprogrammen liegt die Einschätzung zugrunde, daß die neuen politischen „Gattungsfragen" die alte „Klassenfrage" der wirtschaftlichen Entscheidungsmacht nicht gegenstandslos gemacht hat. In beiden Programmen sind daher die qualitativen ökologischen, technologiepolitischen, arbeitspolitischen und sozialen Entwicklungsziele auf das Instrument der Wirtschaftsdemokratisierung bezogen.

4. Auch im Hinblick auf den Arbeitsbegriff, dem zentralen Medium der Inszenierung der Lafontaine-Gewerkschaftsdebatte, sind die spektakulären Dissense, die dafür in Anspruch genommen wurden, in den Programmen und
Beschlüssen von Sozialdemokratie und Gewerkschaften nicht auszumachen.
Beide sehen, daß Erwerbsarbeit und Nichterwerbsarbeit gleichermaßen
Formen gesellschaftlich notwendiger Arbeit sind, die gesellschaftliche Anerkennung und politisches Handeln verlangen. Beide stimmen überein, daß
die Zukunft der Arbeit nur in der Humanisierung und Demokratisierung der
Erwerbsarbeit verbunden mit der Schaffung von Erwerbsarbeitsplätzen für
alle liegen kann, aber ebenso in der zunehmenden gesellschaftlichen Anerkennung bestimmter Formen der Nichterwerbsarbeit, wie Kleinkinderbe-
treuung, Kranken- und Altenpflege, durch soziale Transferzahlungen oder
Anrechenbarkeit in der Rentenversicherung. Auch das Ziel der gleichbe-
rechtigten Aufteilung von Erwerbsarbeit und Nichterwerbsarbeit auf Frauen
und Männer scheint unstrittig. Eine einkommensunabhängige Grundsiche-
rung, wie sie die Grünen fordern, lehnen beide ab.

In den beiden Streitfragen, auf die die Lafontaine-Gewerkschaftsdebatte zugespitzt wurde, der Arbeitszeitverkürzung ohne vollen Lohnausgleich und der
neuen Flexibilisierung der Arbeit, sind die Beschlußlage der Sozialdemokratie und die strategischen Positionen der Gewerkschaften nahezu deckungsgleich. Auf ihrem Münsteraner Parteitag im August 1988 beschloß die SPD
Arbeitszeitverkürzungen mit nach Einkommenshöhe gestaffelten Lohnzu-
wächsen. Bei der Flexibilisierung der Arbeitszeit verständigte sich ihre Pro-
grammkommission auf die Beschränkung der Sonntagsarbeit auf gesellschaftlich unverzichtbare Tätigkeiten und die Ausgrenzung des Samstags aus der
wöchentlichen Regelarbeitszeit.
Auf realpolitischer Ebene sind infolgedessen der Arbeitsbegriff und seine
Zentralrolle für die Zukunft des Fortschritts zwischen Sozialdemokratie und
Gewerkschaften unumstritten. Der öffentlich inszenierte Gegensatz zwischen
Sozialdemokratie und Gewerkschaften hat in deren tatsächlichen Handlungs-
konzepten keine Grundlage. Einige wirkliche Differenzen im Verlauf der Diskussion um das sozialdemokratische Grundsatzprogramm sind ihrerseits eher
auf der Ebene symbolischer Signale als auf der realer Handlungsstrategie an-
zusiedeln. Die Gewerkschafter, die an der sozialdemokratischen Programm-
arbeit Anteil hatten, beanspruchten einen symbolischen Vorrang der Erwerbsarbeit, um deren möglicher politischer Abwertung entgegenzuwirken. Andere
Programmatiker verfochten eine Aufwertung der Nichterwerbsarbeit zugunsten der Frauengleichstellung und eines verbreiteten Wertwandelns im Verständnis von Erwerbs- und Eigenarbeit.
Aus diesen unterschiedlichen symbolischen Akzentsetzungen wurden
von beiden Gruppen jedoch auf der Handlungsebene keine divergenten
Schlußfolgerungen gezogen.

Dieser substantielle politische Konsens hat in der Lafontaine-Gewerkschaftsdebatte so gut wie keinen Niederschlag gefunden. Selbst bei den beiden Hauptkontroverspunkten zwischen Lafontaine und den Gewerkschaften bestimmte in der öffentlichen Inszenierung nicht das, was wirklich gesagt wurde, die Debatte, sondern das, was an überschießender Bedeutung und geheimer Absicht darin vermutet wurde. Im ironischen Gegensatz zur Heftigkeit der Kontroverse, die jedesmal als solche die Hauptnachricht in der öffentlichen Inszenierung zu sein schien, blieb bei genauer Analyse oft unklar, worum sich die Debatte eigentlich dreht. Lafontaine hatte anfangs die Frage gestellt, ob eine Umverteilung von Einkommen innerhalb der Arbeitnehmerschaft zugunsten neuer Arbeitsplätze durch einen teilweisen Verzicht auf Lohnerhöhungen möglich sei. Im Verlaufe der Kontroverse hat er dieses Verlangen ausschließlich auf die oberen Einkommensgruppen bezogen, an deren Beginn hatte er keine ausgearbeiteten Vorschläge vorgelegt. Da auch die Gewerkschaften einen Sozialbeitrag der besser Verdienenden, wenn auch nicht in Form von direktem Lohnverzicht, sondern zugunsten öffentlicher Zukunftsinvestitionen, nicht abgelehnt hatten, entspricht auch in dieser Detailfrage die Dramatik des auf einen Titanenkampf zwischen Steinkühler und Lafontaine zugespitzten Streits keiner Differenz in der Sache, sondern ausschließlich spezifischen Bedürfnissen der Inszenierung symbolischer Politik.

Nicht anders verlief die Auseinandersetzung um die Sonntagsarbeit. Auf dem Parteitag der SPD in Münster im August 1988 hatte Lafontaine bemerkt, bestimmte soziale Dienste könnten künftig die Ausweitung von Sonntagsarbeit verlangen. Im Zusammenhang mit seiner anderen Äußerung über die Entkoppelung von Maschinenlaufzeiten und Arbeitszeiten und im Lichte seiner publizistischen Rolle als Dompteur der Gewerkschaften, die ihm mittlerweile in der symbolischen Arena schon auf den Leib geschrieben war, erschien das als Frontalangriff auf die Sonntagsruhe und die arbeitsorientierte Arbeitszeitpolitik, die Eckpfeiler der gewerkschaftlichen Arbeitspolitik sind.

Als Fazit der inhaltlichen Positionsvergleiche bleibt die Feststellung, daß die Bandbreite der Diskussion um die einschlägigen Zukunftsfragen innerhalb von Sozialdemokratie und Gewerkschaften durchweg größer ist, als die Distanz zwischen ihren Mehrheitslinien. Die Zukunftsforen der IG Metall und die Programmwerkstätten der SPD in den Jahren 1987 und 1988 mit denselben Themen, Referenten und Ergebnissen runden dieses Bild verblüffend eindeutig ab. Natürlich gibt es auch Dissense in Umsetzungsfragen. Sie beziehen sich aber gerade nicht auf die Kontroversen, die den Stoff für die Inszenierung des großen Konfliktes hergegeben haben.

5. Medien und Akteure in der Arena symbolischer Politik

Eine Inszenierung von der Größenordnung der Lafontaine-Gewerkschaftsdebatte in der Arena symbolischer Politik ist freilich kaum möglich, wenn ihr nicht auf der Ebene realer Politik ein Minimum überprüfbaren Wahrheitsgehaltes zukommt. Im vorliegenden Falle handelt es sich dabei offenbar um ein gewisses Zusammenspiel Lafontaines und spezifischer Informationsverarbeitungs-, aber auch politischer Interessen einzelner Medien, vor allem des „Spiegel". Lafontaine präsentierte Themen oder Fragen, die ihm am Herzen lagen, in Eklatform, weil er davon ausging, daß sie nur auf diesem Wege öffentliche Aufmerksamkeit finden und Diskussionen auslösen würden. Die betreffenden Medien haben Lafontaines Stichworte nach Maßgabe der sogenannten „Nachrichtenfaktoren" ausgewählt, verarbeitet, dramatisiert und aufgebläht, die ohnedies die Auswahl von Informationen als Kriterien erfolgreicher öffentlicher Berichterstattung stets bewußt und unbewußt lenken.

Winfried Schulz hat elf Nachrichtenfaktoren herausgearbeitet, die als Selektionsmechanismen bei der Bearbeitung von Realität durch die Medien dienen[9]. Ihnen liegen wiederum Einschätzungen der Medien über die Interessen und Neigungen ihres Publikums und damit zugleich über die Bedingungen ihres fachlichen und wirtschaftlichen Erfolgs zugrunde. Ein Blick auf diese Nachrichtenfaktoren zeigt, daß die Inszenierung der Lafontaine-Gewerkschaftsdebatte geradezu als Paradefall für die Konstruktion einer idealen Nachricht gelten kann, während eine Untersuchung des tatsächlichen Verhältnisses der Programmkonsense von Sozialdemokratie und Gewerkschaften im geraden Gegenteil dazu den Modellfall eines Sachverhalts darstellt, der nach diesen Gesetzen keine Nachricht wert ist.

Die Nachrichtenfaktoren bestimmen, was Medien für ein interessantes Ereignis halten, ebenso wie die Form seiner Bearbeitung für die öffentliche Präsentation. Sie sind Formen der Selektion und der Konstruktion der Wirklichkeit, mit denen sich die Medien ihrer eigenen Auffassung zufolge zum Instrument des Interesses ihrer Konsumenten und damit erst zu dem machen, was sie allein ja sein wollen, erfolgreiche Informationsvermittler.

Die „Nachrichtenfaktoren" sind[10]:

1. *Dauer:* Ein Ereignis wird eher als Nachricht weitergegeben, wenn es sich innerhalb der Erscheinungsperiode des Mediums ereignet und von kurzer, eingrenzbarer Dauer ist.

2. *Relevanz*: Geschehnisse werden bevorzugt, die Konsequenzen für den Leser besitzen und direkte Auswirkungen auf seine Existenz haben.

3. *Nationale Zentralität*: Informationen aus Nationen mit hohem Wirtschaftspotential und hoher politischer Macht haben Vorrang.

4. *Persönlicher Einfluß*: Ereignisse, an denen politisch mächtige Personen beteiligt sind, werden besonders beachtet. Das gilt insbesondere für national und international bekannte Politiker.

5. *Überraschung*: Unvorhergesehene, unvorhersehbare und seltene Ereignisse werden besonders dann berücksichtigt, wenn sie Bestandteil des vertrauten und erwarteten Geschehens sind.

6. *Struktur*: Eindeutige Ereignisse mit geringer Bedeutungsvielfalt werden eher wahrgenommen als mehrdeutige.

7. *Konflikt*: Politische Ereignisse werden bevorzugt, in denen ein aggressives Verhalten und Handeln zum Ausdruck kommt.

8. *Kriminalität*: Geschehnisse mit rechtswidrigen Handlungen gegenüber gültigen Gesetzen gelten als besonders interessant.

9 *Schaden*: Ereignisse, in denen Personen- oder Sachschäden vorkommen, werden begünstigt vermittelt.

10. *Erfolg*: Vorteilhafte Geschehnisse auf politischem, wirtschaftlichem, sozialem und wissenschaftlichem Gebiet finden Interesse.

11. *Personalisierung*: Besonders beachtet werden Informationen, die handelnde Personen erwähnen, die dem Leser eine Identifikationsmöglichkeit bieten. Die dargestellte Person muß Mittelpunkt oder handelndes Subjekt der Ereignisse sein.

Offenkundig bot die Inszenierung des Lafontaine-Gewerkschaftskonflikts ganz im Gegensatz zu einer Information über die strategischen Handlungsabsichten von Sozialdemokratie und Gewerkschaften eine vorzügliche Übereinstimmung mit den Nachrichtenfaktoren, und zwar gerade mit der Mehrzahl der gewichtigsten unter ihnen. Die Nachrichtenfaktoren erweisen sich im Hinblick auf die Möglichkeiten symbolischer Politik als ambivalent. Sie legen nämlich den politischen Akteuren, die sie kennen und beherrschen, nahe, das eigene Handeln von vornherein auf sie hin zu entwerfen, um kalkulierbare öffentliche Wirkungen zu erzielen. Soweit sich sehen läßt, spielte das Interesse Lafontaines an der Öffentlichkeit seiner Themen und einer bestimmten gewerkschaftskritischen Form der Debatte mit dem Interesse der Medien an ihrer informationellen und politischen Verwertung zusammen. Die optimale Medienverwertbarkeit der Thematisierungen und die symbolisch-politischen Absichten der öffentlich inszenierten Kontroverse des Akteurs und der primär beteiligten Medien waren weitgehend parallel. Der überraschende, personalisierte Konflikt auf einem Feld, das die meisten unmittelbar angeht, und Personen von hohem Nachrichtenwert einschloß, lieferte zwar im Hinblick auf die tatsächlichen Positionen von Sozialdemokratie und Gewerkschaften ein irreführendes Bild, erfüllte aber in idealer Weise die Bedingung der Medienaufmerksamkeit.

Damit war verbunden, daß sich die Kontroverse in ihrer öffentlich inszenierten Form vorzüglich eignete, um den Mythos eines gegen den Gewerkschaftsdinosaurier kämpfenden einsamen Fortschrittshelden zu produzieren, der allein gegen eine Welt von Vorurteilen, Unkenntnis und Trägheit ankämpft. Einige Medien, die diese Inszenierung vor allem besorgten, so in erster Linie wiederum der „Spiegel", verfochten dabei offensichtlich zugleich das politische Eigeninteresse, mit dieser symbolischen Inszenierung zu suggerieren, daß letztlich nur ein Zusammenwirken von FDP und SPD gegen die borniere Beharrungsmacht der Gewerkschaften und die Traditionstruppen in der SPD fortschrittliche Politik ermöglicht. Dem entspricht es, daß dieselben Medien schon zuvor gelegentliche Begegnungen zwischen dem stellvertretenden Vorsitzenden der FDP, Dietrich Genscher, und Lafontaine mit der als Information präsentierten Spekulation verknüpft hatten, hier bahne sich die Neuauflage der sozialliberalen Koalition an.

Angesichts einer solchen Gemengelage von Intentionen und Wahrnehmungen der beteiligten Akteure und Medien bei der Inszenierung eines Ereignisses in der Arena symbolischer Politik ist die Frage nahezu unentscheidbar, wer wen für welche Zwecke dabei instrumentalisiert hat oder in welchem Maße nur schlicht die Selektionsmechanismen der Informationsaufbereitung in den Medien wirksam waren, um den symbolisch-politischen Effekt hervorzubringen. Lafontaine erschien in diesen Inszenierungen als der sozialdemokratische Politiker, der vorurteilsfrei, mutig und ungebunden über die zentralen Zukunftsfragen des Gemeinwesens öffentlich nachdenkt. Die Neuauflage der sozialliberalen Koalition bot sich wie von selbst als das naheliegende Instrument eines zukunftsfähigen Reformbündnisses an. Teile der SPD und der Gewerkschaften konnten nebenbei als Fußkranke eines industriefreundlichen neuen Fortschritts dargestellt werden. Und ein führender sozialdemokratischer Politiker spielte die Rolle des Kronzeugen.

Dabei ist kaum zu durchschauen, ob diese Absichten erst deutlich und forciert wurden, nachdem sich die Entwicklung der Kontroverse anhand der Nachrichtenfaktoren dazu anbot oder ob die Form der Berichterstattung selber schon ein Resultat dieser Intention gewesen ist. Es ist auch nicht eindeutig feststellbar, in welchem Maße solche Intentionen bewußt verfolgt werden oder sich das Bild der Wirklichkeit, das ihnen entspricht, durch die Art der Berichterstattung den Betrachtern nur aufdrängt. Jedenfalls bietet diese Form der Inszenierung symbolischer Politik jedem, der mit ihr umzugehen weiß und die Gesetze, nach denen sie funktioniert, zu handhaben versteht, ein erfolgversprechendes Instrument der Beeinflussung von politischen Interpretationen des eigenen Bildes in der Öffentlichkeit.

Sie dient nicht der Information über wirkliche Strukturen, Vorgänge und Akteure, sondern erzeugt ihrerseits Urteile, Einstellungen und Handlungsbereitschaften, die so nicht zustande kämen, wenn eine authentische Information über die wirklichen Zusammenhänge erfolgt wäre. Insofern schlägt symbolische Politik dieser Art im Sinne Baudrillards unmittelbar in Realität um, da sie ein sinnhaftes Bild von der Welt produziert, das Orientierungsmuster, Wertorientierung und Handlungsabsichten der Betrachter hervorbringt. In der Lafontaine-Gewerkschaftsdebatte entstand auf diese Weise eine öffentliche Sicht der Hauptakteure, der Gewerkschaften und eines Teils der SPD, das wenig mit der Realität ihrer tatsächlichen Handlungsabsichten und Programme zu tun hat, aber viel mit den bewußten oder unbewußten Intentionen der symbolischen Inszenierung eines politischen Konflikts.

Anmerkungen

1 *Murray Edelman*, Politik als Ritual. Die symbolische Funktion staatlicher Institutionen und politischen Handelns, Frankfurt 1976, S. 2 (Dieses Buch basierte auf zwei Texten des Autors aus den Jahren 1964 und 1971).
2 a.a.O., S. 4
3 a.a.O., S. X
4 *Jean Baudrillard*, Agonie des Realen, Berlin 1978
5 a.a.O., S. 8
6 a.a.O., S. 30/31
7 a.a.O., S. 51
8 *Peter Berger* u.a., Das Unbehagen in der Modernität, Frankfurt
9 *Winfried Schulz*, Die Konstruktion der Realität in den Nachrichtenmedien, Freiburg u. München 1976
10 Zitiert nach: *Klaus Overhoff:* Die Politisierung des Themas Kernenergie in den Medien, Regensburg 1984, S. 38-43

Harry Pross

„Die Medien": Ritualismus als Droge

… jede Partei versuchte, diese „Schlagbilder" der kosmologischen Sensation in den Dienst ihrer Sache zu stellen.
Aby Warburg, 1919, Die heidnisch-antike Weissagung in Wort und Bild zu Luthers Zeiten

I.

Riten nennen wir *wiederholte* Hinwendungen zu gleichen Inhalten in gleichen Formen. Sie sind *soziale* Einrichtungen, zwischen den *kosmologischen* Rhythmen der Natur und den *biologischen* Rhythmen der menschlichen Organismen.[1] Atmen und Verdauen, Wachen und Schlafen verlaufen rhythmisch, und die Ritualisierung der Arbeit begann schon bei Jägern und Bauern mit ihrer Anpassung an die kosmologischen und biologischen Rhythmen ihrer Umwelt.

Heute ist der industrielle *Arbeitsritus* die synchrone Voraussetzung unserer Kultur, und wir wundern uns deshalb nicht, daß die Diskussion über Arbeitszeiten mit Eifer und Beschwörung geführt wird. Der Ritus der Industriegesellschaft ist nicht weniger als das religiöse Ritual darauf aus, bestimmte soziale Akte bestimmten Zeitabschnitten zuzuweisen und die Angehörigen der Gesellschaft zu gleichzeitiger Präsenz zu zwingen. Soziale Einheiten konstituieren sich durch ihre Riten, wie wir selbst an Paaren, Familien, Firmen, allerlei Gruppen, an Kirchen und Nationen, zunehmend an den symbolischen Anlässen eines „Weltsyndikats" (Alfred Weber) in Gestalt von „Gipfeltreffen", UNO-Deklarationen, Weltmeisterschaften, Olympiaden und dergl. feststellen können.[2]

Die Wiederholung des Gleichen in ritualisierten Abläufen bringt Verläßlichkeit in die Unsicherheiten der subjektiven Lebenszeit. Der Psychologe Abraham Moles spricht von der „praxeologischen Routine" der Alltagsriten; aber der Philosoph Ernst Cassirer hat in seiner Kritik des Nazistaates auch darauf hingewiesen, daß nichts besser imstande sei, individuelle Verantwortung einzulullen, als der monotone Vollzug gleicher Riten.[3] In diesem Zusammenhang wäre an den Kampf aller Reformatoren, insbesondere Zwinglis, gegen die Praxis der katholischen Liturgie und ihres Klerus zu erinnern, überhaupt an die Verweigerung ritueller Praxis durch Dissidenten. Sie bringt in aller Regel neue Riten hervor.

Die Störung organischer Rhythmen wie der täglichen Routine verunsichert den einzelnen, weil sie die gedankliche Vorwegnahme behindert und uns von unseren jeweiligen kurz- oder längerfristigen Zielvorstellungen abbringt. Je differenzierter die subjektive Lebenszeit aufgeteilt ist, desto größer die Irritation.

Wer sich „nur" nach den Jahreszeiten und dem Wetter einrichtet, kommt nicht so leicht außer Takt, wie ein Mensch, dessen Terminkalender seinen Status bestimmt. Der Würdenträger unserer Tage könnte „Seine Wichtigkeit" heißen, mit dem Terminkalender als Heiligem Buch. Wird der Ritualismus zu weit getrieben, treten beim Einzelnen Herzrhythmusstörungen, epileptoide Anfälle, Infarkte und Psychosen auf. Insgesamt darf man wohl sagen, daß offene und verdeckte Depressionen und die Hypochondrie als Volkskrankheiten dort vorkommen, wo der Ritualismus von der energiesparenden Wohltat zur Plage wird — wo er die subjektive Lebenszeit der Vielen zerstückelt und auffrißt. Terminzwänge verstellen die Zukünfte. Ausweglosigkeit statt Ortslosigkeit (Utopie).[4] Die nordalpine Variante der europäischen Kultur ist dabei ungleich gefährdeter als der Süden. Die unglückselige Erfindung der Taschenuhr wurde im Norden gemacht, hier auch der ursprünglich alexandrinische Kalender von seiner kosmologischen Funktion auf die Terminierung von Tageszeiten, Stunden, Minuten und neuerdings Sekunden differenziert. Goethes terroristische Glocke, die das Kind einholt, das „nicht zur Kirche sich bequemen" wollte, ist längst von profaner Pünktlichkeit überholt, die liturgische Terminierung von den Klöstern über das Militär in die Wirtschaft und damit in das Privatleben aller eingedrungen.[5]

Mit den *Zeit-Toleranzen* hat sich die Toleranz im Umgang verändert. Rückfälle in ekstatische Primitivrhythmik folgen aus den Strapazen des sozialen Ritus, können aber den Verlust an Gelassenheit, Geduld und Duldung nicht ausgleichen. Sie sind zwanghafte Konsequenz, nicht frei ... Der erbarmungslose Takt des elektronischen Zeitalters äußert sich in den zuckenden Leibern und Lichtern in der Disco als rhythmische Ansteckung. Dabei unterdrückt die Lautstärke der Musik die Sprechfähigkeit, so daß eine Art vorfabrizierter Mystik entsteht: Versenkung in das Kollektiv als Lärm. „Partizipation" (= Teilwerdung) als Außersichsein.

II.

Derselbe „Ticker" bestimmt die periodische Berichterstattung. Sie interpretiert das *kalendarische Ritual* in Presse, Radio und Fernsehen von Woche zu Woche, von Tag zu Tag und von Stunde zu Stunde. Journalisten sind im industriellen Arbeitsritus Angestellte mit dem Zweck, eine „Weltlehre" zu vermitteln. Sie heben aus der Fülle der Ereignisse einige hervor und übersetzen sie durch Sprache und Bild in die spezifischen Zeichensysteme der Medien. Wie das im einzelnen geschieht, hängt von den technischen Gegebenheiten ab.[6]

Wie überall, wo es um *Interpretation, also um Auslegen geht, bestimmt eine jeweilige Hierarchie der Werte auch im Journalismus die Hierarchie der Interpreten. Da gibt es mehr und weniger „eingeweihte", solche, die nur „Vertrauliche Korrespondenzen" für maßgebliche Kleingruppen edieren, solche, die bei „großen Anlässen" vom Veranstalter geladen, solche die zeitlebens mit den kleinen und kleinsten Gelegenheiten fürlieb nehmen müssen. Solche, die nur das Medium verkäuflich machen, und solche, die das Ohr der Mächtigen haben, und nur zu gut wissen, was jene gern hören.

Nach den Verfassungsgrundsätzen, die sich letztlich von Menschenrechten, nicht von *Mächtigen*rechten, herleiten, sollte die *Hierarchie der Interpreten* der *Hierarchie der politisch Handelnden* gegenüberstehen. Stattdessen ist sie mit ihr verwoben durch Mitgliedschaften, ideologische Gemeinsamkeiten und Umgang. Im Grunde hat sich in dieser Hinsicht an der Liaison der Hierarchien nicht viel geändert. Wie im Mittelalter die Äbte und Bischöfe mit den Standesherren gemeinsame Sache hatten, die kleinen Mönche und Pastoren mit dem Dienstadel, so auch die großen Journalisten mit den großen Machthabern, die kleinen mit den kleinen. Nur haben sie keine gemeinsame Kirche; aber selbst das ist bei der Rolle des Gesangbuches in der deutschen Politik nicht auszuschließen.

Ein humanistischer Journalismus muß sich einen festen Punkt außerhalb der konfessionellen Beziehungsnetze suchen, in denen er gefangen ist. Er soll nach den Menschenrechten der Millionen Einzelner fragen, nicht nach den Privilegien der wenigen, die über Medien verfügen, um die anderen sich zugänglich zu machen. Rechnete man die Stunden zusammen, die Fernsehteilnehmer und Zeitungsleser von ihrer subjektiven Lebenszeit abgaben, um sich mit einem Thema lesend, schauend und zuhörend zu beschäftigen, käme dennoch eine Größe zustande, die in keinem Verhältnis zum Anlaß steht.

Dies Verhältnis scheint mir die ethische Frage des Journalismus schlechthin. Ist das Mitgeteilte die Stunden wert, die alle Empfänger zusammen aufbringen, um es wahrzunehmen? Es geht von ihrer Lebenszeit ab, die unersetzlich ist. Der Publizist sollte sich fragen, ob sein Wort, ob sein Bild, seine Sequenzen den Zeitaufwand der Millionen Einzelmenschen wert sind, wohlwissend, daß nicht Wort und Bild es sind, die ihm ihre Aufmerksamkeit zuwenden, sondern das Ritual, dem sie *und* er unterliegen.

III.

Die Medientechnik ist durch Jahrtausende immer dahin gegangen, den Signalaufwand des Mitteilenden für seine einzelne Mitteilung zu verringern: In kürzerer Zeit über weitere Räume zugleich mehr Leute zu erreichen, ist das technische Prinzip. Dieses Prinzip der „Signalökonomie"[7] hat dahin geführt, daß immer kostspieligere Investitionen für die Mitteilenden und mit der Elektrifizierung des Nachrichtenverkehrs auch für Geräte des Empfangs nötig wurden. Hitlers billiger „Volksempfänger" verdeutlicht, wie man Leute zugänglich macht, die man als Einzelne nicht erreichen kann: Versammlung mittels Radio.

Im Augenblick erleben wir die Anstrengungen der einschlägigen Industrie und ihrer politischen Vertreter, uns davon zu überzeugen, daß wir neue Geräte anschaffen sollen, um unseren seelischen Haushalt den Betreibern zugänglich zu machen. Deren Signalaufwand verringert sich mit der zunehmenden Zahl der Empfänger. Die Einzelmitteilung wird mit millionenfachem gleichzeitigem Empfang billig im ökonomischen Sinn. Sie wird aber auch kürzer, um den Vorteil des Mediums für den Betreiber voll auszunutzen. Nicht nur die einzelnen Werbespots verkürzen sich zusehends, auch die Sequenzen der übrigen Programme. Filmer, die mit langen Sequenzen arbeiten und ihrem Publikum Zeit zur Reflexion lassen, passen nicht in das System, wie Heinrich Heines hintergründige Betrachtungen nicht in die französischen Journale seiner Zeit passen wollten. Sie würden auch in die heutige „Augsburger Allgemeine" nicht mehr passen.

Die Interpretation des Kalenders stellt die Journalisten unter ihr ureigenstes *Gesetz der Aktualität*. Wie im religiösen Ritus bestimmte Handlungen nur dadurch sakral sind, daß sie zu bestimmten Zeiten vollzogen werden und zu anderen Zeiten nicht, so sind im journalistischen Ritus nur die unabgeschlossenen, die in actu befindlichen Ereignisse „fit to print", das, was „los ist", nicht das Ab- und Festgelegte. Nur sie kommen ins Blatt, ins Radio, ins Fernsehen und erhalten dort Raum und Zeit nach dem Werturteil ihrer Interpreten. Sind sie dort aufgezeichnet, werden Personen und Ereignisse zeitgeschichtlich faßbar und haben eine Anwartschaft auf die Interpretation von Zeugnissen der Vergangenheit, die man Geschichte nennt.

Andererseits ragen die Daten der jeweiligen Geschichtsschreibung in die Aktualität hinein und verdrängen Gegenwärtiges zugunsten der Rückbesinnung in parteilicher Absicht: Man versucht, etwas Akutelles aus der Vergangenheit herauszuholen und läßt weg, was nicht „in die Zeit" der Veröffentlichung „paßt". Dabei tut sich der Wortjournalismus leichter, weil er sich im fortlaufenden, nach vorne offenen Diskurs der Sprache bewegt, während der Bildjournalismus die immer abgeschlossenen und nur für sich stehenden Bilder zur Verfügung hat. Sie bedürfen zudem in aller Regel sprachlicher Auslegung. Wir nennen etwas aktuell, was in actu, also unabgeschlossen ist. Das träfe auf die gesellschaftlichen Zwänge zu: sie sind stark ritualisiert, d.h. in wiederholter Anwendung unabgeschlossen, prozessual. Die Meßlatte für Abgeschlossenheit, die aus einem Vorgang ein Faktum, ein Gemachtes macht, ist die Zeitrechnung. Die periodischen Medien interpretieren den Kalender von ihrem Erscheinungsdatum zum nächsten.

Als aktuell gilt, was dazwischen bekannt wird, und je kürzer die Abstände der Berichterstattung werden, desto kürzer wird auch der Atem der Aktualitäten. Fakten geraten außer Reichweite. „*Terminzwang und Signalökonomie*" zerquetschen die Sprache zu einem Code ominöser Bedeutungen.[7] Dem Aktuellen entspricht das Ungefähre seiner Benennung. Man kann noch nicht wissen, „was draus wird". Im Schrein des 20. Jahrhunderts, auf den die Gläubigen glotzen, haust das Orakel, und es wird die Lehre von der Einheit der Welt nie formulieren können, obschon der kosmologische Anstrich die Illusion von der großen Einheit im kleinen Rechteck nährt.

IV.

Aktualität ist also relativ zur Plazierung auf der Zeitungsseite und zur Terminierung im Programmritus von Rundfunk und Fernsehen. Wer terminiert und plaziert, mißt den Mitteilungen eine Wichtigkeit bei, die sie nicht hätten, wären sie nicht auf diese Weise *im kalendarischen Ritus herausgehoben*. Darum ist es auch für jedermann eine mehr oder weniger erfreuliche Unterhaltung, wenn er *vor*kommt.

Der ganze Vorgang gleicht dem der Heiligung profaner Handlungen durch Terminierung, Plazierung im Mythos und bestätigt Hannah Arendts lapidare Bemerkung, daß ein Priester sei, wer mit Ritualen zu tun habe. Sie machen den Starkult der Politiker wie der Entertainer und die Programmänderungen, wenn die Halbgötter des Profisports den Leistungszwang verherrlichen, indem sie freie Konkurrenz vorspielen, oder den Quizmaster, wenn er die Angst vor der Frage zelebriert. Die Angst ist immer aktuell, auch wenn die Frage eher dümmlich sein mag.

Dennoch kann diese Aktualität in Permanenz die Betrachter nicht auf Dauer befriedigen. Sie wird langweilig, weil sich die Bilder immer wieder gleichen. Die Strickmuster, zwei Rechte — zwei Linke, die anschaulich sind, nähren auch die Unzufriedenheit. Langeweile kommt auf. Die aktuellen „Heiligen", die in der „Spannungsindustrie" für das Ganze stehen und „die Einheit" verkörpern, sind nicht ewig, sondern vergänglich. Politiker werden abgewählt oder stürzen, Tennisstars verlieren ihren Platz auf der „Welt-rangliste" (!), Diven altern, kurz und gut: die Aktualität überholt ihre Bestimmungen.

Was dauert, ist das Ritual als Brücke zwischen der Privation der einzelnen Zuschauer und ihrem Bedürfnis, sich zu identifizieren. Christof Schmid, Unterhaltungschef im Bayerischen Fernsehen, hat unlängst (SZ, 30. 9. 87) vermutet: „Wer die Person hat, hat das Programm. Es wäre eine schwierige und lohnende Aufgabe, das Charisma des Entertainers — politische und religiöse Würdenträger durchaus eingeschlossen — zu ergründen. Zu fragen also: Welches sind die Schlüssel zum Herzen der Nation, wie kommt man da hinein? Wie muß man sich darin benehmen? Wie viele haben maximal darin Platz?

Eine eher simple Vermutung sei als Antwort gewagt: Es gehört vor allem Echtheit dazu, eine Übereinstimmung von Person und Sache, verbunden mit den Eigenschaften,die wir uns alle gerne zusprächen — gutes Aussehen, Mut, Gewandtheit in Sprechen und Handeln, Humor, wenn's ernst wird. Personen mit solchen Qualitäten rechtzeitig zu erkennen, richtig zu betreuen und durch angemessene Aufgaben zu binden, ist die schwierigste und wichtigste Arbeit des Unterhaltungsproduzenten."

Das vermutete „Charisma des Entertainers" ist die Maske gleichbleibender Freundlichkeit, die nichts Bedrohliches hat, und dem Bedürfnis möglichst vieler Zuschauer nach Achtung und Beachtung entgegenkommt. Wiederum ein „immer aktuelles" Bedürfnis. Fällt der Unterhalter aus dieser Rolle, läßt er die Maske fallen, „sich drausbringen" etwa durch aktuelle Ereignisse, wird die Grenzscheide zwischen dem Ganzen und den Teilen auch für jene „Partizipanten" wieder sichtbar, die aus ihren subjektiven Mängeln, Leiden, Nöten die Einerleiheit des Teiles mit dem Ganzen wollen und keinen Unterschied machen zwischen Bild und Sache, Maske und Person.

Mit anderen Worten: Der mystifizierte Schwindel fliegt auf: Fragen werden laut. Kritik macht sich geltend, vereinzelt, versteht sich, denn Kritik ist die Form der Auseinandersetzung des Subjekts mit seiner Umwelt, wenn es Kategorien hat:

„Mitfühlend sehe ich
Die geschwollenen Stirnadern, andeutend
Wie anstrengend es ist, böse zu sein"

„Mitfühlend" hat Brecht gesehen, denkend hat er sein Gedicht über die japanische Maske entworfen, die Zeilen montiert, die Frage neu gestellt. So mag es millionenfach gehen, wir wissen es nicht. Kommunikation kommt aus dem Mangel des Alleinseins und soll ihn kompensieren; aber dieser Mangel kann emotional und / oder kognitiv sein.

V.

Das Gebot der Aktualität leitet sich von dem allgemein menschlichen *Bedürfnis* her, Zukünftiges gedanklich vorwegzunehmen, sich einen Plan zu machen, das Handeln zu orientieren, zu *antizipieren:* Sich einrichten auf den Winter, auf den Frühling, auf die rituellen „Großen Ferien" der Industriegesellschaft. Sich einrichten auf Gedenktage, Messedaten, Kongreßdaten, Sportdaten und die nächsten Wahlen. Die Pressevorschau zählte 1988 allein etwa 500 „kulturelle Daten", darunter die Weiberfastnacht in Bonn und die „Große Hengstkörung" in Verden / Aller. Dazwischen liegen der Gedenktag an den Ausbruch des „Großdeutschen Reiches" 1938 und der 50. Todestag Carl v. Ossietzkys. Die „Verdener Aller-Zeitung" und die „Verdener Nachrichten" konnten die Hengstkörung nicht umgehen, das Fernsehen nicht die Weiberfastnacht, und das ganze Ensemble mußte an 1938 erinnern und Auslegungen daran knüpfen. Der gigantische technische Aufwand funktioniert, weil in jedem Einzelnen das Bedürfnis nach Kommunikation lebt, *etwas* zu begreifen, wie der Säugling das Gegenüber der Mutter sucht. Dialogsuche als humane Konstante.[8] Daß sie im Verhältnis „Rede, Rolle, Ritual" verunglücken kann, bewies eindrucksvoll der „Fall" Jenninger.

Die im journalistischen Ritus praktizierte Vorwegnahme folgt selbstverständlich den in unserem Kalender vorgegebenen religiösen Periodisierungen; aber sie geht, seitdem das Kanzelmonopol wiederholter Verkündigung gebrochen ist, weit darüber hinaus: Sie hat außer der Aktualität kein gemeinsames Credo. Die periodische Berichterstattung hat nicht einfach heilige Anlässe durch profane ersetzt, sondern kompensiert den Verlust des einheitlichen Glaubens, indem sie jeglichen Glauben und Aberglauben ins Ritual hineinnimmt.

Die Zeitung, Zeitschriften, Radio und Fernsehen sind nach Ressorts gegliedert, die den unterschiedlichen Antizipationen ihrer Leser und Zuschauer korrespondieren sollen. Sie kanalisieren unterschiedliche Erwartungen und unterschiedliche Vorwegnahmen thematisch und binden damit Interessen in den Ritus ein: Die Zeitung, das Leib- und Magenblatt nämlich, die bunte Pracht am Kiosk, und *das* Radio und *das* Fernsehen (als Mobiliar) verbinden durch Lektüre und Hören und Anschauen die Einzelnen mit dem Ganzen auf dem jeweils vom journalistischen Klerus für aktuell befundenen Stand der Dinge. Im Einzelnen tut das der Sportteil, der den Fußball- oder sonstigen Fan in seiner mehr oder weniger überprüfbaren Kompetenz anspricht und ihn emotional bindet, oder die Theaterkritik, oder das Börsenblatt, Höfers „Frühschoppen", Hans Schenks „Blauer Bock" und andere langjährige Präsentationen von Leitartikeln, Shows, Nachrichtensendungen, Magazinen. Sie entlasten den Alltag, weil jeder Teilnehmer sich dabei potent vorkommen kann, beteiligt und *aufgehoben* im Programmritual. Seine Wichtigkeit im Lehnstuhl der vertrauten Höhle. Kollektivierung in der Privation, im *Glauben* geborgen, einge*weiht* zu sein.

Die Einschaltquoten der Funkmedien hängen wiederum davon ab, zu welcher Tageszeit eine Sendung läuft. Das Programmritual muß sich dem Arbeitsrhythmus anpassen. Es gibt Haupt- und Nebensendezeiten, wie es in der Presse bevorzugte Plätze links und rechts oben und in den Zeitschriften „Aufschlagseiten" und andere gibt. Wie Pastoren um den Hauptgottesdienst, rivalisieren Redakteure um Hauptsendezeiten und Umbruchplätze; wo sie „ihr" Publikum haben für ihren speziellen Beitrag zu einer *Kosmologie der Ungewißheit*. Gerade weil die periodischen Medien nicht beantworten, was der Glauben vorgibt, ist dem Publikum wichtig, immer wieder und möglichst genau über die jeweiligen Leitfiguren und Grundsachverhalte unterrichtet zu werden.

Man weiß im Grunde nicht, was nun eigentlich wichtig wäre, also hält man sich zur gewohnten Uhrzeit an „die Medien". Man weiß nicht, wie die Wirtschaft funktioniert, mehr rational oder mehr irrational, also hält man sich an die Aktienkurse. Man weiß nicht, was Kunst ist und was Kitsch, also hält man sich an den Kritiker, der ungefähr das schreibt, was man sich *vor*-stellt. Man weiß nicht, hat der Minister richtig entschieden, oder ob er überhaupt entscheiden kann, also hält man sich an den Leitartikel der Zeitung oder den Eindruck, den man aus dem Fernseh-Magazin gewinnt. Hauptsache, man hat *etwas*, um sich dran zu halten und nicht *nichts*.

Gewißheit ist nicht vorgesehen, nicht einmal in allen Todesfällen. Deshalb bleiben außerhalb des Rituals der Berichterstattung auch mittelalterliche und heidnische Formen der Vergewisserung erhalten, die ein „aufgeklärtes Jahrhundert" offiziell nicht zulassen kann. Ihnen ist ein sich vergrößerndes Millionenpublikum gewiß, weil die Medientechnologie durch neue Vervielfältigungsverfahren wie Fotokopierer und Video einzelne und kleine Gruppen begünstigt. Die „Laienbewegung" im Journalismus wächst. Die Profession bröckelt ab. Propaganda und Reklame nehmen zu. Neue Journalisten verstehen sich nur noch als Zwischenträger, nicht mehr als Bildner in eigener Verantwortung. Das alles wirkt auf die Deutungen ein. Sie bleiben verschieden. Der Einheit des Bildschirms entspricht auch bei der höchsten Einschaltquote, die durch die Sendezeit rituell vorprogrammiert ist, keine Einheit der Zuschauer, sondern eine Pluralität momentaner Deutungen, die aus der leiblich-seelischen Verfassung einerseits und den übergreifend sozialen Kräften gespeist werden, deren *Medium* jeder einzelne Mensch ist.

VI.

Die Frage nach der Entpolitisierung mittels Symbolik kann also im Bereich der periodischen Medien nicht eindeutig mit „ja" oder „nein" beantwortet werden. Wie alle Rituale integrieren auch die periodisch erscheinenden Veröffentlichungen, ob sie nun auf Papier gedruckt oder über Radiowellen ausgestrahlt werden. Sie versammeln die Aufmerksamkeit auf ihre Mitteilungen. Damit nehmen sie Lebenszeit der ihnen zugänglichen Subjekte in Anspruch. Das ist ein politischer Akt, wie jede Versammlung. Die Macht hat, wer versammeln kann. Wer niemanden dazu bringt, etwas von seiner unersetzlichen Lebenszeit für die gedruckte oder ausgestrahlte Mitteilung abzugeben, hat sowenig Macht wie der Prediger in der Wüste, den niemand beachtet. Autorität entsteht aus Ansehen, Beachtung und Achtung.

Die politische Macht des Mediums liegt in der wiederholten Beachtung, die es findet. Nicht zufällig nennen die Amerikaner Zeitungen, die von vielen immer wieder beachtet werden, „prestige papers". Prestige ist der *Anschein* der Macht und *als solcher* mächtig.

Im politischen Grundkonflikt, Erhalt oder Verlust von Herrschaft, ist Prestige unerläßlich. An Prestigegewinn oder -verlust kalkulieren Politiker ihr Verhältnis zu den Kommunikationsmitteln und den publizistischen Apparaten. Prestige ist aber nicht nur das Brot des Politikers, sondern, wie Alfred Adler herausgefunden hat, auch „das Brot des Neurotikers"[9]. In der Bundesrepublik hat jüngst der Fall Barschel dies in Erinnerung gerufen und reiches Anschauungsmaterial für eine allgemeine Sozialpathologie geliefert. Der Mythos der Republik ist tangiert.[10] Andererseits wirkt das symbolische Instrument der Medien *ent*politisierend durch rituelle Wiederholung privatisierender Themen, die von den Mechanismen der Herrschaftsbewahrung und ihres Wandels ablenken und deren Transparenz verstellen. In diesem Sinne ist die zunehmende *Quantität* von Unterhaltung, Sport, Musik in allen journalistischen Medien eine politische *Qualität,* die zur Stabilisierung bestehender Herrschaftsverhältnisse beiträgt, indem sie Aufmerksamkeit umdirigiert. Das Prestige von Fußballmannschaften, Tennisprofis, Showstars, Diven aller Art entlastet die politischen Akteure in ihrem täglichen Kampf ums Prestige. Im internationalen Vergleich sind Profi-Sportler und andere Angestellte der Unterhaltungsindustrie billiger Vorspann für Prestigegewinn derjenigen Politiker, die sich mit ihnen identifizieren. Sie erreichen ihre politische Klientel über deren private Identifikation mit den Typen, die einer großen Zahl von Einzelnen erlauben, ihre emotionalen Mängel durch Identifikation mit den Meistern, Stars, Helden, Schönsten zu kompensieren. Der Anschein von Gleichheit verbindet Politiker und Bürger über den gefeierten Star, den Fußballkult usw. in der Feier. Sie wird zum Symbol der Zusammengehörigkeit, des gemeinsamen Kampfes und (vielleicht) Sieges — für ein Werk.

VII.

Das Wort „Unterhaltung" hat eine Neigung zum Alimentären als Unterhalt: das Darunterliegende, das uns Halt gibt; Unterhaltszahlung, Unterhaltspflicht usw.. Hier geht es aber nicht nur um aushalten, sondern um elektronisch oder auf Druckpapier hergestellte Art des Konversationsmachens, des unverbindlichen, unernsten Austauschs von Mitteilung und Antwort, das in dieser Technik zwar *vor*geführt, nicht aber mit dem Menschen auf der anderen Seite des medialen, wirtschaftlich und politisch mediatisierten Netzes *ge*führt werden kann.

Für Unterhaltung haben wir eine ganze Reihe anderer Vokabeln. Sie deuten allesamt Nuancen an, die vor allzu enger Auslegung von „Unterhaltung" warnen: Ablenkung, Allotria, Amusement, Jokus machen, Kurzweil, Vergnügen, Zeitvertreib und Zerstreuung. Hertha Sturm hat in ihrer Kritik Neil Postmans Befürchtungen zurückgewiesen, wir könnten uns „zu Tode amüsieren". Spannendunterhaltende Fernsehsendungen machen nach Sturm eher unzufrieden bis erregt-unglücklich, als daß sie befriedigen. Das nährt unsere Zweifel am Gelingen der beabsichtigten Kommunikation.[11]

Prüft man die zitierten Ausdrücke von Unterhaltung auf ihre kompensatorischen Andeutungen, also Ablenkung im Verhältnis zu Lenkung, Kurzweil zu Langeweile, Vergnügen zu Genügen, Zeitvertreib zu Zeiterfüllung und Zerstreuung zu Sammlung — so könnte sich tatsächlich der Verdacht einstellen, daß wir uns eher zu Tode frustrieren, als zu Tode amüsieren. Die ganze Unterhaltungsindustrie, die ja nicht schlecht davon lebt, hat sich als kompensatorisches Element innerhalb der durchrationalisierten Industriegesellschaft herausgebildet und greift weiter um sich.

Sie ist eine Wachstumsbranche, während gleichzeitig die deutlichsten Parameter des gesellschaftlichen Gesamtzustandes negative Tendenzen zeigen: die Zahlen der Gewalttätigen, der seelisch Kranken, derzeit jeder dritte Bundesbürger, der Alkoholiker und anderer Süchtiger, der Aussteiger, der versuchten und gelungenen Selbsttötungen steigen an.[12]

Die Vergnügungssucht in Krisenzeiten ist ein bekanntes historisches Syndrom, und es ist darum nicht erstaunlich, daß sie heute ein beliebtes Unterhaltungsthema ist. Da kann es dann schon einmal vorkommen, daß ein Regensburger Ehemann seiner Frau mit dem Symbol der Gemütlichkeit, dem Maßkrug, den Schädel einschlägt, weil sie lieber die Fortsetzung der Serie „Die letzten Tage von Pompeji" sehen wollte, er aber einen Abenteuerfilm (SZ, 1. 10. 87). Der Streit ums Fernsehprogramm gerät auch, wenn er weniger schreckliche Formen annimmt, leicht außer Kontrolle, weil er geführt wird, um emotionale Defizite der Streitenden zu kompensieren. Die Beliebtheit von Serien reflektiert chronische Mängel, die durch fortgesetzte Spannungszufuhr kompensiert werden sollen.

„Kompensation" meint Entlastung, ganz wie in der Alltagssprache auch. Entlastung ist nicht ein für alle Mal, sondern zeitweilig. Vielleicht war der Totschläger die Wiederholung des Streites leid? Wir vertreiben uns die Zeit oder die Langeweile für eine Weile; aber das hält nicht lange vor. Unterhaltung ist selber zeitweilig, vorübergehend.

Die Mängel zu beseitigen, die das Unterhaltungsbedürfnis beim einzelnen hervorrufen, kann vielleicht dem Seelsorger in geistlicher wie weltlicher Typisierung gelingen, nicht aber dem Unterhalter; ihm gebührt schon Dankbarkeit, wenn es ihm immer wieder einmal gelingt, für Kurzweil zu sorgen. Die Großen unter ihnen waren Fragensteller, wie Chaplin, Grock, Valentin und Karlstadt; aber auch sie waren unzuständig für die Beseitigung von sozialen Dauermängeln.

In diesem Zusammenhang betrachtet, ist die kompensatorische Tätigkeit der Unterhalter eine erhaltende. Sie *versöhnt* die Mängel des Individuums mit den Mängeln sozialer Ordnungen. Auch hier haben sich durch die Jahrtausende die Techniken, nicht aber die Prinzipien geändert. — Es wäre eine hübsche Idee, die Formen der Unterhaltung in den verfeindeten Lagern des letzten

Weltkriegs filmisch einander gegenüberzustellen, etwa Glenn Miller und Za-
rah Leander, Wunschkonzert hier, Wunschkonzert dort usw. —

VIII.

Dieser konservative Zug aller Unterhaltung ergibt sich aus der Möglichkeit,
durch ritualisierte Unterhaltung das Bedürfnis nach Unterhaltung zu steigern.
Indem die Unterhaltung die emotionalen Defizite von Millionen abgespannter
und überspannter Nervositäten durch Spannungszufuhr für eine Weile kompensiert, macht sie auch auf Fortsetzung gespannt. Ob sich etwas wiederholt
und was, wenn schon, ist eine der spannendsten Fragen in der menschlichen
Kommunikation. Etwa der Wiederholungszwang in den Geschlechter-Span-
nungen, die ja deshalb auch zum Unterhaltungsthema Nummer eins geworden
sind. Die Neugier ist eine Form des Vergleichs und eine Frage nach der Abweichung (Voyeurismusproblem, Sensationsgier etc.).

Solcherart gespannt, oder besser gesagt, wiederaufgespannt, wird der
Unterhaltene in die gewöhnlichen gesellschaftlichen Spannungen entlassen.
Nach dem, was er im Fernsehen „geguckt" hat, findet er sie ganz normal.
Seine Konkurrenzbereitschaft ist gestärkt.

Der Bösewicht kann um jede Ecke kommen, oder auch das Glück in Gestalt des Bürovorstehers, der dem oder jenem Star gleicht. Das Leben ist span-
nender geworden, und am Abend kann man ja weiter sehen, Fernsehen natürlich.

Wenn dieser Effekt millionenfach eintritt, nährt er nicht nur die Unterhaltungsindustrie, sondern auch die anderen Industrien. Ihre Beschäftigten haben in der Freizeit die Produktion mit den Mitteln des Konsums an Unterhaltung fortgesetzt: Indem sie sich unterhielten, haben sie „das System" ihres
Funktionierens unterhalten.

Der ehemalige Fabrikdirektor und Schriftsteller Hermann Broch hat vor
vierzig Jahren im amerikanischen Asyl diesen Mechanismus als „Spannungsindustrie" beschrieben, — ein Ausdruck, den ich Horkheimer / Adornos
„Kulturindustrie" und Enzensbergers „Medienindustrie" vorziehe, weil er zu
den anthropologischen Voraussetzungen „ideologischer Versklavung" nach
dem zweiten Weltkrieg vorstößt: „Es ist durchaus bezeichnend", schreibt
Broch, „daß überall in der Welt, wo Intensivwirtschaftsformen mit ihren un-
geheuren Wettbewerbsspannungen einsetzten, diese (einfach weil der Mensch
nicht mehr spannungslos zu leben vermag) auch auf die Mußestunden übertragen werden; geistig, sozusagen geistig hat dieser Sachverhalt zu der gewaltigen Spannungsindustrie geführt, deren zahmer Vorläufer der Detektivroman
gewesen ist und die als Kino, Radio und Television sich immer noch weiter
ausbreitet, während auf physischem Gebiet der moderne Sportbetrieb mit seinen spezifischen Rekordspannungen hier seinen Ausgang genommen hat.

Und solcherart aus der Wirtschaft entsprungen, wird dieser alle Lebensgebiete, nicht zuletzt auch die Politik durchdringende „Sportgeist" zurück auf die Wirtschaft angewandt und wird hier gleichfalls zur Rekord- und Erfolgsanbetung".[13]

Brochs Niederschrift stammt aus dem Jahr 1948, als der „Kalte Krieg" den imperialen Gegensatz Sowjetunion — USA propagandistisch zum Schicksalsmythos umgedeutet hatte. Ich gehe der politischen Dimension nicht weiter nach, insbesondere nicht der Frage, inwieweit die Strategie der atomaren Abschreckung mit ihren apokalyptischen Visionen inzwischen zur Unterhaltung geworden ist; aber als Perspektive möchte ich die Doppelfunktion von Unterhaltung als Ablenkung und Zerstreuung für den einzelnen in seinen subjektiven Mängeln und als politisch-ökonomische Lenkung und Konzentration zugleich zu diskutieren geben. Kommerzialisierung des Funks, Medienkonzentration, Expansion des Berufssports, Dauerbeschallung können Stichworte dazu sein.

Wenn die Ölvorräte längst erschöpft sein werden, kann „Spannungsindustrie" aus den unerschöpflichen Quellen emotionaler Defizite ewige Profite machen. Der Wissensdurst ist schnell gestillt, der Gefühlshunger bleibt. Derlei Manipulationen zielen auf das Unbewußte und schüren unbewußte Ängste.

IX.

Die Rüstungs*propaganda* spielt mit der Todesangst, indem sie Bedrohung verkündet und die Unklarheit unseres Wissens vom Weltuntergang ausnützt. In der *Reklame* wird die Angst geschürt, nicht sauber genug zu sein und schlecht zu riechen, die Angst vor Statusverlusten, die Angst vor sozialer Aussonderung überhaupt, vor Privation, die Angst vor sexuellem Versagen, die Angst vor dem Nichts auf Raten. Die Angst vor Verlust und die Unsicherheit des Könnens nützt die *Unterhaltungsindustrie* weidlich aus. Sie zehrt ganz allgemein von unseren emotionalen Defiziten. Weit verbreitete Depression füllt die Kassen. Das ist in den 80er Jahren nicht anders als um 1930, aber es ist umfassender organisiert, weil es *ritualisiert* ist. Entzugserscheinungen lassen sich empirisch nachweisen.[14]

X.

Das Spiel mit den kleinen und großen Ängsten ist das Erfolgsrezept der „Spannungsindustrie". Angst ist immer im Spiel, angefangen von der Angst, sich lächerlich zu machen, und ihrer Kompensation durch Schadenfreude über die Verfolgungsängste im Vorabendprogramm und die immer wieder und ausgiebig strapazierte Trennungsangst, die aus dem Zuschauer den Voyeur herauskitzelt bis zu den Ausstattungskatastrophen („Erdbeben", „Flammendes Inferno"), die Hollywood neben die Ausstattungsrevue gesetzt hat. Angst und Paarung — wer fühlte sich nicht „angesprochen", wenn ihm die „Spannungsindustrie" (Hermann Broch) damit kommt.in der Regel löst das Kino die Ängste am Ende wieder auf, damit die Leute wiederkommen; aber eben deshalb müssen die Bilder immer brutaler und geiler werden, um ein zunehmend neurotisiertes Publikum zu halten. Es ist eine offene Frage, wie lange unter der Flut von Wahnvorstellungen und Halluzinationen zur täglichen Unterhaltung die übrigen geistigen Funktionen normal bleiben können. Man weiß, daß paranoide Zustände zu psychopathischen Erscheinungen überleiten; aber vielleicht sind sie schon „normal", wie die unbefangene Selbsteinschätzung als „Fan" (sprich voll aus: „Fanatiker") ja andeutet. Auch die Abkürzung ist symptomatisch.

Die Manipulation geschieht durch Musik, Bild *und* Wort; aber sie wäre weniger affektiv, schiene weniger bedrohlich, wenn wir gelernt hätten, Elemente der Bilder eben als Elemente zu erkennen, statt uns vom Ganzen erregen zu lassen, wenn wir geübt wären, die bildliche Spekulation auf unsere defizitären Zustände gedanklich zu durchdringen. Analyse wäre hilfreich, doch wird Synthese geboten: das andere Erleben, Erlebnis, Anregung, Staccato, Aktion, Illusion. Das Publikum ist reizbar und ablenkbar, weil müde. Die große Angst vor dem eigenen Ungenügen gibt vor, was dem einzelnen scheinbar hilft: der Filmheld, ob im Western oder im Krimi, zeigt, wie man Probleme in einer halben Stunde löst. Pulsbeschleunigung, Zittern, Schweißausbruch.

Entweder den Feinden des Helden, mit dem sich der Partizipant am Ritus unbewußt oder bewußt identifiziert, oder ihm selber bleibt die Luft weg. Sein emotionales Defizit ist für eine Weile kompensiert. Er hat sich unterhalten *lassen;* aber er ist nicht erholt. Tiefsitzende Ängste eigener Unzulänglichkeit im Beruf, im Geschlechtsverkehr, im Umgang überhaupt wurden bestätigt. Die Routine der Anpassung entläßt ihn ein andermal als den ständig Unterlegenen. Die Bilder haften, das Gehörte verweht. So ist für die Selbstbehauptung nichts gewonnen und für die Selbstbeherrschung wäre vielleicht etwas zu gewinnen, wenn der Teilnehmer die Energie aufbrächte, die intelligentere Mitternachtsmesse einzuschalten, wo alles zelebriert wird, was die Routiniers für das Abendprogramm zu anspruchsvoll finden.

Im täglichen Fernsehritual ergibt sich das Paradox, daß die Sendungen, die zur Entfaltung von Individualität und damit zur Humanität verhelfen könnten, denen vorbehalten bleiben, die sich zu später Stunde zur Teilnahme disziplinieren. Während Signalökonomie und Müdigkeit der Millionen die Gesellschaft serienweise auf dem Niveau „Dallas" etcetera integrieren.

XI.

Symptome von *Sucht* nach immer stärkeren Reizen, *Lenkbarkeit statt Erziehung*, der *Schock als Kultwert* sind nur ein paar Stichworte zur Fremdbestimmung subjektiver Lebenszeit durch Fernsehriten und Alltagsrituale. Während Minoritäten von Amerikanern durch Organisationsformen, die unserem öffentlich-rechtlichen System ähneln, sich allmählich der *kommerziellen Ausbeutung ihrer seelischen Defekte* zu entziehen suchen, wird bei uns mit „Neuen Medien" eben diese Ausbeutung gesetzlich sanktioniert. Die nächsten Jahre werden uns mehr davon *ins Haus bringen* und damit dieses uralte Symbol der Geborgenheit vollends entwerten.

Angst macht unfrei und Unfreiheit macht Angst. Das Medienritual, das die Menschen in ihrem sichersten Bereich, zuhause, in die Netze fremder Interessen verwickelt, durchbricht nicht den Kreis von Unfreiheit und Angst. Es schließt ihn fester. Seine Verführung zur Passivität und zur Angst vor selbständiger Teilnahme am öffentlichen Leben ist gefährlicher als die schwachsinniger und brutaler Themen.[15]

Der tägliche Rückfall ins mythische Dunkel ist zum Teil der Bequemlichkeit eines Publikums anzulasten, das Bild und Sache nicht unterscheidet. Es erfordert Anstrengung, Bild und Sache zu trennen. Man muß dann nachdenken und kann sich nicht in dem kitschigen Zustand von Rührung ohne Betroffenheit suhlen, der so angenehm ist, weil völlig unverbindlich, es sei, man überläßt sich der Maschine als Instrument der Egozentrik.

Die Flucht aus der Ratio mit ihren ewigen Trennungen, Unterscheidungen ist bequem. Man braucht den Gedanken nur nicht an sich heranzulassen. Das Halbdunkel zwischen Vorstellung und Wahrnehmung verwischt auch die Grenzen von Wunsch und Erfüllung. Das Bewußtsein trübt sich ein.

Eine *Medienethik* aber muß Ritualismus und „Schlagbilder" gleichermaßen der Vernunft unterwerfen: die Bilder analysieren und das Ritual als sozialen Machtfaktor quasi von außen betrachten. Am Anfang ist eindeutig zu klären, *welche* Parteien die von Warburg so genannte „kosmologische Sensation" in den Dienst *welcher Sache* stellen. Ritualismus als Droge — ein politischer Faktor ersten Ranges.

Anmerkungen

Die Anmerkungen verweisen auf ausführlichere Darlegungen der hier verwendeten Begrifflichkeit

1 *Pross,* Harry: Politische Symbolik. Theorie und Praxis der öffentlichen Kommunikation, Stuttgart u.a., 1974, S. 81 ff., S. 128ff. *Pross,* H. / *Rath,* C.-D. (Hrsg.): Rituale der Medienkommunikation. Gänge durch den Medienalltag, Berlin 1983
2 ders.: Die Spiele und das Weltsyndikat. In: Neue Rundschau, Jg. 91, 1980, H. 3., S.

106ff. Michael *Hofmann:* Medientechnologie, Medienrealität und Kitsch. In: *Pross,* H. (Hrsg.): Kitsch. Soziale und politische Aspekte einer Geschmacksfrage, München 1985, S. 109ff. *Pross:* Die Politik der Spiele im Spiel der Politik. In: Tages-Anzeiger, Zürich, 15. 9. 1988, S. 2

3 *Moles,* Abraham: Rituale der Massenkommunikation im Alltag. In: *Pross,* H. / *Rath,* C.-D. 1983. *Cassirer,* Ernst: Vom Mythus des Staates, Zürich 1949, S. 373.

4 *Pross,* Harry: Zwänge. Essay über symbolische Gewalt, Berlin 1980, S. 71ff.

5 *Wendorff,* Rudolf: Zeit und Kultur. Geschichte des Zeitbewußtseins in Europa, Wiesbaden 1980, S. 246ff. Martina *Schöps,* Zeit und Gesellschaft, Stuttgart 1980, S. 48ff. Hans *Blumberg:* Lebenszeit und Weltzeit, Frankfurt / M. 1986, S. 291ff.

6 *Pross,* Harry: Publizistik, Thesen zu einem Grundcolloquium, Neuwied / Berlin, 1970, S. 22ff; ders.: Fernsehen als Symbolsystem. In: Symbolon NF Bd. 7, Köln 1985, S. 153ff.

7 ders.: Im Zeichen des Blitzes — Der Ritus der elektrifizierten Gesellschaft. In: *Petri,* H. / *Zepf,* I. (Hrsg.): Geht uns die Zeit verloren? Beiträge zum Zeitbewußtsein = Praktische Psychologie Bd. IX, Bochum 1985. Ders.: Terminzwang und Signalökonomie. In: *Petri,* Harald (Hrsg.): Sprache — Sprachverfall — Sprache im Wandel — Was wird aus unserer Sprache? = Praktische Psychologie Bd. X, Bochum 1986

8 *Spitz,* René A.: Vom Dialog. Studien über den Ursprung menschlicher Kommunikation und ihrer Rolle in der Persönlichkeitsbildung, Stuttgart 1976, S. 25. *Doelker,* Christian: Der archaische Mensch im Medienkonsum von heute. In: *Grewe-Partsch,* M. / *Groebel,* J. (Hrsg.): Mensch und Medien, Festschrift Sturm, München 1987, S. 110ff.

9 *Adler,* Alfred: Über den nervösen Charakter, Wiesbaden 1919[2] S. 74.

10 *Pross,* Harry: Vor und nach Hitler. Zur deutschen Sozialpathologie, Olten 1962, S. 162ff. Vgl. *Arnold,* H.L. (Hrsg.): Vom Verlust der Scham und dem allmählichen Verschwinden der Demokratie, Göttingen 1988

11 *Sturm,* Hertha: Die grandiosen Irrtümer des Neil Postman. In: epd Kirche und Rundfunk, 10. 9. 86.

12 *Flechtheim,* Ossip: Ist die Zukunft noch zu retten? Hamburg 1987, S. 195ff.

13 *Broch,* Hermann: Zur politischen Situation unserer Zeit. In: ders.: Massenpsychologie. Schriften aus dem Nachlaß. Hrsg. Wolfgang Rothe, Zürich 1959, S. 383. Vgl. *Brinkmann,* Richard: Zu Brochs Symbolbegriff. In: Litzeler, Paul Michael / Kessler, Michael (Hrsg.): Brochs theoretisches Werk, Frankfurt / M. 1988, S. 35ff.

14 *Wexberg,* Erwin: Der Mensch in der Krise. In: Int. Zeitschrift f. Individualpsychologie, 11. Jg. Nr. 1 (Januar / Februar 1933) S. 124ff. *Bauer,* W. / *Baur,* E. / *Kungel,* B.: Vier Wochen ohne Fernsehen. Eine Studie zum Fernsehkomsum, Berlin 1976. Materialien zu Geschichte und Zukunft des Fernsehens. In: Zoom, 39. Jg. Nr. 3 (5. Februar 1987). Kanalarbeit. Medienstrategien im Kulturwandel. Im Auftr. d. Schweizer Werkbundes hrsg. v. Hans Ulrich *Reck.* Basel / Frankfurt / M. 1988

15 *Lasswell,* Harold D.: The Future of World Communication and Propaganda. In: *Lasswell,* H.D. / *Lerner,* D. / *Speier,* H. (Hrsg.) Propaganda and Communication in World History Vol. III A Pluralizing World in Formation, Honolulu 1980, S. 516ff. *Zingerle,* A. / *Mongardini* C. (Hrsg.) Magie und Moderne, Berlin 1987. *Hofmann,* Michael: Uncommon Sense. Zur Kritik von Öffentlichkeit als demokratisches Idol — Kommunikationswissenschaftliche Bibliothek Bd. II, Mainz 1988

2. Teil
Bilder als Mittel der Identifikation: Feindbilder — Nationale Images — Symbolfiguren — Rollenklischees

Dirk Wendt

Feindbild — Seine biologischen und psychologischen Ursachen

Ein Habicht fliegt hoch über den Hühnerhof. Die Hühner stieben auseinander und suchen Deckung. Dabei hat keines von ihnen je vorher mit einem Habicht zu tun gehabt; sie haben ein „angeborenes Feindbild", ein genetisch vorprogrammiertes Verhalten, das immer dann automatisch (instinktiv) ausgelöst wird, wenn der „angeborene Auslöser" — in diesem Falle die fliegende Raubvogelsilhouette — in ihrer Wahrnehmung auftaucht. Ähnliches können wir bei vielen anderen Tieren beobachten, beispielsweise bei kleineren Fischen mit entsprechenden Raubfischsilhouetten. Lebewesen mit solchen angeborenen Verhaltensweisen haben höhere Überlebenschancen als solche ohne sie; sie stellen eine „evolutionär stabile Strategie" im Sinne John Maynard Smith's (1972) dar.

Auch beim Menschen gibt es angeborene Verhaltensweisen, Atavismen, deren Ursprung wir in unserer phylogenetischen Geschichte suchen müssen, und die teilweise auch heute noch überlebenssinnvoll sind wie beispielsweise eine gewisse Scheu vor großen Tiefen, in die man abstürzen könnte, teilweise aber auch ihren Sinn unter unseren heutigen Lebensbedingungen verloren haben und sich als „Phobien" eher störend bemerkbar machen, wie beispielsweise die Agoraphobie oder „Platzangst". Wenn solche Phobien bei Menschen auftauchen, interpretieren wir sie als phylogenetische Restbestände aus vormenschlicher Zeit, als die Meidung freier Plätze auch für unsere Vorfahren überlebenswichtig sein konnte.

Aus dieser Zeit tragen auch wir noch „angeborene Feindbilder" in unseren Genen mit uns herum, die sich bei manchem von uns in Phobien manifestieren: beispielsweise die Schlangen- und die Spinnenphobie, und Furcht vor „Drachen", von denen wir eine Vorstellung haben, die den früheren Sauriern sehr ähnlich sieht, und das, obwohl sie längst ausgestorben waren, ehe die ersten menschenähnlichen Wesen auftauchten. Es war einfach früher einmal nützlich, Gene mit solchen angeborenen Feindbildern zu haben (Dolezol 1979).

Zurück auf den Hühnerhof. Unter den vielen weißen Hühnern ist ein schwarzes — und das ist das niedrigste in ihrer Rangordnung, auf ihm hacken alle anderen herum, wenn es ihnen zu nahe kommt und Konkurrenz um das Futter machen könnte. Hier haben wir es mit einem innerartlichen Feindbild zu tun: Abgestoßen, weggehackt, an der Ausbreitung und Vermehrung gehindert wird alles, was einem selbst nicht ähnlich genug ist, was also möglicherweise weniger Gene mit einem selbst gemeinsam hat. Auch das ist eine sinnvolle phylogenetische Strategie, es dient dem Erhalt und der Ausbreitung des „egoistischen Gens" im Sinne Dawkins' (1976). Wir können hier eine genetische Wurzel des Rassismus finden, der in der menschlichen Politik und Kriegspropaganda oft eine erhebliche Rolle gespielt hat.

Menschen sind Herdentiere, und Herdentiere haben eine besondere genetische Ausstattung, die den Erhalt und die Ausbreitung ihrer Gene durch Nutzung der Vorteile des Herdenlebens fördern sollen. Darunter sind solche, die Verhaltensweisen bewirken, die uns in rührender Weise als „altruistisch" anmuten, wenn beispielsweise Delphine erkrankte Artgenossen, aber auch vom Ertrinken bedrohte Menschen zum Atmen an die Oberfläche heben, oder wenn Pferde es vermeiden, auf liegende Menschen zu treten. Auch diese Verhaltensweisen dienen dem Überleben des egoistischen Gens, denn im Normalfall ist der Ertrinkende ein anderer Delphin, und der vor den Pferden im Weg liegende Körper ein gefallenes Tier aus der eigenen Herde.

Andere angeborene Verhaltensweisen schützen Herdentiere gegen Bedrohungen von außen: Pferde rücken näher zusammen und stellen sich paarweise nebeneinander Kopf an Hinterteil auf, so daß nach jeder Richtung jeweils das eine ausschauen und das andere auskeilen kann, Vogelkolonien stellen „Wächter" auf, die die anderen warnen, wenn ein Feind sich nähert. Auch diese Verhaltensweisen haben Entsprechungen beim „Herdentier Mensch": Auch wir rücken näher zusammen und vergessen unsere internen Querelen bei Bedrohung von außen, und Politiker wissen diese Tendenz für ihre Zwecke zu nutzen.

Völker sind im Grund übergroße Herden. Normalerweise teilen Herden sich, wenn sie zu groß werden — so halten es die Elefanten wie die Ameisen, die Bienen wie die Gnus. Was dabei „zu groß" ist, bestimmen neben den genetischen auch noch ökologische und ökonomische Umstände. Auch wir tragen diese Tendenz zur Herdenteilung in uns. Sie manifestiert sich gelegentlich als „Separatistenbewegung" und ist den Herrschenden stets ein Dorn im Auge. Dabei haben beide, sowohl die (meistens herrschenden) Zentralisten wie die (meistens von ihnen unterdrückten) Separatisten das Überleben ihrer Art zum Ziel, sie sind sich nur über den Weg nicht einig. In der Regel wollen die Herrschenden (Zentralisten) die an sich natürliche, d.h. genetisch vorprogrammierte Teilung der „Herde" verhindern, und, wie wir gesehen haben, sind sie auch dazu vorprogrammiert. Zur Verhinderung dieser Teilung bedienen sie sich zweckmäßigerweise wiederum genetisch vorprogrammierter Verhaltenstendenzen ihrer Untergebenen, und hier ist besonders beliebt und bewährt die „Bedrohung von außen", die das „Zusammenstehen", der Gruppe so notwendig erscheinen läßt. Für die gegenwärtig bestehenden Ost-West-Konflikte und die damit verbundenen Feindbilder bezweifelt allerdings Frei (1987a, S. 108), „Ost und West ‚bräuchten' ihre Feinde gleichermaßen aus Gründen innerer Herrschaftssicherung". Frei (1987a) sieht hier eher einen Konflikt, dessen Elemente „in den tiefsten philosophischen Überzeugungen wurzeln, in denen die Regierungssysteme in Ost und West gründen".

Nun findet sich nicht immer eine glaubhafte außerartliche Bedrohung, die die angeborenen Auslösermechanismen ihrer Untergebenen aktivieren könnte; also muß im innerartlichen Bereich ein (künstliches) Feindbild geschaffen werden, von dem sie sich bedroht fühlen können. Allerdings reichen in den meisten solcher Fälle die natürlichen Unterscheidungsmerkmale der Menschen nicht mehr aus, um sie als Mitglieder der eigenen Gruppe oder als „Feinde" zu identifizieren, die Gruppen sind sich noch zu ähnlich, als daß die natürlichen innerartlichen Aggressionshemmungsmechanismen — wenn es sie denn gibt — außer Kraft gesetzt werden könnten. Deshalb muß einerseits die eigene Gruppe, andererseits das Bild der Feindgruppe so gestaltet werden, daß sie einander möglichst unähnlich werden.

Fangen wir auf der eigenen Seite an: Wir legen uns Kriegsbemalung, Tätowierungen, und Schmucknarben an Gesicht und Körper zu, ziehen uns Uniformen und stecken uns Orden und Abzeichen an, die nur wir haben, und üben Rituale ein, die nur wir ausüben können oder dürfen. Die nicht zur Gruppe gehörigen müssen so ausgegrenzt werden, daß sie nicht zu unserer Gruppe, Klasse, Rasse gehören, ja im Extremfall gar nicht zur Menschheit: Für die Kolonialherren waren die Eingeborenen „Primitive", die in ihrer Vorstellung vielfach den Tieren näher standen als ihrer eigenen Herrenrasse. Für die Nationalsozialisten waren die Gegner — besonders die aus dem Osten — „Untermenschen", also eigentlich keine Menschen mehr. Solcherlei Ausgrenzungen des Feindes aus der Menschheit sollen es erleichtern, ihn zu töten. Es wird also versucht, aus dem innerartlichen so weit wie möglich ein zwischenartliches Feindbild zu machen, bei dem etwa vorhandene Aggressionshemmungen nicht mehr greifen.

Dieses für innerartliche Auseinandersetzungen benötigte künstliche Feindbild kann nicht mehr wie das zwischenartliche auf Instinkte und angeborene Auslösemechanismen zurückgreifen. Es ist nicht mehr genetisch verankert, sondern muß durch Lernprozesse in den Organismus hineingebracht werden. Dabei bedient sich die Propaganda oder Demagogie der Herrschenden allerdings so weit wie möglich angeborener oder aufgrund vorangegangener Lernprozesse bereits vorhandener Assoziationen, um wirksam sein zu können. Das Feindbild muß so gestaltet werden, daß es möglichst viele abstoßende Assoziationen weckt; auf keinen Fall darf es auf positive Auslöser (wie etwa im Extremfall des „Kindchenschema") treffen. Der „typische Jude" aus dem „Stürmer" im Nationalsozialismus ist ein Beispiel für ein solches Feindbild, ebenso die Asiatengestalt auf dem CDU-Plakat aus der Adenauer-Ära

„Alle Wege des Marxismus führen nach Moskau", ebenso die Deutschen- und Japanerbilder auf den amerikanischen Plakaten aus dem 2. Weltkrieg in Abb. 1.

Plakate und Karrikaturen sind besonders geeignet, grafische „Feindbilder" zu vermitteln; uns ist aber auch eine Notiz des „Stürmer"-Redakteurs Hiemer aus dem Jahre 1936 erhalten, in der er die Redaktion anweist, das Foto eines Juden zu „retuschieren, damit er mieser ausschaut" (Hahn, 1978, S. 178). Aus der amerikanischen Geschichte des 1. Weltkrieges wird uns berichtet, daß bei den Briten „einflußreiche Leute aus allen Bereichen rekrutiert wurden, um zur Glaubhaftigkeit auch der schlimmsten falschen Schreckensgeschichten deutscher Brutalität beizutragen", um die Amerikaner „psychologisch für den Krieg gegen die aggressiven ‚Hunnen' vorzubereiten" (Heffner, 1952, S. 225, übers. v. Verf.).

Wir sind heute in der Lage, die mit einem Feindbild (oder mit einem Bild oder Image überhaupt) bei einem Rezipienten verknüpften Anmutungen, Assoziationen und Konnotationen genauer zu erfassen und seine wahrscheinliche Wirkung teilweise vorherzusagen. Wir können uns dabei sogenannter projektiver Tests bedienen, in denen der Proband seine eigenen Gedanken und Gefühle preisgibt, indem er sie einem anderen — der Projektionsfigur — in den Mund legt, und sogenannter Assoziationsverfahren wie beispielsweise des Polaritätsprofils oder „semantischen Differentials", in dem der Proband die Stärke seiner Assoziationen des Testbildes oder -objekts zu verschiedenen anderen Gegenständen oder Begriffen einschätzt und beurteilt.

Hofstätter (1955) hat dieses Verfahren in den 50er und 60er Jahren im deutschsprachigen Raum eingeführt und ausgebaut und eine Fülle von Anwendungsmöglichkeiten gezeigt. Dabei wird die in Abb. 2 gezeigte Liste von Eigenschaftspaaren mit den dazwischenliegenden Beurteilungsskalen einer Stichprobe von Befragungspersonen vorgelegt mit der Bitte, auf jeder Skala anzukreuzen, welcher der beiden Pole der Skala (d.h. welche der beiden gegensätzlichen Eigenschaften im jeweiligen Paar) dem Beurteiler bei Betrachtung des zu beurteilenden Gegenstandes eher in den Sinn kommt, und in welchem Ausmaß diese Eigenschaft in seiner Vorstellung mit dem Beurteilten assoziiert ist. Es geht dabei weniger um die Erfassung der Bedeutung oder Denotation des Beurteilten, sondern vielmehr um das assoziative Umfeld, die Konnotationen des Gegenstandes oder Begriffs, um das, was bei ihm mit anklingt. Ein Beispiel: Ein Nordländer und ein Südländer haben wahrscheinlich — solange sie gesund sind — beide die gleiche Körpertemperatur von etwa 37 Grad Celsius, und trotzdem werden die meisten Befragten den Südländer auf einer entsprechenden Beurteilungsskala eher etwas mehr zum „heißen" und den Nordländer etwas mehr zum „kalten" Pol der Skala. Erfahrungsgemäß funktionieren solche Beurteilungen nach kurzer Instruktion und Eingewöhnung an diese Aufgabe recht gut, und die aus den individuellen Ankreuzungen der einzelnen Befragten berechneten Durchschnittsprofile, von denen die Abb. 2 zwei zeigt, differenzieren zwischen verschiedenen Beurteilungsgegenständen recht gut.

This is the Enemy   THIS IS THE ENEMY

Abb. 1: Zwei amerikanische Plakate aus dem 2. Weltkrieg (oben),
Juden-Karikatur aus dem „Stürmer", CDU-Wahlplakat aus der Adenauer-Zeit
(unten).

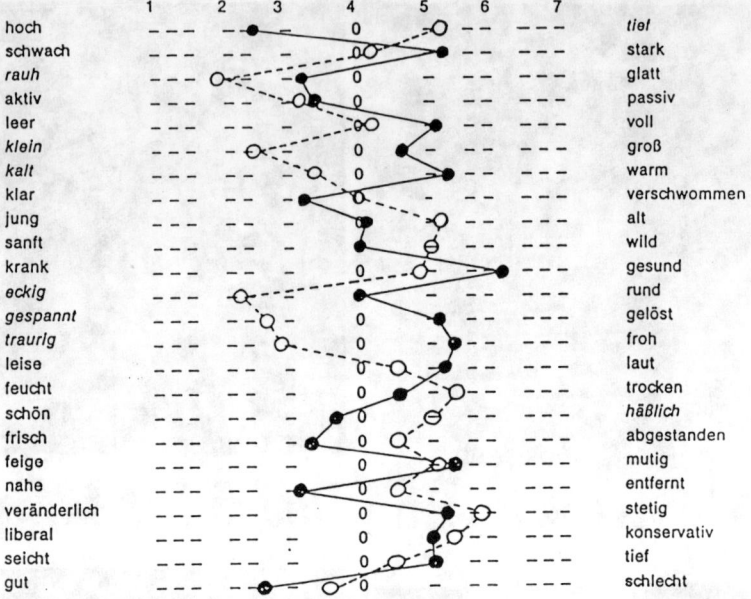

	1	2	3	4	5	6	7	
hoch								tief
schwach								stark
rauh								glatt
aktiv								passiv
leer								voll
klein								groß
kalt								warm
klar								verschwommen
jung								alt
sanft								wild
krank								gesund
eckig								rund
gespannt								gelöst
traurig								froh
leise								laut
feucht								trocken
schön								häßlich
frisch								abgestanden
feige								mutig
nahe								entfernt
veränderlich								stetig
liberal								konservativ
seicht								tief
gut								schlecht

Abb. 2: Zwei Stereotype im Polaritätsprofil: schwarze Punkte = wie der Deutsche den Schweizer sieht, offene Kreise = wie der Schweizer meint, daß der Deutsche ihn sieht.

Mehr noch: Wir können zwischen den mit solchen Polaritätsprofilen beurteilten Begriffen und Gegenständen Ähnlichkeits- und Gegensatzrelationen erfassen, indem wir die entsprechenden Polaritätsprofile miteinander über die Eigenschaftsskalen korrelieren. Hohe positive Korrelationen bedeuten dann, daß die betreffenden Objekte sehr ähnliche assoziative Umfelder haben und sich mit hoher Wahrscheinlichkeit gegenseitig assoziieren, hohe negative Korrelationen bedeuten, daß sie als gegensätzlich empfunden werden. Hofstätter (1955, 1973) hat diese Relationen mit faktorenanalytischen Verfahren weiter ausgewertet und auf diese Weise „semantische Räume" erfaßt, in denen die Beziehungen zwischen den beurteilten Gegenständen und Begriffen räumlich dargestellt werden können; die assoziative „Nähe" oder „Ferne" der Beurteilungsobjekte zueinander wird auf diese Weise anschaulich, wie in Abb. 3 gezeigt.

Dabei sind es auf jeder Seite mindestens drei solche Bilder oder Stereotype, die das Denken und Handeln gegenüber dem Partner bestimmen: Das Bild vom Partner oder Gegner (Hetero-Stereotyp), das Selbstbild (Autostereotyp), und das Bild, von dem man meint, daß der Partner es von einem selber hat („Metabild" bei Frei (1987b), „Auto-Heterostereotyp" bei Hofstätter, „vermutetes Heterostereotyp" bei Schäfer & Six (1978)).

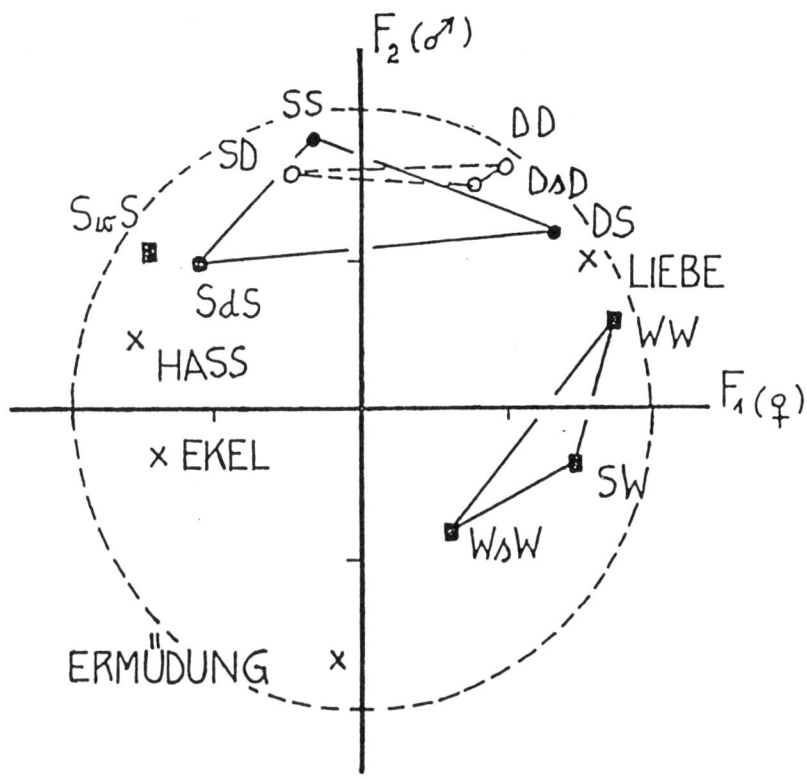

Abb. 3: Die Lage der Stereotype in der Hauptebene des semantischen Raumes: DD, SS, WW = Autostereotype des Deutschen, des (deutschsprechenden) Schweizers, des (französisch sprechenden) Westschweizers; DS, SD, SW = Heterostereotype des Deutschen vom Schweizer, des Schweizers vom Deutschen, des (deutschsprechenden) Schweizers vom Westschweizer; SsS, WsW, DsD, SdS = Metastereotype: wie der (deutschsprechende) Schweizer meint, daß der Westschweizer ihn sieht, der Westschweizer, daß der deutschsprechende Schweizer ihn sieht, usw.

Die Abb. 2 zeigt in den offenen Kreisen das Schweizer-Bild der Deutschen (DS) und in den schwarzen das Metabild (SdS), von dem die Schweizer annehmen, daß die Deutschen es von ihnen hätten; in dem semantischen Raum in Abb. 3 sind außerdem einige Begriffe und weitere Auto-, Hetero- und Metabilder eingetragen, darunter „W" für die (französisch sprechenden) Westschweizer (aus Hofstätter 1973).

Nun haben wir ja erfreulicherweise in unserem Lande seit der Erfindung dieser Verfahren keinen Krieg gehabt, in dem wir sie zur Erfassung von „Feindbildern" hätten ausprobieren können. Wir haben aber aus den Jahren 1942 und 1961 untereinander vergleichbare Gallup-Umfragen aus den USA, in denen dem Bild „der Deutschen" — 1942 Feind, 1961 Partner — bestimmte Eigenschaften zugeschrieben wurden (n. Hofstätter 1967a), z.T. wiedergegeben in Abb. 4

Abb. 4: Das Deutschen-Bild der Amerikaner aufgrund von Gallup-Umfragen 1942 und 1961 (Prozentsätze der Befragten, die die jeweiligen Eigenschaften als charakteristisch ausgewählten).

Relativ konstante Zuschreibungen			Stark veränderliche Zuschreibung		
Eigenschaft	1942	1961	Eigenschaft	1942	1961
hart arbeitend	62	72	kriegslüstern	67	20
intelligent	41	55	arrogant	31	16
fortschrittlich	32	40	grausam	57	13
praktisch denkend	21	27	dünkelhaft	32	10
tapfer	30	24	unzuverlässig	42	9
rechtschaffen	10	24	radikal	23	7
lebhaft, hitzig	25	22	verschlagen	21	7
religiös	17	17	roh	19	2
ordinär	9	12	unwissend	12	2
künstlerisch	8	12			
aristokratisch	8	7			
einfallslos	8	4			
dumm	7	2			
faul	1	2			

	Mittlere absolute Differenz	
5,8 %		23,9 %

Interessant ist daran zu sehen, wie schnell solche Stereotype umschlagen: 1942, während des Krieges, sahen 67 % der befragten Amerikaner die Deutschen als „kriegslüstern" — dies war damals ihre hervorragendste Eigenschaft — während diese im Jahre 1961 mit nur 20 % erst an achter Stelle kommt.

Eine ähnliche Umfrage hat die UNESCO 1950 veranlaßt (Buchmann & Cantrill, 1953, n. Hofstätter 1967 und 1986), bei der Befragungspersonen aus sechs europäischen Nationen zwölf Eigenschaften vorgelegt wurden, nach denen sie ihre eigene Nation, die fünf anderen und „die Amerikaner" beurteilen sollten. Einen Ausschnitt aus den Ergebnissen zeigt Abb. 5.

Wertet man die Ergebnisse mit der gleichen Technik wie die oben beschriebenen Polaritätsprofile aus, so findet man, daß die sechs europäischen Nationen (Deutsche, Briten, Franzosen, Italiener, Niederländer, Norweger) und die Amerikaner selbst sich untereinander in ihren Autostereotypen sehr ähnlich waren (Durchschnittskorrelation Q = 0.74), und daß sich diese auch ihrem Bild von „dem Amerikaner" hochgradig entsprachen (Q = 0.76). Die Bilder, die die Angehörigen dieser sechs Nationen von sich selbst hatten, wa-

Abb. 5: Nationale Auto- und Heterostereotype bei Buchanan & Cantril (1953): Prozentsätze, mit denen die Eigenschaften den Nationen zugeschrieben wurden.

Eigenschaft	Auto-Stereotyp			Deutsches Hetero-Stereotyp		
	Deutsch-land (DD)	Holland (HH)	USA (AA)	USA (DA)	Ruß-land (DR)	Frank-reich (DF)
1. Sehr arbeitsam	90	62	68	19	12	4
2. Intelligent	64	49	72	34	4	22
3. Praktisch veranlagt	53	36	52	45	8	5
4. Eitel	15	14	22	15	3	20
5. Großzügig	11	23	76	46	2	5
6. Grausam	1	0	2	2	48	10
7. Rückständig	2	1	2	1	41	10
8. Tapfer	63	37	66	6	11	7
9. Selbstbeherrscht	12	36	37	11	3	5
10. Herrschsüchtig	10	5	9	10	12	12
11. Fortschrittlich	39	43	70	58	2	7
12. Friedlich	37	68	62	23	5	12

ren auch dem Bild ziemlich ähnlich, das sie sich von „dem Amerikaner"
machten (Q = 0.46), und auch die Bilder, die sich diese sechs Nationen von
„dem Russen" machten, waren untereinander weitgehend ähnlich (Q = 0.78),
aber in deutlichem Gegensatz zum eigenen Wesen (Q — 0.46) und zu dem
„des Amerikaners" (Durchschnittskorrelation — 0.48). Das durchschnittliche
Russen-Bild war damals (1950) vor allem durch die drei Eigenschaften „her-
rschsüchtig", „rückständig" und „grausam" gekennzeichnet, die bei dem
Amerikaner-Bild erst ziemlich gegen Ende der Rangfolge der Eigenschaften
vorkamen. „Wie sehr hier die Aussagen über Volkscharaktere durch die Fron-
ten des sog. ‚kalten Krieges' bedingt werden, ist kaum zu verkennen", kom-
mentierte Hofstätter (1967a) dieses Ergebnis.

Seit diesen Erhebungen sind fast 40 Jahre vergangen, und es ist anzunehmen, daß insbesondere das Russen-Bild der Nato-Länder heute anders aussieht. Es ist durchaus zu erwarten, daß verschiedene ethnische und soziale
Gruppen auch in Friedenszeiten durchaus unterschiedlich beurteilt werden,
und dabei einige eher günstig, und andere weniger vorteilhaft. Würden wir
jetzt die Polaritätsprofile verschiedener Nationen mit dem Polaritätsprofil des
Begriffes „Feind" korrelieren, so könnten wir sogar feststellen, wer bei den
gegenwärtig herrschenden Stereotypen in einer Gruppe für diese am ehesten
als „Feind" in Frage kommt, also dessen Bild in ihrer Vorstellung dem ihres
„Feindes" am ehesten entspricht. Erfreulicherweise gehört es zur gegenwärtig herrschenden Ideologie der deutschen Bundeswehr, *kein* Feindbild zu ha-

ben (Bechtel, 1987, S. 27), und so können wir das dort auch nicht untersuchen.

Nun mag das oben beschriebene Verfahren zur Erfassung von Nationen- und „Feind"-Stereotypen manchem zu plump und direkt erscheinen — der Befragte merkt die Absicht und ist verstimmt, wenn wir ihn bitten, direkt nacheinander Polaritätsprofile für das Bild vom „Feind" und von verschiedenen Nationen auszufüllen. Deshalb empfiehlt sich hier möglicherweise eine indirektere Methode, die Hofstätter (1967a, 1973, S. 76ff, 1980) als „Bildwahl" vorgestellt hat: Statt der Polaritätsprofile werden dem Befragten eine Reihe von Bildern — gezeichnete Karikaturen von Charakterköpfen — vorgelegt mit der Instruktion, bei diesen zu entscheiden, wer von diesen Typen „am ehesten" und welcher „am wenigsten" wie ein Angehöriger einer bestimmten Gruppe aussieht. Wenn man dann aus vorangegangenen Untersuchungen weiß, wie die Polaritätsprofile der vorgelegten Bilder aussehen, kann man dann wie oben beschrieben die Korrelationen ausrechnen, ohne daß der Befragte je direkt Polaritätsprofile ausfüllen mußte.

In ähnlicher Weise können statt Bildern auch Worte verwendet werden, deren Konnotationen im Polaritätsprofil bekannt sind. Hofstätter (1967b) legte Befragungspersonen 24 Begriffe vor, deren Lage im semantischen Raum genau bekannt war und die in ihrer Gesamtheit die Dimensionen dieses Raumes einigermaßen gut abdeckten. Die Befragten sollten dann aus diesen 24 Wörtern diejenigen vier auswählen, „an die sie am ehesten denken würden, wenn von dem fraglichen Gegenstand … die Rede ist (‚Positive Identifikation'). Danach sollen die vier Wörter ausgewählt werden, an die in diesem Zusammenhang kaum oder gar nicht gedacht würde (‚Negative Identifikation')." Dabei bilden diese „positive Identifikation" und die „negative Identifikation" im semantischen Raum keine Gegenpole, sondern einen rechten Winkel, lassen sich also als Dimensionen interpretieren. Über die Wortwahlen läßt sich dann die Lage der beurteilten Gegenstände im semantischen Raum und ihre Konnotationen erfassen.

Das Resultat von Untersuchungen mit Bildwahlen im Vergleich zu solchen mit Polaritätsprofilen hinsichtlich des Stereotyps „des Deutschen" und „des Russen" aus dem Jahre 1967 zeigt die Abb. 6. (Dabei beziehen sich „PP25" und „PP24" auf zwei verschiedene Listen von Eigenschaftspaaren, die Hofstätter in den 60er Jahren parallel verwendet hat.)

Dort erscheint in den Bildwahlen der Russe „nahezu als ein ‚Gegen-Deutscher'": Seine negative Identifikation entspricht der positiven des Deutschen (Q = 0.90), seine positive eher dessen negativer (Q = 0.59); „er erscheint … fast genau als das, was wir nicht zu sein glauben …".

Leider liegen uns keine Untersuchungen aus neuerer Zeit vor, und gar keine entsprechenden Untersuchungen aus dem Ostblock, aber es mag genügen, an diesen Beispielen von Nationalstereotypen gezeigt zu haben, wie rasch und wie extrem sich solche Feindbilder bilden und verändern können.

Es ist klar, daß hier nur Stereotype, Vorstellungen und vielleicht Trugbilder der Völker von sich selbst und von anderen erfaßt werden, und nicht ihre tat-

Abb. 6: Korrelation zwischen den Identifikationen des deutschen Selbstbildes (DD) und des deutschen Russen-Bildes (DR) bei verschiedenen Erhebungsmethoden: D (Pos.), D (Neg.), R (Pos.) und R (Neg.) sind die entsprechenden positiven und negativen Identifikationen bei der Bildwahl; PP_{25} und PP_{24} beziehen sich auf zwei verschiedene Listen von Eigenschaftspaaren, die Hofstätter in den 60er Jahren parallel verwendet hat.

Methode	Stereotyp	D(Pos.)	D(Neg.)	DD	DD'	R(Pos.)	R(Neg.)	DR
Bild-w.	D(Pos.)	—	- 12	71	76	- 05	90	29
Bild-w.	D(Neg.)	- 12	—	23	27	59	- 14	52
PP_{25}	DD	71	23	—	85	22	67	65
PP_{24}	DD'	76	27	85	—	25	72	59
Bild-w.	R(Pos)	- 05	59	22	25	—	- 09	53
Bild-w.	R(Neg.)	90	- 14	67	72	- 09	—	25
PP_{25}	DR	29	52	65	59	53	25	—

*) Die Q-Werte wurden aus den Faktorenladungen der Variablen errechnet.

sächlichen Eigenschaften. Eine ganz andere Möglichkeit, Feindbilder (und andere Stereotype) zu erfassen, bieten die Verfahren der Inhaltsanalyse sprachlicher Äußerungen. Dabei werden Texte statistisch auf die zeitliche, räumliche und gedankliche Nähe bestimmter Vorstellungen und Begriffe hin analysiert. Interessant ist beispielsweise, mit welchen Adjektiven und Adverbien eine Nation und das, was in ihr und durch sie geschieht, belegt werden — sie werden verwendet als Indiz dafür, was mit ihr assoziiert wird. Auf diese Weise aus offiziellen (Regierungs-)Äußerungen herausanalysierte Amerika-Bilder der Sowjets und UdSSR-Bilder der Amerikaner beschreibt Frei (1987b, 1987a, S. 102ff.).

In der Technik, auf der die Inhaltsanalyse aufbaut, liegt dann auch gleich die Möglichkeit der Manipulation, der Gestaltung des Bildes einer Person oder Gruppe durch die Publizistik: Dadurch, daß sie häufig mit bestimmten Eigenschaften belegt wird und in gewissem Zusammenhang genannt wird, gerät sie allmählich in das assoziative Umfeld dieser Eigenschaften und Zusammenhänge. Hierfür ein paar Beispiele: Wenn ich unmittelbar hintereinander sage, Herr X sei ein Raucher, und unter den Kriminellen seien erheblich mehr Raucher als unter der nicht-kriminellen Normalbevölkerung, dann habe ich mit keinem Wort gesagt, Herr X sei ein Krimineller, aber ihn doch in deren Assoziationsbereich gebracht, und gleichzeitig meine eigene Denkstruktur offenbart. Das Gleiche gilt, wenn ein Politiker einen anderen einen „Demagogen" nennt und in dem gleichen Zusammenhang sagt, auch Goebbels sei ein großer Demagoge gewesen.

In der deutschen Boulevard-Presse werden häufig unliebsame Gruppen — seien es nun „Grüne", Kernkraft- oder Startbahngegner oder Hausbesetzer — mit „Terroristen" im Zusammenhang genannt. Auf diese Weise kann Publizistik politischen Gegnern ein bestimmtes Image verleihen und sie so zum Feindbild stempeln. Hierfür liefert Orwell's „1984" schöne Beispiele. Hauptwerkzeug zur Erzeugung und Gestaltung dieser Feindbilder sind dort die

Massenmedien, in der technische Ausprägung und Vollkommenheit, wie sie sich Orwell (1949) für 1984 vorstellen konnte. Auch in der historischen Wirklichkeit spielen die Massenmedien eine wichtige Rolle bei der Erzeugung und Gestaltung von Feindbildern, heute vor allem die Boulevard-Presse. Nun ist unsere heutige Boulevard-Presse keineswegs frei von politischen Meinungsbildungsambitionen, aber doch auch kein reines Propagandainstrument bestimmter politischer Gruppen, sondern auch in hohem Maße kommerziell interessiert, und dabei sogar sehr erfolgreich. Warum kaufen die Leute so etwas in solchen Mengen, daß man damit so gute Geschäfte machen kann?

Als Erklärungsmöglichkeit liefert uns die Motivationspsychologie Berlyne's (1967) Hypothese vom „optimalen Erregungsniveau", das jeder von uns zu erreichen und zu erhalten suche. Leben wir in einer zu reizarmen Umgebung, so suchen wir zusätzliche Stimulation, um näher an das Optimum heranzukommen, sei es nun, daß wir aufregende und gefährliche Sportarten und schwierige Hobbies treiben, oder auch nur als Zuschauer ins Stadion oder ins Kino gehen, den Fernseher oder das Radio einschalten, oder nach Buch oder Zeitung greifen. Situationen, die uns zu stark erregen könnten, erscheinen uns dagegen zu gefährlich oder widerwärtig, und wir sind bestrebt, sie zu vermeiden.

Tatsächlich trägt die Boulevard-Presse Beträchtliches zur Erhöhung unseres Erregungsniveaus bei. Da sind einerseits die vielen kleinen Sensatiönchen vom Freud und Leid der Mitmenschen, die dem Leser über die Mechanismen der Identifikation und Anteilnahme eine gewisse Erregung vermitteln. Es sind die gleichen Motive, die unsere Vorfahren früher zu den Hexenverbrennungen und öffentlichen Hinrichtungen getrieben haben. Andererseits sind da die mehr globalen Bedrohungen, die zum allgemeinen Erregungsniveau beitragen, und dazu hilft auch ein Feindbild. Überspitzt gesagt: Ein unbedrohtes Dasein wäre manchem Zeitgenossen zu langweilig, er braucht ein bißchen, aber nicht zu viel, von den „Kicks", die ihm das Gefühl der Bedrohtheit durch ein Feindbild vermitteln. Für viele tut die Anteilnahme an den Tennisschlachten „unserer" Steffi, Boris, oder Fußballmannschaft das Gleiche, wenn sie stellvertretend für uns aufs Schlachtfeld ziehen. Aber andere wiederum läßt das kalt, sie erregt nur eine Bedrohung, die sie persönlich betreffen kann — eben ein Feindbild.

Interessant zu beobachten ist, daß dieses Feindbild dann, zusätzlich zu seinem Beitrag zur optimalen Erregung, auch noch andere, kognitive Funktionen zu übernehmen vermag: Über einen in der Sozialpsychologie als „Scapegoating" bekannten Mechanismus hilft es beim Verstehen der Welt, besonders bei der Erklärung unangenehmer Ereignisse. Haben wir einmal einen Scapegoat, einen Sündenbock, identifiziert, wird ihm bald die Schuld für alles mögliche Mißgeschick in die Schuhe geschoben, in einem Ausmaß, das bis zur Paranoia gehen kann. Deutliche Beispiele dafür liefern die Hexenverfolgungen des Mittelalters, die Judenverfolgung (auch schon vor dem Dritten Reich), die Kommunistenverfolgung in der McCarthy-Ära in den USA, und viele ausländerfeindliche Äußerungen in der Gegenwart. Dabei kann ein Teufelskreis einsetzen: Die negativen Ereignisse, für die der „Feind" verantwortlich gemacht wird, erhöhen den Haß auf ihn, dies steigert wieder die Erregung und die Neigung, nach weiteren Mißständen zu suchen, an denen er schuld sein könnte. Gleichzeitig entlastet es moralisch. Dazu der Sozialethiker und Theologe Günter Brakelmann (1987): „Ein klares Bild vom Feind, der von vorn herein für alle Störungen und Konflikte verantwortlich gemacht werden kann, ergibt die Möglichkeit, sich selbst als den moralisch besseren zu qualifizieren. ... Ein Feindbild stabilisiert die Selbstgewißheit und Selbstgerechtigkeit. ... Ein Feindbild zu haben ist die Voraussetzung, sich in tiefer oder höchster Identität zum Guten zu befinden, das vor den teuflischen Angriffen des Bösen zu schützen ist."

Das alles wäre schön und gut und kein Grund zur Beunruhigung, wenn es im Kino oder Fernsehen stattfände und die „Feinde" die bösen Außerirdischen oder die Panzerknackerbande wären, aber es wird gefährlich, wenn zum Feindbild tatsächlich existierende Völker und Gruppen erhoben werden, mit deren Angehörigen wir gelegentlich konfrontiert werden könnten. Dann besteht die Gefahr ihrer aggressionsfördernden Wirkung, die — wenn sie hinreichend große Massen erfaßt — bei den heutigen technischen Möglichkeiten leicht lebensbedrohend werden kann, für beide Seiten. Dann könnte sich ein angeborener Auslöse-Mechanismus, der eigentlich arterhaltend sein sollte, als artgefährdend erweisen. Auch dafür gibt es bei anderen Tierarten Beispiele genug, es sei nur an die Wanderung der Lemminge ins Meer erinnert. Das Tier steckt immer noch in uns.

Zur Verhütung dieser negativen Folgen von Feindbildern genügt es nicht, daß wir um diese Zusammenhänge wissen. Dazu wieder Brakelmann (1987): „Klischees, Vorurteile und Feindbilder zu erkennen heißt noch lange nicht, sie aufzuheben. Ein Feindbild, das sich durch Jahrzehnte aufgebaut hat, wird nicht in Kürze durch rationalanalytische und differenzierende Erkenntnismethoden aufgehoben werden können. ... " Noch skeptischer hinsichtlich der Abbaubarkeit von Feindbildern äußert sich Frei (1987a, S. 99 ff). Er sieht in dem Mechanismus der Selbstverstärkung von Feindbildern letztenendes auch die Ursache des Rüstungswettlaufs; „die beiden Gegner geraten in einen Teufelskreis wechselseitiger Wahrnehmungen, Verdächtigungen und Aufrüstungsschritte."

Möglichkeiten zum Feindbildabbau sieht Frei (1987a, S. 107) daher „nur im Bereich der sekundären Folgen der Gegnerwahrnehmung: Soweit die Feindbilder durch die Eigendynamik der Wahrnehmung und der in ihr lauernden Verzerrungs- und Entstellungsneigung geprägt sind, wäre ein Wandel sinnvoll und möglich." Frei (1987a, b) wie auch Brakelmann (1987) sehen die Möglichkeiten der „Entfeindung" vor allem in der Einsicht in die eigene

Schuld an der vorangegangenen Entwicklung des Feindbildes und in der „Einübung in Empathie", dem Hineindenken und Verstehen des anderen bis hin zum Verständnis für die Grenzen des Verstehens des anderen. Mit Hinblick auf den Ost-West-Gegensatz unserer Zeit sieht Brakelmann (1987) prinzipielle Systemgegensätze, die auf absehbare Zeit nicht aus der Welt zu schaffen sein würden, da beide Seiten sich selbst für moralisch und humanitär überlegen ansehen (was Frei (1987a) übrigens von den Amerikanern tatsächlich glaubt!). Daher rät Brakelmann (1987), „die Praxis der konstruktiven Zusammenarbeit auf ökonomischem, technischem, sozialem und kulturellem Gebiet so dicht und engmaschig zu ziehen, daß bleibende Gegensätze von diesem gezogenen Netz ausgehalten werden können."

Da diese Sätze immerhin in einer „Beilage zum NATO-Brief" standen, können wir nur hoffen, daß dieses Netz hält.

Literatur

Bechtel, M. (1987): Was heißt hier Feindbild? Fakten und Argumente zum Ost-West-Konflikt. Bonn: VLR

Berlyne, D.E. (1967): Arousal and reinforcement. In: Levine, S. (ed.): Nebraska Symposium on Motivation. Lincoln, Nebraska: University of Nebraska Press, pp 1 -110

Brakelmann, G. (1987) Leit- und Zielbilder in der praktischen Friedenspolitik. Bonn: Arbeitskreis Sicherung des Friedens

Brakelmann, G. (1987): Gedanken zum Feindbild. Beilage zum NATO-Brief, 3/87, Bonn: Deutsche Atlantische Gesellschaft

Dawkins, R. (1976): The Selfish Gene. London: Oxford University Press

Dolezol, T. (1979): Adam zeugte Adam. Abstammung und Urgeschichte des Menschen. Wien: Meyster

Frei, D. (1985): Feindbilder und Abrüstung. München: Beck

Frei, D. (1987a): Feindbilder und Bedrohungswahrnehmungen — Die kognitiven Grundlagen von Sicherheit und Unsicherheit. In Heisenberg, W., & Lutz, D.S. (Hrsg.): Sicherheitspolitik kontrovers. Auf dem Weg in die neunziger Jahre. Schriftenreihe der Bundeszentrale für politische Bildung. Bonn 1987, S. 98-109.

Frei, D. (1987b): Probleme gegenseitiger Einschätzung zwischen Ost und West. Spektrum der Wissenschaft, Sept.(9) 1987, S. 46-52

Hahn, F. (1978): Lieber Stürmer. Leserbriefe an das NS-Kampfblatt 1924-1945. Stuttgart — hier zitiert nach: Schmid, H.-D., Schneider, G., & Sommer, W. (Hrsg.): Juden unterm Hakenkreuz, Band 1. Düsseldorf: Schwann, 1983

Heffner, R.D. (1952): A Documentary History of the United States. New York: The American Library (Mentor Books)

Hofstätter, P.R. (1955): Über Ähnlichkeit. Psyche, 9, 54-80

Hofstätter, P.R. (1967): Wie Völker einander sehen.

Zeitschrift für praktische Psychologie, 4,

Hofstätter, P.R. (1967): Die Methode der Wortwahlen. Dargestellt am studentischen Stereotyp der evangelischen Kirche. Kölner Zeitschrift für Soziologie und Sozialpsychologie, 19, 306-321

Hofstätter, P.R. (1973): Stereotype und auswärtige Kulturpolitik. Zeitschrift für Kulturaustausch, 23, (3), 10-20

Hofstätter, P.R. (1980): Gerade wir Deutsche ... Probleme des deutschen Selbstbildes. In: Peisl, A., & Mohler, A. (Hrsg.): Die Deutsche Neurose. Über die beschädigte Identität der Deutschen. Berlin: Ullstein

Maynard Smith, J. (1972): On Evolution. Edingburgh, University Press

Orwell, G. (1949): 1984

Dieter Tiemann

Michel und Marianne.
Forschungsprobleme des Deutschenbildes der Franzosen und des Franzosenbildes der Deutschen

Vorstellungen von französischer und deutscher Eigenart verdichten sich vielfältig in den Symbolgestalten des zipfelmützigen Michel und der mit einer Jakobinermütze bewehrten Marianne. Die Reichweite solcher Verbildlichung
bleibt freilich begrenzt. Beide Nationalfiguren werden von zahllosen anderen
Wahrnehmungspartikeln begleitet und ergänzt oder auch in Frage gestellt und
konterkariert.

Die politische Marianne
(Eugène Delacroix: Die Freiheit führt das
Volk an 1830)

… und der unpolitische Michel
(aus: Fliegende Blätter, 1848)

Zeichnen die Franzosen sich durch Genußfähigkeit aus? Sind die Deutschen
für politischen Extremismus anfällig? Wer nicht borniert ist, hegt von vornherein Zweifel an solcher generalisierender Fragestellung, lehnt jede Art von
klischeehaftem Denken ab, plädiert für differenzierende, relativierende,
nuancierende Betrachtungsweisen. Und dennoch schleichen sich selbst bei
dem vermeintlich aufgeklärten Zeitgenossen immer wieder Reaktionen ein,

die eigentlich unerwünscht sind: Ist der Ruf der Franzosen, Lebenskünstler zu sein, völlig aus der Luft gegriffen? Bestätigen die Deutschen nicht die ihnen unterstellte Neigung, von einer Maßlosigkeit in die andere zu fallen?

Die kurzen Hinweise mögen genügen, um deutlich zu machen, wie schwierig der Umgang mit Völkerbildern ist. So selbstverständlich sie nämlich zur Alltagswelt gehören, so problematisch sind sie als Gegenstand einer auf systematische Erfassung, vollständige Beschreibung und erschöpfende Erklärung angelegten Untersuchung. Wenn entsprechende Aussagen nicht völlig beliebig sein sollen, gilt es mehrere Fragenkreise zu bedenken. Zehn solcher Fragen sollen im folgenden kurz aufgegriffen werden.

1. Die Frage nach dem Gegenstand: Was sind Völkerbilder?

Gewiß versteht man darunter zunächst einmal recht elementar die in Gesellschaften vorhandenen gängigen Ansichten von sich selbst und anderen sowie deren Darstellung. Doch mit dieser abstrakten Formel ist noch nicht gesagt, welchen Stellenwert die diffusen gegenüber den stringenten Bildern einnehmen, welchen die banalen gegenüber den subtilen, die verbrämten gegenüber den unmißverständlichen, die vereinzelt auftretenden gegenüber den massenhaft erkennbaren, die nonkonformistischen gegenüber den angepaßten usw. Außerdem gilt es, den jeweiligen Rang einzelner Bausteine im Gesamtzusammenhang zu bestimmen sowie die Möglichkeiten und Grenzen ihrer Generalisierung auszuloten. Es macht eben einen gewaltigen perspektivischen Unterschied, ob umfassend das französische Deutschlandbild in seiner historischen Entwicklung von den Anfängen bis zur Gegenwart abgehandelt,[1] L'Image de l'Allemagne dans l'opinion publique française de mars 1936 à septembre 1939 skizziert[2] oder Deutschland und der deutschen Frage in der „Revue des deux Mondes" zwischen 1905 und 1940 nachgegangen wird.[3]

Die Antwort auf die Frage nach dem, was Völkerbilder sind, kann also nur sehr notdürftig und vage ausfallen, weil zu viele, zum Teil unwägbare Momente in das Bündel nationaler Selbst- und Fremdwahrnehmungen hineinspielen. Völkerbilder sind sicher keine festen Größen, die im naturwissenschaftlichen Sinne exakt bestimmt werden können. Immerhin schlummern in der unendlichen Zahl von Einzelansichten Tendenzen, die eine gewisse Ordnung in das vermeintliche Chaos bringen. Sie mit angemessenen Methoden herauszufiltern, bleibt eine ständige Herausforderung. So gesehen sind Völkerbilder Konstrukte, deren Tragfähigkeit sich immer wieder neu an den Befunden messen lassen muß. Den Anspruch auf Vollständigkeit und Endgültigkeit können sie ohnehin nicht erheben.

2. Die Frage nach den Erscheinungsformen:
Wie sehen Völkerbilder aus?

Sofern sie Abbildern der Wirklichkeit nahekommen wollen, bleibt offen, ob es *die* Realität überhaupt gibt, ob sie nicht stets das Ergebnis mehr oder weniger subjektiver Interpretation ist und ob folglich tatsächliche Gegebenheiten nicht notwendig verkürzt wiedergegeben werden — statt vermeintlicher Spiegelbilder also durchweg Verzerrungen durch Vexierspiegel. Völkerbilder können im Gewand von Wunsch- und Leitbildern auftreten — als klassisches Beispiel gilt das berühmte Deutschlandbuch der Madame de Staël —[4], aber auch in der Uniform von Feindbildern, so etwa Jacques Bainvilles „Histoire de deux peuples".[5] Sie können sich als bunte Palette vielfältiger Details präsentieren, aber auch in holzschnittartigem Schwarzweiß gezeichnet sein. Sie gerinnen zu Stereotypen und Vorurteilen oder zerfließen im völlig Unverbindlichen. In ihnen sind Weltverständnis und Menschenbild ebenso aufgehoben wie Zukunftsentwurf und Geschichtsbewußtsein. Sie spannen den Bogen von der flüchtigen Assoziation bis zum begründeten Sachurteil, von der oberflächlichen Platitüde bis zur erhellenden oder entlarvenden Röntgenaufnahme, vom kleinen Ausschnitt bis zum Gesamtentwurf. Alle diese Erscheinungsformen lassen sich jedenfalls den Ergebnissen von Umfragen bei französischen und deutschen Schülern über die Nachbarn am Rhein entnehmen, Erhebungen, die ich selbst vor einigen Jahren durchführte.[6]

Französische Schüler zum Thema „Was ich über Deutschland weiß":
Ich war sehr überrascht in Deutschland, denn man hatte mir immer von der berühmten deutschen Disziplin erzählt, und ich habe nur eine ziemlich „lasche" Disziplin erlebt.

Mädchen, 15 Jahre

Die Deutschen sind immer eilig. Sie nehmen sich zum Leben keine Zeit.

Junge, 15 Jahre

Ich weiß, die Deutschen sind
— fleißig — beherzt — intelligent — brutal.

Junge, 21 Jahre

Deutsche Schüler zum Thema „Was ich über Frankreich weiß":
Die Lebensart der Franzosen ist anders als bei uns. Sie sind nicht so ordentlich, ehrgeizig, fleißig und strebsam wie wir Deutschen. Sie leben mehr in den Tag hinein. Ich finde die Mentalität gut. Dafür sind sie aber auch nicht so reich und haben nicht einen solchen Lebensstandard wie wir Deutschen. Ich glaube, daß die Franzosen zufriedener und glücklicher sind.

Mädchen, 17 Jahre

Sie hupen statt zu bremsen.

Junge, 15 Jahre

Beeindruckt hat mich, daß Frankreich sich eigentlich nie lange unterdrücken ließ von irgendeiner Macht.

Mädchen, 18 Jahre

(Quelle: Dieter Tiemann: Frankreich- und Deutschlandbilder im Widerstreit. Urteile französischer und deutscher Schüler über die Nachbarn am Rhein, Bonn 1982)

3. Die Frage nach dem Spezifischen:
Wo liegen die Besonderheiten von Völker-Bildern?

Allenthalben kursieren Kategorien von vergleichbaren Bildern, ob es sich nun um Urteile über Individuen handelt oder um solche über regional, berufsständisch, physiognomisch, ethnisch, religiös und in anderer Weise abgrenzbaren Gruppen. Der Ruf des dickköpfigen Bretonen oder Westfalen, des unlauteren Uhrmachers, des gemütlichen Dicken oder hinterhältigen Rothaarigen, des diebischen Zigeuners und des heuchelnden Jesuiten spricht für sich. *Völker*-Bilder gewinnen allerdings eine besondere Qualität, weil ihr Gegenstand sich durch einen relativ hohen Grad an Konsistenz auszeichnet, die in der Regel von der gemeinsamen Sprache über nationale Geschichte, politische Ordnung, Recht, Mentalität usw. bis zur einheitlichen Alltagskultur reicht, und weil daraus zugleich ein Bilder-Bogen von großer Spannweite folgt. Insofern münden Vorstellungen von einzelnen und Gruppen nicht selten in nationale Identifizierung, und diese wiederum bezieht ihr Material häufig aus eben jenen Wahrnehmungsfeldern. So gilt der Seppelhosen- und -hutbewehrte Bayer vor seiner gigantischen Maß Bier nicht nur bei vielen Franzosen als Urbild des Deutschen. Völkerbilder integrieren folglich Ansichten sehr unterschiedlicher Bereiche und werden dadurch zugleich geprägt.

4. Die Frage nach den inneren Spannungen:
Welche Völkerbilder dominieren?

Unter den Völkerbildern gibt es Sieger und Verlierer. Manche setzen sich durch und können sich geradezu in manische Kollektiv-Auswüchse hineinsteigern — das Schlagwort vom „Erbfeind" überschattet eine ganze Epoche deutsch-französischer Beziehungen. Andere leuchten nur auf, um über kurz oder lang in Vergessenheit zu geraten, was allerdings nicht heißen muß, daß sie ein- für allemal untergehen. Der Verlauf ihrer Konjunktur hält mitunter jedenfalls Überraschungen bereit. Die Begeisterung deutscher Gebildeter, etwa Klopstocks, für die erste Phase der Französischen Revolution[7] oder Tucholskys geradezu hymnisches Schwärmen für französische Lebensart[8] galten lange als inopportun, wenn nicht verwerflich, und erlebten erst in jüngerer Zeit eine Art Renaissance.

Völkerbilder stehen in der Spannung von Konstanz und Wandel. In der Regel sind sie recht zählebig. Es kann unter gewissen Voraussetzungen indes auch abrupte Schwankungen geben. Dabei kommt bisweilen die Ambivalenz an sich beständiger Grundmuster zum Vorschein. Der in Frankreich seit langem verbreitete Topos von deutschem Organisationstalent beispielsweise kann sowohl als seelenloser Perfektionismus angeprangert als auch als beispielgebende Qualität gerühmt werden. Ebenso zählebig bleibt das alte Bild vom fehlenden inneren Gleichgewicht und wabernden Irrationalismus der Deutschen, ein Schema, nach dem unlängst wieder nationalistisch-militaristische Vergangenheit und ökopazifistisch-alternative Gegenwart als zwei Seiten derselben Medaille auftauchen.[9]

Bleibt noch der Unterschied von Völkerbildern als Ausdruck ursprünglicher Überzeugungen und anderen, die lanciert, suggeriert, wenn nicht oktroyiert werden. Selbstverständlich zählen hierzu alle möglichen Zwischenstufen und Interdependenzen. In diese Rubrik gehören auch die Gegenpole öffentliche und veröffentlichte Meinung. Damit stellt sich zugleich das Problem, ob und gegebenenfalls inwieweit Völkerbilder beeinflußbar oder gar machbar sind. Da nicht einmal unter den Bedingungen der gleichgeschalteten Presse im „Dritten Reich" ein einheitliches Frankreichbild vermittelt wurde, in dieser Hinsicht hingegen eine gewisse Pluralität herrschte, wie eine Untersuchung einschlägiger Periodika zutage gefördert hat,[10] sei die These gewagt, daß alle diesbezüglichen Versuche der Einflußnahme immer nur begrenzten Erfolg haben können, daß die Wirkung indes umso größer ist, je sorgfältiger solche Manipulationen bereits vorhandene Dispositionen berücksichtigen.

5. Die Frage nach dem Ursprung:
Wann und wie entstehen Völkerbilder?

Wahrnehmungen zu Bildern zu verarbeiten, gehört zum Repertoire menschlicher Eigenschaften. Diese Veranlagung dient auch der Identifizierung von Großgruppen. Sobald sich ein Bewußtsein der Volkszugehörigkeit herausbildet, sind kollektive Selbst- und Fremdbilder nicht mehr fern. In bezug auf Franzosen und Deutsche setzte dieser Prozeß in der Epoche der Auflösung des Karolingerreiches ein, also während des 9. und 10. Jahrhunderts.

Die anthropologisch-soziologische Erklärung genügt freilich keineswegs. Es bedarf schon einschneidender Ereignisse, besonderer Bedürfnisse, gewisser Impulse, bestimmter Interessenlagen usw., um Völkerbilder virulent werden zu lassen. Sie können über lange Zeiträume unartikuliert dahindämmern, um in einer spezifischen historisch-politischen Situation urplötzlich zu einer gesellschaftlichen Kraft aufzusteigen. Ihr Keim liegt stets im Interaktionsfeld eines Sozialisationsprozesses, also dort, wo Individuum und Gesellschaft in ein Wechselverhältnis eintreten. Für frühe Verfestigungen von Franzosen- und Deutschenbildern sorgten die Mobilitätsschübe des 11. und 12. Jahrhunderts (Kreuzzüge, Pilgerfahrten, wandernde Scholaren) — weit davon entfernt allerdings, die gesamte mittelalterliche Gesellschaft zu ergreifen.[11]

6. Die Frage nach den Trägern:
Woher stammen und wie gestalten sich ihre Völkerbilder?

Es gilt als gesichert, daß heutzutage bereits in der Altersgruppe der 9- bis 12jährigen grobe Vorstellungen von der eigenen Nation und von anderen Nationen vorhanden sind.[12] Derartige Ansichten entstehen selbstverständlich nicht ohne äußere Einwirkungen. Zweifellos üben hier Elternhaus und Verwandtschaft, Schule und Ausbildungsstätte, soziales Milieu und Medien, nicht zuletzt auch situative Momente, etwa die konkrete Begegnung mit Angehörigen anderer Völker, bestimmenden Einfluß aus. Freilich kann keine Rede davon sein, daß unmittelbare Erfahrungen und vermittelte Völkerbilder nach einem festen Muster rezipiert werden. Individuelle Faktoren machen jedenfalls diesbezügliche Ableitungen unberechenbar. Dennoch ist ein Zusammenhang von äußeren Vorgaben und persönlicher Anschauung evident.

Neben der individuellen steht die kollektive Trägerschaft von Völkerbildern. Sie können sich in sozialen Schichten oder Klassen, in Glaubensgemeinschaften, politischen Vereinigungen usw., nicht zuletzt eben auch in Nationen manifestieren und unterschiedlichen Motiven entspringen.[13]

Die Frage nach den Trägern impliziert noch ein anderes Problem. Der Begriff des Völkerbildes unterstellt ein in sich stimmiges, relativ stabiles Ganzes. Tatsächlich handelt es sich jedoch um permanent wandelbare, stets für Korrekturen offene Konfigurationen sehr unterschiedlicher, teils widerstreitender Elemente. Selbst eingefahrene Topoi unterliegen der Dialektik des Umschlags in ihr Gegenteil. Dies illustriert etwa die seit dem Krieg von 1870/71 zwischen den „deux Allemagnes" schwankende Vorstellung der Franzosen, dem kultivierten und dem barbarischen Deutschland.[14]

7. Die Frage nach der Funktion: Wozu dienen Völkerbilder?

Zweifellos führen sie kein zweckfreies Dasein. Sie befriedigen vielmehr Bedürfnisse, die sich beim Individuum oder in Gruppen artikulieren, und sie erfüllen Aufgaben, die ihnen im Blick auf die Öffentlichkeit zugewiesen werden.

Der einzelne bedient sich der Völkerbilder, um die Wirklichkeit in ihrer unendlichen Fülle erfassen und ordnen zu können. Sie dienen ihm also der Orientierung im Dickicht der Informationen und liefern zugleich Maßstäbe, nach denen Details geordnet und beurteilt werden können.[15]

Treten sie in einer Gesellschaft auf, machen sie Selbst- und Fremdidentifizierung möglich, erzeugen Wir-Gefühl und ziehen Grenzen zu anderen Gruppen. Solche Vergewisserung geht mit der Neigung zum Vergleich einher, um sich selbst und die eigene Nation zu entlasten und andere zu belasten oder auch umgekehrt nationale Selbstkritik zu üben und fremde Eigenart positiv zu besetzen. Die beträchtliche Zahl deutscher „Möchte-gern-Franzosen", welche beim westlichen Nachbarn die bessere Gegenwelt zu den angeblich üblen Verhältnissen im eigenen Land suchen und zu finden meinen, signalisiert eine derartige Reduktion von Bedürfnisspannungen.[16]

Auf politisch-manipulativer Ebene sollen sie Sympathien oder Antipathien wecken, Solidarisierungseffekte hervorbringen, Zielsetzungen begründen, Maßnahmen vorbereiten und rechtfertigen oder davon ablenken usw. Ob die intendierten stets mit den realen Wirkungen übereinstimmen, kann freilich bezweifelt werden, wie das Beispiel des Scheiterns der französischen Kulturwerbung im besetzten Rheinland nach dem Ersten Weltkrieg zeigt.[17]

Gewissen kommerziellen Unternehmen dienen sie der Profitmaximierung, etwa in der Werbung, im Show-Geschäft und in Teilen der Publizistik. Diese Vermarktung reicht bis zu Leitfäden für französische und deutsche Geschäftsleute, in denen nationale Eigenarten der jeweils anderen Seite präsentiert, eher wohl: konstruiert werden, um so einer besseren wirtschaftlichen Zusammenarbeit zu dienen.[18]

Als Antithese zu früheren oder gegenwärtigen Völkerbildern erfüllen sie schließlich noch eine pädagogisch-moralische Funktion, indem nämlich deren Feindbild-Charakter entlarvt wird, um Friedensfähigkeit, internationale Kooperation und interkulturelle Kommunikation zu fördern.[19] Zu welchem Zweck auch immer sie in Erscheinung treten: Stabilisierung individuellen und gesellschaftlichen Bewußtseins ist der tatsächliche oder beabsichtigte Effekt.

Welche Eigenschaften zeichnen die Deutschen bzw. die Franzosen aus?

	nach Meinung der Franzosen sind die Deutschen (in %)	nach Meinung der Deutschen sind die Franzosen (in %)
demokratisch	37	37
arrogant	6	15
tüchtig	42	18
unbeständig	3	42
tolerant	13	20
egoistisch	13	24
ohne Meinung	24	6

(Quelle: Carl Otto Lenz / Helga Wex: Die deutsch-französische Zusammenarbeit, Bonn 1983, S. 136f.)

---

8. Die Frage nach Material und Methode: Wie lassen sich Völkerbilder ermitteln?

Potentiell stecken sie in allen Äußerungen menschlichen Geistes. Es kommt nur darauf an, sie mit adäquaten Mitteln herauszudestillieren. Der jeweils aktuelle Stand läßt sich mit Hilfe zielgerichteter Meinungsumfragen mehr oder weniger direkt feststellen.[20] Eine unerschöpfliche Quelle sind literarische Zeugnisse aller Art — von der Lyrik bis zum Schulbuchtext, vom Zeitungsartikel bis zum Roman, von der Anekdote bis zur wissenschaftlichen Publikation.[21] Im weiteren Sinne gehören dazu auch unveröffentlichte historische Quellen.[22] Selbst mündliche Überlieferungen wie Sprichwörter und Redensarten geben Hinweise: chercher une querelle d'Allemand, invasions barbares, sich französisch empfehlen, wie Gott in Frankreich leben.[23] Außer Presse und Radio verdienen Film und Fernsehen Beachtung.[24] Weiterhin können in verschiedenen Sparten der bildenden Kunst Völkerbilder erkennbar werden, beispielsweise in der Karikatur und im Denkmal; erinnert sei hier nur an die Karikaturen Daumiers in „Le charivari"[25] sowie an die mit antifranzösischer Spitze errichteten Denkmäler im Teutoburger Wald, auf dem Niederwald und bei der Hohensyburg.[26] Als Sonderfall und zugleich Reflex französischer Selbst- und Deutschenbilder ist auf die Comic-Serie „Asterix" hinzuweisen.[27] Und schließlich verdienen die eingangs erwähnten nationalen Symbolfiguren Beachtung, deren frühere Bedeutung als Träger bestimmter Eigenschaften allerdings zu verblassen scheint: Die kämpferisch-vorwärtsstürmende Marianne und der schwerfällig-unbeholfene Michel des 19. Jahrhunderts figurieren heute als profilloses Pärchen.

Deutsch-Französischer-Vertrag

Vielfältig wie das Material, da hier zur Verfügung steht, sind die Methoden, mit denen es interpretiert werden kann. Quantitative stehen neben qualitativen Verfahren, historische neben politologischen, literaturwissenschaftliche neben sozialpsychologischen usw.[28] Völkerbilder-Forschung läßt sich also nicht auf eine einzige Methode festlegen, sondern gewinnt erst durch die Offenheit für unterschiedliche Ansätze ihre Aussagekraft.

9. Die wissenschaftstheoretische Fragestellung: Wo ist Völkerbilder-Forschung im Kanon der Fächer angesiedelt?

Völkerbilder-Forschung ist notwendigerweise eine interdisziplinäre Aufgabe. Nur Perspektiven-Vielfalt erlaubt schließlich verallgemeinernde Aussagen. Dazu trägt die Psychologie mit ihrer Konzentration auf Beobachtung, Beschreibung und Systematisierung individueller Einstellungen, Empfindungen, Affekte etc. bei.[29] Die Soziologie diskutiert Völkerbilder vornehmlich als gesellschaftliche Phänomene und fragt danach, wie sie dort funktionieren.[30] In der Politologie dominiert die Erörterung konkreter aktueller Fälle von nationaler Selbst- und Fremdwahrnehmung sowie deren Einordnung in die allgemeine internationale Lage.[31] Literaturwissenschaftler haben sich unter dem Leitbegriff „Komparatistik" zusammengefunden, um Völkerbilder als Stilmittel belletristischen Schriftgutes zu erforschen.[32] Erziehungswissenschaftler machen nationale Klischees bei Heranwachsenden zum Gegenstand empirischer Untersuchungen und normativer Entwürfe.[33] Historiker integrieren alle jene Ansätze, indem sie Genese und Verbreitung, Kontinuität und Wandel, Stellenwert und Instrumentalisierungen von Völkerbildern im geschichtlichen Zusammenhang thematisieren.[34]

10. Die Frage nach dem Zweck: Was leistet Völkerbilder-Forschung?

Angesichts der nivellierenden Tendenzen einer immer mehr um sich greifenden Weltzivilisation scheint Völkerbilder-Forschung auf den ersten Blick kaum noch eine Daseinsberechtigung zu haben und auch keine praktische, allenfalls eine antiquarisch-zweckfreie Relevanz zu besitzen. Bei näherer Betrachtung zeigt sich jedoch schnell, wie stark Völkerbilder nach wie vor internationale Beziehungen beeinflussen können. Allein deshalb verdienen sie weiterhin Beachtung und provozieren kritische Auseinandersetzung. Im deutsch-französischen Verhältnis spielen sie zwar keine bedeutende Rolle mehr, aber in einer gewissen Regelmäßigkeit aufbrechende Irritationen zeigen doch, wie sensibel die beiden Nachbarn am Rhein immer noch reagieren, wenn unterschiedliche Standpunkte zu bewältigen sind.[35]

Darüber hinaus kann die Völkerbilder-Forschung — frei von unmittelbarem Nutzen — zum besseren Verständnis von Vergangenheit und Gegenwart, Ideologien und Realitäten, Beweggründen und Zielvorstellungen, nationalen Denkmustern und Handlungsweisen, internationalen Konflikten und Kooperationen etc. beitragen. Sie kann der Tragweite von Einstellungen für politische Aktionen und Reaktionen nachspüren. Sie klärt über Wahrnehmungsdefizite auf sowie über deren Voraussetzungen und Folgen. Und nicht zuletzt verhilft sie zum reflektierten Umgang mit nationaler Perzeption. Daß dies internationale Kontakte auf allen Ebenen erleichtert, versteht sich von selbst.

Fassen wir zusammen

Völkerbilder sind Ergebnis und Faktor politischer Kulturen im doppelten Sinne.[35] Einerseits gehören sie insofern zum politischen System, als sie die jeweiligen Verhältnisse im weitesten Sinne sowohl reflektieren als auch produzieren — die Kriegsbegeisterung auf französischer und deutscher Seite im August 1914 mag als Beispiel für die Spiegelung und den Effekt lange gepflegter Feindbilder dienen. Andererseits ist es der politisch-gesellschaftliche Kontext, welcher Art und Weise des Umgangs mit ihnen festlegt und auf den diese Modalitäten zurückwirken — die Entkrampfung der deutsch-französischen Beziehungen nach 1945 angesichts aller fortwirkenden Belastungen durch nationale Vorurteile wäre sonst kaum möglich gewesen. In dieser dialektischen Spannung von Ursache und Folge, Anschauung und Wirklichkeit, Funktion und Intention etc. muß die Forschung immer wieder neue Standpunkte gewinnen, von denen aus Völkerbilder betrachtet werden sollten. Was die französischen Deutschenbilder und deutschen Franzosenbilder betrifft, ist deren Untersuchung jedenfalls längst kein vollendetes Werk, sondern bleibt dauernde Aufgabe. So gesehen werden Michel und Marianne auch in Zukunft Beachtung verdienen.

Anmerkungen

1   Klaus *Heitmann*: Das französische Deutschlandbild in seiner Entwicklung, in: Sociologica Internationalis, 1960, H. 1, S. 73 - 101; H. 2, S. 165 - 195; vgl. auch Dieter *Tiemann*: Franzosen und Deutsche. Zur Geschichte ihrer wechselseitigen Bilder, in: französisch heute, Sept. 1985, S. 191 - 204
2   René *Remond*: L'Image de l'Allemagne dans l'opinion publique française de mars 1936 à septembre 1939, in: Klaus *Hildebrand* und Karl Ferdinand *Werner* (Hg.): Deutschland und Frankreich 1936 - 1939, München 1981, S. 3 - 16
3   Norbert *Ohler*: Deutschland und die deutsche Frage in der „Revue des deux Mondes" 1905 - 1940. Ein Beitrag zur Erhellung des französischen Deutschlandbildes, Frankfurt / M. 1973

4 Germaine de *Staël*: De l'Allemagne, London 1813 (zuletzt: Über Deutschland, Frankfurt / M. 1985)

5 Jacques *Bainville*: Histoire de deux peuples, 1915 (dt.: Geschichte zweier Völker. Frankreichs Kampf gegen die deutsche Einheit, Hamburg 1939)

6 Dieter *Tiemann*: Frankreich- und Deutschlandbilder im Widerstreit. Urteile französischer und deutscher Schüler über die Nachbarn am Rhein, Bonn 1982

7 Rudolf *Vierhaus*: „Sie und nicht wir". Deutsche Urteile über den Ausbruch der Französischen Revolution, in: Jürgen *Voss* (Hg.): Deutschland und die Französische Revolution, München 1983, S. 1 - 15

8 Bezeichnend sein Artikel „Der 14. Juli" in der Vossischen Zeitung vom 22. 7. 1925

9 Brigitte *Sauzay*: Le vertige allemand, Paris (Orban) 1985 (dt.: Die rätselhaften Deutschen, Stuttgart 1986)

10 Klaus-Jürgen *Müller*: Die deutsche öffentliche Meinung und Frankreich 1933 - 1939, in: Klaus *Hildebrand* und Karl Ferdinand *Werner* (Hg.): Deutschland und Frankreich 1936 - 1939, a.a.O., S. 17 - 46

11 Otto *Dann* (Hg.): Nationalismus in vorindustrieller Zeit, München 1986; Ludwig *Schmugge*: Über „nationale" Vorurteile im Mittelalter; in: Deutsches Archiv für Erforschung des Mittelalters, 38. Jg. 1982, S. 439 - 459

12 Gisela *Behrmann*: Politische Sozialisation, in: Wolfgang *Mickel* (Hg.): Handlexikon zur Politikwissenschaft, München 1986, S. 410 - 415

13 Beatrix W. *Bouvier*: Französische Revolution und deutsche Arbeiterbewegung. Die Rezeption des revolutionären Frankreich in der deutschen sozialistischen Arbeiterbewegung von den 1830er Jahren bis 1905, Bonn 1982; Dan *Simon*: Das Frankreichbild der deutschen Arbeiterbewegung 1859 - 1865, Gerlingen 1984

14 Claude *Digeon*: La crise allemande de la pensée française (1870 - 1914), Paris (Presses Universitaires de France) 1959

15 G.W. *Allport*: Die Natur des Vorurteils, Köln 1971; Reinhold *Bergler* / Bernd *Six*: Stereotype und Vorurteile, in: C.F. *Graumann* (Hg.): Sozialpsychologie, 2. Halbband von: Handbuch der Psychologie, Band 7, Göttingen 1972, S. 1371 - 1432; H.C.I. *Duijker* / N.H. *Frijda*: National Character and National Stereotypes, Amsterdam 1960; Anita *Karsten* (Hg.): Vorurteil. Ergebnisse psychologischer und sozialpsychologischer Forschung, Darmstadt 1978; Manfred *Koch-Hillebrecht*: Der Stoff, aus dem die Dummheit ist. Eine Sozialpsychologie der Vorurteile, München 1978. Weitere Literatur in: Johannes *Hoffmann*: Stereotypen, Vorurteile, Völkerbilder in Ost und West — in Wissenschaft und Unterricht, Wiesbaden 1986

16 Hans *Nicklas*: Die alten und die neuen Vorurteile im deutsch-französischen Verhältnis, in: Klaus *Manfrass* (Hg.): Paris - Bonn: eine dauerhafte Bindung schwieriger Partner, Sigmaringen 1984, S. 61 - 68

17 Peter *Hüttenberger*: Methoden und Ziele der französischen Besatzungspolitik nach dem Ersten Weltkrieg in der Pfalz, in: Blätter für deutsche Landesgeschichte, 108 / 1972, S. 105 - 121

18 Edward T. *Hall* / Mildred Reed *Hall*: Verborgene Signale. Über den Umgang mit Franzosen, Hamburg 1984; dies.: Les différences cachées. Comment communiquer avec les Allemands, Hamburg 1984

19 Wilfried *Pabst*: Das Jahrhundert der deutsch-französischen Geschichte von 1866 bis heute, Hannover 1983

20 Carl Otto *Lenz* / Helga *Wex*: Die deutsch-französische Zusammenarbeit, Bonn 1983, insbes. S. 134ff.

21 Beate *Gödde-Baumanns*: Deutsche Geschichte in französischer Sicht. Die französische

Historiograhpie von 1871 - 1918 über die Geschichte Deutschlands und der deutsch-französischen Beziehungen, Wiesbaden 1971; Alain *Fleury*: „La Croix" et l'Allemagne 1930 - 1940, Paris (cerf) 1986; Dieter *Tiemann*: Die Vorgeschichte des Krieges von 1870/71 im französischen Schulgeschichtsbuch, in: Internationales Jahrbuch für Geschichts- und Geographieunterricht, Bd. XVIII, 1977/78, S. 50 - 102

22 Dieter *Tiemann*: Junge württembergische Lehrer über die Nachbarn jenseits des Rheins. Deutsche Frankreichbilder der dreißiger Jahre im Spiegel zeitgenössischer Examensarbeiten, in: Zeitschrift für Württembergische Landesgeschichte, 44. Jg. / 1985, S. 247 - 263

23 Bernard-Marie *Boyer*: Wechselseitige Sterotypen in Deutschland und Frankreich, in: Zeitschrift für Kulturaustausch, 23. Jg. / 1973, S. 65 - 70

24 Henri *Ménudier*: Deutschland im französischen Fernsehen seit 1963, Stuttgart (Robert Bosch Stiftung) 1986; Christina *Kanyarukiga*: Frankreich im deutschen Fernsehen, Stuttgart (Robert Bosch Stiftung) 1986

25 Ursula E. *Koch* / Pierre-Paul *Sagave*: Le Charivari. Die Geschichte einer Pariser Tageszeitung im Kampf um die Republik (1832 - 1882), Köln 1984

26 Hartmut *Boockmann*: Denkmäler. Eine Utopie des 19. Jahrhunderts, in: Geschichte in Wissenschaft und Unterricht, 28. Jg. / 1977, S. 160 - 173

27 André *Stoll*: Asterix. Das Trivialepos Frankreichs. Bild- und Sprachartistik eines Bestseller-Comics, Köln 1974

28 Hans *Hörling*: Das Deutschlandbild in der Pariser Tagespresse vom Münchner Abkommen bis zum Ausbruch des II. Weltkrieges. Quantitative und qualitative Analyse, Frankfurt 1985; Hans-Jürgen *Lüsebrink* / János *Riesz* (Hg.): Feindbild und Faszination. Vermittlerfiguren und Wahrnehmungsprozesse in den deutsch-französischen Kulturbeziehungen (1789 - 1983), Frankfurt 1984

29 Alexander *Mitscherlich*: Zur Psychologie des Vorurteils, in: Anita *Karsten* (Hg.): a.a.O., S. 270 - 285

30 G.W. *Allport*, a.a.O.

31 Henri *Ménudier*: Das Deutschlandbild der Franzosen in den 70er Jahren, Bonn 1981

32 Manfred S. *Fischer*: Nationale Images als Gegenstand vergleichender Literaturgeschichte. Untersuchungen zur Entstehung der komparatistischen Imagologie, Bonn 1981

33 Paul *Klein*: Urteile junger französischer Arbeitnehmer über Deutsche vor, während und nach einem einjährigen Arbeitsaufenthalt in Deutschland, Frankfurt 1976

34 Klaus Rudolf *Wenger*: Preußen in der öffentlichen Meinung Frankreichs 1815 - 1870, Göttingen 1979

35 Bezeichnend: Brigitte *Sauzay*, a.a.O.

36 Zu Begriff und Inhalt von politischer Kultur: Dirk *Berg-Schlosser*: Politische Kultur. Eine neue Dimension politikwissenschaftlicher Analyse, München 1972; Martin *Greiffenhagen* u.a. (Hg.): Handwörterbuch zur politischen Kultur der Bundesrepublik Deutschland, Opladen 1981; Peter *Reichel*: Politische Kultur der Bundesrepublik, Opladen 1981; ders. (Hg.): Politische Kultur in Westeuropa. Bürger und Staaten in der Europäischen Gemeinschaft, Frankfurt 1984

Gerhard Brunn

Germania und die Entstehung des deutschen Nationalstaates.

Zum Zusammenhang von Symbolen und Wir-Gefühl

„Mein ganzes Leben habe ich mir eine bestimmte Vorstellung von Frankreich gemacht. Gefühl und Verstand inspirieren mich gleichermaßen. Was als Gefühl in mir lebendig ist, malt sich natürlich Frankreich als Märchenprinzessin oder Freskobild der Madonna, berufen zu einer großartigen und außergewöhnlichen Bestimmung."[1] Eine solch schwärmerische, idealisierende Verbildlichung des Vaterlandes, wie sie aus den Worten de Gaulles spricht, muten uns heute fremd an. Das zugrundeliegende Problem aber der Gruppenbildung und Stiftung von Gruppenidentität über Leitbilder oder Leitbildsysteme, um sich von anderen abzugrenzen, zu unterscheiden, ist heute so aktuell wie eh und je. Nach Claude Lévi-Strauss greifen Gruppen oder Gesellschaften, in denen man sich nicht vorrangig ökonomisch unterscheidet, auf kulturelle Differenzierungsmerkmale zurück, auf künstliche Clanbildung. Überdeutlich wird das in den heutigen Jugendkulturen, wo ein bestimmter Haarschnitt (Elvis Presley-Locke) oder eine spezifische Art sich zu kleiden, die Zugehörigkeit zu einem Clan dokumentiert. Dies Beispiel verweist, wie es Emil Durkheim herausgearbeitet hat, auf die Bedeutung materieller Gegebenheiten bei der Identitätsstiftung von Gruppen. Gegenstände (Wappen, Fahnen, Embleme), Tiertotems (Friedenstaube) erhalten Symbolcharakter, werden Symbolträger, in die Gruppenkräfte sozusagen hineinprojiziert werden.[2]

Die Bedeutung der Symbole für Mentalitäten, Einstellungen, Gruppenbildungen, ist in der jüngeren deutschen Geschichtsschreibung erst in den letzten Jahren stärker beachtet worden, vor allem in der Historiographie zur sozialistischen Arbeiterbewegung[3], während die Arbeiten von Theodor Schieder oder Elisabeth Fehrenbach zu der Bedeutung der Symbole für Nationalstaat und nationale Bewegungen kaum intensivere Forschungen nach sich gezogen haben.[4]

Gottfried Korff hat aber am Beispiel der Arbeiterbewegung überzeugend nachgewiesen, welch eine wichtige Rolle Symbole neben den ausdifferenzierten Formen sprachlicher und schriftlicher Vermittlung bei der Formung von politischer Erfahrung, von politischem Bewußtsein, der Gruppenbildung und dem Aufbau einer kollektiven Identität besitzen.[5]

Die Arbeiterbewegung entfaltete in den 90er Jahren des vorigen Jahrhunderts in der Massenagitation ihre Freude an Symbolen und Allegorien. Sie gestaltete traditionelle Kunstformen und Bilderwelten erfolgreich zu Medien der politischen Überzeugung um, gab ihnen eine feste ikonographische Gestalt in ihren Kommunikations- und Interaktionsritualen. Damit vollzog sie nach, was die nationalen Bewegungen seit der Französischen Revolution vorexerziert hatten.

Die große Wende vom 18. zum 19. Jahrhundert ist dadurch gekennzeichnet, daß Sakrales profaniert und Profanes sakralisiert wird. Das gilt für die Kunst, die als Personifizierung in die Gestalt der Madonna schlüpft, und der die neuen Tempel der Theater, der Opernhäuser und Museen errichtet werden, zu denen man wallfahrtet. Eine Vergöttlichung in der Metaphorik wie in der Gestalt der Sinnbilder erfährt aber auch die Nation, in deren Zeichen sich neue ideologie- und affektgeladene Großgruppenbildungen vollziehen. Die Nationalbewegungen des 19. Jahrhunderts sind neue politische Bewegungen, die den alten Gewalten den Kampf angesagt haben. Es geht um die Entmachtung von Herrschaftsträgern und ihre Ersetzung durch einen neuen Herrscher, die souveräne Nation. Es geht um den Kampf der Freiheit gegen Machtvollkommenheit, um geregelte Ordnung gegen Willkür und vieles mehr. Das dahinterstehende politische Ideal war rationalistisch, aber man kämpfte gegen ein System, das sakral, ja magisch überhöht war und als etwas Überirdisches Verehrung forderte und erhielt. Hätte man mit der Rationalität von Eliten den Kampf gewinnen können? Nein, antwortet Maurice Agulhon in seiner Studie über die Allegorie der Marianne, denn man bekämpfe niemals einen Feind, ohne einige seiner Züge anzunehmen. Die Nation, in deren Namen man stritt, dieses abstrakte Prinzip mußte belebt, heroisiert, vergöttlicht werden.[6]

Insofern sind die in der Französischen Revolution durchgeformten nationaldemokratischen Symbole, die sich im 19. Jahrhundert in der europäischen Geschichte durchsetzten, ein, wie Theodor Schieder schreibt, „unerläßliches Zugeständnis an die irrationalen Bedürfnisse in einer sonst streng rational verfaßten politischen Welt". In Frontstellung gegen die überkommenen Herrschaftszeichen, gegen die der fürstlichen Selbstdarstellung und Machtdemonstration dienende höfische Symbolik wollen die neuen Symbole „eine Art nationale Mythologie schaffen. Die Symbole sind und sollten sein ständige Stimulantia, um das Nationalbewußtsein zu erregen, ja geradezu zu erzeugen".[7]

Da die nationale Agitation nicht allein auf Eliten mit voll ausgebildeten kognitiven und intellektuellen Fähigkeiten gerichtet war, sondern das gesamte Volk erreichen wollte, konnten Symbole mit ihrer ausdrucksstarken, sinnlichen, emotionalen Qualität Wirkung auch dort entfalten, wo eine verbal rationale Vermittlung auf Schwierigkeiten stieß. Sie hatten außerdem den Vorteil, Gruppenzugehörigkeit unmittelbar sichtbar und erfahrbar zu machen, und zwar nach innen wie nach außen. Sie konnten Gruppen mental und emotional integrieren und wirkten nach außen, indem sie die Gruppe abgrenzten, nicht Zugehörige ausschlossen und zugleich einen politischen Willen nach außen richteten. Auf beiden Wegen waren sie in der Lage, das Wir-Gefühl zu verstärken und dem Abhebungsbedürfnis gegen andere Gruppen Rechnung zu tragen.[8]

Unter den von Schieder aufgezählten Symbolformen — Flaggen, Wappen, Hymnen, nationale Feiertage, nationale Denkmäler — sind Nationalfiguren und Nationalallegorien nicht aufgeführt. Wenn er von einem „konkreten nationalstaatlichen Stil" spricht, „in dem die meisten europäischen Nationalstaaten miteinander verbunden" seien, so gehören in der Tat die Nationalallegorien nur bedingt dazu. Flaggen, Hymnen sind allen Nationalstaaten gemeinsame, auch heute noch wirksame Symbole nationaler Integration und Identität. Nationalallegorien oder Nationalfiguren (deutscher Michel, Uncle Sam, John Bull) sind heute — mit Ausnahme Frankreichs — weitgehend aus dem Kanon der politischen Symbole verschwunden, aber in der deutschen Nationalbewegung vor der Reichsgründung und im deutschen Kaiserreich gehörte die Allegorie der Germania als Verkörperung der deutschen Nation zu den unbestrittenen und unverzichtbaren Komponenten.

Richard Alewyn hat dem Barock ein schrankenloses Bedürfnis nach Versichtbarung zugesprochen.[9] Einen unwiderstehlichen Zug zur bildlichen Darstellung, zur Personifikation kennt auch das 19. Jahrhundert, und zu den Mitteln, mit denen man daran ging, eine nationale Mythologie zu schaffen, gehörte die Verbildlichung der Nation über die Allegorien.

Maßgeblich dafür war nicht nur die erwähnte Notwendigkeit, die fürstliche Symbolik mit ihr ähnlichen Mitteln zu bekämpfen, nicht nur das Zugeständnis an irrationale Bedürfnisse oder die Notwendigkeit, Menschen mit weniger entwickelten kognitiven und intellektuellen Fähigkeiten mit Bildern politisch-propagandistisch zu beeinflussen. Ganz offensichtlich gab es ein verbreitetes Verlangen nach Versichtbarung politischer Ideen. Man kann hier eine Parallele zu dem Historismus in der Geschichtsschreibung ziehen, der in der Vorstellung lebte, daß Ideen nicht abstrakte verstandesmäßig konstruierte Begriffe seien, sondern sich in historischen Individualitäten verkörperten, nur in der Anschauung der Körper sichtbar würden und in ihrem Wandel erzählt werden könnten. Entsprechend solchen Anschauungen kann man in Deutschland ein Bedürfnis nach der körperhaften Anschauung der Nation in Sinnbildern erkennen oder umgekehrt; es bestand der Wunsch, sich Bilder zu schaffen, in denen die abstrakte Idee der Nation auch körperhaft sichtbar gemacht werden konnte.

Und das wiederum korrespondiert offensichtlich mit ästhetischen Bedürfnissen der Zeit, ist eine Form der Modernität und Sensibilität, entspricht der zeitgenössischen Bilderflut, der Überschwemmung der Städte und Gebäude mit plastischem Schmuck, mit Statuen.

Nun steht die Verkörperung von Erdteilen, Ländern, Provinzen, Städten durch eine weibliche Figur in einer bis in die Antike zurückreichenden Tradition. Aber wie abstrakte Symbole, etwa die auf eine ebenso lange Tradition zurückreichende Fahne, im Bannkreis der Nationalbewegungen eine neue dynamische, ideologische und emotionale Qualität gewinnen, so ist es bei einzelnen konventionellen Personifikationen der Fall, auch bei der Germania.

Auf diese Germania, die deutsche Nationalallegorie, die Personifizierung der deutschen Nation, werde ich meine folgende Untersuchung beschränken. Dabei werde ich versuchen, einige Konstanten ihrer Verwendung und Darstellung im Zusammenhang von Funktionsvarianten und dem Wandel der Intentionen aufzuzeigen.[10] Allgemeine Fragen zur Begrifflichkeit, zur Typologie, zur Abgrenzung zwischen den unterschiedlichen Erscheinungsformen von Nationalfiguren und Nationalallegorien sollen ausgeklammert bleiben. Der Untersuchungszeitraum ist auf die Zeit zwischen dem Vormärz und den 90er Jahren des 19. Jahrhunderts begrenzt. In diesem Zeitraum zumindest hat die Allegorie der Germania eine historisch-politische Bedeutung gehabt, die über eine stereotype, manipulative, rein illustrative oder plakative Verwendung hinausreichte. Als Untersuchungsmaterial habe ich vorwiegend bildliche Darstellungen verwendet. Um der individuellen Beliebtheit einzelner Darstellungen zu entgehen, zu abgesicherten Aussagen zu kommen, habe ich mich um breitgestreutes Quellenmaterial bemüht und dazu illustrierte Zeitungen, satirische Blätter, Ausstellungskataloge und ähnliches mehr ausgewertet.

Thomas Nipperdey hat mit seiner Untersuchung zu Nationaldenkmälern des 19. Jahrhunderts in Deutschland verschiedene Typen von Nationalvorstellungen oder Nationalideen zu identifizieren versucht, die sich jeweils an einem bestimmten Denkmaltypus konkretisieren.[11] Nipperdey verfolgt den Wandel der Nationalideen nicht chronologisch in ihrem Wandel, ihrer Parallelität oder ihrer wechselseitigen Aufeinanderfolge, sondern stellt sie idealtypisch nebeneinander. Ich werde mich dagegen bemühen, die grundlegenden Veränderungen von Nationalideen, Nationalvorstellungen, wie sie sich in der Figur der Germania über die Jahrzehnte hinweg ablesen lassen, in ihrer Aufeinanderfolge aufzuzeigen.

Daran schließt sich eine andere Fragestellung an. Inwieweit verkörpert die Germania über die Versinnbildlichung einer abstrakten Idee der Nation, über einen damit verbundenen allgemeinen politischen Gehalt hinaus, nationale Selbstbilder, d.h. Verallgemeinerungen der Bilder, Meinungen und Urteile über den Charakter, das Wesen der Deutschen, die den Kopf verlassen und sich als Zeichen, Gemälde, Statue vergegenständlicht haben, sichtbar geworden sind. Für die frühen Darstellungen läßt sich das nur indirekt erschließen. Für einen späteren Zeitpunkt der Darstellung, in den Denkmälern der 70er Jahre, trifft das sicher zu. Bei der Ausschreibung des Niederwald-Denkmals wurde ausdrücklich verlangt, daß die Statue alles in sich vereinigen solle, was zum Bilde Deutschlands gehöre.[12]

Noch ein weiteres: Karl Loewenstein hat bei einer Typologie politischer Symbole unterschieden zwischen statisch-traditionellen Symbolen, die zur

Repräsentation bestehender Institutionen und Werte eingesetzt sind, und dynamisch revolutionären Symbolen, die in Zeiten politischer Umwälzungen zahlreich auftreten und bewußt für die Ziele des politischen und sozialen Kampfes benutzt werden.[13] Daraus folgt die Frage: ist die Germania ein Bewegungssymbol wie Marianne oder die Allegorie der Freiheit, oder ein statisches Symbol — gibt es einen Wechsel, ein Hinundherschwanken von dem einen zum anderen, existieren die zwei Ausprägungen nebeneinander? Agulhon hat bei seiner Untersuchung der Marianne aufgezeigt, daß in der Personifikation der Republik sich der Kampf zweier politischer Strömungen, zweier politischer Vorstellungen vom Charakter der Republik widerspiegelt. Eine liberalbürgerliche und eine revolutionär-volkstümliche Vorstellung, von denen die erste das Bild ruhiger, abgeklärter mütterlicher Reife, die andere das Bild jugendlicher, freizügiger Bewegtheit vermittelt.[14] Es wird also zu fragen sein, wie weit sich in der Germania statischer und dynamischer Charakter differenzieren lassen.

Warum nun wurde die „Germania" zum Sinnbild der deutschen Nation? Maßgebend ist zunächst die Konvention der Repräsentation „Germaniens" durch eine weibliche Figur, die „Germania", schon in der Römerzeit, zuerst als Besiegte und Trauernde, nackt oder mit entblößter Schulter bzw. entblößtem Busen, später als Sinnbild der kriegerischen Tugend mit Speer und Schild.[15] „Germania" war dem Mittelalter als gelehrter geographischer Begriff völlig geläufig und erscheint etwa als Allegorie einer der vier Provinzen des Reiches in einem Evangeliar Ottos III.[16] Eigentlich wiederbelebt wird die Allegorie dann im Humanismus als Folge der Entdeckung der „Germania" des Tacitus. Das von Tacitus beschriebene Germanien und seine Bewohner, die Germanen, wurden mit Deutschland und dem deutschen Urvolk gleichgesetzt. Sie lieferten den Humanisten ein kompensatorisches Gegenbild gegen die Italiener, die sich mit dem Charisma der Abkunft von den Römern umgaben.[17] Die „Germanisch frau", die „ihr har heraushaben, und ain kron auf dem haupt" tragen sollte, in dem von humanistischen Vorstellungen geprägten Triumphzug Maximilians I. markiert den Beginn der neuzeitlichen Geschichte der Allegorie der Germania.[18] In den folgenden Jahrhunderten wird sie regelmäßig, wenn auch nicht allzu häufig, in der Literatur, auf illustrierten Flugblättern wie auch als lebendes Bild in Aufzügen zur Verkörperung Deutschlands oder des Reiches als politisches Gebilde verwandt. Bei Krönungen versinnbildlicht sie das dem Kaiser huldigende Deutschland. Häufiger aber wird mit ihrer Hilfe der gegenwärtige Zustand Deutschlands oder die Hoffnung auf eine freudigere Zukunft ausgedrückt. Insbesondere in Kriegszeiten haben wir die Figur der alten, der abgerissenen, der geschändeten, der gemarterten Frau, der Frau Germania, deren Haus von anderen Nationen besetzt ist, und als Gegenbild dazu, die wiederhergestellte, in neue Majestät gekleidete, auf den Thron gehobene, friedensjauchzende Germania. Eine feste Ikonographie gibt es nicht. Als kennzeichnende Attribute werden ihr in unter-

schiedlicher Zusammensetzung Herrschaftszeichen — Krone, Zepter, Reichs-
apfel, Schwert, Schild — beigegeben, doch auch im 18. Jahrhundert eine Mau-
erkrone als Hinweis darauf, daß sie nicht herrscherliche Souveränität repräsentiert, sondern das Land oder das Volk.[19]

Diese eher illustrativ, zur moralischen Erbauung oder politischen Beleh-
rung verwendete konventionelle Allegorie wird in der Zeit der napoleonischen Kriege ideologisch und emotional angereichert. In der Metaphorik eines Arndt, Fichte, Jahn, Kleist, verkörpert die Germania als reines teutsches
Mädchen die von Tacitus beschriebenen Urtugenden einschließlich des „furor
teutonicus", mit dem Kleists Germania ihre Kinder, die Deutschen, gegen die
Franzosen aufstachelt: „Alles was ihr Fuß betreten, / färbt mit ihren Knochen
weiß: / ... / dämmt den Rhein mit ihren Leichen, / ."[20]

Das ist eine ganz neue Germania, das Abbild eines ursprünglichen, durch
die welsche Verderbtheit nicht korrumpierten deutschen Volkes, das Abbild
eines nicht an fürstliche Souveränität gebundenen, sondern der eigenen Kraft
gehorchenden Volkes. Einer ganz ähnlichen Germania mit bürgerlich emanzipatorischen Zügen begegnen wir 20 Jahre später in der Rede Philipp Jakob
Siebenpfeiffers: „Ja es wird kommen der Tag, wo ein gemeinsames deutsches
Vaterland sich erhebt, das alle Söhne als Bürger begrüßt und alle Bürger mit
gleicher Liebe, mit gleichem Schutz umfaßt; wo die erhabene Germania da-
steht auf dem erzenen Piedestal der Freiheit und des Rechts, in der einen Hand
die Fackel der Aufklärung, welche civilisierend hinausleuchtet in die fernsten
Winkel der Erde, in der anderen Hand die Waage des Schiedsrichteramtes,
streitenden Völkern das selbsterbetene Gesetz des Friedens spendet, jenen
Völkern, von welchen wir jetzt das Gesetz der Gewalt und den Fußtritt höh-
nender Verachtung empfangen."[21]

Eine solche vorwärtsdrängende oder aufklärerisch in die Zukunft leuchtende Germania ist jedoch mitnichten die dominante Erscheinung. Die Figur
ist auch noch keineswegs populär. In den Transparenten mit allegorischen
Darstellungen, die 1814 anläßlich der in ganz Deutschland abgehaltenen Feiern der Leipziger Völkerschlacht einzelne Bürger an ihren Häusern ange-
bracht hatten, fand die lorbeerumkränzte, mit Zepter und Eichenlaub verse-
hene Germania nur hin und wieder Verwendung.[22] Wie selbstverständlich sie
sich jedoch zur Versinnbildlichung Deutschlands oder des deutschen Volkes
anbot, verdeutlicht ihre Verwendung als zentrales Bildelement bei Denkmal-
projekten zur Verherrlichung der Leipziger Völkerschlacht, der Wiedergeburt
der „teutschen Freyheit" die eines jeden „Teutschen ... Geist" erheben
sollte.[23]

Das bekannteste aller Denkmalprojekte ist die von dem bayerischen König Ludwig I. als Zeichen deutscher Würde, deutscher Einigkeit, deutscher
Nationalkraft in Auftrag gegebene und 1842 vollendete Walhalla bei Regensburg. In dem Hauptschaugiebel dieses nach Deutschland verpflanzten griechischen Tempels sitzt auf erhöhtem Thron Germania. Ihr huldigen die Personi-

fikationen der wichtigsten Staaten des deutschen Bundes. Das Figurenprogramm verherrlicht keineswegs nur den Deutschen Bund, die durch ihn garantierte Unabhängigkeit der deutschen Einzelstaaten und die damit verbundene Absage an die deutsche Einheitsbewegung. Im Gegenteil: Deutschland als Ganzes ist den Einzelstaaten übergeordnet. Nur die in der Germania personifizierte deutsche Einheit gibt den sicheren Schutz gegen äußere Feinde.[24] Bei der Grundsteinlegung wurde der Bezug auf die deutsche Einheit noch einmal durch die über einer Rotunde errichtete Kolossalstudie einer Germania, der „Puppe Germania", so der Bildhauer Bandel, verdeutlicht. Mit Eichenkrone, Schwert und Schild schaute sie „stattlich in die Landschaft" und präfigurierte somit die Germania-Denkmäler, die nach 1871 zahlreich in den deutschen Landen verwirklicht wurden.[25]

Die frühen Germania-Darstellungen bis zu den 1840er Jahren sind noch weitgehend geschichtslos konzipiert, d.h. von der Gewandung und den Attributen her an keinen definierten historischen Zeitraum gebunden[26], aber es zeigt sich doch auch eine, wie es Träger ausdrückt, romantische Polarität von Antike und Mittelalter.[27] Die Antike jedoch tritt zurück und das Mittelalter behauptet sich als verpflichtendes Vorbild.

Damit wird die Germania aus ihrer Überzeitlichkeit gelöst und an eine historische Epoche, die des Früh- und Hochmittelalters gebunden. Die spezifisch historische Geschichtsschreibung zu Beginn des 19. Jahrhunderts macht die Zeit vermeintlich starker Einheit und nationaler Machtentfaltung zum Hauptgegenstand ihrer Aufmerksamkeit und Friedrich von Raumers „Geschichte der Hohenstaufen und ihrer Zeit" (1823-25) verankert sie fest im kollektiven Gedächtnis gebildeter Deutscher. In einem ungewöhnlichen Maße wird im Zeitalter der Romantik und des Historismus bis weit in das deutsche Kaiserreich hinein das Reich der mittelalterlichen Kaiser durch Historiographie, Literatur, Kunst imaginativ und anschaulich im Bewußtsein der deutschen Gesellschaft wachgehalten, zugleich mit einem neuen Kult des in seiner Felsengruft schlafenden und seiner Wiedererweckung harrenden Barbarossa.[28]

Innerhalb dieses politisch-historischen Bewußtseins wurde die Germania ein Symbol, das die große Zeit versinnbildlichte und zugleich in der Lage war, sowohl den nicht vorhandenen Monarchen als monarchisches Identifikationssymbol zu ersetzen, wie auch als Verkörperung der souveränen Nation die liberale Reformbewegung in sich aufzunehmen.

Einen vollendeten Ausdruck hat die romantische und historische Vorstellung von Deutschland und der deutschen Nation in der 1836 von Philipp Veit beendeten Germania gefunden. Wie parallele Ausführungen und die weite Verbreitung durch Reproduktionen, sowie an ihrem Vorbild orientierte Darstellungen zeigen, stieß sie auf breite Zustimmung. Ihre dem Krönungsornat angenäherte Gewandung und ihr beigegebene Reichsinsignien stellen den eindeutigen Bezug zum mittelalterlichen Reich her. Die Sakralisierung ist unverkennbar. Germania sitzt auf ihrem Thron wie eine mittelalterliche Madonna, die der Anbetung harrt. Ihre linke Hand stützt sich auf den mit dem doppelköpfigen Reichsadler geschmückten Schild. Voll Verlangen blickt sie nach rechts unten auf die ottonische Kaiserkrone zu ihren Füßen, hinter der in der Ferne der unvollendete Kölner Dom erscheint, beides Zeichen dafür, daß das Reich ruht, das Reich und deutsche Einheit eine Hoffnung für die Zukunft sind. Auf den Knien hält sie das Reichsschwert und Gesetzbuch, Symbole der Wehrhaftigkeit und der Gerechtigkeit.

Jedoch ist die Germania nicht nur in die mittelalterliche Kaiserherrlichkeit entrückt. Der Eichbaum, vor der ihr Thron aufgerichtet ist, der Eichenkranz in ihrem Haar, verweisen auf die zeitgenössische Einheits- und Freiheitsbewegung. Die Eiche ist ein originäres Symbol der frühen deutschen Nationalbewegung. Im Göttinger Hainbund 1772 ist die Eichensymbolik erstmals faßbar und tritt dann in der Zeit der Befreiungskriege ihren Siegeszug an. Sie wird aber nicht als neues Symbol gesehen, sondern als heiliger Baum ,,unserer deutschen Vorfahren" in den mythischen Urgrund des deutschen Volkes verwiesen, gilt als Sinnbild teutscher Gesinnung und Heldenkraft, teutscher Einheit. Edle, kräftige Größe wurde ihr attestiert und jahrhundertelange Dauer. Damit konnte sie zum Symbol des unvergänglichen deutschen Vaterlandes werden. Sinnfällig kommt das in der Gedenkmünze zur Kaiserwahl Friedrich Wilhelm IV. im Jahre 1849 zum Ausdruck. Germania sitzt auf einem Eichenstumpf, aus dem ein neuer Zweig treibt.[29]

Die Eiche ist ein Symbol des deutschen Volkes, ein Symbol, das die Dynamik der jungen Nationalbewegung versinnbildlicht. Seit der Befreiungsbewegung gehören die Eiche, das Eichenlaub, der Siegeskranz aus Eichenlaub — die Krone für den siegreichen Bürger —, eine Volkskrone also, keine Fürstenkrone, zu den Attributen der Germania, geben ihr eine versteckte Dynamik.

Mit dem stilbildenden Gemälde Philipp Veits treten die detailgetreuen Attribute der mittelalterlichen Kaiserzeit hinzu, die in den Jahrhunderten zuvor zur Kennzeichnung des Sinnbildes selbst oder als politische Aussage keine Rolle gespielt hatten. In dieser Kombination verkörpert Germania die Sehnsucht nach einem die Gesamtheit der deutschen Staaten wieder zusammenfassenden Kaiserreich, das aber in sich das deutsche Volk als anerkannten Partner aufnimmt.

Veits Germania zeigt keinerlei Dynamik. Sie träumt in die deutsche Vergangenheit hinein. Sie wartet mild, gütig, passiv auf einen königlichen Bräutigam, der sie in alter Herrlichkeit wieder aufrichten wird. Sie ist vollendeter Ausdruck eines auf Eintracht zwischen Fürst und Volk setzenden Nationalgefühls.

All das zusammen verdeutlicht unnachahmlich den Charakter der deutschen Einheits- und Freiheitsbewegung, den Charakter des deutschen Bürgertums und seiner Vorstellung von der deutschen Nation. Die politische Forde-

Abb. 1: ‚Germania' nach dem Fresko im Städtischen Kunstinstitut, gest. nach Veit v.E. Schöffer und Christian Siedentopf. Darmstadt (1845) Germanisches Nationalmuseum K 19614 Kapsel 1493

rung nach Einheit der deutschen Nation, Freiheit und Recht war revolutionär, aber die Gruppen des deutschen Bürgertums, die hinter diesen Forderungen standen, waren es in ihrer großen Mehrheit nicht. Sie setzten auf Evolution und Vereinbarung. Dem fehlenden revolutionären Bewußtsein, dem schwach ausgebildeten Macht- und Handlungsbewußtsein, entspricht das Bild der Germania dieser Jahre. Sie ist keine revolutionäre Allegorie, auch keine Allegorie

109

politischen Machtbewußtseins oder Durchsetzungswillens. Ihr eignet nichts von kriegerisch gerüsteter Militanz; sie vermittelt vielmehr den Eindruck friedvoller fraulicher Würde, Mütterlichkeit und familiärer Nähe. Sie ist ein Objekt schwärmerischer Verehrung, keine Führerin, die zu Taten aufruft.[30]

Nach wie vor aber blieb diese Germania nur eines unter vielen Sinnbildern, dominierte nicht. Es gab neben ihr Barbarossa und Arminius als Identifikationsahnen mit ihrem jeweiligen spezifischen Symbolgehalt, es gab daneben die „verschiedensten Kultur- und Nationalheiligen", vor allem aber Friedrich Schiller, den „Sänger der erwachenden Nation", der, anders als die doch überwiegend statische Germania, „Vorbild, Anlaß und Signal politischen Handelns" in der Bewegung für bürgerliche Freiheit und nationale Einheit in den 40er und in der Reaktion der 50er Jahre werden konnte.[31]

Die Beobachtung Korff's, daß die Symbolbildung in aller Regel in der politischen Aktion selbst erfolgt, läßt sich an der Germania in der Revolution 1848/49 aufzeigen.[32] Als anschauliche Verkörperung der deutschen Nation gewinnt sie nun größere Verbreitung und Bedeutung. Sie wird Seite an Seite mit der Gestalt des Michel verwandt. Im Einzelfall werden beide Figuren auch kombiniert. Germania und Michel sind jedoch nur in ganz wenigen Fällen austauschbar. Sie stehen in der Regel für zwei verschiedene Begriffe. Germania verkörpert, auch wenn sie zuweilen in das Volksleben hinabsteigt, selbst zum Volk wird, vornehmlich die über die Alltagswelt hinausweisende abstrakte Idee der Nation. Sie hat einen philosophisch-politischen Gehalt. Michel dagegen verkörpert das Volk, die Deutschen oder den Deutschen, ist, wie es Theodor Vischer ausdrückt, ein Konterfei des „deutschen Volksgeistes".[33]

Das hat mehrere Konsequenzen. Es gibt drei Darstellungsebenen: politische Karikatur, karikaturistisches Genre- oder Sittenbild, repräsentative Malerei und Plastik. Beide Gestalten, Michel und Germania, erwiesen sich als geeignete Instrumente, das politische Geschehen der Jahre 1848/49 bildlich zu begleiten und, mehr noch, satirisch-karikaturistisch zu beleuchten. Sie boten in ihrer Anschaulichkeit dem Betrachter die Möglichkeit, sich wie in einem „vorgehaltenen Spiegel" als Deutscher seiner Stärken und Schwächen bewußt zu werden und sich selbst zu belächeln. Umgekehrt trugen Michel und Germania in auf den ersten Blick unverfängliche Darstellungen politische Inhalte hinein und ermöglichten damit, sie als ein Mittel des politischen Kommentars einzusetzen.[34] Die instrumentale Verwendung des Michel blieb auf diese beiden Ebenen beschränkt, konnte dem Gehalt nach wohl auch nicht darüber hinausreichen. Die Germania dagegen ist weit mehr die Gestalt, in der sich die Nation bei feierlichen, offiziellen Anlässen symbolisch repräsentativ selbst darstellen kann. Diese idealisierende Selbstporträtierung der deutschen Nation blieb auf die Germania beschränkt.

Es gibt noch andere Unterschiede. Michel tritt in einer guten Anzahl von Darstellungen handelnd auf. Er ist dann aktives Subjekt, Bewegungsfigur, ein vorwärtsdrängendes Element. Germania dagegen bleibt auch in dieser Handeln erfordernden Zeit statuarisch; sofern sie aktiv auftritt, geschieht das mäßig bewegt, nie kämpferisch führend oder vorwärtsdrängend. Zwar sind ihr als Attribut gesprengte Fesseln mitgegeben, aber man sieht sie die aufrührerische Tat nie selbst vollbringen. Wieder ist sie die Figur, an der sich aufzeigen läßt, was mit Deutschland, dem deutschen Volk oder der deutschen Nation geschieht. Hierfür wird die Germania in die verschiedensten Rollen gedrängt. Sie ist die Wöchnerin, die gerade von dem provisorischen Reichsoberhaupt, dem Reichsverweser Erzherzog Johann entbunden wurde. Sie ist 1849 die schwangere junge Bürgersfrau, welche die Geburt der deutschen Reichsverfassung erwartet. Als Verkörperung der deutschen Republik, der erblichen Monarchie oder des deutschen Bundes erscheint sie als liebevolles junges Mädchen mit Jakobinermütze, hohe Frau mit Pickelhaubenkrone oder bärbeißige alte Jungfrau. Sie flieht, barfüßig, mit gesprengten Fesseln vor den Mächten der Finsternis, den Soldaten der Fürsten. Sie ist die Mutter, die ihrem Michel den Hintern versohlt. Und sie ist die als Fürsten mordendes Monster verschriene sanfte Unschuld. Sie ist die Verfolgte, die Gejagte, die Leidende, passives Objekt von Geschehnissen, auf die sie selbst keinen Einfluß nimmt. Die allegorischen Zitate der mittelalterlichen Kaiserherrlichkeit treten zurück, werden marginal, verschwinden im Einzelfall ganz. Germania wird in Habitus und Gestus tendenziell in die bürgerliche Welt eingebunden.[35]

In ihrer idealisierenden Funktion, als Symbol für Einheit, Freiheit und Recht, als Symbol also der nationaldemokratischen Bewegung, erscheint Germania auf dem riesenhaften Transparent oberhalb der Rednertribüne in der Paulskirche. Das erste deutsche Parlament, die Nationalversammlung, tagte zu Füßen der Germania. Eine Germania, die wie die erste stilbildende Verkörperung aus dem Jahre 1836, von Philipp Veit gemalt und offensichtlich noch für das kommende Parlament vom alten Bundestag bestellt worden war, der ja auch eilends die schwarz-rot-goldene Flagge zu den Bundesfarben erklärt hatte.[36] Gegenüber dem Bild von 1836 weist die Germania in der Paulskirche signifikante Veränderungen auf. Es ist ein mächtiger Ruck durch sie gegangen. Aufrecht, mit erhobenem Haupt steht sie vor der aufgehenden Sonne. Sie hat ein mächtiges schwarz-rot-goldenes Banner, die Trikolore der deutschen Nationalbewegung, entfaltet. Ein Eichenkranz schmückt ihr blondes Haar. Das Schwert, das 1836 noch in der Scheide auf ihrem Schoß lag, hält sie nun blank gezogen aufrecht in der rechten Hand, als Zeichen dafür, daß sie es jetzt gebrauchen kann. Der darum gewundene Ölzweig aber dokumentiert die friedensbringende Mission. Germania trägt noch den Krönungsornat, doch sind alle sonstigen monarchischen Symbole verschwunden. Anstelle der Kaiserkrone liegt zu ihren Füßen eine gesprengte Fessel. Der doppelköpfige Adler, der 1836 noch mit Kronen und Heiligenscheinen ihren Schild zierte, prangt nun auf ihrer Brust. Kronen und Heiligenscheine aber sind verschwunden, Germania ist dem Mittelalter entflohen. Als Apotheose der auferstandenen Nation blickt sie in eine lichte Zukunft und braucht keinen kaiserlichen Gatten.

Abb. 2: Germanisches Nationalmuseum Nürnberg (Gm 608)

Es gibt weitere Hinweise auf die Entwicklung der Germania zu einem akzeptierten Symbol des neuen Deutschland. Ich weise nur auf zwei hin. Die Bildseite der Gedenkmünze zur Wahl des preußischen Königs zum Reichsoberhaupt wird von einer Germania eingenommen. Ein repräsentatives Schmuckbild, von Adolf Schroedter gestaltet, stellt eine aller mittelalterlichen Symbole entkleidete Germania als Mutter mit ihren Kindern Recht und Freiheit in den Mittelpunkt. Zu ihren Füßen liegen gesprengte Fesseln und das sich windende Reptil der Zwietracht.[37]

Die Rolle als gemäßigtes national-demokratisches Bewegungssymbol bleibt erhalten und wird neu belebt mit dem Wiederaufbrechen dieser Bewegung Ende der 50er, Anfang der 60er Jahre. Zu einer wahren Inflation von Germania-Darstellungen im Zusammenhang der neu erwachten national-demokratischen Hoffnungen und Bestrebungen kommt es Anfang der 1860er Jahre. Wie es erstmals 1848 bei einem Einheitsfest in Düsseldorf geschehen war, finden nun die großen nationalen Feste der Schützen im Zeichen der Germania statt, deren Statue auf dem Festplatz errichtet wird oder deren Abbild in Transparenten, Velarien, Wandbildern, auf Ehrenpforten und in Festsälen für die deutsche Nation, die deutsche Einheit steht. Von nun an ist die Germania ein wirklich populäres Sinnbild. Sie ist untrennbar mit der Nationalbewegung, mit der Selbstdarstellung und dem Selbstbewußtsein des national gestimmten Bürgertums verbunden. In sie, die jetzt die hehre Übermutter geworden ist, projizierte man Kollektivgefühle. Sie war nun aus der Mitte der Menschen hervorgehoben, sie bot Schutz, sie segnete, aber sie forderte Wohlverhalten und bald auch Blut und Leben.

Exemplarisch wird das deutlich auf dem großen Schützenfest in Frankfurt im Jahre 1862. Hoch über dem Festplatz ragte die Statue der Germania, in den kostbaren Siegespreisen war sie vielfach verewigt, sie wurde in Gedichten und im Festspiel angerufen: „Ein göttlich Weib erscheint dem trunknen Blick / der Eiche Laub um's edle Haupt gewunden / wie liebend ernst sie zu uns niederschaut! / Des Herzens Jubel kündet laut mir an: / die Mutter, ja sie ist's! Germania! / Oh segne, Mutter, segne Deine Söhne."[38]

Die Germania von 1862 trägt noch Züge liberal-bürgerlichen Verständnisses von Nation, die 1848 dominierten und die auch den liberal-bürgerlichen Typus der Marianne bestimmten. Andererseits jedoch kehren die Attribute zurück, die auf das mittelalterliche deutsche Reich zurückverweisen. Und zusätzlich beginnt eine andere Entwicklung. Bis dahin vermittelte die Germania in Ausdruck und Haltung das Bild friedlicher, freundlicher, gemessener, eher passiver fraulicher Würde und Zurückhaltung. Nun wird in sie ein neuer Zug kämpferischer Aggressivität hineingelegt. Dieser Zug gehört in einen neuen Funktionszusammenhang und zu neuen Aufgaben, die der Allegorie zugedacht werden. Bis dahin war sie das Symbol einer schlafenden, gefesselten, zerrissenen Nation, die selbst zur brüderlichen Einheit finden sollte und sie war völlig unkriegerisch. Die freie Einigung im Innern wurde nicht erreicht,

Abb. 3: Illustrierte Zeitung 39, 1862, S. 100

man brauchte einen äußeren bedrohlichen Gegner. Aggressive Wendung nach außen, deklariert als wehrhafte Verteidigung angesichts kriegerischer Bedrohung, ist ein neues Element in den Germania-Darstellungen. Damit ist auch eine neue Nationalvorstellung verbunden. Nationalbewegung und Machtge-

Abb. 4: Gedenkblatt ‚Die Wacht am Rhein' Berlin 1875, Staatsbibliothek Berlin, nach dem Gemälde von Lorenz Clasen (LC 10003.11)

fühl verbinden sich, die Vorstellung, daß die Nation in Abwehr äußerer Gefahr, in kriegerischem Bündnis politische Einheit und eine neue Identität findet.

Erstmals ist dieser Zug der Germania-Darstellungen in dem bekannten Bild Lorenz Clasens (1860) einem breiteren Publikum bekannt und dankbar von ihm aufgenommen worden. Bei der erstmaligen Vorstellung dieses Bildes

115

lobte die Illustrierte Zeitung weniger die künstlerische Qualität als vielmehr die gelungene politische Aussage. Schon 1861 sprach die Zeitung von dem vielseitigen Interesse und der warmen Teilnahme, die das Bild gefunden habe.[39] 1871 rief sie zu einer Nationalbelohnung für den Maler auf. Wie wenige in dieser Zeit habe er mit seinem Bild zur geistigen Einigung der deutschen Nation beigetragen. Das Kunstwerk schmücke sowohl die Wände des deutschen Fürstenpalastes, als die der Farmerhütte im fernen Westen. Clasen habe in ihm das Vaterland prophetisch in vereinter Kraft und Herrlichkeit dem Volke verkörpert vor Augen geführt.[40]

Mit Clasens Bild, dessen schnelle Popularität sich auch darin zeigt, daß schon 1862 nach seinem Vorbild eine Germania auf einem der Hauptsiegespreise des deutschen Schützenfestes modelliert wird, leitet die Verdrängung des Abbildes einer friedvollen Nation in der bürgerlichen Öffentlichkeit ein. Es hat offensichtlich eine große Suggestivkraft besessen und ist in dem bekannten Gedicht Freiligraths zum 25. Juli 1870 poetisch verherrlicht worden: „Hurra, du stolzes, schönes Weib, / Hurra, Germania! / Wie kühn mit vorgebeugtem Leib / Am Rheine stehst Du da! / Im vollsten Brand der Juliglut, / wie ziehst Du frisch Dein Schwert! / Wie trittst Du zornig frohgemut / zum Schutz vor Deinen Herd! / Hurra, hurra, hurra! / Hurra, Germania!"[41]

Die Figur der Germania schwillt mächtig an, man steckt sie in einen Panzer, ihre Züge werden energisch, sie erhält einen stählernen Blick. Erst jetzt gewinnt sie die Gestalt, die uns heute so vertraut ist und die den früheren Charakter verdrängt hat. Ihr Schwert, vorher Symbol der Gerechtigkeit, wird nun zu einem Kriegsinstrument. In dem neuen Sinnbildtypus der deutschen Nation fließen zwei Mythologisierungen zusammen und werden zu neuer Machtdemonstration aktiviert. In die Germania gehen einerseits die Vorstellungen von deutscher Einheit, Macht und Größe des deutschen Mittelalters ein, die bis dahin eher melancholisch verklärt in kaiserlichen Attributen als ferne Erinnerungen wiedergegeben wurden. Andererseits tritt hinzu die Vorstellung von siegreicher germanischer Wehrhaftigkeit, kämpferischen Kriegertums, wie sie in der Geschichte von Arminius oder der Nibelungensage zum Ausdruck kommt. Das neue germanische Element einer mit übermenschlichen Kräften ausgestatteten Schlachtenjungfrau, einer Walküre der Nibelungensage, durchtränkt das bisher schon vorhandene Element der deutschen Kaiserherrlichkeit.

In den 70er Jahren werden zahlreiche Denkmäler zur Erinnerung an die siegreiche Auseinandersetzung mit Frankreich und die Gründung des deutschen Kaiserreiches errichtet. Bezeichnenderweise allerdings beschränkt sich diese Denkmalbewegung im wesentlichen auf den unmittelbaren preußischen Einflußbereich nördlich der Mainlinie. Für die ehrgeizigen Figurendenkmäler verwendet man als Hauptperson in der frühen Zeit ausschließlich die Germania. Es sind konservative Honoratioren und das städtische Bürgertum, die diese Denkmäler in Auftrag geben. Programmatisch verkünden sie: Die in der

Gefahr geeinte Nation hat in der Gefahr zu sich selbst gefunden und den Sieg errungen. Nicht der Monarch, nicht die Armee stehen oben auf dem Sockel, sie sind der kriegerischen Nation noch untergeordnet.

In die Denkmäler der 70er und 80er Jahre lassen die deutschen Honoratioren ihr neues Selbstbewußtsein, ihre neue Vorstellung vom Wesen und Charakter der deutschen Nation hineininterpretieren. Die Germania wird zum personifizierten Eigenbild der Denkmalauftraggeber, die sich und die in der Germania zu Erz gewordene Nation für identisch halten. Exemplarisch ist dafür die Gestalt des Denkmals auf dem Niederwald bei Rüdesheim. Die „mächtige, eherne Riesin" soll die Haupteigenschaften der deutschen Nation verkörpern. Diese sind wesentlich andere als jene, die man noch mit der Germania der Revolution 1848 verbinden konnte. Ruhe, Hoheit, Majestät, Kraft, Macht, Anmut, Harmonie, Kühnheit, Adel, Stolz, das sind die Charakteristika, die dem deutschen Volk nun eigen sein sollten, die man in der Germania versinnbildlicht sehen wollte. Die plastische Umsetzung des kaiserreichlichen Eigenbildes, ist dem Schöpfer des Denkmals, Johannes Schilling, offensichtlich exemplarisch gelungen. Nach der Einweihung wurde seine Germania als die „genialste Idealisierung des neudeutschen Reichsbegriffs" bezeichnet.[42] In unzähligen Reproduktionen, auf Postkarten, auf Schmuckblättern, in der ganzen Vielfalt des nationalen Nippes unter das Volk gebracht. Sie liefert die Vorlage für die Germania-Figuren in den patriotischen Festspielen, den patriotischen lebenden Bildern in Theatersälen und auf den Festwagen der zahlreichen historischen Umzüge.

Die Vorherrschaft der Germania als Denkmalfigur wird Ende der 80er Jahre gebrochen. Seit dem Tode Wilhelms I. kommt es zu einer neuen Denkmalflut. Es sind der verstorbene Monarch und wenige Jahre später Bismarck, die als neue Hauptfiguren verherrlicht werden. Germania tritt nurmehr als Partner auf und wird im Endeffekt sogar ganz verbannt. Der neue monarchische Kult und mit ihm die monarchische Nationalidee triumphiert im Denkmal über die national-demokratische Idee.

Die Germania aber blieb ein weitverbreitetes Mittel der Nationdarstellung. Insbesondere lebte sie auch in den satirischen Zeitungen in der Karikatur weiter. Sofern Deutschland oder die deutsche Nation als Gegenstand der Politik satirisch kommentiert werden sollten, bot sie sich als das geeignete Mittel an, da ja in der Satire der Monarch nicht verwandt werden konnte. Wie weit sich in der Figur noch ein Wir-Gefühl verband, wie es in den Hochzeiten der 1860er und 1870er Jahre offensichtlich der Fall gewesen ist, oder wie weit die Figur zu einem konventionellen, inhaltsleeren Dekorationsstück herabgesunken war, läßt sich schwer abschätzen. Zumindest gelang es ihr nie wie ihrer Schwesterallegorie in Frankreich, zu der einen dominierenden Nationalallegorie zu werden. Im Endeffekt ist die Germania als nationales Symbol gescheitert. Michael Stürmer erklärt das Fehlen eines festgesetzten Kanons politischer Repräsentation, ähnlich wie es Theodor Schieder mit Verweis auf

Abb. 5: Die Figur der Germania des Denkmals auf dem Niederwald bei Rüdesheim, in: Hermann *Martens*. Die deutschen Bildersäulen. Denkmale des 19. Jahrhunderts. Stuttgart 1892.

Friedrich Naumann getan hat, mit der Unvereinbarkeit von politischer und gesellschaftlicher Verfassung im Kaiserreich, mit dem Fehlen eines legitimitätsstiftenden Punktes.[43] Einen etwas anderen Akzent setzt Hobsbawn, wenn er die Schwierigkeit des Kaiserreiches, eine Symbolik zur Selbstbestimmung zu finden, auf den Mangel an nationalstaatlicher Geschichte zurückführt.[44]

Anmerkungen

1 Charles de Gaulle, Mémoires de Guerre, Bd. 1, L'Appell 1940-1942, Paris 1954, S. 1

2 Vgl. hierzu Carla Fohrbeck, Spielraum der 80er Jahre: Stilbildung auf der Lebensbühne, in: Frankfurter Allgemeine Zeitung 21.6.1986; Emile Durkheim, Les formes élémentaires de la vie réligieuse, Paris 1925[7]. Am häufigsten steigt freilich der Bedeutungsträger Mensch, vor allem in der Gestalt des Ahnen, zum identitätsstiftenden Symbol auf, etwa als Elvis Presley oder Konrad Adenauer.

3 Gottfried Korff, Rote Fahnen und Tableaux Vivants. Zum Symbolverständnis der deutschen Arbeiterbewegung im 19. Jahrhundert, in: Studien zur Arbeiterkultur, hrsg. v. Albrecht Lehmann, Münster 1984, S. 103-140, mit Hinweisen auf ältere und jüngere Literatur. Vgl. auch Fahnen, Fäuste, Körper. Symbolik und Kultur der Arbeiterbewegung, hrsg. ... v. Dietmar Petzina. Essen 1986

4 Theodor Schieder, Das deutsche Kaiserreich von 1871 als Nationalstaat. Köln 1961, S. 72-87; Elisabeth Fehrenbach, Über die Bedeutung der politischen Symbole im Nationalstaat, in: Historische Zeitschrift 213, 1971, S. 296-357; dies., Wandlungen des deutschen Kaisergedankens 1871-1918. München 1969; George L. Mosse, Die Nationalisierung der Massen. Politische Symbolik und Massenbewegungen in Deutschland von den napoleonischen Kriegen bis zum Dritten Reich. Berlin 1976

5 Korff, Rote Fahnen, S. 128

6 Maurice Agulhon, Marianne au combat. L'imagerie et la symbolique républicaines de 1789 à 1880. Paris 1979, S. 231f.

7 Schieder, Kaiserreich, S. 72f.

8 Vgl. zu diesem allgemeinen Aspekt Korff, Rote Fahnen, S. 106f.

9 Richard Alewyn / Karl Sälzle, Das große Welttheater. Die Epoche der höfischen Feste in Dokument und Deutung. Reinbek bei Hamburg 1959, S. 51

10 Vgl. hierzu Günter Hess, Allegorie und Historismus. Zum „Bildgedächtnis" des späten 19. Jahrhunderts, in: Verbum et Signum, 1. Bd. Beiträge zur mediävistischen Bedeutungsforschung. Hrsg. v. Hans Fromm (u.a.) München 1975, S. 559

11 Thomas Nipperdey, Nationalidee und Nationaldenkmal in Deutschland im 19. Jahrhundert, in: Historische Zeitschrift 206, 1968, S. 529-585

12 Lutz Tittel, Das Niederwalddenkmal 1871-1883. Hildesheim 1979, S. 80

13 Zit. nach Fehrenbach, Bedeutung, S. 301

14 Agulhon, Marianne

15 Vgl. hierzu u.a. Percy Gardner, Countries and Cities in Ancient Art, in: The Journal of Hellenic Studies IX, 1888, S. 69; dazu die Artikel „Germania" und „Tusnelda", in: Encyclopedia dell'Arte Antica. Bd. III, Rom 1960, S. 846 u. Supplemento 1970, S. 876; A. Alföldi, Die Germania als Sinnbild der kriegerischen Tugend des römischen Heeres, in: Germania 21, 1937, S. 95-100. Mit T. 21/2

16 Evangeliar Ottos III., Reichenau um 1000. München, Bayerische Staatsbibliothek, Clm 4453, S. 23 v. František Graus, Lebendige Vergangenheit. Überlieferung im Mittelalter

und in den Vorstellungen vom Mittelalter. Köln / Wien 1975, S. 137 und 380

17 Vgl. hierzu Eugen Lemberg, Nationalismus, Bd. 1, Psychologie und Geschichte. Reinbek bei Hamburg 1964, S. 110f.

18 Zit. bei Franz Schestag, Kaiser Maximilians I. Triumph, in: Jahrbuch der kunsthistorischen Sammlungen des allerhöchsten Kaiserhauses ..., 1. Bd., Wien 1883, S. 165

19 Auf nähere Ausführungen soll hier verzichtet werden. Als Beispiele seien lediglich angeführt ein illustriertes Flugblatt aus dem Jahre 1620, in: Deutsche illustrierte Flugblätter des 16. und 17. Jahrhunderts, hrsg. v. Wolfgang Harms, Bd. 2, Wolfenbüttel / München, 1980, S. 293; Gedenkblatt auf den Hubertusburger Frieden 1763, in: Germanisches Nationalmuseum — Nürnberg, HB 14796 Kapsel 1220; Ausstellungskatalog: Der Westfälische Frieden. Krieg und Frieden. Hrsg. im Auftr. der Stadt Münster: Hans Gahlen. Münster 1987, S. 240-243; Ausstellungskatalog: Wahl und Krönung in Frankfurt a.M.. Kaiser Karl VII. 1742-1745. Hrsg. v. Rainer Koch u. Patricia Stahl. Frankfurt 1986, S. 176, 213, 217, 261. Stuttgarter Hoffeste. Texte und Materialien zur höfischen Repräsentation im frühen 17. Jahrhundert. Hrsg. v. Ludwig Krapf u. Christian Wagenknecht. Tübingen, S. 80-84. Jost Hermand, Sieben Arten an Deutschland zu leiden. Königstein 1979, S. 128. Arno Borst, Barbarossas Erwachen — Zur Geschichte der deutschen Identität, in: Identität. Hrsg. v. Odo Marquard und Karlheinz Stierle, München 1979, S. 28f. Klaus Sauer u. German Wert, Lorbeer und Palme — Patriotismus in deutschen Festspielen. München 1971, S. 23ff. Flugblatt von 1757 „Abbildung des jetzigen Politischen L'Ombrespiels im Hause der Frau Germania, Staatsbibliothek Berlin Yb 6440kl

20 Heinrich von Kleist, Germanias Aufruf an ihre Kinder, in: ders., Sämtliche Werke. Vollständige Werke in vier Bänden. Hrsg. v. Karl Siegen. Leipzig o.J., S. 183f. Vgl. hierzu auch Hermand, Sieben Arten, S. 128f. Außerdem Rainer Dieckhoff, Die konkrete Utopie, in: Ausstellungskatalog: Der Kölner Dom im Jahrhundert seiner Vollendung, Bd. 1, Köln 1980, S. 282

21 Siehe, Das Nationalfest der Deutschen zu Hambach. Unter Mitwirkung eines Redaktionsausschusses beschrieben von J.G.A. Wirth, 1. Heft, Neustadt, 1832, S. 39

22 Horst Grundmann, Die Feiern der Leipziger Völkerschlacht im Jahre 1814 als Ausdruck des erwachten deutschen Nationalbewußtseins, unveröffentlichte Staatsarbeit. Köln 1986, S. 62f.

23 So Friedrich Weinbrenner, Ideen zu einem teutschen Nationaldenkmal des entscheidenden Sieges bey Leipzig, mit Grund- und Aufrissen, Karlsruhe 1814, S. 8. Weinbrenner übernimmt für seine Germania eine Zeichnung des badischen Hofmalers Theodor Iwanowitsch Kalmück. Vgl. Margrit-Elisabeth Felte, Leben und Werk des badischen Hofmalers Theodor Iwanowitsch Kalmück (1763-1832). Phil. Diss. Karlsruhe 1973, S. 142f. Karl Alexander Heideloff stellt bei seinem Projekt zu einer Ruhmeshalle für Deutschlands Einigkeit und Treue eine Germania als bekrönende Figur auf das Gebäude. Vgl. dazu Jörg Träger, Der Weg nach Walhalla. Denkmallandschaft und Bildungsreise im 19. Jahrhundert. Regensburg 1987, S. 142

24 Frank Otten, Ludwig Michael Schwanthaler 1802-1848. München 1970, S. 45ff. In dem ursprünglichen, von Martin von Wagner entworfenen Programm war die Aussage noch deutlicher. Hier hielt die stehende Germania, Teutonia genannt, das gezogene Schwert und ihren Schild über die besiegte Gallia und die Personifikation von Paris, die Parisia, während ihr die Personifikationen der hauptsächlichen Bundesstaaten und Grenzstädte zugeführt wurden. Entwurfzeichnungen im Martin von Wagner-Museum der Universität Würzburg, Inventarnummer 3367/68/69. Mappe 202. Zu der anderen Interpretation vgl. Ulrich Schulte-Wülwer, Die bildenden Künste im Dienste der nationalen Eini-

gung. Zur restaurativen Verkehrung bürgerlich-emanzipatorischer Ansätze in der Früh-
zeit der Universitätsgermanistik, in: Germanistik und deutsche Nation 1806-1848. Zur
Konstitution bürgerlichen Bewußtseins. Unter Mitarb. von ... hrsg. v. Jörg Jochen Müller. Stuttgart 1974, S. 277. Dazu auch Dieckhoff, Utopie, S. 282

25 Vgl. Träger, Weg, S. 84f.

26 So die erwähnte Germania Weinbrenners, aber auch die Figuren auf der Gedenkmünze
zur Grundsteinlegung beim Weiterbau des Kölner Doms 1842 und zur Erinnerung an
die Ausstellung deutscher Gewerbserzeugnisse zu Berlin im Jahre 1844. Vgl. hierzu
Heinrich Lutz, Zwischen Habsburg und Preußen. Deutschland 1815-1866. Berlin 1985,
S. und Ausstellungskatalog: Kölner Dom, Bd. 1.

27 Träger, Weg, S. 95f.

28 Zu dieser Thematik vor allem Borst, Barbarossas Erwachen, S. 29ff. Wolfgang Hardt-
wig, Geschichtsinteresse, Geschichtsbilder und politische Symbole in der Reichsgrün-
dungsära und im Kaiserreich, in: Kunstverwaltung, Bau- und Denkmal-Politik im Kaiserreich. Hrsg. v. Eckehard Mai und Stefan Waetzoldt. Berlin 1981, S. 47-73. Heinz
Gollwitzer, Zur Auffassung der mittelalterlichen Kaiserpolitik im 19. Jahrhundert. Eine
ideologie- und wissenschaftsgeschichtliche Nachlese, in: Dauer und Wandel der Geschichte. Aspekte europäischer Vergangenheit. Festgabe für Kurt von Raumer zum 15.
Dezember 1965. Hrsg. v. Rudolf Vierhaus u. Manfred Botzenhart. Münster 1966, S.
483-512. Auch Otto Dann, Das alte Reich und die junge Nation. Zur Bedeutung des
Reiches für die nationale Bewegung in Deutschland, in: Jahrbuch für die Geschichte
Mittel- und Ostdeutschlands 35, 1986, S. 108-126

29 Vgl. Grundmann, Die Feiern, S. 65f. Dieter Düding, Das deutsche Nationalfest von
1814: Matrix der deutschen Nationalfeste im 19. Jahrhundert, in: Öffentliche Festkultur,
politische Feste in Deutschland von der Aufklärung bis zum 1. Weltkrieg. Hrsg. v. Dieter Düding, Peter Friedemann, Paul Münch. Reinbek b. Hamburg 1988, S. 76. Johannes
Burkhardt, Reformations- und Lutherfeiern. Die Verbürgerlichung der reformatori-
schen Jubiläumskultur, in: Ebda., S. 224. C.A. Menzel, Versuch einer Darstellung der
Kunst-Sinnbilder, insofern sie der jetzigen Zeit angemessen sind. Berlin usw. 1840, S.
30. Abb. III/91, in: Fragen an die deutsche Geschichte. Ideen, Kräfte, Entscheidungen
von 1800 bis zur Gegenwart. Historische Ausstellung im Reichstagsgebäude in Berlin.
Katalog, 6. Aufl. Bonn 1981

30 Zu der Germania Veits vgl. Städelsches Kunstinstitut Frankfurt am Main. Die Gemälde
des 19. Jahrhunderts. Hrsg. v. Ernst Holzinger. Bearb. v. Hans-Joachim Ziemke. Text-
band. Frankfurt/Main 1972, S. 449ff. Dazu Trophäe oder Leichenstein? Kulturge-
schichtliche Aspekte des Geschichtsbewußtseins in Frankfurt im 19. Jahrhundert. Eine
Ausstellung des Historischen Museums Frankfurt. Frankfurt 1978, S. 96, 121f., 128

31 Vgl. Franz Schnabel, Die Denkmalskunst und der Geist des 19. Jahrhunderts, in: ders.,
Abhandlungen und Vorträge 1914-1965. Hrsg. und eingeleitet in Verbindung mit v.
Heinrich Lutz. Freiburg usw. 1970, S. 140ff. Rainer Noltenius, Das Schillerfest 1859:
Deutschland und seine Klassiker, in: ders., Dichterfeiern in Deutschland, Rezeptions-
geschichte als Sozialgeschichte am Beispiel der Schiller- und Freiligrath-Feiern, München 1984, S. 71-112. Ders., Das Schillerfest 1859 als nationaler Traum von der Geburt
des zweiten deutschen Kaiserreichs, in: Öffentliche Festkultur, S. 237-258

32 Korff, Rote Fahnen, S. 116. Vgl. auch Helmut Hartwig/Karl Riha, Politische Ästhetik
und Öffentlichkeit. 1848 im Spaltungsprozeß des historischen Bewußtseins. Fernwald
1974, S. 132

33 Friedrich Theodor Vischer, Kritische Gänge. 5. Band. Hrsg. v. Robert Vischer, 2.
verm. Aufl., München 1922, S. 308

34 Karl Riha / Gerhard Rudolph, die Düsseldorfer Monatshefte im Kontext der europäischen und deutschen Kultur, in: Düsseldorfer Monatshefte. Erster und Zweiter Jahrgang (1847 - 1849). Unveränderter Nachdruck in einem Band. Mit einem Nachwort versehen u. hrsg. v. Karl Riha u. Gerhard Rudolph. Düsseldorf 1979, S. 477

35 Zu solchen Karikaturen vgl. Trophäe, S. 131f.; Illustrierte Zeitung XII, 1849, S. 272; Düsseldorfer Monatshefte, Tafel 2 nach S. 336 u. Tafel 3 nach S. 448. Außerdem Franz X. Vollmer, Der Traum von der Freiheit. Vormärz und 48er Revolution in Süddeutschland in zeitgenössischen Bildern. Stuttgart 1983, S. 147 u. S. 242.

36 Trophäe, S. 107. Dieckhoff, Utopie, S. 283 und Schulte-Wülwer, Künste, S. 279 sind bei ihrer Interpretation einem Irrtum zum Opfer gefallen. Sie beziehen sich nicht auf das Bild in der Paulskirche sondern eine spätere Variation des 1836er Gemäldes von Veit. Abgesehen davon, daß sie Steinleins Bild überzogen als reaktionäres Dokument interpretieren, geht ihre Kritik an dem Bild über der Rednertribüne ins Leere. Vgl. zu dem Bild auch „Vorwärts, vorwärts sollst Du schauen ..." Geschichte und Politik unter Ludwig I. Katalog zur Ausstellung. Hrsg. v. Johannes Erichsen u. M. Hecker ... München 1986, S. 25

37 Tafel X und Abb. III / 91, in: Fragen an die deutsche Geschichte

38 Das allgemeine deutsche Schützenfest zu Frankfurt am Main, Juli 1862. Ein Gedenkbuch. Mit Benutzung der Schriftstücke des Central-Comité's, herausgegeben von Dr. Heinrich Weismann. Frankfurt / M. 1863, S. 114

39 Illustrierte Zeitung 926, 2. März 1861, S. 219

40 Illustrierte Zeitung 1464, 22. Juli 1871, S. 70

41 Zit. nach Deutschland, Deutschland. Politische Gedichte vom Vormärz bis zur Gegenwart. Ausgewählt und herausgegeben von Helmut Lamprecht. Bremen 1969, S. 193

42 Tittel, Niederwalddenkmal, S. 80f.

43 Michael Stürmer, Das ruhelose Reich. Deutschland 1866 - 1918. Berlin 1983, S. 97. Schieder, Kaiserreich, S. 84ff.

44 Eric Hobsbawm, Mass-Producing Traditions: Europe, 1870 - 1914, in: The Invention of Tradition. Ed. by Eric Hobsbawm and Terence Ranger. Cambridge usw. 1983, S. 274ff.

Max Matter

Entpolitisierung durch Emotionalisierung

Deutscher Muttertag — Tag der Deutschen Mutter — Muttertag

„Napoleon hat einmal gesagt, daß dem französischen Volke nichts fehle als gute Mütter, und wahrscheinlich hat er dabei mit neidischen Augen auf Deutschland geschaut. Denn in Deutschland hat es bis zum heutigen Tage kein Staatsmann und kein Fürst nötig gehabt, nach guten Müttern zu verlangen. Sie waren und sind von jeher in Deutschland eine Selbstverständlichkeit gewesen. Und darum gibt es auch in keinem andern Staat der Welt einen Tag, der der Mutter gewidmet ist. Das Symbol des völkischen Zusammenhaltes ist die Mutter und den Wert dieses Symbols hat Napoleon als kluger Staatsmann wohl erkannt, als er jenen Ausspruch tat: ‚Ein Volk, daß seine Mütter nicht über alles stellt, ist für diese Welt verloren, gibt sich selbst auf. Denn die Mutter ist die Wurzel aller guten völkischen Kräfte, ein unversiegbarer Born, aus dem es immer und immer wieder neuen Mut schöpft.' Die Deutsche Mutter ist das Sinnbild der Wahrhaftigkeit und vor allem das Band, das die Familien zusammenhält, die beste und größte Stütze des Staates. Die Deutsche Mutter gibt der deutschen Familie und damit dem Staate erst den Halt, den er braucht, um all die großen Taten durchführen zu können, die der Staat im Interesse des gesamten Volkes auf sein Panier geschrieben hat. Der Vater hat die Pflicht, für des Lebens Notdurft zu sorgen. Die Mutter aber gibt der Familie den sittlichen Halt und die sittliche Kraft. Und wenn wir einen Muttertag begehen, so denken wir an diesem Tage alle an die *eine* Mutter, die als die des gesamten Deutschen Volkes symbolisch vor uns steht. Jeder meint seine eigene, und diese unzähligen Mütter verschmelzen für die Gesamtheit des Volkes zu einer einzigen."[1]

Diesem Ausschnitt aus einem Zeitungsartikel zum Deutschen Muttertag 1933 möchte ich gleich eine Passage aus der Rede, die die Reichsfrauenführerin Gertrud Scholtz-Klink zwei Jahre später hielt, folgen lassen.

„Wenn nun am heutigen Tag ein ganzes Volk einen Ehrentag für die Mutter begeht, so kann der Sinn dieses Muttertags für uns als Nationalsozialisten nur darin bestehen, daß hinter der Ehrung der einzelnen Mutter die Besinnung eines ganzen Volkes auf seine ureigensten Mutterkräfte steht; und ich weiß, daß gerade die Mütter unseres Volks einen Dank für ihre Arbeit nicht beanspruchen. Wenn es uns aber gelingt, den einzelnen Menschen an dem Tag, an dem er seiner leiblichen Mutter doch einmal seine Dankbarkeit zum Ausdruck bringen möchte, daran zu erinnern, daß wir alle eine gemeinsame Mutter haben, der wir gehören und der wir Dank schulden. (…) Unser aller Mutter ist Deutschland — und so wie der eine oder andere von uns vielleicht durch äußere Dinge erst am Vorabend des Muttertags noch daran erinnert ward, seiner Mutter zu gedenken, so werden wir in vielen deutschen Menschen die innere Verpflichtung unserer gemeinsamen Mutter Deutschland gegenüber erst wieder wecken müssen; das soll der Sinn all unserer Arbeit sein: den deutschen Menschen wieder heimfinden lassen zu sich selbst."[2]

Diese beiden Zitate aus den ersten Jahren des Dritten Reiches stelle ich an den Anfang meines Beitrages — nicht etwa, weil die Nationalsozialisten den Muttertag geschaffen haben, wie viele, gerade junge Menschen, die diesem Tag kritisch gegenüberstehen, heute meinen — sondern weil in diesen Redeausschnitten in der übertriebenen pathetischen Sprache des Dritten Reiches einzelne Aspekte eines fast schon als pathologisch zu bezeichnenden, maßlos überhöhten Mutterkultes besonders deutlich werden, dessen Grundlagen in Deutschland allerdings bereits viel früher gelegt worden waren und weil hier im Bestreben, ein besonders inniges Verhältnis der Deutschen zu ihren Müttern und zur Mütterlichkeit zu unterstreichen, bewußt Unwahrheiten ausgesprochen werden.

Wenn hier behauptet wird, in keinem anderen Land der Welt gäbe es einen Tag, der der Ehrung der Mütter gewidmet sei, so ist dies eine Verdrehung historischer Wirklichkeit — zu einem Zeitpunkt, zu dem die Nationalsozialisten den Muttertag für Deutschland allein beanspruchen, wurde dieses Fest bereits von vielen Millionen von Menschen in den Vereinigten Staaten, in Kanada, Australien, in England, den skandinavischen Ländern sowie in einigen weiteren Staaten Europas begangen. Die Geschichte des Muttertages ist gut bekannt[3] und soll hier nur kurz dargestellt werden. 1905, nach dem Tod ihrer Mutter, hat die 41jährige, unverheiratete Tochter eines amerikanischen Methodistenpredigers, Ann Jarvis, die ihr bisheriges Leben ganz ihrer Mutter gewidmet hatte und auch weiterhin widmen sollte, begonnen, die bereits von dieser vertretene Idee eines Gedenktages für Mütter hartnäckig zu propagieren. 1907, am zweiten Sonntag im Mai, dem zweiten Jahrestag des Todes ihrer Mutter, initiierte sie selbst in Grafton, West Virginia, und in einer Methodistengemeinde Philadelphias die ersten Muttertagsfeiern unter dem Motto, „die beste Mutter zu ehren, die je lebte — nämlich die eigene Mutter", aber auch, um „der Mütter im eigenen Land zu gedenken und schließlich der Mütter in der ganzen Welt". Unermüdlich schrieb sie in der Folgezeit Bittbriefe an einflußreiche Politiker, hielt Reden in Frauenvereinen und verfaßte zahlreiche Schriften zur weiteren Verbreitung ihrer Idee. 1910 wurde der Muttertag bereits in drei amerikanischen Staaten gefeiert, 1912 erhob ihn die methodistische Kirche zum weltweiten Feiertag und 1914 wurde der Muttertag schließlich in den Vereinigten Staaten zum Nationalfeiertag erklärt. Von dort aus verbreitete er sich über Eng)ang und Skandinavien nach Mitteleuropa, wo er in Deutschland als viertem europäischem Land 1923 erstmals gefeiert wurde.

Allerdings sollte noch mehr als ein Jahrzehnt vergehen, ehe der Muttertag in Deutschland allgemein verbreitet war — zur Durchsetzung des „Tages der Deutschen Mutter" in weiten Bevölkerungskreisen haben die Nationalsozialisten allerdings den entscheidenden Beitrag geleistet. So zeigt eine Umfrage des Atlas der Deutschen Volkskunde aus dem Jahre 1932,[4] daß der Muttertag zwar in weiten Gebieten des Deutschen Reiches bekannt war, daß er aber nicht, wie es die Berliner Historikerin Karin Hausen aufgrund der Karten 33 und 34 annimmt und zur Grundlage ihrer Studien „Mütter zwischen Geschäftsinteresse und kultischer Verehrung"[5] sowie „Mütter, Söhne und der Markt der Symbole und Waren"[6] macht, auch allgemein gefeiert wurde. Die genauere Durchsicht des Antwortmaterials auf die Frage 126 des ADV, die als Grundlage für die spätere Verkartung diente, die Frage nach dem Muttertag allerdings wesentlich detaillierter stellt, als es die spätere Verkartung erkennen läßt — hier wird nicht nur gefragt, ob der Muttertag bekannt sei, sondern auch, in welcher Form und in welchen Kreisen der Bevölkerung er gefeiert wird — die genauere Auswertung dieses Materials für das Gebiet des heutigen Rheinland-Pfalz zeigt vielmehr, daß die Feier des „Deutschen Muttertages" zu diesem Zeitpunkt in erster Linie eine Angelegenheit des städtischen Bürgertums war, ein Ergebnis, daß sich nach meiner Ansicht auf das gesamte Reichsgebiet übertragen läßt.[7]

Sehen wir uns die Entwicklung des Deutschen Muttertages in den Jahren der Weimarer Republik genauer an, so stellen wir fest, daß die Vorgeschichte dieses „Ehrentages der Deutschen Mutter" weder an bestimmte Daten noch an konkrete Personen gebunden werden kann — es ist nicht möglich, genau festzustellen, wie nun die Muttertagsidee nach Deutschland kommt. Fest steht, daß 1923 und in weitaus stärkerem Maße 1924 der „Verband Deutscher Blumengeschäftsinhaber" mit den Slogans „Ehret die Mutter" und „Laßt Blumen sprechen"[8] am zweiten Maisonntag an die Öffentlichkeit trat. Karin Hausen hat gezeigt, welche Bedeutung dessen wortgewaltiger, dynamischer Geschäftsführer Rudolf Knaur für die Propagierung der Muttertagsidee hatte,[9] wie dieser aber auch bald erkannte, daß die Geschäftsinteressen des Blumenhandels nicht zu sehr im Vordergrund stehen durften, deshalb Kontakte zu neutralen, überparteilichen und überkonfessionellen Ausschüssen, gebildet aus Vertretern der Ortsbehörden, Kirchen und Wohlfahrtsverbände, suchte und sich und seinen Verband bereits 1926, als er die Idee bei bevölkerungspolitisch und volkserzieherisch engagierten Verbänden in guten Händen sah, aus der Propagierung eines „Deutschen Muttertages" zurückzog. Neben anderen entwickelte ein besonders starkes Engagement die „Arbeitsgemeinschaft für Volksgesundung", die aus der 1920 gegründeten „Volksgemeinschaft zur Wahrung von Anstand und Sitte" hervorgegangen war und in ihrer Satzung Fragen der Bevölkerungspolitik, der Gesundheitspflege und Körperkultur, des Alkoholmißbrauchs, der Sexualethik, des Schutzes der Jugend bei Lustbarkeiten und die Bekämpfung von Schmutz und Schund als Vereinszweck aufführte.[10] Seit 1926 führte diese Arbeitsgemeinschaft einen „Vorbereitenden Ausschuß für den Deutschen Muttertag", der Broschüren und Hinweise zur Gestaltung der Feier herausgab und verbreitete.[11] Bereits früh beteiligten sich in verschiedenen Städten als Initiatoren öffentlicher Muttertagsfeiern und Mutterehrungen auch Ortsgruppen des „Reichsbundes der Kinderreichen Deutschlands zum Schutze der Familie e.V.". 1925 stellte der „Bund der Kinderreichen Münster i.W." einen Antrag an die Stadtverwaltung, die Stadt Münster möge die Muttertagsfeier unterstützen durch die kostenlose Hergabe des Stadttheaters und durch die Bewilligung von 5000 DM zur Beschaffung von Wäschestoff, der unter die kinderreichen Mütter verteilt werden solle, und er unterstreicht seine Bitte mit der Feststellung:

„Da dem deutschen Volke durch Geburtenrückgang der Untergang droht, ist es sehr an der Zeit, Mutterschaft und Kinderreichtum in jeder nur denkbaren Weise zu Ehren und Ansehen zu bringen."[12]

Seit 1926 gibt es Veröffentlichungen in den Zeitschriften der Evangelischen Frauenhilfe, in denen betont wird, gerade die Evangelische Frauenhilfe müsse sich nun dieses Tages annehmen.[13]

„Nach anfänglichem Widerstreben haben nun auch die kirchlichen Kreise eingesehen, daß es ganz verkehrt wäre, sich gleichgültig abseits zu halten, sondern daß es vielmehr gilt, den Muttertag, nachdem seine Feier zur feststehenden Sitte zu werden anfängt, für unsere Gemeinden mit evangelischem Geist zu erfüllen und den ihn tragenden Gedanken im Geiste des Evangeliums zu vertiefen. Gerade die Frauenhilfe hat dazu das ihrige zu tun und ist in erster Linie berufen, den Muttertag davor zu bewahren, daß er sich in Oberflächlichkeiten verliert."[14]

All diese Bestrebungen der verschiedenen Interessengruppen hätten niemals eine Chance gehabt auf eine Resonanz in weiten Kreisen der Bevölkerung, wenn nicht in den Jahren nach dem Ersten Weltkrieg — aus Gründen, die im weiteren Verlauf noch zu zeigen sein werden — insbesondere von bürgerlich-konservativer, später verstärkt deutschnationaler und nationalsozialistischer Seite eine Bereitschaft zur Betonung der Mütterlichkeit und Mutterehrung vorhanden gewesen wäre. Der verlorene Krieg mit dem Verlust zahlreicher Söhne und Männer sowie die sozioökonomische und soziokulturelle Entwicklung im Verlaufe der Weimarer Republik haben zu einer starken Aufnahmebereitschaft einem seit dem 19. Jahrhundert latent vorhandenen „Mutterkult" gegenüber sicher beigetragen.

Bevor ich auf die politische, wirtschaftliche und gesellschaftliche Entwicklung der 20er Jahre, die zur Durchsetzung des Muttertages in Deutschland beigetragen hat, zu sprechen komme, will ich zunächst die eigentlichen

Inhalte dieses Mutterkultes sowie die Formeln und Floskeln, die die Propagandisten der Muttertagsidee einsetzten, kurz darstellen.

Durch Aussprüche wie: das Fest solle „der Ausgestaltung der hohen Idee der Mutterehrung dienen", die Idee des Muttertages solle „ohne alles Nebenwerk rein in ihrer sittlichen Größe Gestalt gewinnen", der Feier des Muttertages komme eine „tiefe soziale Bedeutung" zu oder wenn immer wieder von dem „hohen, hehren Gedanken", der „reinen, sittlichen Idee", dem „schönen Gedanken", der „Reinheit und Schönheit des Muttertagsgedankens" die Rede war, versuchte man, die Idee unantastbar, als nicht nach ihren ideologischen Hintergründen hinterfragbar erscheinen zu lassen.[15]

Was beinhaltet der Imperativ: „Ehret die Mutter", die Losung, die seit Beginn der Muttertage über dem Fest steht? Zweifellos ist die Ehrung der eigenen Mutter eine ethische Grundkategorie, gegen die niemand Einwände haben darf — und in der jüdisch-christlichen Tradition Teil des Vierten Gebots. Doch wenn dort der einzelne aufgefordert wird, seine eigene Mutter zu ehren, wird hier die Ehrung *der* Mutter als kollektive Geste verlangt. Es ist nicht die einzelne Mutter als individuelle Person in bestimmten sozialen und wirtschaftlichen Verhältnissen, die am Muttertag geehrt werden soll, sondern Mutter als Idee, als Verkörperung ideal gesetzter Eigenschaften und Verhaltensweisen.[16] „Mütterlichkeit" meint, und dies geht aus den zahlreichen Reden, Gedichten und Erzählungen zum Muttertag immer wieder hervor, selbstverständliche, klaglose Selbstaufopferung — und hier sei erinnert an den zu Beginn meines Beitrags zitierten Redeausschnitt, in dem die Reichsfrauenführerin feststellt, „daß gerade die Mütter unseres Volkes einen Dank für ihre Arbeit nicht beanspruchen". Karin Hausen schreibt in diesem Zusammenhang: „Mütterlichkeit wird genauer umschrieben einerseits als: Treue, Güte, Verstehen, Innerlichkeit, Fürsorge und andererseits als Hingebung, Aufopferung, Selbstverleugnung. Die Autoren pflegen diese Substantive noch zu verstärken durch die Adjektive: unermüdlich, unerschöpflich, unermeßlich, ohne Grenzen."[17]

Inwieweit Karin Hausen darin beizupflichten ist, daß in Deutschland nach dem verlorenen Ersten Weltkrieg ein besonderes Bedürfnis bestanden habe, die Mutter als Ort der Rückkehr, der Stille, als „unversiegbarer Born, aus dem man immer und immer wieder neuen Mut schöpft" zu sehen, daß diese Muttersehnsucht der Söhne ein Ergebnis des verlorenen Krieges sei,[18] oder ob es sich nicht vielmehr auch hier um Bilder handelt, die bereits im 19. Jahrhundert vorgezeichnet worden waren, vermag ich an dieser Stelle nicht zu entscheiden; zur Klärung dieser Frage bedürfte es meines Erachtens noch weiterer interdisziplinärer Forschungsarbeit. Forderungen wie „Schafft uns gute Mütter, dann wird es mit Deutschland wieder besser werden"[19] oder die Feststellung „Treue Mütter sind die Fackelträgerinnen unserer Sehnsucht"[20] können und müssen wohl aber auch so gedeutet werden, daß zumindest für einzelne gesellschaftliche Kreise das traditionelle Mutterbild ins Wanken geraten schien — mit der zunehmenden Ehrung der Mütter wurden die Frauen insgesamt aber auch wieder an ihre „eigentlichen Pflichten", „das Band, das die Familien zusammenhält, die beste und größte Stütze des Staates" sein, „der Familie den sittlichen Halt und die sittliche Kraft" geben zu sollen, erinnert und damit zugleich in die Pflicht genommen.[21]

Wir werden uns nun also diesem Staat, seiner Gesellschaft und insbesondere seinen Frauen zuzuwenden haben, der von konservativ-kulturkritischer Seite bestimmt schien durch zunehmende Verrohung der Sitten, Zerstörung des Familienbildes aufgrund von Materialismus, Individualismus und schrankenloser Genußsucht sowie mangelndem Gemeinschaftssinn.[22]

Die Gesellschaft der Weimarer Republik ist gekennzeichnet durch einen kriegsbedingten, enormen Frauenüberschuß, da über zwei Millionen Männer im Krieg gefallen waren.[23] Neben den Kriegsverlusten führte ein zunehmender Geburtenrückgang,[24] bedingt durch vermehrte Geburtenkontrolle,[25] aber auch durch Abtreibung[26] zu einer negativen Bevölkerungsentwicklung. Die Frauen, die in der Kriegswirtschaft eine wichtige Rolle zu erfüllen hatten, mußten nach der Rückkehr der Männer diesen wieder Platz machen[27] oder standen in einer Konkurrenz um Arbeitsplätze mit ihnen. Ein ökonomischer Zwang zur Erwerbsarbeit bestand nun erstmals nicht mehr nur für Frauen aus den Unterschichten, sondern insbesondere für die Kriegerwitwen und Frauen von Kriegsversehrten, aber auch für die Frauen, die aufgrund des kriegsbedingten Frauenüberschusses ledig und somit unversorgt blieben. Die wirtschaftliche Entwicklung der Weimarer Republik zeichnet sich aus durch eine Ausweitung des Dienstleistungsbereiches, der insbesondere auf dem Gebiet der Büroarbeit und im Verkauf einher ging mit einer Zunahme des Anteils weiblicher Arbeitskräfte.[28] Viele der jungen weiblichen Angestellten sahen im Berufsleben allerdings nur eine Übergangsphase bis zur Verheiratung. Der Arbeitsplatz wurde auch zum Heiratsmarkt, eine neue Konsumkultur (Kleidung, Kosmetika) konnte sich trotz gesellschaftlicher Armut entwickeln. Die Beziehung zwischen Männern und Frauen war gekennzeichnet durch neue Partnerschaftsideale — bei den Linken wurde die „Kameradschaftsehe", bei den Bürgerlichen die sogenannte „geistige Partnerschaft" angestrebt. Ein neues Frauenbild entstand; äußerlich sichtbar durch sportlich-praktische, saloppere Kleidung: die Röcke, aber auch die Ärmel wurden kürzer, erlaubten mehr Bewegungsfreiheit. Damit einher ging eine Lockerung der Sexualmoral — in Grenzen, die einzelnen allerdings auch schon zu weit gesteckt schienen, wurde die Darstellung weiblicher Erotik in der Öffentlichkeit gesellschaftlich akzeptiert. Durch die Wirren des Krieges, der Revolution und der ersten Nachkriegszeit stieg in den 20er Jahren der prozentuale Anteil der unehelich geborenen Kinder und die Zahl der Ehescheidungen an. Trotz der rechtlichen Gleichstellung der Frau mit der Einführung des Allgemeinen Wahlrechts 1918, besserer Ausbildungsmöglichkeiten und der Ausweitung weiblicher Berufsfelder sahen Vertreterinnen sowohl der linken wie auch der bürgerlichen Frauenbewegung, insbesondere bezüglich der Arbeitslöhne und des Rechts auch der verheirateten Frau auf Berufstätigkeit, noch längst nicht alle ihre Forderungen als erfüllt an.

Wie sich für weibliche Arbeitskräfte das Auf und Ab der Wirtschaft in der Handelsmetropole Frankfurt auswirkte, zeigt folgender kurzer Überblick: „1919 — nach dem Krieg sollen Frauen die Arbeitsplätze wieder räumen.

1922 — während der Inflation sind Arbeitskräfte billig: Frauen werden eingestellt.

1923 - 1925 — die Preise stabilisieren sich: drastischer Personalabbau. Zwischen November 1924 und November 1925 werden in den 9 Frankfurter Großbanken 74 %, in 21 Frankfurter mittleren Banken 69 %, in 54 Frankfurter kleineren Banken 52 % der Frauen ‚abgebaut'.

Bis 1929 — während der Stabilisierungsphase liegt die Arbeitslosenquote kaum je unter 10 %. Da sie besonders Angestellte betrifft, liegt sie in Frankfurt weit höher als im Reichsdurchschnitt.

Weltwirtschaftskrise — die erste Phase der Entlassungen betrifft Männer stärker: Frauen gelten als ‚williger und billiger'. Kampagnen gegen ‚Doppelverdienertum', das ist die Berufstätigkeit verheirateter Frauen, werden sogar von Angestelltengewerkschaften mitgetragen."[29]

Gerade bei dieser Unsicherheit weiblicher Berufstätigkeit erfüllt der Hinweis auf den „eigentlichen Beruf der Frau", die Mutterschaft, eine wichtige gesellschaftspolitische, aber auch sozialpsychologische Funktion.

Halten wir hier ein und fassen noch einmal kurz zusammen: Der Muttertag hat offenbar von Anfang an bevölkerungspolitische, nationale, konservativ-volkserzieherische und anti-emanzipatorische Hintergründe. Durch die besondere Ehrung der kinderreichen Mütter, die Betonung des Kinderreichtums in den Muttertagsreden und -gedichten soll die Bereitschaft zur großen Familie wieder geweckt werden. Die durch Krieg und Revolution zerstrittene Nation soll erneut zusammenfinden: „In diesem Sinne bildet der Muttertag eine gemeinsame Grundlage für die Angehörigen aller Konfessionen und Parteien; der politische Haß und Streit schweige an diesem Tage an der Schwelle des Hauses", heißt es etwa in einem Artikel, der zum Muttertag 1924 erschienen ist.[30] Bei dem Versuch, die Familie als Keimzelle des Staates zu stabilisieren, kam der Mutter als Hüterin des Familienlebens und damit auch der Mutterehrung besondere Bedeutung zu. Frauen und vor allem heranwachsende Mädchen sollten in den Bann der Mütterlichkeit geschlagen und so auf ihren „natürlichen Beruf" verpflichtet werden. Damit setzte eine erneute Festschreibung der traditionellen Geschlechtsrollen ein, die zugleich gegen emanzipatorische Bestrebungen gerichtet war.

Schon Jahre vor der Machtübernahme durch die Nationalsozialisten sind deutlich nationalistische Züge im Muttertagsschrifttum auszumachen, wenn immer wieder betont wird, daß gerade die Deutschen ein besonders inniges Verhältnis zu ihren Müttern hätten. Diese Tendenzen verstärken sich in der Folgezeit; 1939 wird aus dem Deutschen Muttertag der „Tag der Deutschen Mutter". Die Führer des Dritten Reiches betonten immer wieder, wie etwa Rosenberg, die „Emanzipation der Frau von der Frauenemanzipation (müsse) die erste Forderung einer weiblichen Generation, die Volk und Rasse, das Ewig-Unbewußte, die Grundlage aller Kultur vor dem Untergang retten möchte"[31], sein. Der Nationalsozialismus wolle „einer sozialen Ordnung den Weg (…) bahnen, die junge Frauen nicht mehr zwingt, in Scharen auf den wichtigste Frauenkräfte verbrauchenden Arbeitsmarkt des Lebens zu strömen."[32] Und Heß führte aus: „Und es gehört wohl zum Größten, was der Nationalsozialismus vollbrachte, daß er es ermöglichte, daß so viel mehr Frauen als ehedem in Deutschland Mütter sein können."[33]

In den ersten Jahren des nationalsozialistischen Regimes wurde zweifellos die Mütterehrung in einem starken Maße in den Dienst des Kampfes gegen das sogenannte „Doppelverdienertum" gestellt.[34] In seiner Festrede 1934 sprach der Reichsminister des Inneren, Wilhelm Frick, über den „Mißstand, der gerade am Muttertag gestreift werden muß: das ist der Nachteil, der aus der Berufstätigkeit der Frau für Familie und Volk, für Kinder und Mütter erwächst."[35] Die berufstätige, verheiratete Frau wird als Doppelverdiener abgestempelt zum Sündenbock in einer Zeit der Arbeitslosigkeit — sie hat ihren Arbeitsplatz zu räumen und dem Manne freizumachen.

Die nationalsozialistische Mütterideologie findet zweifellos ihren Höhepunkt in der Schaffung des „Ehrenkreuzes der Deutschen Mutter".[36] In der Weihnachtsbotschaft 1938 sagt Rudolf Heß, er könne „der kinderreichen Deutschen Mutter auf den Weihnachtstisch eine Gabe legen, die der Führer für sie bestimmt hat. Eine Gabe, die er (der Führer) in einer Verordnung mit folgendem Satz der Öffentlichkeit übergibt: ‚Als sichtbares Zeichen des Dankes des Deutschen Volkes an kinderreiche Mütter stifte ich das Ehrenkreuz der Deutschen Mutter'. (…) Das Ehrenkreuz trägt die Inschrift: Das Kind adelt die Mutter. Der jährliche Muttertag aber soll ein Festtag des Deutschen Volkes und ihr Ordenstag sein. Drei Millionen Deutsche Mütter werden am Tage der Deutschen Mutter 1939 erstmalig in feierlicher Weise die neuen Ehrenzeichen durch die Hoheitsträger der Partei verliehen bekommen. Die Trägerin des Ehrenkreuzes ist als Vorbild der Deutschen Mutter ausgezeichnet und ihr muß die entsprechende Würdigung zukommen. Die Deutschen Mütter werden die Stiftung des Führers zu danken wissen durch die Verantwortung, die damit verbunden ist. Sie sind Kämpferinnen für Deutschland, jenes Deutschland, das Adolf Hitler gebar."[37]

Deutlich wird in dieser Rede, wie der Muttertag bereits in den Tagen der nicht mehr zu verleugnenden Kriegsfurcht Ende 1938 einen neuen Inhalt bekommt: seit 1939 wird dann auch in immer stärkerem Maße die Heldenmutter gefeiert, die bereit ist, ihre Söhne für Deutschland herzugeben. Berichte der

NSDAP-Ortsgruppen aus dem Jahre 1939 schildern Reaktionen auf die Ehrenkreuz-Verleihungen am Muttertag. Einer dieser Berichte aus dem Kreis Eichstätt lautet: „Die Mütterehrung, die ebenfalls durch gute Zusammenarbeit zwischen politischer Leitung und NS-Frauenschaft einen eindrucksvollen Verlauf nahm, brachte eine Anzahl Frauen, die der Partei sonst großenteils ziemlich fern standen, vielleicht zum ersten Mal zu der Überzeugung, daß Partei und Regierung in Wahrheit Diener am Volke sein wollen und sind."[38] Unverständnis, wenn nicht gar leise Kritik drückt sich aus wenn es heißt, daß in Hirnstetten Frauen geäußert haben sollen: „Gebt's uns lieber a Geld, a Kreuz ham mer so gnug."[39]

Die Reden zu den Muttertagen während des Krieges sind gekennzeichnet von Durchhalteparolen. Man spricht den Müttern Dank dafür aus, daß sie in vielen Wirtschaftszweigen an die Stelle der Männer getreten sind, daß trotzdem die Geburtenzahlen nicht rückläufig sind und gedenkt der Frauen, „die mit dem Verlust ihres Sohnes oder ihres Mannes das schmerzlichste Opfer bringen mußten."[40]

Nach dem Untergang des 1000jährigen Reiches erscheinen zwar 1946 in den Zeitungen Artikel, in denen man sich mit dem nationalsozialistischen Muttertag und Mutterkult kritisch auseinandersetzt, ohne sich jedoch von der Idee des Muttertages selbst zu distanzieren.[41] Bedingt wohl vornehmlich durch die schlechte wirtschaftliche Lage, wird es dann eher still um den Muttertag und erst in den 50er Jahren setzen wieder verstärkt Aktivitäten ein. Auffallend ist, daß nicht nur einzelne unverfängliche Gedichte und rührselige Geschichten aus der Zeit des Nationalsozialismus erneut abgedruckt werden, sondern daß auch die Argumentationen sich nur unwesentlich von denen der nationalsozialistischen Redner und Schreiber unterscheiden. In den 50er Jahren wird der Muttertag rasch wieder zum Vehikel familienpolitischer Programmatik; zwar verschwindet das Pathetisch-Heldische und übertrieben Nationale, doch bleiben die Grundkonstanten Mutterkult und gleichzeitige Anmahnung von Mütterlichkeit erhalten. 1955 führt der damalige Bundesminister für Familienfragen, Franz-Josef Wuermeling, in seiner Rede zum Muttertag aus:

„Menschen, die Großes vollbringen, sind meist so bescheiden, daß sie keine Ehrungen wünschen. Darum sind viele unserer Mütter eigentlich gar nicht für den Muttertag, an dem wir ihres unermüdlichen, aufopfernden, stillen Wirkens gedenken. Die Kinder, der Vater und unser Volk in seiner Gesamtheit verspüren aber den Drang des Herzens, wenigstens einen Tag im Jahr als Tag des Dankes an unsere Mütter zu begehen. (...) Die Mutter ist segenspendendes Herz der Familie (...). Wenn man unsere Kinder als das höchste Gut unseres Volkes bezeichnet, sollte man nie vergessen, daß wir in unseren Müttern die wichtigsten und wertvollsten Hüter und Betreuer unserer Kinder haben, die in ihrem Mutterwirken durch niemanden ersetzt werden können. (...) Auch in der Zukunft brauchen wir mehr denn je edle Menschen, die durch solches Mutterwirken ihre Prägung erhalten. In diesem Sinne sind unsere Mütter die Erhalter und Gestalter des Guten in der Welt. Echtes Muttersein und Mutterwirken ist wahrlich keine verlogene Romantik, sondern die Seele der rechten Ordnung einer Welt, in der edle Menschen jenen Frieden gestalten, den mütterliches Frauentum in ihr Herz gesenkt hat."[42]

Gerade auch mit solchen Reden sollte der Frau wieder einmal ihre natürliche Berufung zur Mutter und Mütterlichkeit vor Augen geführt werden. In den ersten Jahren nach 1950, in denen viele Männer wieder aus der Kriegsgefangenschaft zurückgekehrt waren, sollten ja die Frauen, die bis dahin einen großen Anteil am wirtschaftlichen Wiederaufbau Deutschlands hatten, in die Familien zurückkehren, um die Arbeitsplätze für die Männer freizumachen.

Auch wenn das von mir bis jetzt gesammelte und gesichtete Material noch sehr lückenhaft ist und vorerst nur die Zeit bis zum Ende des Krieges abdeckt, so meine ich doch, die These wagen zu dürfen, daß Mutterehrung und Mutterkult immer dann Hochkonjunktur haben, wenn aufgrund wirtschaftlicher Depression Frauen aus dem Wirtschaftsleben gedrängt werden sollen. In der Zeit der Weimarer Republik und unter dem Nationalsozialismus ging es darüber hinaus nicht nur darum, die weibliche Erwerbstätigkeit einzuschränken, sondern ganz allgemein, Frauen ihnen nicht „wesensgemäße" Betätigungsfelder in Öffentlichkeit und Politik zu verschließen.

Der Muttertag bzw. Mutterkult und Mutterehrung verdanken, so hoffe ich gezeigt zu haben, ihre Erfolge vor allem ihrer Offenheit für eine Vielzahl unterschiedlichster Ideen und Ideologien, die sich, welcher Art sie auch immer seien, durch die Betonung der ethischen Grundkategorie „Mutterliebe" zu legitimieren versuchen.

Anmerkungen

1   Ausschnitt aus einem Zeitungskommentar zum Muttertag 1933, wie er wahrscheinlich in verschiedenen Zeitungen erschienen ist. Hier zitiert nach dem „Mainzer Anzeiger" vom 13.5.1933. S. 4.
2   Ausschnitt aus einer Rede der Reichsfrauenführerin Gertrud *Scholtz-Klink*, übertragen in einer Rundfunk-Ringsendung der deutschen Rundfunkanstalten am 17.5.1942.
3   Als erster im Fach Deutsche Volkskunde hat sich 1936 John Meier mit der Herkunft des Muttertages befaßt: *Meier*, John: Muttertag. In: Zeitschrift für Volkskunde, 46. Jg. (1936/37). S. 100-112. Die erste wirklich erhellende, auf die amerikanischen Wurzeln hinweisende Darstellung brachte: *Strübin*, Eduard: Muttertag in der Schweiz. In: Schweizerisches Archiv für Volkskunde, Bd. 52 (1956). S. 95-121.
    Eine erste neuere sozialhistorische, das Schrifttum der Initiatoren in Deutschland auswertende Darstellung zur Geschichte des Muttertages publizierte Karin Hausen 1980: *Hausen*, Karin: Mütter zwischen Geschäftsinteressen und kultischer Verehrung. Der „Deutsche Muttertag" in der Weimarer Republik. In: *Huck*, Gerhard (Hrsg.): Sozialgeschichte der Freizeit. Wuppertal 1980. S. 249-280. Siehe dazu auch den ausführlicheren

Beitrag ders.: *Hausen*, Karin: Mütter, Söhne und der Markt der Symbole und Waren: Der deutsche Muttertag 1923-1933. In: *Medick*, Hans und *Sabean*, David (Hrsg.): Emotionen und materielle Interessen. Sozialanthropologische und historische Beiträge zur Familienforschung. Göttingen 1984. S. 473-523.

4 Atlas der Deutschen Volkskunde, hrsg. von *Harmjanz*, Heinrich und *Röhr*, Erich. Bd. 1. Karten 1-120. Leipzig 1937-1939. Hier: Karten 33 und 34 (Vorkommen des Muttertages).

5 *Hausen* (1980).

6 *Hausen* (1984).

7 *Matter*, Beate-Cornelia: Der „Deutsche Muttertag". Versuche einer Auswertung des ADV-Materials. In: *Bringéus*, Nils-Arvid u.a. (Hrsg.): Wandel der Volkskultur in Europa. (= Festschrift für Günter Wiegelmann zum 60. Geburtstag) Münster 1988. Bd. I, S. 151-163.

8 Blumen als Geschenk spielten seit Beginn der Geschichte des Muttertages eine wichtige Rolle. So verteilte bereits Ann Jarvis zur ersten öffentlichen Muttertagsfeier in Grafton, West Virginia, an die anwesenden Mütter rote Nelken und legte weiße Nelken auf das Grab ihrer eigenen Mutter. Die symbolische Kraft roter und weißer Nelken steigerte sich, nachdem 1914 in den USA der Muttertag zum Staatsfeiertag erklärt wurde (Mother's Day Bill vom 9.5.1914). Der amerikanische Präsident und die Mitglieder seiner Regierung, die Abgeordneten des Senats und des Repräsentantenhauses trugen am Muttertag Nelken — eine rote Nelke zu Ehren der lebenden Mutter und eine weiße Nelke im Gedenken an die bereits verstorbene Mutter.

9 In Hausen (1980) scheint mir trotz allem die Leistung Dr. Rudolf Knaurs überbetont. Ohne eine positive Einstellung gegenüber der Muttertagsidee in weiten Kreisen der Bevölkerung, die ihre Grundlagen hatte in einer bereits im 19. Jahrhundert einsetzenden Phase des Mutterkults und übertriebener Mütterverehrung wäre dieser neue Festtag, auch mit noch so großem propagandistischem Einsatz des Verbandes Deutscher Blumenhändler, meines Erachtens in Deutschland nicht einzuführen gewesen. So haben bis heute Versuche der Blumengeschäftsinhaber, den ebenfalls aus dem angelsächsischen Bereich stammenden Valentinstag auch in Deutschland als Tag der Freundschaft und Blumengeschenkstag populär zu machen, trotz allen Werbeaufwandes weitgehend fehlgeschlagen.

10 Weiteres über die „Arbeitsgemeinschaft für Volksgesundung" entnehme man den von dieser herausgegebenen „Schriften zur Volksgesundung". Berlin ab 1925. Siehe dazu auch: *Hausen* (1980). Anm. 4. S. 259f. sowie Hausen (1984). S. 480f.

11 Die von Dr. med. Dr. phil. Hans *Harmsen* herausgegebenen „Schriften zur Volksgesundung" widmeten ihre Hefte 3/1926 („Der deutsche Muttertag"), 5/1928 („Der deutsche Muttertag. Grundlegendes und Erfahrungen im Jahre 1927"), 9/1929 („Der Tag der Mutter — Muttertag") und 13/1930 („Wie feiern wir den Muttertag?") ganz der Propagierung des Muttertages und Ausführungen zur Festgestaltung. Daneben gab der „Vorbereitende Ausschuß für den Deutschen Muttertag" eine Sammlung von 50 Lichtbildern mit Text und Bilderläuterungen sowie Postkartenserien heraus, für die in den oben genannten Schriften geworben wurde.

12 Aus einem Schreiben des „Bundes der Kinderreichen Münster i.W." an den Magistrat der Stadt Münster vom 8. April 1928. An dieser Stelle möchte ich Herrn Dr. Dietmar Sauermann für seine Freundlichkeit, mir den Schriftwechsel zwischen dem Magistrat der Stadt Münster und dem „Bund der Kinderreichen Münster i.W." aus dem Stadtarchiv Münster zu beschaffen, danken.

13 Aktivitäten der evangelischen Frauenhilfe zum Muttertag setzten in den verschiedenen

Landeskirchen und Ortsgruppen zum Teil bereits 1926, zum Teil 1927 ein. Das Interesse der evangelischen Kirche am Muttertag begann 1926; so heißt es etwa im „Amtsblatt der evangelischen Landeskirche der Pfalz" vom 7. 4. 1927: „Entsprechend einem Beschluß der Landessynode 1926 ordnen wir hiermit an, daß der Muttertag am Sonntag, den 8. Mai lfd. Js. zum ersten Male in unserer pfälzischen Landeskirche allgemein gefeiert werde." Weiteres hierzu siehe: Frauenarbeit in der protestantischen Landeskirche der Pfalz (Hrsg.): Aus der Geschichte der Evangelischen Frauenarbeit der Pfalz 1924-1974. Otterbach /Pfalz 1974. S. 27f.

14   Frauenhilfe. Blätter für Frauenarbeit in der evangelischen Gemeinde. 30. Jg., April 1930. S. 78.

15   *Hausen* (1984) S. 491.

16   *Hausen* (1984) S. 485 und 491.

17   *Hausen* (1984) S. 494.

18   Insbesondere ab Kap. 4, S. 513, scheint mir Karin Hausens Interpretation doch zu einseitig auf die Söhne, die nach dem verlorenen Krieg moralischen Schutz und Halt bei der Mutter suchen, ganz allgemein auf das besondere Verhältnis Mutter-Sohn ausgerichtet zu sein. Auch wenn ich den von Hausen subtil herausgearbeiteten Zusammenhang zwischen verlorenem Krieg und verstärktem Mutterkult nicht gänzlich in Abrede stellen will, so meine ich doch aufgrund der Ergebnisse meiner Recherchen, etwa einer Inhaltsanalyse von Muttertagsgedichten, -erzählungen und Kurzgeschichten, wie sie jeweils in den Zeitungen und Zeitschriften massenhaft zum Muttertag abgedruckt wurden und werden, behaupten zu können, daß auch in Deutschland die meisten Impulse von bürgerlichen Frauen und nicht von Männern ausgingen. Gegen die These Hausens sprechen auch die zum Teil ganz ähnlichen Entwicklungen in den skandinavischen Ländern und in der Schweiz, die vom Weltkrieg nicht betroffen waren.

19   „Verbandszeitung Deutscher Blumengeschäftsinhaber" vom 22. 4. 1927. S. 326. Hier zitiert nach Hausen (1984) S. 495.

20   wie Anm. 19; siehe *Hausen* (1984) S. 494.

21   Siehe dazu auch *Hausen* (1984) S. 499.

22   Hier kann selbstverständlich keine ausführliche Analyse der politischen, wirtschaftlichen, gesellschaftlichen und kulturellen Entwicklung in den Jahren der Weimarer Republik vorgelegt werden. Es sollen lediglich Hinweise auf einige zu unserem Thema wichtige Ereignisse und Tendenzen gegeben werden.

23   Siehe *Hausen* (1984) S. 502 sowie *Petzina*, D. u.a.: Sozialgeschichtliches Arbeitsbuch III. Materialien zur Statistik des Deutschen Reiches 1914-1945. München 1978.

24   Siehe dazu insbesondere *Knodel*, John E.: The Decline of Fertility in Germany, 1871-1939. Princeton 1974. Auch *Hausen* (1984) S. 502.

25   1927 erschien in deutscher Übersetzung das Buch: „Die Revolution der modernen Jugend" sowie später „Die Kameradschaftsehe" der beiden Amerikaner Lindsey und Evans, in denen der Jugend ein Recht auf eigenes, freies und ungehemmtes Leben — und dazu gehöre auch die Sexualität — zugestanden wurde. Das in der Zeit bekannteste und erstmals die Dinge beim Namen nennende Aufklärungsbuch „Die vollkommene Ehe" von Theodor Hendrik van de Velde erlebte von 1926-1928 32 Auflagen; die ersten Sexualberatungsstellen in den Großstädten wurden ebenfalls in den 20er Jahren eingerichtet. Siehe hierzu auch: Informationsblätter zu der Ausstellung „Frauenalltag und Frauenbewegung in Frankfurt 1890-1980", hrsg. vom Historischen Museum Frankfurt. Frankfurt 1981. S. 51-56 und *Frevert*, Ute: Frauen-Geschichte zwischen bürgerlicher Verbesserung und neuer Weiblichkeit. Frankfurt 1986. S. 180-187.

26   Für das Jahr 1924 werden 875 000 Abtreibungen im Deutschen Reich genannt; in den

folgenden Jahren steigt ihre Zahl auf über 1 Million. Siehe hierzu: „Frauenalltag und Frauenbewegung in Frankfurt" (1981) S. 55.

27 Zur wirtschaftlichen Demobilmachung und zum Kampf gegen das sogenannte „Doppelverdienertum siehe: *Bajohr*, Stefan: Die Hälfte der Fabrik. Geschichte der Frauenarbeit in Deutschland 1914-45. Marburg 1979. S. 159-188.

28 Siehe *Frevert* (1986) S. 172-178 und „Frauenalltag und Frauenbewegung in Frankfurt" (1981) S. 68f.

29 „Frauenalltag und Frauenbewegung in Frankfurt" (1981) S. 70.

30 „Mainzer Anzeiger" vom 6. 5. 1925. S. 4.

31 *Rosenberg*, Alfred: Der Mythus des 20. Jahrhunderts. München 1930. S. 512.

32 Aus einer Rede des Stellvertreters des Führers, Reichsminister Rudolf Heß, auf einer Großkundgebung der Berliner NS-Frauenschaft und des Frauenwerks in der Deutschlandhalle. Veröffentlicht im „Völkischen Beobachter" vom 27. 5. 1936.

33 wie Anm. 32

34 Zum Kampf gegen das Doppelverdienertum siehe Anm. 27. Eine der Maßnahmen, die das nationalsozialistische Deutschland gegen die Berufstätigkeit von Ehefrauen traf, war das „Gesetz zur Verhinderung von Arbeitslosigkeit", erlassen im Juni 1933. Nach diesem Gesetz konnten jung Verheiratete nach einer eugenischen, politischen und wirtschaftlichen Prüfung und sofern die Frau ihre Berufstätigkeit aufgab, ein zinsloses Darlehen in einer Höhe bis zu 1 000 RM erhalten. Die Darlehensschuld verringerte sich mit jedem geborenen Kind um ein Viertel.

35 Ausschnitt aus einer Rede des Reichsministers Wilhelm Frick zum Muttertag, die am 13. 5. 1934 über alle deutschen Rundfunksender übertragen wurde.

36 Das „Ehrenkreuz der deutschen Mutter" wurde in drei Abstufungen verliehen: Bronze für vier, silber ab sechs und gold für neun und mehr Kinder.

37 „Völkischer Beobachter", 25. 12. 1938.

38 Aus dem Monatsbericht der Ortsgruppe Walting, Kreis Eichstätt (Gau Franken) vom 25. 5. 1939. Zitiert nach: *Broszat*, Martin; *Fröhlich*, Elke; *Wiesemann*, Falk (Hrsg.): Bayern in der NS-Zeit. Soziale Lage und politisches Verhalten der Bevölkerung im Spiegel vertraulicher Berichte. Bd. 1. München und Wien 1977. S. 521.

39 wie Anm. 38

40 Ausschnitt aus einer Rede des Reichsministers Wilhelm Frick zum Muttertag 1941 unter dem Titel: „Die Mutter — Lebensquell des Volkes".

41 So wenigstens im einzigen Artikel, der zum Muttertag 1946 im „Mainzer Anzeiger" erschienen ist.

42 Rede des Bundesministers für Familie, Franz-Josef Wuermeling, zum Muttertag 1955. Bulletin des Presse- und Informationsamts der Bundesregierung Nr. 82 vom 3. 5. 1955. S. 6, 7 und 9.

Lothar Mikos

Traumfrauen und Putzteufel

Zur Instrumentalisierung des Frauenbildes in der Fernsehwerbung

> „Die Dummheit der Werbung spiegelt nicht die Dummheit der Konsumenten wider,
> sondern nur die Borniertheit der Werbemacher."
>
> *Eva Heller*

Werbung existiert nicht nur als Fernsehwerbung. Allerorten werden die Menschen als Konsumenten von massenmedialen Produkten mit Werbebotschaften bombardiert. Werbung wird in Radioprogramme geschaltet, Werbeanzeigen machen Zeitschriften bunter und lassen den redaktionellen Teil in manchen Zeitungen erheblich schrumpfen — ganz zu schweigen von den sogenannten Anzeigenblättern. Plakatwände und Litfaßsäulen bringen Farbe in das Grau der Städte und Gemeinden, mit Hinweisen auf Sonderangebote werden die Konsumenten in die Geschäfte gelockt. Es gehört mittlerweile zum Allgemeinwissen, daß sich niemand den Verführungskünsten der Werbung entziehen kann. Die Werbung ist zu einem Mythos geworden: Für Werbemacher, weil sie von der Existenz der Werbewirtschaft leben, für Medienmacher, weil sie ihre Produkte mit Werbung voll- oder teilfinanzieren, für Wissenschaftler und Pädagogen, weil sie es als ihre Aufgabe ansehen, die Konsumenten vor den „geheimen Verführern" zu bewahren. Für all diese Personengruppen hat Werbung als Mythos alltagspraktische Bedeutung — schließlich bestreiten sie ihren Lebensunterhalt direkt oder indirekt mit und aus Werbung. Der große Verführer, die Werbung, scheint sie alle zu blenden, um ihrer Aufgabe gerecht zu werden, nur die Konsumenten, sie treten nüchtern an der Zweckhaftigkeit der Produkte orientiert den Werbebotschaften gegenüber. Sie durchschauen die sogenannte Werbeideologie, auch wenn die sogenannten gesellschaftlichen Meinungsführer das nicht wahrhaben wollen. Die Produkte werden nicht aufgrund der Werbung, sondern trotz Werbung gekauft, schließlich gibt es handfeste Kriterien für die Güte der Produkte, die aus dem alltäglichen Umgang damit gewonnen werden. Und die größte Zahl der Konsumenten, die den täglichen Einkauf besorgen, die Hausfrauen, wissen sehr wohl, daß das Leben und die Hausarbeit nicht so sind, wie es die Werbung ihnen suggerieren möchte:

— „Es entspricht nicht den Tatsachen, diese Situationen, die sie zeigen.
— Entspricht nicht der Wahrheit.

- Sie könnten andere Frauen zeigen. Für uns könnten sie andere Frauen reinsetzen. Da wären wir auch mit einverstanden.
- Ruhig mal eine mit 'ner Schürze, Kopftuch um, hier so.
- Aber die wollen halt zeigen, daß das alles heute so leicht geht.
- Ohne sich schmutzig zu machen.
- Ja, das Mittel, das sie uns verkaufen wollen, das arbeitet eben für uns.
- Die wollen zeigen, wie gut es die Hausfrauen haben.
- Das haben wir aber noch nicht gemerkt.
- Wenn Sie das Mittel kaufen!
- Ja natürlich, das Mittel muß man schon kaufen, das ist wahr, sonst klappt das nicht"[1].

Auf dem Hintergrund ihrer konkreten alltäglichen Erfahrungen der Hausarbeit beurteilen und deuten diese Hausfrauen die Werbung. Sie wissen genau, wie Hausarbeit sich gestaltet, und wie welches Produkt bei welcher Arbeit Hilfe nicht nur verspricht, sondern leistet. Diese Erfahrungen, die im Rahmen des konkreten Lebenszusammenhangs und kulturellen Kontextes gewonnen werden, sind ein wesentlicher Faktor, der bei dem Für und Wider von Kaufentscheidungen in die Waagschale geworfen wird. So haben denn für die Konsumenten bei der Kaufentscheidung „soziale Faktoren wie schichtspezifische Angemessenheitsnormen, alters- und geschlechtstypische Normen größere Bedeutung als ästhetische Differenzierungen. Bei der Auswahl eines speziellen Produkts sind Preis, Qualität, Beschaffungsaufwand, also jene Faktoren, die materielle Konsequenzen haben, vorrangig"[2]. Der Kauf eines bestimmten Produkts läßt sich nicht in einem kausal-logischen Ursache-Wirkungs-Zusammenhang auf die Werbung zurückzuführen, schon gar nicht auf einzelne Werbeanzeigen in Zeitschriften oder einzelne Werbespots im Fernsehen.

Die Darstellung der Frau in der Fernsehwerbung

In den Spots der Fernsehwerbung werden stark typisierte Verhaltensweisen dargestellt. Das Rollenspiel der Protagonisten ist ebenfalls stark typisiert und situationsgebunden. Der situative Rahmen, der durch das „Spiel der Produktbenutzung" gegeben ist, engt den Handlungsspielraum stark ein. Die Darstellung der Personen in den Spots reduziert die Reichhaltigkeit des Alltagslebens, in dem jeder Mensch eine Vielzahl von Rollen in den unterschiedlichsten Situationen spielt, auf ein Minimum, in dem die Protagonisten auf ein oder zwei Rollen festgelegt werden.

Die in den Spots vorkommenden Rollen sind im wesentlichen auf Geschlechtsrollen-Stereotype reduziert. Die Bilder der Fernsehwerbung zeigen ein Gesellschaftsbild — wenn man denn von einem solchen in diesem Zusammenhang sprechen will, in dem es weder große Status- und Rangunterschiede noch schicht- oder klassenspezifische Differenzierungen gibt. Die frühen sechziger Jahre mit ihrer Idee der nivellierten Mittelstandsgesellschaft feiern in der Fernsehwerbung fröhliche Urständ. Statuspositionen wie Ärzte oder Wissenschaftler sind an die Expertenfunktion bei der Darstellung bestimmter Produkte gebunden. Sie kommen nie in agierenden Familien vor, die sich z.B. zum Verzehr besonders köstlicher Margarine am Frühstückstisch versammelt haben. Hier sind die nivellierten Familienmitglieder auf ihre familieninterne Position reduziert, auf Vater, Mutter, Kind, vielleicht Oma, Opa, Tante und Onkel. Die Geschlechtsrollen-Stereotype spielen so eine große Rolle, in der Werbung gibt es noch die Männerwelt und die Frauenwelt. Mann und Frau werden hier keineswegs als biologische Wesen begriffen, sondern ihnen sind allgemeine Rollenklischees im Rahmen des geltenden herrschenden gesellschaftlichen Normensystems zugewiesen. „Der Rollenbegriff … bestimmt sich als ein Bündel von normativen Verhaltenserwartungen, die an eine soziale Position geknüpft sind"[3]. Die soziale Position ergibt sich in der Fernsehwerbung weniger aus klassen- oder schichtspezifischen Unterschieden, Lebensstilen, Berufsstand usw., als vielmehr aus Altersunterschieden und Geschlechtszugehörigkeit. Die normativen Verhaltenserwartungen an die Geschlechtsrolle Mann — Männer dürfen Selbstsicherheit, Erfolg, Überlegenheit, Kompetenz und Härte zeigen, machen ihn zur dominanten Figur, vor allem dann, wenn er gemeinsam mit einer oder mehreren Frauen mit irgendwelchen Produkten herumhantiert. Er ist der Experte, der Wissenschaftler, er ist derjenige, der ein bißchen Seriosität in die Werbewelt bringt, besonders dann, wenn er als stiller, weiser Genießer vor dem prasselnden Kaminfeuer das Kognakglas schwenkt. Frauen können eine erheblich größere Zahl von Eigenschaften, die auch als Verhaltenserwartung an sie herangetragen werden, ihr eigen nennen. In der Welt der Fernsehwerbung sind sie unsicher, emotional, naiv, abhängig, unwissend, untergeordnet, hilflos, aber auch schön, zärtlich, sanft, vor allem aber sind sie eines: auf ständiger Partnersuche. Nur, wenn kein Mann in ihrer Nähe ist, dürfen die Frauen frei und ungebunden erscheinen — sie sind es aber keineswegs, denn auch wenn sie sich einparfümieren, tun sie das, um einem imaginären Mann zu gefallen. „Das Merkmal ‚Emanzipation' in Werbespots impliziert … Alleinsein, ein Leben ohne Mann. Denn wenn die ständige Partnersuche endlich zum Erfolg geführt hat, dann ‚unterwirft' sich die Frau, verliert ihre Identität und richtet ihr Leben ganz nach ‚ihm' aus"[4]. Waren emanzipierte Frauen Ende der siebziger / Anfang der achtziger Jahre noch die Ausnahme, sind sie mittlerweile fester Bestandteil in den Spots der Fernsehwerbung geworden. Allerdings handelt es sich in der Regel um sogenannte Karrierefrauen, die immer noch ein Leben ohne Mann führen, oder aber ihre Selbstsicherheit geht in ihrer jugendlichen Frische auf und unter. Auch wenn inzwischen Männer traditionell weibliche Arbeit verrichten, sprich: in Tätigkeiten des Haushalts gezeigt werden, kann zwar eine gewisse, geringe Aufweichung der Geschlechtsrollen konstatiert werden, grundsätzlich hat sich jedoch in dieser Hinsicht nicht viel verändert.

Wenn man einmal von der Ausnahme von der Regel, den ungebundenen emanzipierten Frauen absieht, sind es vor allem zwei Rollen, in denen Frauen in der Fernsehwerbung auftauchen: als Hausfrau — oft verbunden mit der Mutterrolle, sowie als junge attraktive Frau[5]. Die Männer kommen hauptsächlich als Ehemänner oder kompetente Macher vor. Natürlich taucht die Frau auch als badende Nixe, als verführerische Eva, als jungfräuliche Maria, als die Unschuld in Person, als Heilige Johanna, als Femme Fatale oder als Vamp auf, doch immer ist sie in den szenischen Arrangements der Fernsehspots auf die zwei Rollen festgelegt, die es in der Welt der Werbung für sie nur gibt: „Putzteufel" (als Hausfrau und Mutter) und „Traumfrau" (als junge, attraktive Frau). Denn nur in diesen beiden stereotypen Rollen sind sie für die Produktbenutzung instrumentalisierbar, zumindest in der Fernsehwerbung; in der Anzeigenwerbung und auf Plakaten treten die szenischen Arrangements zugungsten der optischen Stilisierung in den Hintergrund. Im Fernsehen darf jedoch nach Herzenslust agiert werden, solange nur die Produktbenutzung nicht zu kurz kommt.

Putzteufel

Im Mittelpunkt der Rollendarstellung der Hausfrau stehen die familienversorgenden Tätigkeiten wie Einkaufen, Kochen, Putzen und Waschen. Die Spots präsentieren Selbstbestätigung und Selbsterfüllung der Frauen im Haus, ohne allerdings den Beruf „Hausfrau" anzuerkennen. Denn in der Werbung ist alles ganz einfach, die Tätigkeit als Hausfrau erhält ein spielerisches Moment — die gezeigten Hausfrauen singen, pfeifen und tanzen oft bei der Arbeit, die Hausarbeit erhält Hobby- und Freizeitcharakter. „Die Hausfrauen in der Werbung tun alle so, als sei ihre Hausarbeit reiner Freizeitspaß. Alles geht ihnen leicht und schnell von der Hand. Beim Waschen, Bügeln, Kochen, Wischen und Bohnern geraten sie nie ins Schwitzen, bekleckern sich nicht und bleiben stets ansehnlich und gepflegt"[6]. Der ganze Rollentyp ist dennoch auf häusliche Arbeit ausgerichtet. Die Hausfrauen in den TV-Spots sind im Durchschnitt etwa 35-45 Jahre alt, verheiratet, haben Kinder, bewohnen ein Haus — oft mit Garten — oder eine gutbürgerliche Wohnung. Sie stellen ein solides Äußeres zur Schau, sind nicht auffallend attraktiv, tragen keine modische Kleidung, sondern sind mit Kittel und Schürze ausgestattet. Ihr ganzes Streben ist darauf ausgerichtet, die Familienmitglieder mit ihrer Arbeit, die eigentlich gar keine ist, zufriedenzustellen. Ob beim Bügeln, Putzen oder Waschen, ständig ist ihre unterschwellige Angst vor dem Versagen zu spüren. Das berühmte Lenor-Gewissen tritt neben sie, denn wenn die Wäsche nicht weiß und weich genug ist, die Töpfe und der Küchenboden nicht blinken, der Kaffee nicht aromatisch genug, das Essen gar angebrannt ist, dann hat die Hausfrau versagt. Dann ist sie ihrer Aufgabe gegenüber Mann, Kindern und sonstigen Anverwandten nicht gerecht geworden. „Die Hausfrau ist also die häusliche Sklavin ihrer Familie, die nicht geliebt wird, ehe sie keine perfekte Köchin, Waschfrau und Gastgeberin ist"[7]. Die Werbehausfrauen stehen unter erheblichem Leistungsdruck, sind sie doch ständig auf der Jagd nach positiven Sanktionen, und sie haben Angst vor den negativen. „Die Fähigkeiten der Hausfrauen liegen allerdings nicht so sehr in Kochkünsten als vielmehr in der lückenlosen Kenntnis der neuesten und besten Produkte. Produktwahl wird so zu einer Schlüsseltätigkeit"[8]. Mißgriffe bei der Produktwahl werden negativ sanktioniert, die Familienmitglieder sind unzufrieden, nörgeln und praktizieren Liebesentzug, und übelmeinende Nachbarinnen spenden Hohn und Spott, während schnippische Bemerkungen über den Gartenzaun wandern. Nicht einmal die einzige Freizeittätigkeit von Fernseh-Hausfrauen, das Kaffeekränzchen, bleibt vom Wettbewerb um die Krone der besten und perfektesten Produktbenutzerin verschont. Für die leidenden, von Mißgeschicken geschüttelten und geplagten Mitglieder des „Hausfrauen"-Standes haben Nachbarinnen und Freundinnen allerdings oft einen guten Rat parat. Nicht ohne Stolz auf die eigene Leistung der richtigen Produktwahl, wird eben dieses Produkt weiterempfohlen; dem Glück der bisher Leidgeprüften steht nun nichts mehr im Weg. Die Konkurrenz der Werbe-Hausfrauen verhindert intensivere Kontakte, Frauenfreundschaften sind immer nur über Wasch-, Putz- und andere Mittel vermittelt. Nur die Benutzung des gleichen Produkts bei der Erledigung häuslicher Verrichtungen schafft Bande der Gemeinsamkeit, nur hier ist Solidarität möglich. In der Fernsehwerbung leben die Hausfrauen in einer Welt, in der es sich nicht lohnen würde, für mehr Gleichberechtigung oder „Lohn für Hausarbeit" auf die Straße zu gehen und zu demonstrieren. Sie würden höchstens für das richtige Produkt auf die Straße gehen mit Transparenten wie „Frauen für Persil" oder „Kein schlechtes Gewissen mehr, Lenor für alle".

Die Hausfrau wird als naives, putzendes Heimchen am Herd dargestellt, das als „Sklavin der Familie" für das Wohl des Mannes und der Kinder zu sorgen hat. Als Hausfrau und Mutter kann sie ihrer Aufgabe nur gerecht werden, wenn sie mit sicherem Griff und Gespür die richtigen Produkte wählt, die das Wohlbefinden der häuslichen Gemeinschaft herbeiführen und sichern. Liebe und Zärtlichkeit ist diesen Hausfrauen fremd, das Lob für die richtige Produktwahl oder das Schmusen mit Haushaltsgegenständen wie Kochtöpfen oder der Wäsche der Familienmitglieder muß reichen, und Leidenschaft ist nur beim Putzen gefragt. Alle Dinge, die nicht in den häuslichen Bereich fallen, sind Aufgabe des Mannes. Selbst bei der Anschaffung neuer technischer Haushaltsgeräte, handelt es sich nun um einen Staubsauger, um einen Mikrowellenherd oder einen Schnellkochtopf, muß sie sich dem Manne unterordnen, der hier mal wieder seine Kompetenz und Überlegenheit zeigen kann. Die Hausfrau ist dem (Ehe)Mann untertan, sie dient ihm und den Kindern. Aber bevor sie zur Dienerin der kleinen und großen Paschas wurde, sich in den Dienst der Leistungen unterschiedlichster Produkte zur Förderung der Hausarbeit stellte, war sie einmal ungebunden, jung und attraktiv.

Traumfrauen

Sie sind schön und attraktiv, sie haben nie Geldsorgen, obwohl sie selten arbeiten, sind jung, ihr Alter endet da, wo das der Hausfrauen beginnt, sie sind wohlhabend und modisch gekleidet, sie sind zärtlich und romantisch, sie haben Sexappeal und sind verführerisch, sie sind ungebunden und führen ein Leben für die Freizeit, die künstlichen Schönheiten mit perfekten Make-ups, die „Traumfrauen" der Fernsehwerbung. Diese Frauen leben für die Freizeit, sie führen ein „klinisch reines" Leben ohne Streß und Probleme. Ganz ohne? Nein, nicht ganz, denn sie sind ständig auf Partnersuche und müssen dabei natürlich Unmengen von Konkurrentinnen zwar nicht ganz aus dem Weg, aber doch aus dem Blickfeld des umworbenen Mannes räumen. In der Fernsehwerbung machen die Frauen den Angebeteten an (auch wenn es in der gesellschaftlichen Realität und traditioneller Rollenklischees zufolge immer noch die Männer sind, die den aktiven Part spielen), um ihn zu bekommen, und sie schmiegen sich an ihn, um ihn zu behalten. Die „Traumfrauen" als Sexualobjekt werden zum Symbol für die Ausbeutung des weiblichen Körpers. Sie stellen quasi Konsumakte dar, bei denen es nicht mehr auf das Produkt ankommt, sondern auf die Art und Weise, wie ihr Körper das Produkt benutzt. „Junge und attraktive Frauen werden dabei von der Werbung doppelt benutzt: als Objekt der Werbung und als Objekt der Männer. Im ersten Fall werden sie zur Vorführung und zum Kaufanreiz von Produkten eingesetzt, wird ihr Körper vorwiegend sexuell genutzt. Frauen haben hier keine eigene Bedeutung, kein Eigenleben, bestehen nur aus Körper, werden mit Produkten gleichgesetzt. Als Objekte der Männer sind sie Sexualobjekte, die begehrt werden … wegen ihres guten Aussehens, ihrer Attraktivität und modischen Kleidung. Um einen Mann für sich zu interessieren, um andere Frauen als Konkurrentinnen auszustechen, muß sie sich bestimmter Produkte (Kosmetika, Haarfärbemittel, Kleidung) bedienen. Damit ist dann der Kreis zum Objekt der Werbung wieder geschlossen".[9] Sogenannte Blickfangwerbung, bei der eine aufreizende, sehr sporadisch bis gar nicht bekleidete Schönheit z.B. neben einem Rasierapparat oder einer HiFi-Anlage zu sehen ist, gibt es im Fernsehen nicht. Wenn hier nackte Haut auftaucht, steht sie meist im Dienste des gezeigten Produkts, z.B. eines Duschgels oder einer Hautcreme. Der Körper der Frau dient hier als „eye-catcher" für sich selbst. Ein Körper, dem Persönlichkeit und Ausstrahlung fehlen. Ein Körper, der in ständig neuen Verpackungen und mit neuen chemischen Produkten angereichert für sich selbst werben soll. Die „Traumfrauen" der Fernsehwerbung werden auf ihren Körper reduziert. Im Gesellschaftsbild der Werbung ist für den Mann an einer Frau nur der Körper begehrenswert, andere Faktoren scheinen keine Rolle zu spielen. Frau und Produkt werden fast gleichrangig angeboten.

Die Ungebundenheit und Freiheit dieser Frauen währt jedoch nicht ewig, und sie ist oberflächlich. Ungebundenheit und Freiheit müssen die Frauen sich — so will es zumindest die Werbung — erkaufen. „Freiheit hat einen Duft" lautet denn auch der Slogan für ein Eau de Parfum und legt damit auch den Umkehrschluß nahe: Duft macht frei. Aber diese erkaufte Freiheit dauert nicht lange, denn die Frauen tragen sich zu Markte. Hat sie schließlich einen Mann gefunden, nicht den ihrer Träume, sondern den, dessen Traum sie ist, muß sie einerseits weiterhin als Sexualobjekt funktionieren, um ihn auch zu behalten. Ihr Glanz als „Traumfrau" verlischt jedoch andererseits schnell, sie wird häuslich, ordnet sich dem Mann unter, und ihre Rolle beginnt sich zu wandeln: Die Rolle des Sexualobjektes ist in der Werbung nichts anderes als die Vorstufe zur Rolle der Hausfrau und Mutter.

Berufstätige Frauen kommen in der Werbung zwar vor, sind aber die Ausnahme. Sie tauchen in den sogenannten typischen Frauenberufen auf, sie sind Kindergärtnerin, Krankenschwester oder Arzthelferin, Sekretärin oder Stewardess. Mehrheitlich ist sie jedoch „Karrierefrau", die einem „Bilderbuchberuf" nachgeht als Architektin, Künstlerin oder Managerin. Doch dafür ist die „Strafe" nicht fern: sie bleibt ohne Mann. Denn Karriere bzw. Beruf ist mit Partnerschaft oder Familie gar nicht zu vereinbaren. Sie hat im Gesellschaftsbild der Fernsehwerbung nur die Alternative Beruf oder Mann. Und dieser Philosophie zufolge gehört die Frau immer noch zu Heim und Herd.

Da haben sie jedoch bereits gestanden, die Omas der Fernsehwerbung. Sie sind nie sehr alt, meist zwischen 50 (sic!) und 65 und ihrem Alter entsprechend gut gekleidet. Sie sehen frisch aus und wirken jugendlich und vital. Die Vitalität müssen sie sich allerdings erkaufen, mit kreislauffördernden Präparaten oder Knoblauchpillen. Dafür werden sie dann auch von ihren Angehörigen geliebt, zumal sie oft auch gute Ratschläge für die Hausfrauen, ihre Töchter oder Schwiegertöchter bereit haben, wenn es um den richtigen Kaffee zum Sonntagskuchen geht. Und der schmeckt natürlich noch mal so gut, wenn das Gebiß auch richtig sitzt, die dritten Zähne an ihrem Platz sind und gut haften. Statt Kosmetika benutzen die lieben Omas eben Gebißreiniger, sie „werden von ihren Enkeln dafür geliebt und geknuddelt, weil ihr Atem angenehm riecht".[10] Ältere Frauen sind wie auch die jüngeren berufstätigen Frauen (fast) immer männerlos. Sie leben allein, oder sind einfach in die glücklichen Familien integriert. An ihnen kann man sehen, wie weit man es im Leben bringen kann, wenn man nur immer die richtigen Produkte zur Hand hat.

Mit Slogans wie „Die Frauen von heute machen lieber Karriere als Betten"
oder „Die Frauen von heute brauchen kein Korsett, weil sie Rückgrat haben"
hat sich ein neuer Frauentyp in der Werbung breitgemacht. Diese Frau ist sehr
selbstbewußt und zeichnet sich durch eine Lust am Leben aus. Sie ist nicht
mehr nur Sexualobjekt einer Männerwelt. Sie will so bleiben, wie sie ist. Daher ißt sie nur „Du-darfst-Produkte", um nicht allzuviele Rundungen anzuset-
zen. Sie kleidet sich nicht modisch, sondern sportlich und bequem. Sie ist
nicht das glanzvolle Luxusgeschöpf, sondern das Mädchen von nebenan, das
sich einfach wohlfühlen möchte. Sie ist nicht der verführerische Vamp, sondern die Tennispartnerin von nebenan, deren sanfte Rundungen ihres fast neutralen Körpers kaum noch wahrnehmbar sind. Natürlich ist auch sie reizvoll
geschminkt, dreht sich doch anscheinend bei den Frauen alles nur um die einen, die Männer, aber nicht mehr ohne Rücksicht auf Verluste. Es sind
Frauen, „die nicht mehr vordringlich danach zu trachten scheinen, sich an den
Mann zu bringen, zu locken, zu verführen, sondern eher selbstbewußt unabhängig zunächst mal sich selbst gefallen wollen, wie das sogenannte Office-
Girl, das in Jackett und Bluse, zwar auffallend reizvoll geschminkt aber deutlich unabhängig auftritt. Nicht hervorstechende Sinnlichkeit, auffallende Kör-
perrundungen oder Sex-Appeal zeichnen sie aus, nicht so sehr das Weibliche,
sondern eher eine jugendlich androgyne Erscheinung".[11] Jugendlichkeit und
Frische ist die alte, neue Devise, nach der allerdings heute die Merkmale des
spezifisch Weiblichen — und auch des spezifisch Männlichen — zugunsten
androgyner Jugend verdrängt werden.

Dieser Typ Frau macht sich nicht nur in der Fernsehwerbung breit, sondern auch in anderen Programmsparten, vor allem jedoch als Moderatorin,
Ansagerin oder Nachrichtensprecherin. Jugendlichkeit und ein gewisser Grad
an Selbstbewußtheit ersetzen Persönlichkeit und Ausstrahlung. Aus den Re-
torten der Kosmetikindustrie scheinen diese Masken ständig auf die Bild-
schirme und in die Anzeigen technisch reproduziert zu werden. Die Werbung
macht es vor und zeigt, was die Gentechniker hoffen, irgendwann auch einmal
leisten zu können, den Menschen im Zeitalter seiner technischen Reprodu-
zierbarkeit.

Neu ist in der Werbung auch ein Frauentyp, an dem die Unterordnung unter die männliche Dominanz fast noch deutlicher wird, als wenn sie als Sexualobjekt auftritt. Die Frau tritt zwar als Expertin auf, definiert sich aber über
den Mann. Sie preist die Vorteile einer bestimmten Zahnpasta an, und versucht Glaubwürdigkeit dadurch zu erlangen, daß sie sich als quasi Teil-
Expertin ausgibt, die auf einen noch kompetenteren Mann als Experten verweisen kann, von dem sie auch ihr Wissen hat. Der Mann als Experte wird zur
Begründung für das eigene Expertentum: „Schließlich ist mein Mann Zahn-

arzt" oder „Ich arbeite bei einem Zahnarzt, und der muß es ja wissen". Diese Frauen entscheiden sich für ein Produkt, weil ein kompetenter Mann es ihnen empfohlen hat, also kann sich der Zuschauer ruhig auf diese doppelte Empfehlung verlassen. Anscheinend zeichnen sich die Frauen in der Fernsehwerbung durch ein besonderes Charakteristikum aus, sie sind nur glaubwürdig, wenn sie sich auf einen Mann berufen können, und das Vertrauen in die eigene Urteilskraft ist offensichtlich verschwunden.

In der Welt der Fernsehwerbung gibt es Frauen in einer besonderen Statusposition, sie sind Katzenbesitzerin. In den Spots für Katzenfutter kommen Männer nur am Rande, wenn überhaupt vor — Ausnahmen bestätigen die Regel. Männer besitzen Hunde, Frauen besitzen Katzen, so einfach ist das. Falsch wäre es anzunehmen, in der Werbung würde die Gleichung Frau = Katze aufgemacht. Die Frau ist der Katze ebenso treu ergeben, wie die Hausfrau der Familie. Ihr Liebling will verwöhnt und bedient werden, und das tut sie denn auch. Mit dem Erfolg, daß die Katze nach gelungener Mahlzeit mit Frauchen schmust. Die Wahl des richtigen Katzenfutters wird von der Katze positiv mit Zärtlichkeiten sanktioniert. Anerkennung wird der Frau als Katzenbesitzerin auch nur durch die richtige Wahl des Produktes kätzischer Begierde zuteil.

Werbung und Ökonomie

Werbung ist in erster Linie ein Kommunikationsmittel, das über bestimmte Medien transportiert wird; und: als absatzpolitisches Instrument spielt es eine wichtige Rolle in der Marktstrategie eines Unternehmens, um Produkte oder Dienstleistungen unters Volk zu bringen. Werbung ist ein Hilfsmittel zur Verkürzung der Zirkulationszeit des Kapitals. Eben von der Geschwindigkeit der Zirkulationszeit hängt es ab, wie oft sich das Kapital in einem gegebenen Zeitraum verwerten kann. Schließlich drängt das Kapital als sich selbst verwertender Wert auf eine optimale Verkürzung der Umlaufzeit. Die Umlauf- oder Zirkulationszeit teilt sich in zwei Phasen, die „Verkaufszeit", die die Zeit der Verwandlung von Warenkapital in Geld bezeichnet, und die „Kaufzeit", die Verwandlung des Geldes in produktives Kapital bezeichnet.[12] Mit Hilfe von Werbung nun kann die sogenannte Verkaufszeit verkürzt werden, d.h. es gilt den Formverwandlungsprozeß des Kapitals vom Zustand des Warenkapitals in das Geldkapital zu beschleunigen. Werbung als kommunikativ wirksamer Prozeß versucht also, den Formwandel des Kapitals im Sinne des Eigeninteresses der Werbetreibenden zu beeinflussen. Werbung ist also ein ökonomisches Instrument und umfaßt die „verkaufspolitischen Zwecken dienende, absichtliche und zwangsfreie Einwirkung auf Menschen mit Hilfe spezieller Kommunikationsmittel".[13] Werbung erfolgt jedoch immer in enger Zusammenarbeit mit anderen Abteilungen des Marketing, z.B. der Verkaufsförderung, der Preispolitik, dem Kundendienst usw. Im Rahmen der Marketingstrategien eines Unternehmens muß Werbung nicht immer eine dominante Rolle spielen, sie kann z.B. der Preispolitik untergeordnet sein. Werbung ist ein Faktor unter vielen, die zur Marketingkonzeption eines Unternehmens gehören.

Werbung als ökonomisches Instrument versucht seine Aufgabe im Reproduktionsprozeß des Kapitals als Teil des Marketings auf dem Wege der ideellen Beeinflussung zu erfüllen. Dabei spielt die objektive Beschaffenheit des Produkts keine große Rolle, „sondern einzig die Verbrauchervorstellung".[14] Diese Verbrauchervorstellungen waren denn auch das obskure Objekt marktanalytischer Untersuchungen. Die Produkte sollten schließlich das richtige Image bekommen und gezielt an die Konsumenten gebracht werden. Heraus kamen u.a. die sogenannten Zielgruppentypologien, die umfangreiches Material über die Kauf-, Konsum- und Mediengewohnheiten der Bevölkerung enthalten. Einige dieser Typologien setzten bei den Konsumenten an und zeitigten Typen wie die „solide Hausfrau alten Stils", die „rückständige, anspruchslose Frau", den „Kosmetik-Muffel", die „biedere Heimwerkerin", den „zurückhaltenden Konservativen", den „ängstlichen Kleinbürger" oder den „verunsicherten Jungakademiker". Andere setzten beim Angebot des Marktes an und untersuchen, wie sich die Käufer unterschiedlicher Marken einer Produktgattung nach ihren soziodemographischen und psychologischen Merkmalen unterscheiden. In einer „Nascher-Typologie" gibt es dann den „Riegelfan", den „Tafelschokolisten", den „Nußknacker", den „Plätzchenfreund" oder „Salzstangler". Diese Typologien dienen vor allem der „Minimierung von Streuverlusten"[15], führen aber gerade dadurch auch zu Verzerrungen, indem sie alles Störende ausklammern. Die Zielgruppentypologien konstruieren den „idealen Konsumenten", den es so in der Realität nicht gibt.[16] Die Wünsche und Bedürfnisse der Konsumenten gehen in die Typologien mit ein und werden im Sinne der werbetreibenden Industrie uminterpretiert, sie gehen in das Image des Produkts ebenso mit ein, wie in die in den Werbebotschaften dargestellten Situationen, die den Rezipienten dazu verleiten sollen, das Produkt zu kaufen. Die Rezipienten bekommen in den Werbeanzeigen und -sendungen ihre eigenen Wünsche und Bedürfnisse vorgeführt, die allerdings im Dienste der Produktbenutzung instrumentalisiert sind. Die in den Werbebotschaften angesprochenen Bedürfnisse sind immer Bedürfnisse, „die in ihrer Genese oder in ihrer besonderen Dringlichkeit auf die zugrundeliegenden gesellschaftlichen Verhältnisse rückführbar sind und selbst dort, wo die Phantasie des Werbekommunikators scheinbar über die Verhältnisse hinausführt, ist sie von diesen zutiefst durchtränkt".[17] Damit wird deutlich, daß Werbung nicht in einem gesellschaftsfreien Raum existiert, sondern auch und gerade in ihren Botschaften, den Versuchen der ideellen Beeinflussung, von den gesellschaftlichen Verhältnissen abhängig ist. Werbung als Kommunikationsmittel ist ein reagierendes Medium, es schafft keine Wünsche und Bedürfnisse, sondern es reagiert auf Wünsche und Bedürfnisse, die dann im Sinne des Verkaufs der Produkte instrumentalisiert sind. Daher kann die Werbung auch nicht zur Veränderung von gesellschaftlichen Normen und Werten beitragen, sondern in der Reaktion auf geltende Normen und Werte diese zementieren. In den Werbebotschaften spiegeln sich die gesellschaftlichen Verhältnisse. In der Werbung werden nur bestimmte Stereotype und Klischees auf die Spitze getrieben. Werbung reagiert und übertreibt. Mit einer gewissen Verzögerung taucht der ominöse „Zeitgeist" in den Werbebotschaften auf. Die Werbung hinkt den realen gesellschaftlichen Verhältnissen immer ein bißchen hinterher. „So fortschrittlich die Produkte auch sein mögen, die Werte über die sie angepriesen werden, sind konservativ und retrospektiv. Das Bekannte dient als Bezugssystem für das Neue".[18] So hat es etwa ein Jahrzehnt gedauert, bis das Erscheinungsbild des Punk in der Werbung auftauchte, und es dauerte einige Jahre, bis die emanzipierte Frau die Bühne der Werbung betrat — sie war schließlich doch als Käuferschicht entdeckt worden. Gerade, was das äußere Erscheinungsbild der Menschen in den Werbebotschaften angeht, „ist es Gesetz der Sache, daß, was in der Bildwelt der Werbung auftaucht, vom Gesichtspunkt der Avantgarde betrachtet, definitiv out ist".[19] Das kann man von den vermittelten Normen und Werten jedoch nicht sagen.

Die Fernsehwerbung

Seit dem 3. November 1956 gibt es Fernsehwerbung. Damals strahlte der Bayerische Rundfunk den ersten Werbespot aus. Eine Minute Werbung kostete damals 3000,- DM. Damals verfügten allerdings weniger als 50 Prozent der Haushalte über mindestens ein Fernsehgerät. 1985 waren es bereits 97 Prozent der Haushalte.[20] Die Preise für die Werbeminute sind entsprechend gestiegen, 1987 kostet eine Werbeminute in ARD und ZDF zusammen bereits 307 486 DM. Gleichzeitig ist aber der Tausendseherpreis (die Kosten für eine Minute Werbung bei 1 000 eingeschalteten Geräten) erheblich gesunken. Betrug der Tausendseherpreis im Jahre 1956 noch 66,70 DM, waren es 1986 nur noch 6,80 DM. Gemessen an der Zahl der erreichbaren Empfänger ist die Werbung im Fernsehen also billiger geworden. Immerhin bestreiten das ZDF etwa 36 Prozent, und die ARD etwa 22 Prozent ihrer Einnahmen aus der Fernsehwerbung.

Im Gegensatz zu den Publikumszeitschriften, die zum Teil für bestimmte Zielgruppen konzipiert sind, spricht das Fernsehen als Medium alle an, es ist das Familienmedium. Ob Kind, ob Greis, ob Vater oder Mutter, alle sind potentielle und tatsächliche Zuschauer, wenn im Werbefernsehen Margarine, Waschmittel, Parfum und Gummibärchen feilgeboten werden. Mit dem Medium Fernsehen ließen sich 1985 an einem durchschnittlichen Werktag 72 Prozent der Gesamtbevölkerung erreichen. Fernsehwerbung kann daher nicht auf spezielle, eng umgrenzte Zielgruppen ausgerichtet sein, sondern spricht in seiner Allgemeinheit und, im Sinne der Zielgruppenorientierung, Unverbindlichkeit alle an, in erster Linie jedoch die Frauen, die aufgrund gesellschaftlich dominanter Rollen- und Aufgabenverteilung für den alltäglichen Einkauf zuständig sind. Die geschlechtsspezifische Aufweichung dieser traditionellen Aufgabenverteilung bei der Verrichtung der alltäglichen Pflichten und Notwendigkeiten wird von der Werbung sehr zögerlich zur Kenntnis genommen. Das Fernsehen ist das technische Medium, das die größtmögliche „Signalökonomie" (Pross) ermöglicht, d.h. mit einem geringen Zeichenaufwand ist es möglich, möglichst weite Räume in sehr kurzer Zeit zu überwinden und damit Millionen von Menschen zu erreichen.[21] Allerdings geht der verringerte Signalaufwand auf seiten der Kommunikatoren zu Lasten der Rezipienten. Denn „es sind diese Millionen, die durch den millionenfachen *Aufwand* für das Empfangsgerät (finanzieller Aufwand), den Zeitaufwand für die Teilnahme durch Aufwendung ihrer biologischen Lebenszeit für die Dauer der Sendung zu der sozial ritualisierten Sendezeit, die Verringerung des Signalaufwandes für die Kommunikatoren ermöglichen".[22]

Die Minimalisierung von Streuverlusten, die mit der Konstruktion der Zielgruppentypologien bezweckt wird, ist im Werbefernsehen nur möglich, wenn im Spot selbst die Zielgruppe definiert wird, d.h. die Darsteller in den Spots entsprechen der Zielgruppe. Dennoch lassen sich sogenannte Streuverluste im Werbefernsehen nicht vermeiden, da das Abzielen auf eine möglichst große Rezipientenzahl einerseits eine Stereotypisierung und Klischeehaftigkeit der dargestellten Verhaltensweisen verlangt, die auf semantische Eindeutigkeit zielt, da die Spots für viele verstehbar sein sollen. In den Spots wird mit Symbolen gearbeitet, deren Bedeutungen durch gesellschaftliche Konvention festgelegt sind; so dient z.B. das Lächeln als Symbol des stillen Glücks und des Genießens, das Lachen als Symbol höchster Erfüllung, Zufriedenheit und Freude, der anhimmelnde Blick als Symbol des Stolzes auf den Partner oder als Symbol des Begehrens, das Aufblicken als Symbol der Anerkennung der Leistung einer anderen Person oder als Symbol der unterordnenden Bewunderung, der zweifelnde oder verzweifelte Blick als Symbol der Unzufriedenheit, Erfolglosigkeit und Angst, die Kennermiene als Symbol für Expertentum und Überzeugung, der coole Blick als Symbol für Selbstsicherheit, das Anschmiegen als Symbol für Geborgenheit und Zufriedenheit, das Singen und Tanzen als Symbol für spielerische Einfachheit, das Streicheln als Symbol für Zärtlichkeit.[23] Nicht mit allen Symbolen ist eine semantische Eindeutigkeit erreichbar. Ob diese Symbole tatsächlich von den Rezipienten so interpretiert werden, ist keineswegs sicher. Denn die Dechiffrierung der televisionären Codes der Fernsehwerbung, der Symbole, Stereotype und Klischees, geschieht auf dem Hintergrund des je spezifischen Lebenszusammenhangs, des kulturellen Kontextes, der persönlichen und familiären Situation der Rezipienten sowie zahlreicher anderer Faktoren. Sinn entsteht erst durch die Bedeutungszuweisungen der Rezipienten, und die sind keineswegs einheitlich.

Im Mittelpunkt jedes Spots stehen jedoch die Produkte. Sie werden nicht nur im Sinne der „Warenideologie" mit Bedeutungsmustern belegt, die auf allgemeine Sehnsüchte und Wunschphantasien hinweisen (z.b. „der Duft, den Frauen männlich finden" oder „Freiheit hat einen Duft"), sondern es geht auch um die szenische Inszenierung und Darstellung der Produktbenutzung. Die in den Spots agierenden Personen integrieren die Produktbenutzung in ihre Handlungen. Die Protagonisten in den TV-Werbespots legen ein klischeebestimmtes Verhalten an den Tag. „Klischeebestimmtes Verhalten ist als Teilhabe an einem Aktionsgefüge, d.h. einer Szene zu bezeichnen, wobei sich das Spiel über den Kopf der Individuen hinweg durchsetzt".[24] Individualität und Widersprüchlichkeit bleiben ausgespart, eine Rolle spielt nur die Oberflächlichkeit der Produktbenutzung, die Protagonisten handeln als Produktbenutzer. In den szenischen Darstellungen geht es ums Rollenspiel einerseits und ums unbewußte klischeehafte Agieren andererseits. Das Spiel der Produktbenutzung setzt sich über den Kopf der Protagonisten als auch der Zuschauer hinweg durch. Rollenbilder, Wünsche, Phantasien, Bedürfnisse und Wertvorstellungen des Publikums als Zielgruppe werden im Dienste der Produktbenutzung instrumentalisiert.

Werbung: Symbolische Gewalt ohne Wirkung?

In den Spots der Fernsehwerbung werden die gesellschaftlich dominanten geschlechtsspezifischen Rollenbilder symbolisch dargestellt und auf wenige Merkmale reduziert, die der Produktbenutzung förderlich sind. Frauen an sich kommen nicht vor, sie sind nichts, wenn sie nicht die entsprechenden Produkte benutzen. Die Aktionen der Frauen in den szenischen Darstellungen der Fernsehwerbung dienen nicht nur dem Verkauf der Produkte, sondern in der Rolle der jungen, attraktiven Frau auch dem (Aus-)Verkauf des weiblichen Körpers. Die Frauen der mittleren Jahrgänge haben im Gesellschaftsbild der Werbung nur als Hausfrauen Platz. Selbst als Ehefrauen und Mütter sind sie auf die Rolle der Hausfrau reduziert, sie dienen dem Mann und den Kindern. Lob und Anerkennung wird ihnen nur zuteil, wenn sie die richtigen Produkte benutzen, damit die Wäsche sauber und weich, das Essen nicht zu heiß und schmackhaft, die Wohnung sauber, aber doch gemütlich ist. Arbeiten müssen die Hausfrauen allerdings nicht, das tun die Produkte für sie. So kommt es in der Fernsehwerbung zu einer merkwürdigen Paradoxie: Einerseits steht die Hausarbeit mittels Produkt im Mittelpunkt der hausfraulichen Tätigkeiten, andererseits läßt sich für die Hausfrauen aus dieser Arbeit, die eigentlich keine ist, sondern nur als solche erscheint, keine Identität mehr gewinnen, denn durch die Rationalisierung mittels wirksamer Putz- und Waschmittel sowie neuartiger Haushaltsgeräte wird die Tätigkeit Hausarbeit zunehmend ihres Inhalts und ihres Sinns beraubt. Auch wenn Hausfrauen im Mittelpunkt des Gesellschaftsbildes der Werbung stehen, ist von dem „Haus" als der „großen Kulturleistung der Frauen" (Simmel)[25] nichts mehr zu spüren. Das „Haus" ist zur Kulturleistung der Wasch- und Putzmittel, Fertiggerichte und Soßenbinder sowie technischer Haushaltsgeräte geworden.

In diesem Sinne versucht die Fernsehwerbung *symbolische Gewalt* auszuüben[26], sie macht unmißverständlich klar: Du bist nur wer, wenn du das richtige Produkt benutzt; ich kaufe, also bin ich. Dabei bedient sie sich als reagierendes Medium der gesellschaftlichen Leitbilder, Normen und Werte, die sie im Namen des Konsums als Lebensideal instrumentalisiert. Die Wünsche, Phantasien und Bedürfnisse des Publikums als Zielgruppe geben den Stoff ab, aus dem die Traumwelten der Spots konstruiert sind. Eine Welt der Oberflächlichkeiten, in der die größte Kulturleistung der Menschen, die menschliche Arbeit, keinen Platz hat; sie ist von Produkten und Maschinen ersetzt worden. Die Gesellschaft in der Fernsehwerbung ist eine Freizeitgesellschaft, in der Individualität und Widersprüchlichkeit der Protagonisten und der Lebenswelt nicht vorkommen. Bei dem Spiel mit den Wünschen und Bedürfnissen gibt es eigentlich keine Verlierer, vorausgesetzt die Wahl und Benutzung der dargebotenen Produkte ist richtig gelernt. Die schöne Welt des Scheins, die vom Bildschirm in die heimischen Wohnstuben strahlt, hat mit der Realität nur soviel gemein: auch dort werden Produkte benutzt, nur werden sie nach anderen Kriterien ausgewählt und sinnvoll genutzt.

Wie Rezeptionsuntersuchungen zeigen, sind die Zuschauer durchaus in der Lage, die schöne Welt der Werbung zu durchschauen.[27] Die alltäglichen Erfahrungen gerade auch der Frauen bei der Hausarbeit, aber auch im Umgang mit Kosmetika, stehen den Versprechungen der Fernsehwerbung entgegen. Die Frauen wissen aus eigener Erfahrung, welches Produkt qualitativ gut ist, welches Produkt ihren Bedürfnissen am besten entspricht, und welches Produkt ihren Lebensverhältnissen, d.h. auch ihrem Geldbeutel, angemessen ist. Werbeversprechen haben nur da eine Chance, wo sie auf nicht ausgebildete Identitäten treffen, also bei Kindern[28], und da, wo sie auf brüchige Identitäten treffen, wo aus Mangelerfahrungen des Alltags heraus in wunschbestimmte Traum- und Ersatzwelten geflüchtet wird. So läßt sich denn auch generell über die Wirkung der Werbung wenig sagen, schließlich ist sie nicht meßbar wie der Erfolg der Werbung, der sich an einer Umsatzsteigerung ablesen läßt.[29] Ob die Rollen- und Leitbilder der Fernsehwerbung wirken, bleibt ungewiß, sicher ist, daß einige Slogans inzwischen in die Alltagssprache eingegangen sind, z.B. „der Duft der großen, weiten Welt", „Der Tag geht. Jonny Walker kommt", „Die zarteste Versuchung, seit es Schokolade gibt". Sie sind fast jedem bekannt, werden abgewandelt oder umgedeutet, und die semiotische Guerilla der kreativen Sprachbenutzer setzt sie für sich sinnstiftend ein. In der Bevölkerung genießt die Werbung ein äußerst schlechtes Ansehen, von ihr will sich eigentlich niemand „verführen" lassen. Das legt u.a. den Schluß nahe, daß zahlreiche Produkte nicht wegen, sondern trotz der Werbung gekauft werden. Im Alltag benutzt jeder Mensch zahlreiche Produkte und braucht sie auch. Warum der Konsument nun in einer bestimmten Situation sich für dieses und kein anderes Produkt entscheidet, ist mit Sicherheit nicht auf einzelne Werbekampagnen und schon gar nicht auf einzelne Werbespots oder Anzeigen zurückzuführen. Eines läßt sich mit Werbung sicherlich erreichen, die Bekanntheit eines Produktes wird gesteigert; und im Zweifel wählt der Käufer das Bekannte und nicht das Unbekannte. Der Mythos von der Werbung als geheimer Verführer der Massen und Stütze der Konsumgesellschaft entpuppt sich als Legende, als „eine selbstgestrickte Legende zur Tarnung kleinlicher Gaunereien" (Heller). So bleibt denn abschließend nur mit Eva Heller festzustellen: „Werbung ist kein Kulturgut, Werbung ist ein Zivilisationsproblem. Die Abwesenheit von Coca-Cola-Reklame signalisiert für den modernen Menschen entweder, daß er die Regionen der Zivilisation verlassen hat, oder aber, daß er sich an einem Ort höherer Kultur befindet".[30]

Anmerkungen:

1 Auszug aus einer Diskussion von Hausfrauen über Werbung; aus: *Kotelmann*, Joachim / *Mikos*, Lothar: Frühjahrsputz und Südseezauber. Die Darstellung der Frau in der Fernsehwerbung und das Bewußtsein der Zuschauerinnen. Baden-Baden 1981, S. 218f. Zur Beurteilung der Fernsehwerbung durch Zuschauer siehe ebd. S. 216ff.
2 *Heller*, Eva: Wie Werbung wirkt: Theorien und Tatsachen. Frankfurt / M. 1984, S. 116.
3 *Dreitzel*, Hans-Peter: Die gesellschaftlichen Leiden und das Leiden an der Gesellschaft. Stuttgart 1980 (3. neubearb. Aufl.), S. 44.
4 *Kotelmann*, Joachim / *Mikos*, Lothar: „Das ist doch alles übertrieben". Werbefernsehen im Lebenszusammenhang von Frauen. In: Medium, 11. Jg., Oktober 1981, S. 21.
5 Bei der folgenden Darstellung beziehe ich mich im wesentlichen auf die Arbeit von *Kotelmann / Mikos*: Frühjahrsputz a.a.O. Neuere Untersuchungen, die das Frauenbild in der Fernsehwerbung derart umfangreich empirisch untersucht hätten, liegen nicht vor. In neueren Veröffentlichungen zum Thema Frauenbilder im Fernsehen und zur Werbung wird auf die Arbeit von *Kotelmann / Mikos* Bezug genommen. Vergleiche *Blumschein*, Christine: Wie man(n) Frauen macht ... Das Fernsehen als Vermittler und Produzent von Geschlechterideologien. München 1986; *Steiner-Hall*, Daniele: Musik in der Fernsehwerbung. Frankfurt / M. 1987. Auch in dem — der deutschen Übersetzung des Buches von *Greenfield*, Patricia M.: Kinder und neue Medien. Die Wirkungen von Fernsehen, Videospielen und Computer. München-Weinheim 1987 — angefügten, umfangreichen Anmerkungsapparat wird zur Darstellung der Frauenrolle im (Werbe-) Fernsehen auf die Arbeit von *Kotelmann / Mikos* verwiesen. Daneben gibt es noch Veröffentlichungen, die sich allgemein mit der Darstellung der Frau in der Werbung auseinandersetzen, ohne jedoch ausdrücklich Bezug auf die Fernsehwerbung zu nehmen. Ver-

gleiche dazu insbesondere *Schmerl*, Christiane: Frauenfeindliche Werbung. Sexismus als heimlicher Lehrplan. Berlin 1980. Die vor allem an Anzeigen gewonnenen Erkenntnisse und Ergebnisse lassen sich jedoch nicht auf die Fernsehwerbung übertragen, da es sich dabei um ein anderes Medium handelt, in dem mit anderen ästhetischen und dramaturgischen Mitteln gearbeitet wird. *Kotelmann / Mikos* haben im Oktober 1979 eine Woche lang 48 Werbeblöcke in ARD und ZDF beobachtet. Ihre Analyse basiert auf der Auswertung von 343 verschiedenen TV-Spots, in denen 644 Personen vorkamen, davon 284 Frauen, 271 Männer und 89 Kinder. Zu den Zahlen im einzelnen, zur quantitativen Häufigkeit der Geschlechtsrollen — auch der Männerrollen — siehe ebd., S. 50ff.

6 *Brinkmann*, Britta / *Schoger*, Reinhilde: Das Männerbild und das Frauenbild in der Werbung. Unveröffentlichte Seminararbeit. Berlin 1987, S. 5.

7 Ebd., S. 7.

8 *Kotelmann*, Joachim / *Mikos*, Lothar in Medium, a.a.O., S. 22.

9 *Blumschein*, Christine: a.a.O., S. 122.

10 *Brinkmann*, Britta / *Schoger*, Reinhilde: a.a.O., S. 23.

11 *Sterneberg*, Anke: a.a.O., S. 13.

12 Vergleiche *Marx*, Karl: Das Kapital, Bd. 2, MEW 24. Berlin (DDR) 1975, S. 251ff.

13 *Behrens*, R.Ch.: Absatzwerbung. Wiesbaden 1963, S. 14; zitiert nach: *Nieschlag*, Robert u.a.: Marketing. Berlin 1974 (7. Auflage), S. 268.

14 *Spiegel*, Bernt: Die Struktur der Meinungsverteilung im sozialen Feld. Bern 1961, S. 29.

15 Gerade auf dem Markt der sogenannten Publikumszeitschriften hat das u.a. dazu geführt, daß ganze Zeitschriften sich mit ihrem redaktionellen Teil an den Konsumententypologien orientieren. Zwischen Werbung und redaktionellem Teil ist nur noch schwerlich zu unterscheiden.

16 Zu den Zielgruppen-Typologien und der Kritik an ihnen vergleiche ausführlich *Heller*, a.a.O., S. 143ff.

17 *Lindner*, Rolf: ,,Das Gefühl von Freiheit und Abenteuer". Ideologie und Praxis der Werbung. Frankfurt / M. - New York 1977, S. 144f.

18 *Sterneborg*, Anke: Körper — Anti — Körper. Das Bild des modernen Menschen in der Werbung. In: *Flatz*, Wolfgang u.a.: ,,hautnah". Selbstverständnis und Körperästhetik der achtziger Jahre. München 1986, S. 10.

19 Ebd., S. 11.

20 Zu den Zahlen vergleiche *Berg*, Klaus / *Kiefer*, Marie-Luise (Hrsg.): Massenkommunikation III. Eine Langzeitstudie zur Mediennutzung und Medienbewertung 1964 - 1985. Frankfurt / M. 1987; und *Reinhardt*, Karl-Walter: 30 Jahre Werbung im Fernsehen. Wer wird denn deshalb gleich in die Luft gehen … In: Funk Uhr, Heft 44 / 1986.

21 Zum Begriff der Signalökonomie vergleiche *Pross*, Harry: Medienforschung. Film, Funk, Presse, Fernsehen. Darmstadt 1972; *Pross*, Harry: Signalökonomie und Bedeutungsschwund. In: Ders.: Politik und Publizistik in Deutschland seit 1945. München 1980; *Pross*, Harry: Zwänge. Essay über symbolische Gewalt. Berlin 1981; *Pross*, Harry: Ritualismus und Signalökonomie. In: Ders. / *Rath*, Claus-Dieter (Hrsg.): Rituale der Medienkommunikation. Gänge durch den Medienalltag. Berlin-Marburg 1983.

22 *Pross*, Harry: Zwänge a.a.O., S. 98.

23 *Kotelmann*, Joachim / *Mikos*, Lothar: a.a.O., S. 54f.

24 *Lorenzer*; Alfred: Sprachzerstörung und Rekonstruktion. Frankfurt / M. 1973, S. 123; zu den psychoanalytisch-tiefenhermeneutischen Verfahren der Interpretation kultureller Objektivationen vergleiche auch *Lorenzer*, Alfred: Tiefenhermeneutische Kulturanalyse. In: *König*, Hans-Dieter u.a.: Kultur-Analysen. Frankfurt / M. 1986.

25 *Simmel*, Georg: Weibliche Kultur. In: Ders.: Philosophische Kultur. Über das Abenteuer, die Geschlechter und die Krise der Moderne. Berlin 1986, S. 249 (zuerst Potsdam
1923).

26 „Symbolische Gewalt ist die Macht, die Geltung von Bedeutung bei anderen Menschen
mit Hilfe von Zeichen mit dem Effekt durchzusetzen, daß diese anderen Menschen sich
mit der geltend gemachten Bedeutung identifizieren." *Pross*, Harry: Zwänge a.a.O., S.
114.

27 Zur Rezeption der Fernsehwerbung liegt bisher nur die Arbeit von *Kotelmann / Mikos*
vor.

28 Zum Aspekt Kinder und Werbung siehe *Böckelmann*, Frank u.a.: Werbefernsehkinder.
Berlin 1979; *Media Perspektiven* (Hrsg.): Kinder — Medien — Werbung. Ein Literatur-
und Forschungsbericht. Frankfurt / M. 1981; *Haase*, Henning: Die Wirkung des Werbe-
fernsehens auf Kinder und Jugendliche. In: *Grewe-Partsch*, Marianne / *Groebel*, Jo
(Hrsg.): Mensch und Medien. Zum Stand von Wissenschaft und Praxis in nationaler
und internationaler Perspektive. München - London - New York - Oxford - Paris 1987.

29 Zur Unterscheidung von Werbeerfolg und Werbewirkung siehe *Nieschlag*, Robert u.a.:
a.a.O., S. 528ff.

30 *Heller*, Eva: a.a.O., S. 120.

3. Teil
Politische Identität I:
Zur Bedeutung von Symbol, Stil und Ritual für die politische Kultur

Horst Ueberhorst

Feste, Fahnen, Feiern

Die Bedeutung politischer Symbole und Rituale im Nationalsozialismus

Die nationalsozialistische Weltanschauung war stark von irrationalen Kräften bestimmt und an massenpsychologisch wirksame Symbole und Rituale gebunden. Sie dienten dazu, Glaubensinhalte und Wertvorstellungen zu sichern, die vom Rassenmythos, von sozialdarwinistischen Zielsetzungen (Lebensrecht des Stärkeren, Auslese und Ausmerze) bis zum pseudoreligiösen Führerkult reichten. Hitler wurde von Millionen Deutschen als Soter, als Retter aus Not und Elend, als Befreier von den Fesseln eines „Diktats von Versailles", als Wiederhersteller deutscher Ehre und Schöpfer einer Volksgemeinschaft verehrt und gefeiert; mit ihm schien der Klassenkampf und Parteienstreit überwunden, war das „Dritte Reich" angebrochen, das nach damaliger hybrider Deutung ein tausendjähriges werden sollte. Diese chiliastische Vorstellung von der Erfüllung deutscher Sendung trug wesentlich zur Festigung des nationalsozialistischen Herrschaftsanspruchs bei. Mit der beschwörenden Kraft seiner Reden in ritualisierten Massenveranstaltungen faszinierte Hitler selbst viele, die ihm lange skeptisch oder ablehnend gegenübergestanden hatten. Seine effektsichere Demagogie war dort am stärksten, wo er den Geist des Frontsoldatentums beschwor, den Mythos vom Heldenmut und der Opferbereitschaft des unbekannten Soldaten im grauen Rock, der von den „Novemberverbrechern" verraten worden sei; der daraus folgende Rekurs auf Werthaltungen, die sich auf die Begriffe Ehre, Freiheit, Vaterland zentrierten, erzeugte eine Führungssehnsucht bei den Massen, die der „Bewegung" die entscheidende politische Stoßkraft verlieh. Die Hakenkreuzflagge sollte nach Hitlers Deutung Solidarität stiften und Symbolkraft für das deutsche Volk haben, das er zu einer „verschworenen Gemeinschaft" zusammenschließen wollte. So schrieb er in „Mein Kampf" über die neue Fahne: „Im Rot sehen wir den sozialen Gedanken der Bewegung, im Weiß den nationalistischen, im Hakenkreuz die Mission des Kampfes für den Sieg des arischen Menschen und zugleich mit ihm auch den Sieg des Gedankens der schaffenden Arbeit, die selbst ewig antisemitisch war und antisemitisch sein wird."[1]

Die Wirkung dieses Kampfsymbols auf die Massen zeigte sich bereits bei den großen innenpolitischen Auseinandersetzungen mit dem politischen Gegner, Kommunisten und Sozialdemokraten, anläßlich der Reichstagswahlen 1932. Von diesen wurde auch die Bedeutung der drei wichtigen Symbole erkannt: Hammer und Sichel der Kommunisten, die drei fliegenden Pfeile der Eisernen Front und das Hakenkreuz der Nationalsozialisten, wenn es in einem Kommentar zu den Juliwahlen hieß: „So ist der Kampf um Deutschland zu einem Symbol des ringenden Proletariats geworden, und die Tatsache, daß es um die einfachsten, die grundlegenden Fragen des Lebens geht, drückt sich in der Art des Kampfes aus. Symbol ist, wie gekämpft wird, Symbole sind es, unter denen gekämpft wird. Eine Unzahl von Parteien hatten Listen für die Reichstagswahl eingereicht. Aber doch stehen sich im Bewußtsein der Masse und auch äußerlich an den Plakatwänden, auf den Fahnen drei Symbole gegenüber: Hakenkreuz, Hammer und Sichel und die drei Eisernen Pfeile".[2] In diesen für die „Machtergreifung" so bedeutenden Wahlen entwickelte Hitler jenes Veranstaltungsritual, das später choreographisch erweitert und perfektioniert wurde und in den spektakulären „Reichsparteitagen" seinen Höhepunkt fand: nach spannungsgeladenem Warten der Massen das Durchschreiten der Menschenblöcke unter den Klängen des Badenweiler Marsches, Hitler voran, gefolgt von seinem engsten Führerkorps, dann von einem vorgeschobenen Rednerpult aus, umgeben von unzähligen Fahnen und Standarten, mit gedämpfter Stimme die ersten Worte, sich steigernd bis zum ersten aufbrausenden Beifall und zum Massenjubel bei der großen Abrechnung mit denen, die an dem Elend, dem Hunger und der Massenarbeitslosigkeit, an der Pervertierung des politischen Systems schuld seien; nach dem Katastrophenbild die Verheißung des Anbruchs einer neuen Zeit mit einer Botschaft wie dieser: „Ich aber sage all diesen traurigen Politikern: ‚Deutschland wird eine einzige Partei werden, die Partei eines heldischen Volkes'."[3] Am Ende der Rede frenetischer Jubel, dann wurde das Deutschlandlied und das Horst Wessel-Lied gespielt und gesungen, und der „Führer" verließ, ein Spalier von zum „deutschen Gruß" erhobenen Armen durchschreitend, den Saal. Die Menge stand noch lange im Bann der „Weihestunde". In der Dunkelheit marschierten dann SA- und SS-Kolonnen im Fackelzug an ihrem „Führer" vorbei.

Symbole und Rituale beim Ausbau des totalitären Führerstaats

Wegbereiter der nationalsozialistischen Bewegung waren — sieht man von gravierenden politischen Schwächen der Demokratie ab — außer den Massen der vorwiegend dem Mittelstand angehörenden Arbeitslosen auch die alten Führungseliten, die die Revolution von 1918 / 19 relativ unbeschadet überstanden hatten und die von ihrer konservativen Grundeinstellung her nie ein demokratisches Selbstbewußtsein entwickelten.

Der Ausbau zum totalitären Führerstaat erfolgte konsequent bereits in den ersten zwei Jahren von Hitlers Herrschaft. Das „Ermächtigungsgesetz" (24.

3. 1933) eröffnete ihm die Möglichkeit zum Verbot der Parteien (SPD, KPD), die sich nicht unter Druck selbst auflösten, so daß im Juli 1933 die NSDAP nur noch die einzige zugelassene Partei war; zugleich ermöglichte das Gesetz den Prozeß der Gleichschaltung zur Durchsetzung und Sicherung des totalen Machtanspruchs, da starke Institutionen wie z.B. Justiz und Bürokratie, Wehrmacht und Presse, Kirchen, Universitäten und Verbände ihre soziale Autonomie verloren und die Gewerkschaften völlig aufgelöst wurden. Mit der Liquidierung der die „permanente Revolution" propagierenden Obersten SA-Führung („Röhm-Putsch" am 30. 6. 1934) schaltete Hitler eine ihm und der Reichswehrführung bedrohlich erscheinende Macht aus und band bald darauf, als er nach dem Tode Hindenburgs (2. 8. 1934) sich als „Führer und Reichskanzler" auch zum Staatsoberhaupt machte, die Wehrmacht als alleinigen Waffenträger des Reiches durch Treueid an seine Person.

Bereits die Ernennung Hitlers zum Reichskanzler durch den Reichspräsidenten v. Hindenburg und die Bildung eines „Kabinetts der nationalen Konzentration" am 30. 1. 1933 wurde als *Machtergreifung"*, als Sieg der nationalen Revolution gefeiert, obwohl im Kabinett die „Konservativen" die Mehrheit hatten. Hitler hat das Ereignis als „Wunder" hochstilisiert, um „dem Vorgang die Aura übernatürlicher Weihe zu verschaffen".[4] Mit einem langen fünfstündigen Fackelzug marschierender singender Kolonnen, vorbei an dem aus einem Fenster grüßenden Reichskanzler, wurde am Abend des 30. Januar die Gefolgschaftstreue der nationalsozialistischen Verbände gegenüber ihrem „Führer" demonstriert. Der Marsch führte durch das Brandenburger Tor vorbei an der Reichskanzlei. Forderte das hierbei gesungene Kampf- und Marschlied der SA „Die Fahne hoch ..." zum Zusammenschluß aller Hitleranhänger auf, so wurde der *Reichstagsbrand* (27. 2.), für den die Kommunisten verantwortlich gemacht wurden, zum Symbol für die Vernichtung der verhaßten „Systemherrschaft", d.h. des Parlamentarismus. Mit der propagandistischen Ausnutzung des Reichstagsbrandes beeindruckte Hitler viele, die ihm bis dahin mißtraut hatten und keineswegs nationalsozialistisch gesinnt waren. Suggestiv wirkte das Plakat der NSDAP für die Reichstagswahl am 5. März 1933, auf dem es hieß: „Der Reichstag in Flammen! Von Kommunisten in Brand gesteckt! So würde das ganze Land aussehen, wenn der Kommunismus und die mit ihm verbündete Sozialdemokratie auch nur auf ein paar Monate an die Macht kämen."[5] Hier wurde mit dem demagogischen Mittel der Furcht vor den Kommunisten gearbeitet, die angeblich einen Staatsstreich geplant hatten, und mit einer infamen Lüge, die Sozialdemokratie sei Bundesgenosse der KPD, obwohl diese die SPD als „sozialfaschistisch" diskriminiert hatte. In der „Amtlichen Meldung des Preußischen Pressedienstes" hieß es dann auch: „Der Brand des Reichstages (sollte) das Fanal zum blutigen Aufruhr und zum Bürgerkrieg sein. Schon für Dienstag früh 4 Uhr waren in Berlin große Plünderungen angesetzt. Es steht fest, daß mit diesem heutigen Tage in ganz Deutschland die Terrorakte gegen einzelne Persönlichkeiten, gegen das Privateigentum, gegen Leib und Leben der friedlichen Bevölkerung beginnen und den allgemeinen Bürgerkrieg entfesseln sollten ..."[6] Statt dessen erfolgte noch in der Brandnacht die Verhaftung von Tausenden von Regimegegnern und die Besetzung von Parteihäusern der KPD und SPD durch die SA, ließ Hitler am Morgen des 28. Februar die vorbereitete Notverordnung „zum Schutz von Volk und Staat" von Hindenburg unterschreiben. Der spektakuläre Reichstagsbrand wurde als Menetekel umgedeutet und diente dazu, demokratische Grundrechte außer Kraft zu setzen. Dem Volk suggerierte Hitler, nun sei es frei und nicht mehr versklavt! Nach den Wahlen vom 5. März wurden zur „Feier des Sieges" die schwarzrotgoldenen Reichsfarben der Weimarer Republik abgeschafft und die schwarz-weiß-rote sowie die Hakenkreuzflagge neue Staatsfahne.

Mit diesen Fahnen waren die Häuserfronten und öffentlichen Gebäude geschmückt, als am 21. März in der Garnisonskirche von Potsdam über dem Grabe Friedrichs des Großen der „Tag der nationalen Erhebung" gefeiert wurde. An jenem Tage beschwor in einem Staatsakt der „Gefreite des Ersten Weltkrieges" vor dem greisen Generalfeldmarschall die preußische Tradition, der sich die nationalsozialistische Bewegung verpflichtet fühle. Das Ritual täuschte eine „konservative Revolution" vor, die Verbindung von Preußengeist und SA-Geist, waren doch Preußenprinzen und Generale der kaiserlichen Armee neben SA-, SS- und Stahlhelmführern zur Feier erschienen. Auf Postkarten wurde millionenfach der Händedruck vor der Garnisonskirche festgehalten: der sich vor Hindenburg verbeugende Hitler, eine, wie es schien, ehrfürchtige Reverenz vor der Tradition. Sie ließ nationale Ergriffenheit spüren. Der *„Tag von Potsdam"* wurde von vielen als geschichtlicher Augenblick empfunden. Er begann mit einem Festgottesdienst, in der Kirche intonierte die Orgel den Choral von Leuthen: „Nun danket alle Gott ...", Hitler huldigte dem Reichspräsidenten, der die Vermählung zwischen den Symbolen der alten Größe und der jungen Kraft ermöglicht habe; Hindenburg legte Lorbeerkränze an den Särgen der Preußenkönige nieder; nach dem Staatsakt in der Kirche Vorbeimarsch von Reichswehr, SA, SS und Stahlhelm vor dem Feldmarschall, am Abend Fackelzüge durch die Straßen Berlins ...

Als zwei Tage später, am 23. März, das Ermächtigungsgesetz in der Krolloper vom Reichstag mit großer Mehrheit verabschiedet wurde, zeigten sich Hitler und die Nationalsozialisten von einer anderen Seite. SS- und SA-Einheiten standen vor dem Gebäude und im Inneren des Hauses, das Hitler im Braunhemd demonstrativ parteiisch betrat. Während der Sitzung forderten sie in Sprechchören die Verabschiedung des Gesetzes. Gegen die Stimmen der von Hitler mit beißender Ironie gedemütigten Sozialdemokraten wurde es beschlossen und damit der Prozeß der Selbstabdankung der Parteien besiegelt. Mit stürmischem Beifall und Heil-Rufen, dem Singen des „Horst-Wessel-Liedes" unter einer riesigen Hakenkreuzfahne mit zum Gruß erhobenen Arm endete die politische Ordnung der Vergangenheit, der Staat von Weimar. Nun bedurfte es nur noch der Einbindung der gewerkschaftlich organisierten Arbeiterschaft in den NS-Staat. Dies geschah mit einem nationalen Versöhnungsritual, das selbst Gewerkschaftler an eine vom Klassenkampfgedanken freie Volksgemeinschaft glauben ließ.

Der 1. Mai wurde zum „Tag der nationalen Arbeit" erklärt und mit riesigen Festumzügen, Einheitsappellen und Solidaritätsbekundungen begangen. Der französische Botschafter Francois-Poncet, der als Ehrengast an der abendlichen Abschlußveranstaltung am 1. Mai 1933 auf dem Tempelhofer Feld in Berlin teilnahm, hat die Feier beschrieben. An ihr nahmen außer nationalen Verbänden und Reichswehreinheiten Delegationen von Arbeitern in ihrer Berufskleidung teil. Hier die Schilderung vom Auftritt Hitlers:

„Um acht Uhr entsteht Bewegung. Hitler erscheint, aufrecht stehend in seinem Wagen, mit ausgestrecktem Arm, das Gesicht starr, etwas verkrampft. Er wird mit lang anhaltenden Rufen begrüßt, die machtvoll aus tausenden von Kehlen aufbrausen. Inzwischen ist es Nacht geworden. Die Scheinwerfer flammen auf, in weiten Abständen aufgestellt, so daß zwischen ihren bläulichen Lichtkreisen Dunkelheit liegt. Ein Menschenmeer, aus dem hier und da in Lichtstreifen bewegte Gruppen auftauchen, ein eigenartiges Bild, diese atmende, wogende Menge, die man im Licht der Scheinwerfer sieht und im Dunkel errät.

Nach einigen einführenden Worten von Goebbels besteigt Hitler die Rednertribüne. Die Scheinwerfer erlöschen, mit Ausnahme jener, die den Führer in strahlende Helle tauchen, so daß er wie in einem Märchenschiff über dem Gewoge der Massen zu stehen scheint. Es herrscht Stille wie in einer Kirche. Hitler spricht."[7] Hitler beschwor den Geist der Volksgemeinschaft aller „Arbeiter der Faust und der Stirn" und schloß mit religiösen Anrufungen und gebetsähnlichen Beschwörungen: „Herr, Du siehst, wir haben uns geändert, das deutsche Volk ist nicht mehr das Volk der Ehrlosigkeit, der Schande, der Selbstzerfleischung, der Kleinmütigkeit und der Kleingläubigkeit, nein Herr, das deutsche Volk ist wieder stark geworden in seinem Geiste, stark in seinem Willen, stark in seiner Beharrlichkeit, stark im Ertragen aller Opfer. Herr, wir lassen nicht von Dir, nun segne unseren Kampf."[8]

Doch am nächsten Tag wurde das Täuschungsmanöver offenkundig: die Gewerkschaftsführer wurden verhaftet, die Büros besetzt, das Vermögen konfisziert und mit dem Aufbau einer „Arbeitsfront" begonnen, die den Arbeiter sozialer Grundrechte beraubte und kein Streikrecht mehr zuließ. Dennoch scheuten die Nationalsozialisten sich nicht, sozialistische Symbole in die neue Organisation zu übernehmen und sie umzudeuten: das Licht, das durch die Finsternis dringt, die Sonne, die friedlich über einer von Ausbeutung freien Arbeitswelt scheint, die Ketten, an denen das Proletariat einst gefesselt war, die nun zerbrechen; neben dem Aufstieg vom Dunkel zum Licht die angebliche Befreiung von den Fesseln des Kapitalismus. Daß die mit der Verwendung kollektiver Symbole intendierte Wirkung gelang, obwohl die Maifeier, 1899 vom Internationalen Sozialistenkongreß proklamiert, mit ihren Massenumzügen und Solidaritätsbekundigungen zur traditionsreichsten proletarischen Feier geworden war, läßt die Suggestivkraft der auf die Bildung einer national-sozialistischen Volksgemeinschaft zielenden Propaganda erkennen. Denn mit der Verwendung der Symbole wurde ein Wiedererkennungseffekt ausgelöst, der in der Arbeiterbewegung die Vorstellung erweckte, als würden mit den Symbolen auch weiterhin proletarische Ziele verfolgt. Allen Arbeitern voran wurde der Bergmann geehrt und später zum „ersten Soldaten der Arbeit" proklamiert.

Am 10. Mai kam es nach der Überrumpelungsaktion gegen die Gewerkschaften in zahlreichen Universitätsstädten zu einer „Bücherverbrennung", bei der unter Feuersprüchen die Werke von namhaften Schriftstellern und Gelehrten den Flammen übergeben wurden. Schon einmal hatte es ein Jahrhundert vorher nach dem Wartburgfest der Burschenschaften unter „Pereat"-Rufen eine Bücherverbrennung gegeben. Damals schrieb Heinrich Heine: „Dort, wo man Bücher verbrennt, verbrennt man am Ende auch Menschen."[9] Im nationalsozialistischen Deutschland beteiligten sich aber an dieser Aktion nicht wie beim Wartburgfest nur wenige radikal gesinnte Studenten, sondern an den Fackelzügen, die den Verbrennungsakt einleiteten, an der „Verdammungsaktion" und an dem öffentlichen Treuegelöbnis für den Volkskanzler Adolf Hitler nahmen außer HJ- und Parteiformationen Hunderte von Hochschullehrern, Künstlern und Schriftstellern teil.

Zu den herausragenden, identitätsstiftenden Ereignissen des Jahres 1933 gehörte das Deutsche Turnfest (15.-22. 7.) in Stuttgart. Schon im April 1933 hatte der Turnführer E. Neuendorff Hitler in einem Schreiben gebeten, er möge die Deutsche Turnerschaft als eigenständigen nationalen Verband neben SA und Stahlhelm anerkennen. Dabei berief er sich auf die deutsch-nationale und völkische Tradition der Turner; nun wollten sie „Seite an Seite mit SA und Stahlhelm" den Vormarsch ins Dritte Reich antreten.[10] Der Wagner-Verehrer Hitler weilte, bevor er die Huldigung der Turner in Stuttgart entgegennahm, in Bayreuth, wo er am Grabe des Komponisten einen Kranz niederlegte und sich von der seinen theatralischen Vorstellungen entsprechenden Aufführung im Festspielhaus inspirieren ließ. In seiner Rede, die zum Höhepunkt des Stuttgarter Turnfestes wurde, bekannte sich Hitler zu dem „Fest der deutschen Kraft", zum Gedanken der Wehrerziehung und zu Friedrich Ludwig Jahn, dem Schöpfer einer nationalen Turnbewegung. Dem Bericht des Turnfestes nach bewirkten die folgenden letzten Worte „stumme Ergriffenheit": „Ich will nicht von Ihnen scheiden, ohne daß ich Sie alle bitte, eine Minute lang des Mannes zu gedenken, der einst verkannt, verspottet und verfolgt, doch Vater war einer umwälzenden Bewegung und dem wir auch dieses wunderbare Fest der deutschen Kraft verdanken: Ludwig Jahn."[11] Im Film über das 15. Deutsche Turnfest in Stuttgart („Treu unserem Volke") wird ganz im Sinne der NS-Ideologie die Geschichte der Deutschen Turnerschaft als „Wegbereiter zum Dritten Reich" gezeigt: sie habe ihre Erfüllung gefunden im Sieg der „nationalen Revolution"[12]. Symbolisch vereinen sich im Film marschierende Turner und SA- und SS-Kolonnen, verschmelzen die vier „F" der Turner mit dem Hakenkreuz. Die Turner grenzten sich damit von ihrer eigenen Vergangenheit ab, in der sie bei aller nationalen Gebundenheit immer den Grundsatz parteipolitischer Neutralität betont hatten. Nun führte auch die Deutsche Turnzeitung neben dem Turnerkreuz das Hakenkreuz in ihrem Kopf[13]. Beim Stuttgarter Turnfest war erstmals auch die vormilitärische Ausbildung der Turnerjugend in das Veranstaltungsprogramm aufgenommen worden. Später wurde die gesamte Erziehung der in der HJ organisierten Jugend auf die Wehrfähigkeit und die Bewährung im „Ernstfall" ausgerichtet. Da Sport primär als Kampf verstanden wurde, konnte bereits in Friedenszeiten immer wieder auf die Verwandtschaft des sportlichen Kampfes mit dem kriegerischen hingewiesen werden.

Im September 1933 proklamierte Hitler auf dem „Reichsparteitag des Sieges" Nürnberg zur „Stadt der Reichsparteitage". Die Stadt ehrte den „Führer der Nation" mit Dürers Kupferstich „Ritter, Tod und Teufel", weil der Ritter, wie Hitler, ohne Furcht dem Siege entgegenblickte. In den dann folgenden Reichsparteitagen steigerte die Partei die Massenveranstaltungen zur Gigantomanie. Auf Weisung Hitlers sollte Albert Speer ein Stadion in Hufeisenform für 400 000 Besucher schaffen, in dem der braune Kult „zelebriert" werden konnte. In dieser überdimensionalen Arena sollten dann auch die „Nationalsozialistischen Kampfspiele" abgehalten werden. Den Grundstein zu diesem gewaltigen Bau eines von turmartigen Eckpfeilern begrenzten und mit Propyläen und Kolonaden geschmückten „Deutschen Stadions" legte Hitler beim Reichsparteitag 1937. Um die politische Funktion der Kampfspiele zu gewährleisten, war eine unmittelbare Verbindung mit dem Parade- und Aufmarschgelände des Reichsparteitages gegeben. Hier wie auch bei den geplanten Mammutbauten für die Reichshauptstadt stand die Architektur im Dienst der nationalsozialistischen Weltanschauung und diente der Legitimation des faschistischen Systems.

Der Ausbau des totalitären Führerstaates fand, wie bereits erwähnt, seinen vorläufigen Abschluß, als Hitler unmittelbar nach dem Tode Hindenburgs das Amt des Reichskanzlers und des Reichspräsidenten in seiner Person als „Führer und Reichskanzler" vereinigte. Daß am Todestag des Reichspräsidenten die Reichswehr einen Treueeid auf Hitler persönlich schwor, der zu unbedingtem Gehorsam verpflichtete, war innen- und außenpolitisch von größter Tragweite. Mit der Liquidierung der Obersten SA-Führung unter Röhm am 30. 6. 1934 war zwar die Gefahr einer „permanenten Revolution" gebannt worden, aber die Reichswehrführung war insofern in die Aktion schuldhaft verstrickt, als sie widerstandslos die Ermordung zweier ihrer Generale hingenommen und der SS bei deren Vorgehen gegen Röhm und die höchsten SA-Führer auch logistische Hilfe gegeben hatte. Nun sollte sie nach dem Tode

Hindenburgs zu einem gefügigen Werkzeug Hitlers werden. Dieser hatte ihr damals das Privileg zugesichert, einziger Waffenträger im Staate zu sein und zu bleiben, doch schon nach der Trauersitzung des Reichstages am 6. August, in der er bewegte Worte über die Verdienste Hindenburgs fand, marschierten nicht nur Reichswehreinheiten im Paradeschritt an ihrem neuen Oberbefehlshaber vorbei, sondern auch die SS-Leibstandarte mit Stahlhelm und aufgepflanztem Gewehr.

Hitler hatte eine Woche Staatstrauer angeordnet. In allen Städten des Reiches wurden an den Ehrenmälern Gedenkfeiern für den verstorbenen Reichspräsidenten abgehalten; der Rundfunk übertrug die Feier des Reichstags, die Musik aus Wagners „Götterdämmerung". An der Stätte seines Sieges von 1914 in Tannenberg wurde der „Befreier Ostpreußens" beigesetzt, nicht in der Familiengruft in Hannover, wie es der Verstorbene gewünscht hatte. Das Schauspiel theatralischer Totenverehrung im vom Reich getrennten Ostpreußen war massenwirksam inszeniert und durchaus mit dem Reichsparteitag zu vergleichen. Im Hof des großen Tannenberg-Denkmals nahm die Reichswehr am 7. August von dem schon zu Lebzeiten Legende gewordenen Generalfeldmarschall Abschied. Hitler schloß seine Trauerrede mit den wagnerischen Worten: „Toter Feldherr, geh nun ein in Walhall!"[14]

Knapp fünf Jahre später defilierten zu Hitlers 50. Geburtstag am 20. April 1939 in der letzten großen Militärparade vor dem Krieg schier endlos scheinende Kolonnen und Marschblöcke der Großdeutschen Wehrmacht auf der Berliner Siegesallee an ihrem Obersten Befehlshaber vorbei. Dem anwesenden Diplomatischen Korps, insbesondere den Militärattachés, konnte die hochmoderne Ausrüstung und die sich in den Einheiten manifestierende organisatorische Perfektion, die Mobilisierung der Kräfte und des Einsatzwillens nicht verborgen bleiben. Zu Beginn der Parade waren die Befehlshaber der drei Wehrmachtsteile — Heer, Luftwaffe, Marine — von Hitler begrüßt worden, der dann von einem vorgeschobenen Podest aus mit erhobenem Arm den langen Vorbeimarsch abnahm. Rechts und links hinter ihm hatten die Repräsentanten von Staat und Partei sowie die geladenen ausländischen Gäste Platz genommen; ihm gegenüber auf der anderen Straßenseite waren zahlreiche Fahnenträger aus den verschiedenen Waffengattungen effektvoll postiert. So war ein imposanter Rahmen für das militärische Spektakulum geschaffen worden. Schon in den Jahren vorher war es Hitler gelungen, durch Formen pompöser Selbstdarstellung bei Gedenkfeiern, Staatsbesuchen und Aufmärschen ein allgemeines Mobilmachungsbewußtsein zu erzeugen, hier kulminierte es, als in einer symbolischen Aktion nach Beendigung der Parade die Fahnenträger auf Hitler zuschritten und unter feierlichen Klängen ihre reich dekorierten Fahnen tief vor ihm senkten. Eine magische Koinzidenz zwischen der feldgrauen Gefolgschaft und ihrem Führer schien gegeben, ein erneuter Akt der Treuebindung sich zu vollziehen, eine ehrfurchtsvolle Dankesbezeugung gegenüber dem Mann, der nach der nationalen Deklassierung durch Versailles ihre Würde, ihren Adel, ihre Ehre wiederhergestellt zu haben schien. War für die Gegner des Regimes das Ereignis ein „Paradestück" preußisch-deutschen Militarismus, eine symbolische Unterwerfung, verbunden mit dem Verlust der Urteilskraft, so war es für die Akteure, soldatisch Denkende und Fühlende, der Vollzug eines über das Individuelle hinausgehenden Willens von magischer Kraft. Doch vor der Geschichte wurde nicht die patriotische Selbsttäuschung, sondern der bittere Skeptizismus bestätigt.

Der Veranstaltungsstil des NS-Regimes: Gedenkfeiern am 9. November in München, Nürnberger Parteitage, Olympische Spiele in Berlin

Obwohl nahezu alle wichtigen Veranstaltungen im Dritten Reich zu großen Schaustellungen hochstilisiert wurden, begleitet von Paraden, Weihestunden, Fackelzügen und Aufmärschen, waren *die* Zeremonien massenpsychologisch am wirksamsten, in denen sich historisch-politische Elemente mit einer spektakulären Totenehrung verbanden. Diese Riesenfestivitäten waren von Hitler persönlich überprüft und jeder wichtige Auftritt bis ins einzelne vorbereitet worden.

Am 9. November wurden die Toten des Marsches zur Feldherrnhalle geehrt. Auf dem Münchener Königsplatz waren zwei klassizistische Tempel errichtet worden, in denen in bronzenen Sarkophagen die Gebeine der ersten sechzehn „Blutzeugen" der Bewegung aufgenommen worden waren. SS-Männer unter Gewehr, denen man den „deutschen Gruß" entbieten mußte, bewachten die „Helden der Bewegung". Seitlich der Feldherrnhalle erinnerte eine Bronzetafel an den Marsch der Putschisten, der dort am 9. 11. 1923 blutig geendet hatte. Auch diese Gedenktafel, von einem SS-Mann bewacht, mußte von jedem Vorbeigehenden mit erhobenem Arm gegrüßt werden. Am Abend vor dem Erinnerungsmarsch hielt Hitler im Bürgerbräukeller seine traditionelle Rede. Kurz vor Mitternacht fuhr er dann, im offenen Wagen stehend, durch das Siegestor die Ludwigstraße entlang zur Feldherrnhalle, wo die Särge aufgebahrt waren. Die Straßen waren mit schwarzen Pylonen und Feuerschalen dekoriert, vor der Feldherrnhalle am Odeonsplatz bildeten fackeltragende SA- und SS-Einheiten ein Spalier, durch das Hitler mit erhobenem Arm schritt, bevor er über einen roten Läufer die Stufen zur Halle emporstieg. Dort verweilte er vor den Särgen, bis Zehntausende von uniformierten Gefolgsleuten mit Fahnen und Standarten an den Toten vorüberzogen. Am Morgen begann dann die Gedenkprozession. Hitler und das einstige Führungskorps schritten im Braunhemd den Marschweg von 1923 entlang zur Feldherrnhalle, wo der „Führer" einen großen Kranz an der Gedenktafel niederlegte. Dabei herrschte Totenstille. Zuvor hatten 16 Artilleriesalven an die

Opfer des Marsches erinnert. Dann wurde leise das Deutschlandlied gespielt, und durch das Spalier tausender gesenkter Fahnen ging der Zug nun im „Marsch des Sieges" weiter zum Königsplatz. Hier wurden die Namen der Gefallenen „im letzten Appell" aufgerufen, die Masse antwortete stellvertretend mit „Hier!" und bekannte sich damit opferbereit zu den Toten, die die „Ewige Wache" bezogen hatten.

Auch auf dem Nürnberger Parteitag, in dessen Mittelpunkt ebenfalls eine Totenehrung stand, wurden zahlreiche Veranstaltungen in die Abend- und Nachtstunden verlegt. Es begann mit dem Eintreffen Hitlers am Abend, als Ley ihm die aufmarschierten Politischen Leiter meldete und die Dunkelheit plötzlich erhellt wurde. In dem offiziellen Bericht heißt es dann: „Wie Meteore schießen die Strahlen der einhundertfünfzig Riesenscheinwerfer in den schwarzgrau verhüllten Nachthimmel. In der Höhe vereinen sich die Lichtsäulen an der Wolkendecke zu einem viereckigen flammenden Kranz. Ein überwältigendes Bild: von schwachem Winde bewegt, schlagen die auf den Tribünen rings das Feld umsäumenden Fahnen langsam in dem gleißenden Licht hin und her … Die Haupttribüne (ist) in blendende Helle … getaucht, gekrönt von dem golden strahlenden Hakenkreuz im Eichenkranz. Auf dem linken und rechten Abschlußpfeiler lodern Flammen aus großen Schalen."[15] Der Fahnenwald senkte sich im Gedenken an die Toten. Totengedenken zentrierte sich auch im Kult um die Blutfahne oder in dem Zeremoniell im Luitpoldhain, wenn Hitler, die obersten SA- und SS-Führer in respektvollem Abstand hinter sich, zwischen den uniformierten Menschenblöcken auf der „Straße des Führers" zum Ehrenmal schritt. Wieder neigten sich die Fahnen, als er derer gedachte, die sich für die Bewegung und für ihn geopfert hatten. Mit dieser Zeremonie des Todes beschwor er zugleich in messianischer Diktion und pseudobiblischen Metaphern die Identität von Führer und Gefolgschaft, von seiner höheren Erwählung zutiefst überzeugt. So rief er 1936 seinen alten Gefolgsleuten zu: „Wie fühlen wir nicht wieder in dieser Stunde das Wunder, das uns zusammenführte! Ihr habt einst die Stimme eines Mannes vernommen, und sie schlug an eure Herzen, sie hat euch geweckt, und ihr seid dieser Stimme gefolgt. Ihr seid ihr jahrelang nachgegangen, ohne den Träger der Stimme auch nur gesehen zu haben; ihr habt nur eine Stimme gehört und seid ihr gefolgt.

Wenn wir uns hier treffen, dann erfüllt uns alle das Wundersame dieses Zusammenkommens. Nicht jeder von euch sieht mich und nicht jeden von euch sehe ich. Aber ich fühle euch und ihr fühlt mich! Es ist der Glaube an unser Volk, der uns kleine Menschen groß gemacht hat, der uns arme Menschen reich gemacht hat, der uns wankende, mutlose, ängstliche Menschen tapfer und mutig gemacht hat; der uns Irrende sehend machte und der uns zusammenfügte."[16].

Mit einer Totenehrung begann und endete 1936 ebenfalls der Eröffnungstag der Olympischen Sommerspiele von Berlin, deren Vorbereitung Hitler persönlich beeinflußte. So hatte er die Ausschmückung des Reichssportfeldes mit Werken der bildenden Kunst aus jedem Gau der NSDAP angeordnet. Sie sollten ebenso wie die Monumentalplastik Josef Thoraks — der „Faustkämpfer" — zur Repräsentation des „Willens der Nation" dienen. Des weiteren änderte er die Pläne des Olympia-Architekten Werner March, indem er durchsetzte, das Stadion mit einem Aufmarschgelände („Maifeld") zu verbinden, es mit einem Tribünenwall zu umgeben und mit einem 76 m hohen Turm, dem „Führerturm" (Glockenturm), die anschließende „Langemarck-Halle" zu krönen.

In der „Langemarck-Halle" verweilte er vor Eröffnung der Spiele, nur von seinem Reichskriegsminister Generaloberst v. Blomberg begleitet, zum Totengedenken, während die Vertreter des IOC auf dem Maifeld auf ihn warteten. Die Halle, die an den Ort in Flandern erinnerte, wo im Herbst 1914 Regimenter von jungen Kriegsfreiwilligen, das Deutschlandlied singend, unter hohen Verlusten gegen die englischen Linien angestürmt waren, diese Gedenkhalle enthielt die Namen der großen Schlachten des Ersten Weltkrieges, Regimentsfahnen und Lorbeerkränze. Auf den Seitenwänden des rechteckigen Baus waren eingemeißelt die „Hölderlin-Worte" aus dem Gedicht „Tod fürs Vaterland": „... Lebe droben, o Vaterland, und zähle die Toten nicht! Dir ist, Liebes! nicht Einer zu viel gefallen"[17] und eine Strophe des Gedichts von Walter Flex:

„Ihr heiligen grauen Reihen
geht unter Wolken des Ruhms
und tragt die blutigen Weihen
des heimlichen Königtums!"[18]

Walter Flex, damals von vielen gelesen, war im Ersten Weltkrieg gefallen. In ihm verkörperte sich der Geist der Wandervogelbewegung und des Frontsoldatentums, der nach dem Krieg in militanten bündischen Organisationen weiterlebte.

Als Staatsoberhaupt eröffnete Hitler die „Spiele unterm Hakenkreuz" gemäß dem vorgegebenen Protokoll. Nach Hitlers Eröffnungsworten im Olympiastadion stieg unter dem Geläut der Olympiaglocke — sie trug die Aufschrift: Ich rufe die Jugend der Welt — die olympische Fahne am Mast empor, und es erklang die von Richard Strauss komponierte olympische Hymne, als die Schale über dem Marathontor mit dem Feuer Olympias entzündet wurde. Zum Symbol der geistigen Verbindung der modernen Sportkultur mit dem alten Hellas war von Carl Diem ein Fackelstaffellauf organisiert worden, der von Olympia durch sechs Länder nach Berlin führte. Noch bevor das Feuer allerdings ins Olympiastadion getragen wurde, waren HJ- und BdM-Abordnungen im Lustgarten aufmarschiert, und durch die Ansprachen des Reichsjugendführers (Baldur v. Schirach), des Reichssportführers (v. Tschammer), des Reichserziehungsministers (Rust) und des Reichspropagandaministers

(Goebbels) erhielt das Geschehen starke politische Akzente, während das olympische Feuer auf einem kleinen Altar vor der Ehrentribüne entzündet wurde. Von dort aus wurde es dann ins Stadion getragen. Hier endeten nach der Eidessprechung unter den Klängen von Händels „Hallelujah" die morgendlichen Eröffnungsfeierlichkeiten.

Am Abend des Eröffnungstages der XI. Olympischen Spiele (1. 8. 1936) wurde im Berliner Olympiastadion das von Carl Diem verfaßte Festspiel „Olympische Jugend" aufgeführt. Diesem Festspiel, wie auch dem gesamten, mit kultischen Elementen stark angereicherten Zeremoniell, gab er eine pseudoreligiöse Deutung: „Über dem modernen Geschehen der Olympischen Spiele liegt der Zauberkreis des Geschichtlich-Alten und des Göttlich-Frommen ... Was die Feier einleitet: Glockenklang — Fanfaren — Eid — Fahnen — Tauben — Lichtsymbol, alles bedeutet Weihung, einem kirchlichen Feste gleichgeordnet, ohne ihm nachgebildet zu sein, über allem liegt tiefe Ergriffenheit, einer religiösen Feierstunde vergleichbar."[19] Das Festspiel, an dem Zehntausend aktiv teilnahmen, erhielt in seiner Zentrierung auf Heldenkampf und Totenklage darüber hinaus auch eine politische Dimension, die den Charakter der Spiele offenbarte. Denn während dies von den bedeutendsten deutschen Tänzern (Harald Kreutzberg, Mary Wigmann, Dorothee Günther, Gret Palucca) inszenierte und von Carl Orff und Werner Egk vertonte Weihespiel mit kindlichem Spiel, Laufreigen und rhythmisch-tänzerischen Darbietungen begann, endete es im kriegerischen Zweikampf, wurden die gefallenen Helden in feierlichem Zug aus der Kampfbahn getragen, stimmten die Frauen die Totenklage an. Der Sprecher hatte vorher zu höchstem Ernst aufgerufen und mit folgenden Worten die symbolische Bedeutung des letzten Bildes herausgestellt:

Allen Spiels
heil'ger Sinn:
Vaterlandes Hochgewinn.
Vaterlandes höchst Gebot
in der Not:
Opfertod!"

Zwar bildete den Ausklang ein „Gruß an das Leben" mit dem letzten Satz der 9. Sinfonie Beethovens und Schillers Lied an die Freude und den sich zu einem riesigen Lichtdom über der Kampfbahn vereinigenden Strahlen der (Flak) Scheinwerfer, doch in Diems Festspiel waren, ganz im Sinne der NS-Ideologie, die im sportlichen Wettkampf und im Krieg wirkenden Kräfte gleichgesetzt worden.[20] Der im Tod endende Dienst am Vaterland hatte, wie bereits erwähnt, mit dem Bau und der Namensgebung der Langemarck-Halle einen monumentalen Sinnbezug erhalten. Die Verpflichtung der deutschen Jugend gegenüber dem nationalsozialistischen Staat hat der Reichssportführer aus dem Geläut der Olympiaglocke im Glockenturm in der Langemarck-Halle abgeleitet, als er schrieb: „Sie (die Glocke) wird zum ewigen Mahner an den Opfertod unserer Helden und an die Verpflichtung all derer, die durch das Opfer der Gefallenen überleben ... Wir wollen im Klang unserer Glocke hören das feierliche Taufgeläut unserer ewig jungen, Stahl gewordenen Volkskraft.“[21]

Da aber der Krieg als Möglichkeit in die theatralische olympische Feier mit einbezogen und der Sportler gleichsam zum politischen Soldaten wurde, erhielt auch die von der „Friedensidee" getragene Berliner Olympiade einen anderen Sinnbezug: Der sportliche Wettkampf der Nation wurde zur Vorform des kriegerischen Kampfes, d.h. der „Friedensgedanke" im Festspiel von Diem wurde ad absurdum geführt.

Einen Tag nach dem Diemschen Weihespiel, am Abend des 2. August, wurde auf der zu den Olympischen Spielen eröffneten Dietrich-Eckart-Bühne (heute Waldbühne) in Berlin das dem Weihespiel geistig verwandte Thingspiel, „Das Frankenburger Würfelspiel" von Eberhard Wolfgang Möller, uraufgeführt. Möller sah im „Thingspiel allein das nationalkultisch-heroische Drama des neuen Deutschland"[22], und das bedeutet, sein Inhalt und die daraus wachsende Form müßten dem Erlebnisbereich des Volkes entsprechen und Ausdruck einer Weltanschauung sein. Gemäß der Wortbedeutung: Thing = altgermanischer Begriff für die Wehr-, Volks- und Gerichtsversammlung, sollte das Stück nach Möller eine große „metaphysische Gerichtsverhandlung" sein gegen die, „die sich historisch am Schicksal und am Leben ihres Volkes versündigten"[23]. Historischer Stoff ist die Brechung des Widerstandes protestantischer Bauern gegen die Maßnahmen des Statthalters von Oberösterreich Mai 1625 im Zuge der Gegenreformation. Als die Bauern, denen Straffreiheit zugesagt worden war, vor dem Statthalter waffenlos erschienen, ließ er 36 von ihnen festnehmen und um ihr Leben würfeln: wer verlor, wurde sofort gehenkt. Über den Gewaltakt kam es zum Aufstand, zum letzten Bauernkrieg, bei dem das Bauernheer eingeschlossen und bis auf den letzten Mann vernichtet wurde.

Wesentlich war in dem Thingspiel die nationale Perspektive: Bauernprotest gegen das klerikale Rom, Gericht über ein historisches Verbrechen. Dabei zog Möller über den Chor das Publikum als Urteilsinstanz in den geschichtlichen Akt mit ein. Am Ende des kultischen Dramas läutete die Olympiaglocke, die allegorisch die Kultgemeinde in die olympische Staatsfeier integrieren sollte. Die Parteizeitung „Der Angriff" schrieb dazu: „... Alle große Kunst geht davon aus, den Menschen durch innere Aufrüttelungen zu verändern. Der Sinn des Spiels auf der Dietrich Eckart-Bühne kann nur heißen, den Menschen aus diesen Erlebnissen heraus zu erziehen zur nationalpolitischen und staatsnotwendigen Einsicht. Festspiel wird hier Staatsdramatik ...“[24]

Einiges von dem, was in enger Zusammenarbeit mit dem Propagandaministerium gestaltet worden war, wurde zum festen Ritual der künftigen Spiele — so die Olympische Hymne, die Olympiaglocke, der Fackellauf, das

Jugend- und Studentenlager, der Olympische Kongreß. Es kann kaum bezweifelt werden, daß der große Erfolg der Olympischen Spiele auch systemstabilisierend wirkte. Während das deutsche Volk seitdem eine nahezu uneingeschränkte Bereitschaft zeigte, die Staatsführung Hitlers anzuerkennen, wertete dieser die sportliche Überlegenheit Deutschlands als „Beweis" seiner Herrenrassentheorie und bekannte sich nur zwei Wochen nach Abschluß des olympischen „Friedensfestes" in einer Denkschrift zum „Vierjahresplan" klar zur politischen und militärischen Kriegsvorbereitung.[25]

Fahnen, Symbole und Rituale der „Elite": SS und „Napolas" (Nationalpolitische Erziehungsanstalten)

Innerhalb der Parteigefolgschaft gab es eine Gruppe, die sich von Anfang an als Führungselite verstand, weil sie unter schärfsten Bedingungen ausgewählt und Hitler durch einen persönlichen Treueeid verbunden war: seine Schutzstaffel, die SS. Daß sie zum Führungskern gehörte, unterstrich Hitler dadurch, daß er ihr 1925 die „Blutfahne" überantwortete. Die Fahne wird zur Mahnung und Verpflichtung, derer nicht zu vergessen, die sich für den Führer geopfert hatten. Sie erhöht das Charisma des Führers und bindet zugleich die Elite, durch das Fahnensymbol ausgezeichnet, noch stärker an ihn. Dies bekundet die SS auf dem Höhepunkt von Hitlers Macht, wobei sie Treue im Guten wie im Bösen gelobt: „Dir, mein Führer, danken wir das große Reich der 80 Millionen Deutschen! Wie sollen wir aber Dank sagen? Dir gehört ja alles, was wir besitzen, unser Gut, unsere Herzen und unsere Seelen. So schwören wir den alten Schwur zu bleiben im Guten wie im Bösen: die gleichen!"[26]
    Die SS wurde von Himmler aus der SA, in die sie bis 1934 eingegliedert war, schon ideell dadurch herausgehoben, daß 1931 nach einem „Verlobungs- und Heiratsbefehl des Reichsführers SS" jeder SS-Mann sich die Heiratsgenehmigung des Reichsführers SS persönlich einholen mußte. Himmler schuf ein eigenes Rasseamt, das die Verlobte des SS-Mannes und ihre Sippe auf ihren rassischen Wert hin zu überprüfen hatte. Von dem Gutachten dieser Stelle machte Himmler die Heiratsgenehmigung abhängig. In demselben Jahr zeichnete Hitler die SS dadurch aus, daß er ihr die Losung gab: „SS-Mann, deine Ehre heißt Treue". Die Verleihung des SS-Ringes und des Degens an die hohen und höchsten Führungskräfte war ein weiterer Schritt auf dem Wege zur Festigung des Elitebewußtseins.
    Hitler bedingungslos ergeben zeigte sich die SS, als sie 1934 ohne Gerichtsverfahren Röhm und zahlreiche SA-Führer erschoß. Der SS-Mann erhielt seitdem das Sonderrecht, seine Ehre mit der Waffe verteidigen zu dürfen. Alle die vielfältigen Bestrebungen Himmlers und seiner SS liefen aber in dem einen Ziel zusammen: den Rassenkern des deutschen Volkes zu festigen, das

„gesunde" und „gute" Blut zu sichern und zu verbreiten. Schon 1933 hatte Himmler auf dem Reichsbauerntag in Goslar die Öffentlichkeit über die Ziele der SS unterrichtet, die er, mit mystischen Ritualen und nordischer Runensymbolik verbrämt, vor allem in der Auslese besten deutschen Blutes sah, und die SS wie folgt charakterisiert: „So sind wir angetreten und marschieren nach unabänderlichen Gesetzen als ein nationalsozialistischer, soldatischer Orden nordisch bestimmter Männer und als eine geschworene Gemeinschaft ihrer Sippen den Weg in eine ferne Zukunft und wünschen und glauben, wir möchten nicht nur sein die Enkel, die es besser ausfochten, sondern darüber hinaus die Ahnen spätester, für das ewige Leben des deutschen germanischen Volkes notwendiger Geschlechter."[27]

Das „ewige Leben des deutschen und germanischen Volkes" gelte es, so Hitler in „Mein Kampf", durch eine neue Ostkolonisation zu „sichern", d.h. Ausweitung des deutschen Lebensraums durch Siedlung und Eroberung. Die SS schien als Elite hierzu berufen, zumal als Himmler nach dem Polenfeldzug als „Reichskommissar zur Festigung des deutschen Volkstums" die Umsiedlung von Volksdeutschen aus dem Baltikum und aus dem Balkan in den „Warthegau" und in das „Generalgouvernement" leitete. Der während des Krieges in seinem Auftrag ausgearbeitete „Generalplan Ost" sieht die Errichtung eines großgermanischen Kolonialreiches vor, in dem eine deutsche Herrenschicht soldatisch-bäuerlichen Blutes über eine dumpf dahinlebende Masse gebieten soll.[28] Gleichzeitig gibt er als Reichsführer SS, Chef der deutschen Polizei und des Staatssicherheitsdienstes, seiner Elite den Befehl, alle Gegner des Regimes zu verfolgen und die Juden in Europa zu vernichten.

„Auslese" und „Ausmerze" sind die Pole einer inhumanen Ideologie, die ritualisiert und mit makaberen Symbolen angereichert wird. Auslese rassistisch hochwertiger und zugleich intelligenter Menschen, die einerseits bereit waren, das „gute Blut", das heißt die Ausbreitung der „nordisch-deutschen Rasse" mit allen Mitteln zu fördern, andererseits das „schlechte Blut", als dessen Träger das internationale Judentum angesehen wurde, zu vernichten. SS-Totenkopf und Siegrune wurden Symbole der Elite, Judenstern und gestreifte Häftlingskleidung Stigmata von zu Parias erklärten Mitmenschen, die in Metaphern als „Wanzen", „Läuse" und „Parasiten" diskriminiert wurden.[29]

Das beste Rekrutierungsfeld für die SS glaubte Himmler in den „Eliteschulen", besonders in den Nationalpolitischen Erziehungsanstalten gefunden zu haben, denen als Inspekteur ein SS-Obergruppenführer vorstand, obwohl dieser als Ministerialdirektor zum Reichserziehungsministerium gehörte. Während des Krieges gelang es zwar Himmler, seinen Einfluß auf die Anstalten erheblich zu verstärken, doch blieb bis zuletzt — zumindest formal — das Recht der freien Berufswahl erhalten. Wie diese „junge Elite" durch das Erlebnis von Festen und Feiern in bestimmten nationalsozialistischen Wertvorstellungen erzogen und durch Rituale mitgeprägt wurde, soll an einigen Beispielen verdeutlicht werden. Da gibt es den Bericht eines Stuhmer „Jungmannen" (1938) über die Seitengewehrverleihung in seiner Anstalt. In dieser Feierstunde mischen sich nächtliche Dunkelheit, verhallendes Echo der Fanfarenklänge, zerfließendes und aufleuchtendes Nordlicht und die Ansprache des Anstaltsleiters, der die Härte germanischer Auffassung von Ehre und Treue doziert. Alles wird zu einer mystisch erlebten Einheit vor dem Grenzlandfluß, der dunklen Memel. In diesem Bericht erscheint immer wieder als höchster Wert die Ehre, die in der Verpflichtung, das Letzte, Kraft und Leistung einzusetzen, besteht. Zweifellos kommt der Eid zu dieser Bereitschaft und Verpflichtung, den die zu „Wehrfähigen" erklärten Jungen hier sprechen, fast immer „aus ehrlichem und überzeugtem Herzen", wie es im Bericht heißt. Aber wer von diesen Jungen, die ja alle noch Schwärmer waren, hätte erkennen können, daß er in dieser Nacht die Wache keineswegs mehr freiwillig übernommen hatte? Wer von ihnen, denen das Wort „Befehl ist Befehl" verbindlich galt, hätte in diesem Augenblick, da das Gefühl der Kameradschaft, die innerliche Bereitschaft zu einem feierlichen, großen Erlebnis, sich mit der indoktrinierten Vorstellung verband, einen Grenzlandkampf führen zu müssen, den eingehämmerten Worten widersetzen können: Symbol der Ehre — höchstes Gut — Ehre, jetzt mehr als das Leben; um die Ehre verteidigen zu können, erhalten wir unsere Ehrenwaffe. Und wer hätte eine kritische Entscheidung fällen können angesichts der Warnung: „Wer das nicht vermag, der soll freiwillig ausscheiden aus unserer Gemeinschaft!"[30]

Hier Auszüge aus dem die ehrliche Ergriffenheit widerspiegelnden Erlebnisbericht des ostpreußischen Jungmanns, für den sich der „faszinierende Begriff der Ehre" so verführerisch darstellt:

„Die Sonne versank gerade hinter dem Horizont, als wir von den Memelwiesen hinaufstiegen zum Bismarckturm von Ober-Eisseln. Über dem ganzen Land im Westen lag ein goldener Schein. Dunkel hob sich die Silhouette von Tilsit gegen den hellen Westhimmel ab. Im Norden reichte der Blick weit über den Strom in den Memelgau. Wir gedachten mit diesem Blick Abschied zu nehmen von dem deutschen Strom. Aber es sollte anders kommen […] Inzwischen war es spät geworden. Die Anstalt rückte ins Quartier. Nur unser Zug marschierte mit dem Anstaltsleiter zur Memel hinab. Wir, als die jüngsten Seitengewehrträger, sollten wachend den neuen Tag erleben und sollten als die Letzten die Grenze verlassen. Schweigend marschierte einer hinter dem anderen. Man mußte scharf auf den Weg achten, denn trotz des Sternenhimmels und trotz des Nordlichts herrschte an der Erde eine tiefe Dunkelheit. Auf dem Marsche konnte man beobachten, wie von Zeit zu Zeit die Hand des Vordermannes an die linke Seite fuhr und nach der Waffe faßte. — Am Feuer wollten wir den neuen Tag erwarten. Holz mußte besorgt werden. Stillschweigend machten sich die Stärksten auf den Weg. Es kostete Mühe, das nasse Holz zu entzünden. Nur langsam kämpften sich die Flammen durch. In Gedanken versunken standen wir da und sahen dem Spiel der Flammen zu. Einen Augenblick lang schien mir das alles unwirklich zu sein.

Aber schon im nächsten Moment schwand dieser Anflug von Zweifel, und Freude und Stolz blieben zurück. — Einer nach dem anderen hatte sich in den weißen Sand gelegt. Nur der Anstaltsleiter stand, den Kragen hochgeschlagen, mit dem Rücken zum Strom. Lange stand er so schweigend da. Und dann begann er leise zu sprechen. Erst von dem Nordlicht, dann von der Aufnahme des jungen Germanen in die wehrfähige Mannschaft des Stammes oder der Sippe, sprach von den Proben, die der junge Krieger zu bestehen hatte. Immer wird uns die harte germanische Auffassung von Ehre und Treue Vorbild sein. Darum erhalten wir eine Ehrenwaffe als das Zeichen unserer Wehrfähigkeit. Und schließlich sprach er die Gedanken aus, die uns an diesem Abend besonders bewegt hatten: Die Verpflichtung zum Kampf, zum Kampf für unser Volk, die Verpflichtung, dafür das Letzte herzugeben an Kraft und Leistung.

Langsam sank das Feuer in sich zusammen, das nicht zuletzt auch für die Deutschen jenseits des Stromes gebrannt hatte. Bevor wir abrückten, schleuderten wir die noch glühenden Scheite ins Wasser. Ein letzter Blick, und wir marschierten wieder ins Quartier. In dieser Nacht hatten wir freiwillig die Wache übernommen."[31]

Zu den Ritualen, die in regelmäßigen Abständen vollzogen wurden, gehörten neben den Aufmärschen und Gedenkversammlungen an nationalsozialistischen Feiertagen (Tag der Machtergreifung 30. 1.), Hitlers Geburtstag (20. 4.) und Marsch zur Feldherrnhalle (9. 11.) die Flaggenparaden und Sonnenwendfeiern. Berichte von Jungmannen der Anstalten Ballenstedt, Bensberg und Oranienstein spiegeln den Zeitgeist wider. Mit fast stereotypen Wiederholungen stimmungserzeugender, symbolgeladener Mittel, wie Entzünden von Kerzen und Sonnenwendfeuern, Fackeltragen, feierliches Löschen der Flammen, Verlesen der Namen der Gefallenen, Verlesen der Namen der Neugeborenen, will man die Vorstellung eines als heilig zu empfindenden Lebensablaufs wecken. „… Die Flamme ist entfacht. Wie ein Schwur klingt unser Lied „Flamme empor!" Den Gefallenen des Weltkrieges, den Gefallenen der Bewegung, den Gefallenen des jetzigen Krieges und den Müttern mit ihren neugeborenen Kindern werden Kränze gewidmet. Knisternd nimmt die Flamme das Opfer an, und dann werden unter Trommelwirbel die Namen der gefallenen Kameraden verlesen."[32]

„Auch wir empfingen am 23. März die Waffenleite. Wir sind nun keine Pimpfe mehr, sondern sind in die junge Mannschaft aufgenommen worden … In der feierlichen Stunde der Waffenleite bekannten wir uns zu der ewigen Allmacht unseres Herrgotts und zu seinen ewigen Schöpfergesetzen, durch die wir dem deutschen Volke zu dienen verpflichtet sind. Das heilige Gelöbnis unwandelbarer Treue zu unserem Führer muß täglich neu in uns wach werden. Meine Ehre muß mir mein höchstes Gut bedeuten, denn ein Mann ohne Ehre ist ein Lump und nicht wert, das Schwert für sein Vaterland zu führen."[33] Daran schlossen sich „Schwertsprüche" an, die erkennen lassen, wie

Kampfesmut, Todesbereitschaft und Härte zu den wichtigsten Eigenschaften des Jungmannen proklamiert werden.

In einer von Bach und Händel umrahmten Feierstunde in Bensberg wird 1944 den Jungmannen als nahes Ziel ihres Kampfes die „Vollendung des deutschen Reiches", das „germanische Europa" vorgeführt. Die tausendjährige Geschichte des deutschen Reiches erhält nach dieser überheblichen Deutung mit Hitler und dem Zug des deutschen Heeres nach Osten ihre Sinnerfüllung. Der Deutsche sei berufen, „das Schwert zu führen und nach dem Sieg auch wieder den Pflug in die Hand zu nehmen."[34] Die Feier klingt aus mit den drei Strophen eines Liedes von Hans Baumann, von dem die letzte hier wiedergegeben werden soll:

> Die fremde Wildnis schreckt uns nicht mit Falsch und Trug,
> Wir geben ihr ein deutsch Gesicht mit Schwert und Pflug.
> Nach Ostland fährt der Wind!
> Drum Weib und Kind und Knecht und Gesind
> Auf die Wagen und die Pferde.
> Wir hungern nach frischer Erde und spüren den guten Wind.

Schon auf dem Reichsparteitag 1936 in Nürnberg wies Hitler in seiner Rede an die Jugend visionär auf den als unvermeidlich erscheinenden Krieg mit der Sowjetunion hin. Von der Jugend wird letzte Härte und Einsatzbereitschaft gefordert. Hitler versichert sich der unbedingten Ergebenheit der ihm gläubig folgenden jungen Menschen, indem er in Anlehnung an christliche Glaubensvorstellungen den bevorstehenden Kampf gegen Sowjetrußland als Kampf gegen Antichristen deutet und das Hakenkreuz an die Stelle des christlichen Kreuzes setzt. Daß diese nun folgenden „Führerworte" bei einer Flaggenparade zur Entlassung des Kriegsjahrgangs 1941 gesprochen wurden, dokumentiert die enge Verbindung von Führer und Gefolgschaft, die von Hitler auf die Jungmannen ausstrahlte, die charismatische Kraft, die suggestiv geforderte Opferbereitschaft. „Um uns ist eine bewegte Zeit. Aber wir klagen nicht. Zu kämpfen sind wir gewohnt; denn aus dem Kampfe sind wir gekommen. Wir wollen die Füße fest in unsere Erde stemmen, und wir werden keinem Ansturm erliegen. Ihr werdet neben mir stehen, wenn diese Stunde jemals kommen sollte! Ihr werdet vor mir stehen, zur Seite und hinter mir und werdet unsere Fahnen hochhalten! Dann mag unser alter Widersacher versuchen, gegen uns anzutreten. Er mag sein Sowjetzeichen vor sich hertragen — Wir aber werden in unserem Zeichen siegen!"[35]

Kameradschaftlicher Geist, Opferbereitschaft und „Hingabe an die Sache des Führers" spricht dann aus den Briefen und Nachlässen der Gefallenen. Diese Unbedingtheit des Einsatzwillens zeigt, welche Kräfte die ideologisch unterbaute Gemeinschaftserziehung freizusetzen vermochte. Sie führte bis zum blinden Gehorsam, war verankert in dem durch nichts zu erschütternden Eid, den die Jungmannen Hitler geleistet hatten. So hatten auch die

Trauer- und Gedenkfeiern alle den gleichen Tenor. Der Tod wird als notwendiges Opfer für das Vaterland verstanden, die Not beugt nicht, sondern macht nur noch härter, die Toten haben eine Sendung erfüllt, den Weg freigekämpft für ein späteres Geschlecht. Verse wie „Uns ist das Leben nur geschenkt, damit wir es Deutschland geben", lassen den totalen Machtanspruch des Staates erkenne, wobei bezeichnenderweise das, was der Staat fordert, als eine scheinbar freie Willensentscheidung des einzelnen umgedeutet wird. In dem Lied „In den Ostwind hebt die Fahnen" wird der Anspruch auf den Lebensraum im Osten mit dem Blut der Gefallenen mythisch „begründet". Bekenntnisse in Briefen und Nachlässen stehen unter Leitsprüchen wie: „Glauben, Gehorchen, Kämpfen" und dem auf dem Seitengewehr eingravierten Motto der Anstalten „Mehr sein als scheinen". Spürbar und erkennbar wird die tragische Verblendung, von der die junge Generation erfaßt wurde, indem ihr guter Wille und ihre Tatbereitschaft in ideologisch gefährliche Bahnen gelenkt und in den Dienst einer verbrecherischen Machtpolitik gestellt wurden.

In den marschierenden Jungmannen verkörperte sich bereits in Friedenszeiten der Typus, der sich in der neuen Gemeinschaft am stärksten durchsetzen sollte, der Typus des jugendlichen Soldaten. Wenn die Jungmannschaft der Anstalten, damals noch in bündischer Tradition stehend, die Lieder sang: „Wann wir schreiten Seit' an Seit' …", den Anbruch einer neuen Zeit verkündend, „Kameraden, wir marschieren, wollen fremdes Land durchspüren, wollen fremde Sterne sehen …", Wander- und Abenteuerlust suchend, und „Als Jungen wurden wir Soldaten, die niemals die Fahne verraten …", so weist dies einmal auf unbestimmte, die jugendlichen Gemüter ergreifende Sehnsucht nach echter Gemeinschaft hin, zum andern aber auf den soldatischen Männerbund, auf das allein im Krieg sich bewährende Treueverhältnis zu einer starken Führerpersönlichkeit.

Die Einseitigkeit und Gefährlichkeit der Erziehung an den sogenannten Eliteschulen: Napolas, Adolf-Hitler-Schulen, Ordensburgen, bestand in einer „Tyrannei der Werte" darin, daß man Werte wie Treue, Zucht, Ordnung, Wehrhaftigkeit und Opfer absolut setzte, und zwar als rassisch-völkische Werte, geltend für die „Auserlesenen". Damit fehlte ihnen zum einen das für alle Werte Wesentliche, die Allgemeingültigkeit und Allgemeinverbindlichkeit. Denn die hier genannten Werte waren nur auf das deutsche Volk und seinen „Führer" bezogen, nicht kosmopolitisch-universal, sondern völkisch-national. Das bereits war eine gefährliche Verengung. Zum anderen aber fehlte dieser Wertskala jedes humane Regulativ, denn Ehre, Treue, Zucht und Ordnung wurden nur in Verbindung mit Wehrhaftigkeit, Tapferkeit, Auslese, Bewährung als rassisch-völkische Werte gesehen. Sie ließ in ihrer seelisch-geistigen Verengung keinen Raum für Toleranz, Nächstenliebe, Demut, das heißt für christlich-humanitäre Wertvorstellungen. Hier galt Nietzsches Devise: „Gelobt sei, was hart macht" und in Abwandlung des Leitspruchs preußischer Kadettenanstalten, der sich auf die Fahnen des alten Heeres bezog, der

175

Spruch: „Wer einmal auf des Führers (Hitlers) Fahne schwört, hat nichts mehr, was ihm selber gehört."[36]

Kritische Deutung

Als Weg zur Deutung politischer Symbole im Nationalsozialismus wurde eine sowohl an Fakten als auch an Problemen orientierte Darstellungsform gewählt. Dies erschien angemessen, um zum einen den historischen Bezug und die Genese von überkommenen, bzw. damals entwickelten kultischen Verhaltensmustern zu erklären und zu verstehen, zum anderen um den Sinnzusammenhang dieser immer wieder die Einheit der Volksgemeinschaft beschwörenden Aktionen auch emotional erfahrbar zu machen.

Der Ritualisierung des politischen Lebens kommt, wie zu zeigen versucht wurde, bereits beim Ausbau des totalitären Führerstaates 1933/34 eine eminent wichtige Funktion zu. Das hierbei ausgebildete Zeremoniell wird zwar erweitert und vertieft, doch in der Substanz kaum mehr verändert. Es beruht auf Sinnbildern und Handlungen, die auf suggestive Weise ergreifen und „erziehen". Damit wird die Tragweite dieser Rituale erkennbar, bei denen die Beteiligten im Glanz eines trügerischen Scheins — innerliche Übereinstimmung mit der Volks- und Schicksalsgemeinschaft erlebten. Die Generation, die das Weltbild der neuen Bewegung bestimmte, wurde vom „Fronterlebnis" geprägt. So wurde der Opfergedanke zum Leitmotiv sakral verbrämter Handlungen und beeinflußte nachhaltig selbst das Zeremoniell der Olympischen Spiele 1936. Von der Bereitschaft zum Opfer, von einer radikalen Absage an überkommenes Humanitätsdenken zeugen die Feste und Feiern der Hitler-Jugend, insbesondere die Sonnenwendfeiern mit der Seitengewehrverleihung an den Eliteschulen. Das Feuer der bei diesem Ritual entzündeten Fackeln und Holzstöße hatte doppelte symbolische Bedeutung im Sinne von rein brennen, rein schmelzen und verbrennen: Glanz und Makellosigkeit, Opfer und Vernichtung.

Es erscheint charakteristisch für den Nationalsozialismus, daß das Totengedenken zur Mahnung an die in der Volksgemeinschaft Lebenden wird, das Opfer derer nicht zu vergessen, die für Deutschland starben. Der jungen Generation wurde dies als Vermächtnis auferlegt: sich der Gefallenen würdig zu erweisen, heißt bereit sein, für den „Führer" und das deutsche Volk jederzeit sein Leben einzusetzen. Aus dem Volk sei er gekommen, zu ihm sei er zurückgekehrt, so deutete Hitler selbst seinen von der „Vorsehung" bestimmten Weg und umschrieb damit die Nähe zum Volk. Der aus dem Volk erwachsene „Führer" erscheint allgegenwärtig, ob in Versammlungsräumen oder bei Aufmärschen auf großen Plätzen. Zugleich wird er als Erlöserfigur in die Ferne gerückt. Sein Name wird mit „Heil"-Rufen geehrt, seine Fahne mit ausgestrecktem Arm gegrüßt, die Einheit von Führer und Gefolgschaft, gedeutet als

Wiedererweckung germanischer Treuebindung, zum Mythos eines durch göttliche Fügung neugeborenen und von artfremden Elementen „gereinigten" Volkes hochstilisiert. Auf diesem charismatischen Führerkult beruhte wesentlich die verhängnisvolle Tiefenwirkung der NS-Propaganda. Denn hierbei durfte es keine passive Betrachtung geben, sondern nur „gläubige", das heißt hier blinde Hingabe.

Der Nationalsozialismus hat so Zeichen gesetzt und Rituale entwickelt von großer Verführungskraft. Sie wurden wirksam bei einem über geschehenes Unrecht verbitterten, notleidenden und in seiner nationalen Ehre gekränkten Volk. Sie konnten aber nur so wirksam werden, weil sich dieses Volk noch nicht aus seiner politischen Unmündigkeit befreit, noch nicht vom Autoritätsglauben gelöst und noch nicht jenes demokratische Bewußtsein erlangt hatte, das eine notwendige Schutzwehr gegen Indoktrination, ideologische Irreführung und gegen die Suggestion heilloser Heilsversprechungen ist.

Anmerkungen

1 Adolf *Hitler*, Mein Kampf, München 1940, S. 557
2 Der Kämpfer, Nr. 8, 9. Jg., August 1932, S. 6
3 „Adolf Hitler in Franken. Reden aus der Kampfzeit", hrsg. v. Heinz *Preiss*, o.O., o.J., S. 186 (Rede vom 30. Juli 1932)
4 Joachim C. *Fest*, Hitler. Eine Biographie, Frankfurt/M./Berlin/Wien 1973, S. 508
5 Zitiert nach Friedrich *Arnold* (Hrsg.), Anschläge. Politische Plakate in Deutschland 1900-1970, Frankfurt/M./Wien/Zürich 1981, S. 92
6 Zit. nach Cuno *Horkenbach* (Hrsg.), Das Deutsche Reich von 1918 bis heute, Berlin 1935, S. 72, in: Herbert *Michaelis*/Ernst *Schraepler* (Hrsg.), Ursachen und Folgen. Eine Urkunden- und Dokumentensammlung zur Zeitgeschichte, Berlin 1964-1969, Bd. IX, S. 49/50
7 André Francois *Poncet*, Botschafter in Berlin 1931-1938, Berlin/Mainz 1962, S. 218ff.
8 Cuno *Horkenbach*, a.a.O., S. 207
9 Heinrich *Heine*, „Almansor", Eine Tragödie (1820-1821), Dichtungen, 2. Theil, Hamburg 1862, S. 23
10 Brief *Neuendorffs* an Hitler vom 16.5.1933, BA Koblenz, abgedruckt in Horst *Ueberhorst*, Edmund *Neuendorff*, Turnführer ins Dritte Reich, Berlin/München/Frankfurt/M. 1970, S. 69-72
11 Blätter der Erinnerung an das 15. Deutsche Turnfest 1933 (hrsg. v. W. *Gaertner*), Dresden 1933, S. 41
12 BA Koblenz, Treu unserm Volke, Mag.Nr. 2809
13 Deutsche Turnzeitung Nr. 36, 78. Jg., 5. Sept. 1933
14 Max *Domarus*, „Hitler. Reden und Proklamationen 1932-1945", Würzburg 1962/63, S. 447
15 Der Parteitag der Arbeit vom 6. bis 13. September 1937. Offizieller Bericht, zit. nach *Fest*, a.a.O., S. 705
16 Max Domarus, a.a.O., S. 641
17 *Hölderlin*, Sämtliche Werke, Bd. 1, Stuttgart 1943, S. 299

18 Walter *Flex*, Gesammelte Werke, Deutsche Verlagsbuchanstalt München, o.J., 1. Bd., S. 288

19 Zit. nach Hans *Lenk*, Werte, Ziele, Wirklichkeit der modernen Olympischen Spiele, Schorndorf 1964, S. 19f.

20 Vgl. hierzu auch Henning *Eichberg*, Weihespiele und olympisches Zeremoniell, in: *Eichberg* (Hrsg.), Massenspiele: NS Thingspiele, Arbeiterweihespiel und olympisches Zeremoniell, Stuttgart-Bad Cannstatt, 1977 und Thomas *Alkemeyer*, Gewalt und Opfer im Ritual der Olympischen Spiele 1936, in: Selbstbeherrschte Körper (Hrsg. Wolfgang *Dreßen*), Berlin 1986; Hajo *Bernett*, Symbolik und Zeremoniell der XI. Olympischen Spiele in Berlin 1936, in: Sportwissenschaft , 16. Jg. 1986/4, S. 390, schreibt: „Um das blutige Hinschlachten symbolisch zu verklären, intonierten 1 500 Sänger ‚Freude, schöner Götterfunken‘. Zwei Flakbatterien blendeten ihre Scheinwerfer auf … Die Reizüberflutung der magischen Lichtregie ließ jedes nachdenkliche Wort auf den Lippen ersterben. Das Läuten der Olympiaglocke suggerierte das Gefühl, einer sakralen Handlung beigewohnt zu haben.
„Mit einem Dom von hochgestrahltem Lichte
begannen sie das letzte ihrer Feste."
Diese Verse *Haushofers* endeten mit der Schreckensvision:
„Die ganze Jugend ist dem Tod geweiht."
(Albrecht *Haushofer*, Moabiter Sonette, Berlin 1947[2]

21 Hans v. *Tschammer und Osten*, in: Märkische Turn- und Sportzeitung, 62 (1936), 3, S. 58

22 Günther *Rühle*, Die Thingspielbewegung, S. 183, in *Eichberg* (Hrsg.), Massenspiele a.a.O.

23 a.a.O., S. 191

24 a.a.O., S. 195

25 Vierteljahreshefte für Zeitgeschichte, (1955) 2, S. 184ff.

26 Das Schwarze Korps, 6.10.1938

27 Zit. nach Ernst *Notle*, Der Faschismus in seiner Epoche, München 1963, S. 476

28 Vgl. Alexander *Dallin*, Deutsche Herrschaft in Rußland 1941-1945, Düsseldorf 1958, bes. S. 294ff.

29 Das Schwarze Korps, 16.6.1938, Folge 1-6. Hitler schrieb im ‚Schlußwort‘ zu „Mein Kampf": „Ein Staat, der im Zeitalter der Rassenvergiftung sich der Pflege seiner besten rassischen Elemente widmet, muß eines Tages zum Herrn der Erde werden."

30 NPEA Stuhm im Aufbau, Festschrift 1938, S. 68f.

31 ebenda

32 Der Jungmann, NPEA Oranienstein 1943, 10. Kriegsnummer, S. 64

33 NPEA Ballenstedt, Heft 8, Juli 1941, S. 25

34 Die Fackel, NPEA Bensberg, 17. Kriegsfolge, März 1944, S. 13ff.

35 Der Jungmann, 7. Kriegsnummer 1941, Titelblatt

36 Vgl. dazu: Vor- und Leitbilder der Nationalpolitischen Erziehungsanstalten, in: Horst *Ueberhorst*, Elite für die Diktatur, Düsseldorf 1969

Eike Hennig

Die Bedeutung von Symbol und Stil für den Neonazismus und die Rechtsextremismusforschung in der Bundesrepublik[1]

„I see by your outfit that you are a cowboy."
(The Streets of Laredo — Traditional)

Am „outfit" erkennen sich nicht nur Cowboys im texanischen Laredo!

Stil und Symbol — also: Kleidung (oder einzelne Kleidungsstücke wie Stiefel, Koppel, Uniformteile), Farbe, Habitus, Sprache (oder einzelne Schlüsselworte) und ästhetisierte Zeichen als expressive Kürzel für Meinungen und Verhaltensweisen — signalisieren der Öffentlichkeit, welcher Richtung ein Individuum und eine Gruppe zugehören. Signets sind Signale nicht nur (aber insbesondere) von Sub- und Gegenkulturen, deren Mitglieder so ihre Gemeinsamkeit ausdrücken und sich als Mitglieder einer (größeren und traditionsreichen) Gesinnungsgemeinschaft zu erkennen geben. Stil und Symbol verweisen zugleich nämlich auf bestehende oder erwünschte Traditionslinien, die — sei es z. B. „proletarisch" oder „faschistisch" — für die Gegenwart beschworen und vereinnahmt werden sollen.

Stil und Symbol liefern wesentliche Ausdrucksmittel (mit einer „ ‚eigenen' Logik" an Verweisstrukturen und Verarbeitungs- / Aneignungsformen) gleichzeitig zur Einrichtung und zur Abgrenzung oder Öffnung „sozialer Räume" (P. Bourdieu); vor allem können diese Ausdrucksmittel bemüht werden, um das „Politische" des über solche Zeichen wahrgenommenen „sozialen Raumes" als griffig-eingängiges Signal der Abgrenzung *und* Ansprache vorzustellen. Zu den objektiv vorhandenen Merkmalen der Gruppe treten damit ihre subjektiv vorgestellten Erkennungszeichen hinzu und konstituieren in dieser Vermischung die Mehrdimensionalität „sozialer Räume", repräsentieren die Erscheinung von Traditionen und Makrostrukturen und vermitteln die hohe Bedeutung der „symbolischen Auseinandersetzungen und Kämpfe", die mit dem (Totalitäts)Anspruch der politischen und sozialen Zeichen verbunden sind.[2]

Subkultur und Stil sind Themen vorrangig der Jugendsoziologie, der Kriminologie und der Analyse von Randgruppen bzw. Minderheiten. Politisch-soziologische und politikwissenschaftliche Untersuchungen des Neonazismus / Rechtsextremismus[3] — ja sogar des (politisch-sozialen) Protests — beschränken sich zumeist nur-inhaltlich auf die Dimensionen Meinung und Verhalten, Organisation, Programmatik und Kommuniques, Institutionen und

Verfassungsrecht bzw. -politik. Wahrnehmen und Wahrnehmung von sozialer Welt und politischen Konflikten treten gegenüber dieser Schwerpunktsetzung in den Hintergrund, so daß auch die „Wahrnehmungskategorien" (Bourdieu) der Präsentationsformen unberücksichtigt bleiben.

1. Forschungsdefizite im Bereich von Protest- und Rechtsextremismusanalysen

Regierungsamtliche Darstellungen („Politik Informationen aus Bonn", 1 / 1987, S. 8) sprechen den „Staatssymbolen", Adler und Schwarz-Rot-Gold, „selbstverständlich auch im demokratischen Staat ihren Sinn" zu:

„Seit Jahrtausenden sind die Zeichen der Identifikation Kennzeichen für ein Bekenntnis zur Gemeinschaft, das über allen Einzel- und Gruppeninteressen steht."

Wie „selbstverständlich" diese Symbole auch sein mögen, sozialisationstheoretische bzw. politisch-psychologische Analysen oder dem Generationstransfer nachspürende Überblicke greifen diesen Aspekt nicht auf, sagen nichts dazu, ob Stil und Symbol Teil jenes situativen Kontextes sind, in dem sich politische Aktivisten herausbilden. „Kristallisation" in frühen Lernprozessen und „Empfindsamkeit" für politischen Wandel bedingen den politischen Aktivisten, aber ebenso wie die Betrachtung der Moralentwicklung sind die Sozialisationsstudien nicht in der Lage, den Ebenen des „sozialen Raumes" gerecht zu werden.

Diese informellen Bestandteile von „Politik" werden auch von der Analyse der konventionellen und unkonventionellen Partizipationsformen weitgehend ausgeblendet. Die von Samuel Barnes und Max Kaase vorgestellte Untersuchung [4] über die politische Beteiligung der Bevölkerung in fünf westlichen Demokratien (A, BRD, GB, NL, USA) stellt zwar die Vieldeutigkeit politischer Aktionsformen bei der Verbindung instrumenteller und expressiver Verhaltensweisen heraus, obwohl jedoch nach einer „micro theory of political action" und nach dem „impact of values, cognitive level, and social background" gefragt wird, bleiben die inhaltlichen Elemente gegenüber den formellen im Vordergrund. Die Ausdrucksform von Werten wird gemäß den Abstufungen des „Protestpotentials" ermittelt und geht somit auf in den inhaltlichen Optionen für Petitionen, Demonstrationen, Boykott, Steuerstreik, „wildem" Streik, Hausbesetzung, Verkehrsblockade, Gewalt gegen Sachen und gegen Personen. Solcherart „unconventional political involvement" wächst in dem Maße, wie Gruppen für politischen Wandel eintreten, so wie sich andererseits das politische Repertoire aber auch allgemein vergrößert.

Wenn sich das „political repertory" allgemein ausweitet, treten dann nicht Binnendifferenzierungen im „activity pool" durch unterschiedliche

Stile hervor? Diese Frage stellt sich, wird von der „Political Action"-Studie aber nur gestreift. Die beiläufigen Hinweise zum Gleichgewicht von expressiven und instrumentellen politischen Verhaltensweisen belegen jedoch die Bedeutung dieser Frage. Ähnlich gewichtig sind die Hinweise, daß beim Verhaltenstyp des „Protesters" expressive politische Stilmerkmale dominieren. Auf der Systemebene muß deshalb, der Zusammenfassung von Barnes und Kaase zufolge, eine „instrumental/expressive balance" gepflegt werden (eine Maxime, die eine demokratisch-antiextremistische Verfassungspolitik zu beherzigen hat).

Die „Political Action"-Studie vermittelt Kenntnisse über die Einbettung von Protest (insbesondere in einer lokal-orientierten Spielart) in ein sich ausweitendes Spektrum politischer Beteiligung, über die (schwach positive) Korrelation von konventionellen und unkonventionellen Formen politischen Verhaltens für den Zeitraum von 1974 bis 1986.[5] In diesem Zeitraum entwickeln sich z. B. der jugendgeprägte Neonazismus, diverse Jugendkulturen, „postmaterialistische" und „neo-idealistische" Kulturen. Die „Political Action"-Untersuchung öffnet somit einen breiteren und komparativen Blick auf die „Legitimationskrise" des politischen Systems und, vor allem, auf die Ausweitung des Handlungsspielraumes in „conflict-ridden political structures" (Barnes). Eine isolierende Blickrichtung auf den aus historischen Parallelen zu begreifenden Neonazismus muß somit korrigiert werden. Gleichzeitig analysiert diese Studie aber politische Stilformen nicht, an diesem Punkt — der gleichwohl bezeichnet wird — bricht die Untersuchung ab.

Obwohl Ted Gurrs „Motivationsanalyse von Aufruhr, Konspiration und innerem Krieg" — neben Runcimans „Relative Deprivation and Social Justice" (1966) wohl *der* Klassiker der Deprivationsforschung — mit der Behandlung der „Kommunikation aggressiver Symbole" und mit dem Hinweis auf „expressive Funktionen von Verbandsgruppen" wichtige Fingerzeige gibt, obwohl Gurr sein Modell der politischen Gewalt so konzipiert, daß symbolische Appelle und aggressive Symbole das Potential für politische Gewalt vergrößern[6], werden solche Aspekte ebenso wie die Grenzwerte der „Political Action"-Studie bei der Verknüpfung von Deprivation und Partizipationsforschung nicht aufgegriffen. Selbst die Analyse aggressiver Partizipation geht den Gesichtspunkten der (Selbst)Stigmatisierung durch Stil und Symbol und der sozialen Isolation als Reaktion auf entsprechende Gruppenprozesse nicht nach. Rolf Amanns Analyse der Presseberichterstattung als „Devianzverstärkung" legt aber die Annahme nahe, daß Stil und Symbol der Akteure maßgeblichen Anteil daran haben, wie eine Tat und eine Organisation von der Gesellschaft, den Medien und den Eliten „abgestempelt" werden.[7] — Am Beispiel der gesellschaftlichen Reaktion auf unterschiedliche Straftatbestände (z. B. Umwelt — gegenüber Sexualdelikten) und unterschiedliche Tätergruppen (z. B. „white collar"-Kriminelle gegenüber „Vermummten") ließe sich dies deutlich demonstrieren. (Ansatzweise ist auch die unterschiedliche Etikettierung des „linken" und „rechten" Terrors bereits untersucht worden[8]).

Amanns knapp-zugespitzter Forschungsbericht zeigt, daß der — vor allem durch das Konzept „sekundärer Devianz" erweiterte — Normbegriff des „labeling approach" sehr wohl für eine ergänzende Analyse von Stil und Symbol offen ist. Insbesondere im Bereich der Subkulturforschung hat die Devianztheorie „ihren Forschungsschwerpunkt auf die Untersuchung der Einflüsse der gesellschaftlichen Reaktion auf die Bildung subkultureller Identitäten und Stile" ausgedehnt. Indem entsprechende Impulse der Kleingruppenforschung und der kriminologischen Karriereanalyse aufgegriffen werden, findet dieser Aspekt Eingang in einzelne Untersuchungen der „Analysen zum Terrorismus"[9], wobei in Einzelfällen (vor allem von Friedhelm Neidhardt) — vergleichshalber — auch auf „rechte Terroristen" und „Rechtsterrorismus" hingewiesen wird.

Wenn Neidhard darauf verweist, „rechte Militanz" zeichne sich weniger durch Theorie als vielmehr durch eine expressive Ideologie aus, so unterstreicht er implizit — vergleichbar den angeführten Feststellungen der „Political Action"-Forschergruppe — wiederum die Bedeutung von Stil und Symbol: „Mag diese [i.e. die rechte, E.H.] Ideologie ... ein gutes Aufputschmittel sein, so eignet sie sich doch kaum für eine stringente Ableitung strategischer und taktischer Handlungsprogramme. Die kognitiven Strukturen dieser Ideologie besitzen nur eine geringe Steuerungskapazität. Darum ist die Kommunikation zwischen Rechtsextremisten auffällig wenig über Argumente gesteuert; Sachverhalte werden weniger beschrieben als dekretiert, Schlußfolgerungen weniger abgeleitet als kommandiert."[10]

Besonders die bundesrepublikanische Rechtsextremismusforschung „leidet" unter dem „bias" einer kurzfristig-aktionsorientierten journalistischen und / oder politischen Aufmerksamkeitshaltung. Sie präsentiert sich somit wenig professionell, adaptiert z. B. den allgemeinen Diskussionsstand der Partizipationsforschung nur zögerlich.

Während die populären (zumeist politisch standortgebundenen) Publikationen Stil und Symbol des Rechtsextremismus breit herausstellen (taugen gerade sie doch offenkundig wegen der historischen Parallelen zur Vorabverurteilung), spielen diese Ausdrucksformen in den analytischen Darstellungen eine geringe Rolle.

Von den empirischen Untersuchungen zur Erforschung des rechtsextremen Meinungspotentials [11] gehen vor allem die acht ‚statements" der „Protestpotential-Skala Rechtsextremismus" der SINUS-Studie auf symbolisch artikulierte rechtsextreme Gewalthandlungen bzw. Demonstrationen ein. Diese Skala soll die Akzeptanz für diese Verhaltensweisen messen und kommt zu dem Ergebnis, daß (1979 / 80) 6 % der Wahlbevölkerung (i.s. rund 2,5 Millionen Bundesbürger) gegenüber solchen Aktionen Toleranz aufbringen.

Vorliegende „Subkulturanalysen" durchbrechen mit Bezug zur Jugendsoziologie — ohne auf den Impuls der „Political Action"-Forschung hinzuweisen — zwar die isolierend-stigmatisierende Betrachtungsweise rechtsextremer

Jugendgruppen[12], die Erforschung des „Rechtsextremismus als Subkultur"[13] befindet sich, was die Gegenwart betrifft [14], aber immer noch „in einem bescheidenen Anfangsstadium" (Jaschke).

Die Analyse von „Rechtsextremismus als Problem politischer Kultur" (Dudek/Jaschke) beschränkt sich — zu sehr historisch-orientierte Politikwissenschaft — auf die Analyse der institutionellen und organisatorischen Gesichtspunkte der Dialektik von Ausgrenzung und radikalisierender Binnenkommunikation. Eine soziologische, semiotische und kommunikationswissenschaftliche Perspektivenausweitung erscheint geboten, um die rechtsextremen Aspekte bei der — durch die Betrachtung von Stil und Symbol angereicherten Verknüpfung von Devianz und (aggressiver) Partizipation umfassender analysieren zu können; die Analyse von Autoritarismus und Gruppenstil sind zu verschränken.[15]

2. Beiträge der Jugendsoziologie und Subkulturforschung
Zur Analyse von Stil und Symbol

Einige Hinweise — keinesfalls aber eine erschöpfende Darstellung — zur Jugendforschung und Jugendsoziologie mögen unterstreichen, welche Bedeutung der Analyse von Stil-Fragen in diesem Forschungsfeld zukommt.

Zumindest als eine „Jugend-Not-Kultur" und „Jugend-Schutz-Kultur" mit gleichzeitigem Bestreben nach der Suche und der Ausgestaltung von Räumen für ein Eigenleben werden Jugendkultur und jugendgeprägte Subkulturen von besonderen expressiven Gruppenstilen bestimmt, die als „Orientierungsmarken" (J. Zinnecker) fungieren.[16] In der Nachkriegszeit und in den 50er Jahren richtet sich das Forschungsinteresse noch auf „die" Jugend, weniger auf die „Problemgruppen", also auf jene Minderheiten, die den subkulturellen Gruppen selbst angehören. Daß die Mitgliedsrolle „immer" nur von einem kleineren Teil der Jugend gewählt wird (worauf der „Coping"-Ansatz hinweist), daß gleichwohl aber Kenntnisse solcher „Orientierungsmarken" für nahezu alle Jugendlichen von größerer Bedeutung sind, dieses bis heute geltende Auseinanderklaffen von (direkter) Partizipation und Bedeutung wird von der an einem Anpassungs- und Bewahrmodell orientierten Forschung übersehen.

Gerade die (latente) „Jugendfeindlichkeit" (Bruder — Bezzel/Bruder) etablierter Eliten fungiert (List der Vernunft?) als Motor für die Ausprägung und Entdeckung von Jugendkultur. In dem Maß wie „die" Jugend zum Problem wird, werden über deren „Geselligkeit" (H. Schelsky) hinaus Subkulturen und entsprechende Stile untersucht und als Manifestation nicht-vollzogener Integration wahrgenommen. Unangepaßtes Verhalten, Protest und Provokation gegenüber den obwaltenden Tendenzen der Vergesellschaftung und

Vermarktung führen dazu, daß Delinquenzforschung und Jugendsoziologie eine neue Aufmerksamkeitshaltung einnehmen.

Die studentische Protestphase der 60er Jahre kann primär noch formalisiert — politisch diskutiert werden — etwa als „Aufstand der Jugend?" (K. Allerbeck/L. Rosenmayr, 1971) —, weil die Ausbildung „oppositioneller" Lebensstile eher am Rand dieser Revolte (mit Kinderläden und Wohngemeinschaften) steht. Dagegen zeigen die Rocker, eine in den 50er Jahren geborene Stilrichtung der 80er Jahre (J. Zinnecker), daß expressive Gruppenstile wesentlich für die jugendliche Subkulturbildung sind. Die Betonung subkultureller Gruppenprozesse beginnt erst mit der Auflösung der studentischen Revolte (ab 1969).

Eine Subkultur zeichnet ein überschaubar klares Bild von Staat und vor allem Gesellschaft. Im Zentrum steht nach außen die Abgrenzung der Solidarität der Gruppenmitglieder, die sich nach innen in einer verschworenen Gemeinschaft finden, die sich an Zeichen und Sprache erkennen und gemeinsam dem als ereignisarm, trostlos und verkommen empfundenen Alltag und einem verabscheuten normalbiographischen Lebensentwurf entfliehen wollen. Durch Einbindung in die Gruppe, insbesondere durch Partizipation am Stil und an den kollektiven Ausbruchsversuchen (an den Ritualen) aus der genormten Welt können Jugendliche ihr Selbstwertgefühl gegenüber allen extern herangetragenen Stigmatisierungen und Kriminalisierungen bewahren, gefährdet erscheinen ihnen Stil und Identität dagegen durch Vereinnahmungstendenzen der Kultur- und Modeindustrie bzw. des jugendlichen Konsummarktes und durch die nicht zuletzt deshalb immer kürzere Abfolge stilprägender Generationen.[39]

2.1 Die „jugendtheoretische Verknüpfung von kulturellem Stil und Lebenslage bzw. Sozialisationsgeschichte" (J. Zinnecker) wird maßgeblich durch Arbeiten des „Centre for Contemparary Cultural Studies" (CCCS) in Birmingham beeinflußt. 1976 setzt die Rezeption dieser Arbeiten ein. Seit 1979 beeinflussen auch Übersetzungen die bundesrepublikanische Jugendforschung.[17] Die Untersuchungen des CCCS analysieren (Sub)Kultur und Stil als „the whole way of life" und als eine jeweils spezifische kollektive Lösung / Bearbeitung gesellschaftlicher Probleme. Gegenüber der dominierenden Tendenz zur Stigmatisierung und medialen Verzerrung werden die jugendlichen Stilschöpfungen „positiv" (oder „neutral) angesichts mächtiger „Vermassungstendenzen" als ein Beitrag zur Identitätsbewahrung, nicht aber als „Normenkonflikt" (F.H. Tenbruck) und nicht aus Sicht der „vested interests" kritisiert. Dieser „Schule" zufolge ist der jeweilige Stil charakteristisch für die Subkultur, die Zusammengehörigkeit drückt sich somit nach innen und außen z.B. durch Kleidung, Gestik, Sprache, Themen und Orientierungen aus.

Für Mike Brake sind „Image", „Haltung" und „Jargon" konstitutiv für einen subkulturellen Stil, der den Jugendlichen dadurch „Heimat" bietet, daß er insbesondere gesellschaftliche Probleme generationsspezifisch präsentiert, Orientierung vermittelt, Alternativen lebendig werden läßt. „Stilschöpfung", die „Stil-Bastelei" (J. Zinnecker) — die gemäß Lévi-Strauss' „bricolage" aufgefaßt wird — durch das Gruppenleben selbst, wird als Kristallisation der Vorstellungen und Orientierungen, der Freund- und Feind-Bilder der Gruppe aufgefaßt. Der gewählte und gelebte Stil ist „eine differenzierte Selektion aus der Matrix des Bestehenden"[18], dem eine von der Identität der Gruppe bestimmte eigene „Semantik" unterliegt. Als „totaler Lebensstil" steht der subkulturelle Stil immer in der Gefahr, als „Konsumstil" verbreitet, vereinnahmt und wesentlicher Protestelemente entledigt zu werden.

Als eine Kette von Zeichen, die den Gruppenmitgliedern (nicht aber der Gesellschaft) genauestens vertraut sind, klärt der Stil vor allem die „Diskursregeln" (Ph. Cohen) bei der Unterscheidung von Freund und Feind. Phil Cohen faßt diese Regeln folgendermaßen zusammen:

„Der Freund eines Freundes ist ein Freund."
„Der Feind eines Feindes ist ein Freund."
„Der Freund eines Feindes ist ein Feind."
„Der Feind eines Freundes ist ein Feind."

2.2 Am Beispiel des durch „Territorialismus", „kollektive Solidarität" und „Männlichkeit" charakterisierten Stils der Skinheads und angesichts der Erfahrung, wechselseitige Hilfe und Verteidigung sei geboten, analysiert John Clarke die Leistung dieses Gruppenstils. Clarke sieht sie im Bemühen zur „magischen Rückgewinnung der Gemeinschaft"[19].

Den (englischen) Skins geht es um die Wiederbelebung einer räumlich geschlossenen Arbeitergemeinschaft. Insofern die Prozesse der (erweiterten) gesellschaftlichen Produktion und Reproduktion sozial und politisch die realen Grundlagen der Existenz der Arbeiterlage und entsprechender Wohngebiete beseitigt haben (und dies in der Bundesrepublik noch weitaus deutlicher), bezeichnet Clarke diesen Rekonstruktionsversuch als „magisch". Gleichwohl gewährleistet die „magische Rückgewinnung der Gemeinschaft" für die Jugendlichen eine defensive Gruppensolidarität, die — um die Gesellschaft im Sinn des Gruppenziels und -stils umzugestalten — im Einzelfall aggressiv auftritt (z. B. durch „Paki bashing" und „Schwule ticken"). In zumeist kollektiven Gewaltakten („aggro") manifestiert sich die real gesuchte Gemeinschaft und das Bedürfnis, den sozialen Raum zu säubern, zurückzuerobern und zu verteidigen. Während die realen Vorgänge selbst lediglich punktuell diesen Anspruch anmelden können, beinhaltet der Stil den permanenten Anspruch auf (Wieder)Belebung der „konservativ-reaktionären Werte der Unterschicht" (M. Brake); der Stil steht für jene Männlichkeit, die „natürlich" mit physischer Härte, Standfestigkeit, schwerer körperlicher Arbeit identifiziert wird.

Gegenüber der weniger aussagekräftigen politischen Extremismusforschung liefert dieser Teilbereich der soziologischen Jugendforschung wichtige Hinweise, wenn der Stil der (mitgliedermäßig zu etwa zwei Drittel jugendgeprägten) neonazistischen Gruppen als besonderer Ausdruck allgemeiner Problemlagen und allgemeiner Verhaltensweisen von „konservativ-materialistisch" orientierten Jugendlichen analysiert werden soll, wenn also ein tendenziell stigmatisierender und angesichts des breiten Vorfeldes und der Dialogstruktur z. B. der Mitgliedsrolle sachlich unzutreffender isolierter Zugriff vermieden werden soll.

3. Subkulturelle Stile und die Bedeutung für die Analyse des Neonazismus

3.1 Formen und Stile des aktuellen Jugendprotest: Angesichts der mit der „Risikogesellschaft" (U. Beck) verbundenen Tendenzen zur Individualisierung (Vereinzelung), Enttraditionalisierung, Anonymisierung, Krisenverwaltung, angesichts auch des Übergangs zum „Problemklima" (W. Glatzer/W. Zapf) der 80er Jahre (im Gegensatz zum vorangegangenen „Reformklima") gibt es in der Bundesrepublik als Reaktion auf die negative Aufhebung homogener, homologer und autochthoner sozialräumlicher Strukturen mit „kontingenten Herkunftsidentitäten" (H. Lübbe) nicht nur Geschichtsbewegungen, Geschichtspolitik, Regionalismus und Subsidiarität, sondern eben auch eine zunehmende Tendenz zur „Stilbastelei" und zur Bemühung um Jugendkulturen und Stile.

Die Tendenz zur Subkultur entdeckt und beschwört gegenüber der Planierung von Lebenswelten die Werte einer tatsächlich bereits weitgehend zerstörten Sozialökologie mit ihren „natural areas" (R. Park/E. Burgess/R.D. McKenzie), so wie sie in den 20er Jahren z. B. von der „Chicago School" beschrieben worden sind und die Praxis besonders der „wilden Cliquen" bestimmt haben.

Im Unterschied zur studentisch geprägten Revolte (1968) richten sich aktuelle Jugendproteste (besonders in ihren „postmaterialistischen Ausformungen) weniger gegen Institutionen und an Organisationen. Protest tritt nicht mehr als APO und mit dem Ziel des „langen Marsches durch die Institutionen" auf.

Der neue, vielfältigere Protest vereint intellektuelle und nichtintellektuelle Jugendliche und richtet sich, eher diffus, gegen ein als korrupt und überlebt empfundenes System und auf die Ausgestaltung neuer Lebensstile; er ist also weniger eindeutig formell politisch, sondern stärker Reaktion auf und Kampf gegen Prozesse der „Kolonialisierung der Lebenswelt" in der „sozialstaatlichen Massendemokratie" (J. Habermas).

3.2 Expressive Gruppenstile charakterisieren die jugendlichen Subkulturen. Stil ist ein „Ordnungsgesichtspunkt" (A. Bruder-Bezzel / K.-J. Bruder), dessen analytische Tragweite (jenseits bloßer Beschreibung) in der Interpretation der zugehörigen Subkultur besteht. Stile, so Jürgen Zinnecker, sind „Orientierungsmarken im persönlichen und gesellschaftlichen Bereich", die „Grenzüberschreitung der Alltagsordnung" (SINUS) intendieren. In dieser Beziehung verweisen die Stilelemente auf die expressive Dimension unkonventioneller Politik und Partizipation.

Barnes / Kaase zufolge untergräbt ein expressiver politischer Stil „die Grundlage rationaler politischer Entscheidungsfindung", er ist, worauf die „Political Action"-Studie hinweist, „eine Orientierung gegenüber politischem Verhalten ohne politische Motivation". Dieser Hinweis läßt sich mit dem in den CCCS-Untersuchungen zur „Stilbastelei" vertretenen Identitätskonzept und der magischen Retrospektive auf vergangene und überholte Werte wie Sozialordnungen verbinden.

Bezogen auf eine Rechtsextremismus- und Neonazismus-Analyse, beinhalten solche Feststellungen, daß diese „politischen" Gruppen als *ein* Teil bzw. als *eine* Ausprägung im Spektrum unkonventioneller expressiver Politik und ebensolcher Stile betrachtet werden.

3.3 Die nicht nur rational, primär vielmehr emotional und zeichenhaft orientierende, durch Einbindung des Individuums in eine intern gefestigte und nach außen hin abgegrenzte Gruppe Stabilität und Identität verheißende Subkultur ist durch einen „politisch" besetzten Stil charakterisiert, der — bei Beachtung der öffentlich betriebenen Stigmatisierung und unter Bruch strafrechtlicher Schranken — so „gebastelt" wird, daß sich die Gruppen und Gruppenmitglieder als Avantgarde auf dem Weg zurück zu bewährten Normen und Zuständen verstehen. Dieses Selbstwert- und Märtyrergefühl wird durch die Reaktion der Öffentlichkeit und der Institutionen der antinazistisch eingeschworenen Verfassungsordnung durchgängig politisiert; als gruppeninterner Stil und als Subkultur ist die Alltagswelt des „rechten Lagers" ein Gemisch von wenigen formellen und vielen informellen politischen und „kulturreaktionären" Aussagen.

Intern bedient sich der Stil zwar politisch besetzter Zeichen, die aber vor allem im Kontext einer „konservativ-materialistischen" und maskulinen Kultur auf die jugendlichen Mitglieder wirken. Nach außen hin wirkt dieser Stil eindeutig als politischer Protest, weil die im „Lager" zusammengesuchten Stilelemente historisch auf den Nationalsozialismus verweisen und dergestalt von Öffentlichkeit und Institutionen gefiltert und eindimensional wahrgenommen sowie be- / verurteilt werden. Der Hinweis (besonders von R. Amann) auf mediale Stigmatisierungen und juristische Sanktionen als Reaktion auf Gruppenstile und kollektive Identität ist deshalb für die Analyse rechtsextremer Stile und Gruppen von besonderer Bedeutung.

Jeder subkulturelle Stil ist Provokation und Protest, nur so erzielt die Subkultur für ihre Mitglieder den Nutzen, „Heimat" zu bieten (M. Brake). Aus der Immanenz der Gruppen sind expressiver politischer Protest und entsprechende „Stilbasteleien" primär Protest (mit einer „politisch" grundlegend akzeptierten autoritären Stoßrichtung gegenüber Staat und Gesellschaft). Wie von allen subkulturellen Lebensformen werden besonders vom Neonazismus primär „geltende Anstandsformen" mißachtet, ein geregelter bürgerlicher Tageslauf gesprengt, „demonstrative Alltagsrollen modelliert", „Tabu-Zonen des bürgerlichen Alltags" aufgebrochen, Strafrechtsnormen durchbrochen, „seriöse Alltagsrollen ... karikiert" und integrale Objekte (z.B. Fahnen, Uniform, Abzeichen) zur Distanzierung von der „alltäglichen Kultur des ‚normalen Bürgers'" benutzt [20]. Die Analyse von Stil und Subkultur soll dieses Mischungsverhältnis von Politik und autoritärem Gruppenklima, extern von Politisierung und intern von Provokation durchleuchten.

3.4 Rechtsextremismus und Neonazismus als Stil: Historisch — „Libro e moschetto — fascista perfetto!" — sind Nationalsozialismus / Faschismus ohne ihre Stilelemente, die wesentlich ihre öffentliche Präsentation bestimmen, nicht zu begreifen; der faschistische „Triumph des Willens" ist ohne Inszenierung undenkbar. Die ganz allgemein für jeden politischen Radikalismus typische Verletzung und Mißachtung der im parlamentarisch-demokratischen politischen System institutionalisierten Verfahren der Konfliktaustragung ebenso wie die „Topik" des rechten Extremismus (z. B. konservative Ideologeme[21], extremer Nationalismus, Verschwörungstheorien, hierarchische Ordnung, antipluralistische und antiindividualistische völkische Einstellung, nationalistisch und völkisch definierte Feindbilder) wird öffentlich in ästhetisierter Form dargeboten und bestimmt Außen- wie Innenleben entsprechender Organisation.

Die rigide Betonung „homologer" Stilobjekte erschwert die Mitgliedschaft in dieser Subkultur. Insbesondere der neonazistische Gruppenstil toleriert keinen Rollenpluralismus, sondern fordert eine bedingungslose und totale Mitgliedschaft; in organisierter Form ist dazu nur eine Minderheit bereit. Gegenüber der „dekadenten und feigen Masse" kann sich diese Minderheit als erleuchtete, kämpferische Avantgarde fühlen. Der interne Rigorismus und die (nicht zuletzt strafrechtsbewehrte und durch sekundäre Devianz armierte) externe Schwäche schützen den Gruppenstil vor der Verflachung zum „Konsumstil". Besonders im Fall neonazistischer Ausprägungen kann Stil als „totaler Lebensstil" nachgewiesen werden (bis hin zum Extrem des „rechten Terrorismus").

Maßgeblich für Stärke und für Grenzen bzw. Schwächen „des" Rechtsextremismus sind also Stil und Gruppenatmosphäre, ist der Prozeß, diesen nichtangepaßten Stil in der Bundesrepublik zu leben.

Die Ausgestaltung des Stils unterscheidet die Gruppen nach der Bedeutung einzelner „homologer" Objekte untereinander. Die Bedeutung „politischer Gewalt" oder „politischer Agitation" und der Stellenwert bewußt eingegangener, ja gesuchter, Gesetzesverstöße unterscheidet Rechtsextremismus und Neonazismus. Auch „kulturrevolutionäre", „politische" und „aktionistische" Gruppen (z. B. Wiking, Jugend, ANS bzw. FAP oder Wehrsportgruppen bzw. Fußballfans wie die „Borussenfront") im neonazistischen Spektrum lassen sich nach den Akzentsetzungen ihrer „Stilbastelei" als Differenzierungen *in* einer Subkultur begreifen.

„Politische Gewalt" als „integrales" Objekt trennt Rechtsextremismus und Neonazismus vom politischen Konservatismus; „Politik" als Konsequenz aus den „integralen" Objekten des Geschichts- und Menschenbildes trennt die neonazistischen Stile von anderen „konventionell-materialistischen" Jugendkulturen[22]. Zugleich aber bleiben auch Gemeinsamkeiten und Verweise der Stile bestehen, denn die unterschiedlich akzentuierten „homologen" Objekte verweisen immer auf einen nämlichen „integralen" Kernbestand.

3.5 Differenzierung durch Symbolpolitik: Wenn z. B. eine „neu-rechte" Gruppe („Außerparlamentarische Mitarbeit") die „neue" von der „alten" Rechte 1971 dadurch abgrenzt, erstere kenne „keine Blut- und Bodenideologie, kein(en) Antisemitismus, keine Diskussion über Kriegsschuld von 1939, keine Verurteilung des 20. Juli 1944 und keine deutschen Weltmacht-Träume in den Grenzen von 1914", wenn eine ebenfalls „neu-rechte" „nationalrevolutionäre Aufbauorganisation" („Sache des Volkes") einen ähnlichen Katalog 1975 wiederholt, dann zeigt bereits ein derartiges Beispiel, wie sehr die Binnendifferenzierungen der Rechten bzw. im „rechten Lager" gerade über unterschiedliche Akzentsetzungen bei der Stil- und Symbolpolitik vollzogen werden. Dies läßt sich auch am Beispiel der Verarbeitung von Korruptionserfahrungen zeigen, woraus neonazistische Gruppen ihre Gewaltakzeptanz legitimieren, (Neo)-Konservative aber lediglich Staatstugenden und „Unmut über das Parteiensystem" ableiten.

Es geht um mehr

als Geld und Posten!

4. Agitation und Gewalt:
Der „politische Soldat" als Stilelement des Neonazismus

Aus den bisherigen Ausführungen ergibt sich, daß Stilelemente — bezogen auf die konventionelle oder unkonventionelle Präsentation von „Politik", auf die analytische oder populistische Legitimationsweise, auf den Grad der „Politisierung" und auf Praxis und Begründung physischer Gewalt — zwischen Konservatismus, Rechtsextremismus und Neonazismus zentrale Unterschiede und Übergänge angeben. Besondere Bedeutung kommt dabei den Bereichen „Politik", „Lebensstil" und „Gewalt" zu:

Das Propagieren abstrakter (etwa programmatischer), politischer Konzepte charakterisiert den Konservatismus, während „Politik" beim Rechtsextremismus im Kultur- und Traditionszusammenhang eines Lagers und beim Neonazismus im besonderen militanten bzw. rigorosen Lebens- und Gruppenstil in diesem Lager aufgeht; Gewalt als ein akzeptiertes Medium politisch gerichteter Handlungsziele charakterisiert neonazistische Gruppen und unterscheidet sie zugleich von der weniger gesellschaftsbezogen begründeten Gewaltpraxis, beispielsweise von Skinheads oder Fußballfans.

Diese Verweise und Abgrenzungen können *schematisch* folgendermaßen skizziert werden:

Stildifferenzen zwischen konservativen und rechtsextremen Organisationen

Organisations-bereich	Handlungsziel	Ausdrucksform	Themenbereiche für die Wahl integraler Objekte	homologer
Konservatismus	Elitenerneuerung durch Reform	Populismus muddling through	Regierbarkeit	Geschichtspolitik Sozialpolitik (Subsidiarität)
Neue Rechte	Elitenaustausch einschl.d.Kons.	Analyse, Beeinflussung v. Multiplikatoren	starker Staat u. gesunde Wirtschaft	pro-konservative Wertepolitik, Dezisionismus
Rechtsextremismus (z.B. DVU, NPD)	Elitenwechsel durch nationale Partei	politisch-kulturelle Ideologie	vereintes und geordnetes Deutschland	Traditionspflege gegen Ent- und Überfremdung
Neonazismus	Systemwechsel durch Kaderorganisation	Lebensstil (gegen Verweichlichung und Vermassung)	Deutschland (s.o.) und weiße Rasse	Rigorismus gegen Entartung, Chaos und Untergang

Auf die Grenzen zwischen Konservatismus sowie Rechtsextremismus und Neonazismus, zwischen Rechtsextremismus und Neonazismus, zwischen

Neonazismus und anderen „prokonservativen" Gruppenstilen bzw. Jugendkulturen ist bereits hingewiesen worden. Am Beispiel des Orientierungskonzepts des „politischen Soldaten", d.h. der Orientierung am idealisierten Vorbild der SA, soll ein extremer Teilbereich (etwa ANS, VSBD/PdA, ANS/NA, FAP) des Neonazismus (gegenüber der stärkeren Betonung militärischer Ertüchtigung in den Wehrsportgruppen und kulturell-weltanschaulicher Bildung in der ‚Wiking Jugend")[23] bezüglich seiner stilistischen Ausgestaltung und Begründung näher vorgestellt werden.

Das Leitbild des „politischen Soldaten" ist der Extrempunkt des Karriereverlaufs junger Heranwachsender in neonazistischen, aggressiv-politischen Gruppen: „Als politische Kleingruppen mit männerbündischem Charakter, getragen vom Selbstverständnis elitärer Kader, sammeln sie den sozialen und politischen Bodensatz des rechten Lagers: politisch Enttäuschte, beruflich und persönlich Gescheiterte, sozial Isolierte und Gewaltorientierte."[24]

4.1 In der Öffentlichkeit wird ein Bild hergestellt, das die offene Gewalt der „Skins ohne Head", der eher latenten Gewalt von Neonazis, den „netten Nazis von nebenan", gegenüberstellt. Bei aller Stilisierung wird damit auf unterschiedliche Gewaltkulturen hingewiesen. Während die Neonazis körperliche Gewalt („violence") ansatzweise mit politischer Gewalt („power") verbinden, obwaltet bei den Skins physische Gewalt, deren rassistische Legitimation so undifferenziert ist, daß sie keinen Regeln folgt und folglich auch keinen Unterschied zur Gewaltanwendung einer „street gang" gewährleistet.

Bei den Skins trägt niemand dafür Sorge, daß körperliche Gewalt „nicht in Unmenschlichkeit ausartet"; die neonazisistische „Subkultur der Gewalt" (M. Wolfgang/F. Ferracuti) ist dagegen mitleidlose Moral, ein Asketentum, das in die abstrakte Inhumanität, legitimiert durch ebensolche Prinzipien, einmündet. Gewalt („power") wird als notwendiges Mittel zur Umstrukturierung der Gesellschaft begriffen; körperliche Gewalt anzuwenden ist deshalb — anders als bei Skins — kein „Spaß".

4.2 Durch solche Stile und Deutungen unterscheiden sich gewaltsame Gruppenaktivitäten. Karriere und Zusammensetzung der Gruppenmitglieder sind dagegen ähnlich und für den Verlauf der Adoleszenzkrise von „Unterschichten"-Jugendlichen vergleichsweise „normal". Erst die Ausarbeitung dieser formativen krisenhaften Sozialisationsprozesse zum Gruppenstil erklärt die Differenzen. (Biografische, politisch-psychologische und -kulturelle Studien haben demzufolge zu untersuchen, welcher Personentyp welche Subkultur mit ihren integralen Objekten präferiert.)

Die Entwicklung des Stils ist ein gruppeninterner Prozeß, der individuelle, kohortenspezifische und soziale Merkmale zur Reaktion auf die als bestimmend empfundenen Tendenzen von Staat und Gesellschaft anschaulich zusammenfaßt. Gegenüber den bedrohlichen Entwicklungen in der Gesellschaft wird die Gruppe als Gegenmacht stilisiert; gegen das System soll die eigene Handlungsfähigkeit durch Gewalt zurückgewonnen und behauptet werden.

Gewalt (die immer zwischen direkter und abstrakter Gewalt, zwischen „violence" und „power" changiert) ist ein Medium zur Reduktion krisenhafter und komplexer sozioökonomischer und -politischer Prozesse. Die für „prokonservative" Gruppenstile typische Orientierung am Bild männlicher Tugenden (die mit unkomprimittierter Standhaftigkeit und mit körperlicher Härte gleichgesetzt werden) legitimiert beide Dimensionen von Gewalt. Gewalt kann als Mittel zur Orientierung und Sinngebung (so bei neonazistischen Gruppen) oder als aktionistisch-ereignisträchtige Ausnahme von der trostlosen Routine (so bei Skins) bewertet werden.

4.3 Der neonazistische Stil verbindet eine teilweise abstrakte und totalitätsbezogene Legitimation von Gewalt („power") mit Vorbildern des historischen Nationalsozialismus und mit aktuellem Protest (für die Wiedergewinnung der Regierbarkeit gegenüber den Vollzugszwängen internationaler Blöcke und ökonomischer Strukturen). Gewalt erscheint als dasjenige Mittel, dessen Radikalität als einzige der Radikalität von sozialer Bedrohung, sachlicher Problemtiefe und kurzfristig-politischem Entscheidungszwang entspricht.

Die Stilmittel des „politischen Soldaten" bemühen sich um die Legitimation körperlicher Gewalt, hierarchischer Ordnung und rigider Orientierung als Ordnungselement. Ein 1983 verteiltes, von Michael Kühnen entworfenes Flugblatt der ANS/NA („Man nennt uns ‚Neo-nazis'! Na und?!") hebt die Bedeutung „politischer Soldaten" hervor:

„Wir sind *gegen*
— Bonzen
— Bolschewisten
— Zionisten
— Gauner, Schieber und Schmarotzer

Wir sind *gegen*
— Kapitalismus
— Kommunismus
— Zionismus
— Überfremdung durch Fremdarbeitermassen
— Umweltzerstörung

Wir sind *für*
— Deutsche Einheit
— Soziale Gerechtigkeit
— Rassenstolz
— Volksgemeinschaft
— Kameradschaft

Wir sind politische Soldaten einer NEUEN Ordnung.

Wir sind eine unverbrüchliche und unerschütterliche

GEMEINSCHAFT

Wir sind die kämpferische Elite von morgen."[25]

Auch die 1982 von Kühnen während der Haft verfaßte „Einführung in die nationalsozialistische Lebensanschauung" schildert dieses Vorbild. Der „politische Soldat" ist gebunden an die „10 Gebote" bzw. an das „Grundgesetz": „Glaube!", „Gehorche!", „Kämpfe!", „Sei treu!", „Sei kameradschaftlich!", „Arbeite an Dir!", „Sei verschwiegen!", „Sei tapfer!", „Sei stolz!", „Sei erbarmungslos!" Er muß das allgemeine Prinzip: „Selbstlos schaffen, statt selbstisch raffen", besonders beispielhaft befolgen.

Zunächst ist die Aufgabe dieser „politischen Soldaten", den Gewaltaktionen einen selbstlos-versachlichten Anschein zu vermitteln. Entsprechender Rigorismus setzt Selbstkontrolle und Askese voraus: „Wir haben den ‚Juden in uns' überwunden und den Einfluß dieses materialistischen Ungeistes auf unser Leben, Denken und Fühlen beseitigt." Die „Minuswelt" muß zuerst im Akt ritualisierter Selbstlosigkeit bekämpft werden[26]: „Wir halten in unserem Herzen all unsere Schwächen und Neigungen mit brutaler Brachialgewalt in Schach."[27]

5. Die Bedeutung von Stil und Symbol

Die Bedeutung der Analyse von Stilmitteln integraler und homologer Art sowie von Symbolen besteht darin, daß Bezüge *und* Abgrenzungen gerade von Kleingruppen ohne Programm und partei- oder vereinsrechtlich definierte Mitgliedschaft erfaßt werden. Die insbesondere für jugendgeprägte Gruppen — also auch für neonazistische Organisationen — typische informelle Ausprägung politischer Stimmung und ambivalenter Protesthaltung läßt sich als ein besonders Stilmittel darstellen und unterscheidet diese Gruppe von anderen konventionellen und „prokonservativen" Stilen. Auch die Interpretation körperlicher Gewaltstile als Politikum oder als „Spaß", als „power" oder „violence", weist auf Abgrenzungen und zugleich auf gemeinsame homologe Objekte hin.

Gegenüber einem verfassungsrechtlich bestimmten Extremismusbegriff oder einem Politikverständnis, das auch unkonventionelle politische Verhaltensweisen am Normalfall institutioneller Entscheidung und parlamentarischer Konfliktaustragung bemißt, besteht die Bedeutung der Stilanalyse darin, jugendspezifische Ausprägungen und „Zutaten" derartiger politisierter Protestformen präziser zu erfassen. Daß neonazistische Gruppen weniger vom Programm her als vielmehr vom Gruppenstil her ihre Anziehungskraft gewinnen, läßt sich so ebenfalls genauer analysieren.

Die Unterscheidung zwischen den integralen Objekten und den verschiedenen Handlungszielen der Gruppen und Gruppenstile — etwa im Fall von Neonazis und Skins oder auch von Rechtsextremisten und Konservativen — kann Differenzen und Berührungspunkte, d.h. unterschiedliche Akzente und Schnittmengen gleicher oder ähnlicher ergänzender Stilmittel sowie Wertorientierungen aufspüren helfen. Die zentrale Problematik der Schere zwischen einem „großen" Meinungspotential und einem „niedrigen" manifesten

Organisationsgrad ebenso wie die Abstufung zwischen regelgeleiteten oder „totalen" Gewaltaktionen erschließen sich ebenfalls aus dieser Perspektive. Aus Sicht des „demokratischen Systems" geht die Analyse von Stil und Symbol in letzter Konsequenz der politisch entscheidenden Frage nach, wodurch die Mitgliedsbarrieren extremistischer Gruppen so hoch und abschreckend wirken, daß ein Großteil entsprechender Meinungsanhänger gegenwärtig noch (?) in anderen, teilweise affinen Gruppenbezügen verbleibt. Die abschreckende Wirkung des Zusammenspiels von Strafrechtsdrohung, Stigmatisierung und einem rigiden Gruppenstil läßt sich so beschreiben, daß dem Rigorismus der idealtypisch aufgefaßten „politischen Soldaten" der höchste Abschreckungswert zukommen dürfte. Stilanalysen werfen deshalb ein kritisches Licht auf Tragweite und Tiefe der demokratischen, politischen Kultur und unterstreichen die große Bedeutung institutioneller Schranken, die ebenso wie der Rigorismus abschreckend wirken.

Anmerkungen

1 Eine längere Fassung dieses Beitrages, die — weiterführend — Fragen der Abgrenzung von Neonazismus, Skins und Musikkulturen stärker betont, die auch ausführlichere Belege und Nachweise enthält, ist in der Reihe „HiMoN-Diskussionsbeiträge" (Universität — Gesamthochschule Siegen, Forschungsschwerpunkt Historische Mobilität und Normenwandel) als Heft Nr. 114/88 erschienen.

2 Zum Konzept vgl. Pierre *Bourdieu,* Sozialer Raum und „Klassen". Leçon sur la leçon, Frankfurt 1985.

3 Zusammenfassend vgl. Uwe *Backes,* Eckhard *Jesse,* Totalitarismus-Extremismus-Terrorismus, Opladen 1985[2], S. 103ff., 321ff.; Wolfgang *Michalka* (Hrsg.), Extremismus und streitbare Demokratie = Neue Politische Literatur, Beiheft 4, Wiesbaden/Stuttgart 1987, S. 9ff., 71ff.; Hans-Gerd *Jaschke,* Rechtsextremismus, in: Iring *Fetscher,* Herfried *Münkler* (Hrsg.), Pipers Handbuch der politischen Ideen, Bd 5, München 1987, S. 487-511, bes. S. 488.

Zum Forschungsstand der Rechtsextremismusanalyse vgl.: Wolfgang *Kreutzberger,* Rechtsradikalismus in der Bundesrepublik, Frankfurt 1983; Eike *Hennig,* Rechtsextremismus und populistische Protestbewegung in der Bundesrepublik, in: Soziologische Revue, 6 (1983), S. 355-368; Thomas *Herz,* Neuer Wein in alten Schläuchen?, in: Sozialwissenschaftliche Informationen für Unterricht und Studium, 13 (1984), S. 72-79; Wilhelm *Heitmeyer,* Identitätsprobleme und rechtsextremistische Orientierungsmuster, in: Dieter *Baacke,* Wilhelm *Heitmeyer* (Hrsg.), Neue Widersprüche, Weinheim u. München 1985, S. 175-198; Peter *Dudek,* Deutungen jugendlich-rechtsextremen Protestverhaltens, in: Hans-Uwe *Otto* (Hrsg.), Soziale Arbeit und Faschismus, Bielefeld 1986, S. 479-504.

4 Samuel H. *Barnes,* Max *Kaase* u.a., Political Action, Beverly Hills/London 1979.

5 Max *Kaase,* The Development of Political Participation and Political Action Repertories in West Germany 1974-1986 = Arbeitspapier Nr. 209, DFG-Sonderforschungsbereich 3, Frankfurt/Mannheim o.D. (1987, 30 S.).

6 Ted Robert *Gurr,* Rebellion, Düsseldorf/Wien 1970, bes. S. 323ff.

7 Rolf *Amann*, Der moralische Aufschrei, Frankfurt / New York 1985.

8 Friedhelm *Neidhardt*, Linker und rechter Terrorismus, in: Analysen zum Terrorismus 3, Hrsg. Bundesministerium des Innern, Opladen 1982, hier S. 469ff.; Analysen zum Terrorismus 4/2 (Protest und Reaktion), Opladen 1984.

9 Vgl. Analysen zum Terrorismus 2 (Lebenslaufanalysen), Opladen 1981, und 3 (Gruppenprozesse), Opladen 1982.

10 *Neidhardt*, Terrorismus (Anm. 8), S. 459.

11 5 Millionen Deutsche: „Wir sollten wieder einen Führer haben ..." Die SINUS-Studie über rechtsextremistische Einstellungen bei den Deutschen, Reinbek b. Hamburg 1981; Elisabeth *Noelle-Neumann*, Erp *Ring*, Das Extremismus-Potential unter jungen Leuten in der Bundesrepublik 1984, Hrsg. Der Bundesminister des Innern, Bonn 1984; Wilhelm *Heitmeyer*, Rechtsextremistische Orientierungen bei Jugendlichen, Weinheim u. München 1987.

12 Peter *Dudek*, Hans-Gerd *Jaschke*, Jugend rechtsaußen, Bensheim 1982, S. 43-52.

13 Hans-Gerd *Jaschke*, Subkulturelle Aspekte des Rechtsextremismus, in: Dirk *Berg-Schlosser*, Jakob *Schissler* (Hrsg.), Politische Kultur in Deutschland = Politische Vierteljahresschrift, Sonderheft 18, Opladen 1987, S. 322-330.

14 Peter *Dudek*, Hans-Gerd *Jaschke*, Entstehung und Entwicklung des Rechtsextremismus in der Bundesrepublik, Bd 1, Opladen 1981, bes. S. 167-178. Diese Studie „Zur Tradition einer besonderen politischen Kultur" endet mit der Bundestagswahl 1969.

15 Jugendwerk der Deutschen Shell, Jugend '81, Bd 1, Hamburg 1981, hier bes. S. 508-515.

16 Auf die historische Bedeutung von Jugendkultur und Jugendbiographien weist Jürgen *Zinnecker* (in: Jugendkultur 1940-1985, Opladen 1987) hin.

17 Rolf *Lindner*, Editorial, in: John *Clarke* u.a., Jugendkultur als Widerstand, Frankfurt 1979, S. 7-14; ders., Nachwort in Mike *Brake*, Soziologie der jugendlichen Subkultur, Frankfurt / New York 1981, S. 172-193; Jürgen *Zinnecker*, Jugendliche Subkulturen, in: Zeitschrift für Pädagogik, 27 (1981), S. 421-440, bes. S. 422, 427ff.; Jugendforschung in der Bundesrepublik. Ein Bericht des SINUS-Instituts i.A. des Bundesminister für Jugend, Familie und Gesundheit, Opladen 1984, S. 91ff.; Amann, Aufschrei (Anm. 7), S. 21f.; Almuth *Bruder-Bezzel*, Klaus Jürgen *Bruder*, Jugend, München / Wien / Baltimore 1984, S. 53ff., Bruder-Bezzel / Bruder (S. 56ff.) betonen zugleich auch die historisch-klassenpolitischen Unterschiede, die gegen eine direkte Übertragung des CCCS-Ansatzes auf die BRD sprechen; diese Differenz ergibt sich insbesondere aus Unterschieden der englischen Arbeiterklasse und der deutschen Arbeiterbevölkerung (nach 1945), so daß die deutschen, konventionell orientierten Subkulturen viel undeutlicher auf eine proletarische „Stamm-" und „Elternkultur" rekurrieren können.

18 *Clarke*, Jugendkultur (Anm. 17), S. 138, s. S. 138ff., 141ff.

19 Ebda, S. 171ff., zur magischen Lösungsqualität vgl. auch S. 153ff. *Brake*, Soziologie (Anm. 17), S. 90ff.

20 Jugendforschung (Anm. 17), S. 96; vgl. auch *Brake*, Soziologie (Anm. 17), S. 32f.

21 Vgl. Ludolf *Hermann*, Hitler, Bonn und die Wende, in: Die politische Meinung, 209, Juli / Aug. 1983, S. 13-28 — Motto: „Die Rebellion von 1968 hat mehr Werte zerstört [genannt werden Fleiß, Sparsamkeit, Ordnung — E.H.] als das Dritte Reich. Sie zu bewältigen ist daher wichtiger, als ein weiteres Mal Hitler zu überwinden." — Zur Geschichte der Sekundärtugenden und bürgerlicher Tugendkataloge vgl. Paul *Münch* (Hrsg.), Ordnung, Fleiß und Sparsamkeit, München 1984.

22 Zur jeweils relativen Abgrenzung vom Konservatismus vgl. Eike *Hennig*, Konservatismus und Rechtsextremismus in der Bundesrepublik: Fragen der Berührung und Abgrenzung, in: ders., Richard *Saage* (Hrsg.), Konservatismus — eine Gefahr für die Frei-

heit? München / Zürich 1983, S. 299-317, hier S. 300ff., 305ff., 310ff.; Zur Abgrenzung von Fußballfans und Skins (bezüglich unterschiedlicher „Politisierung" und Gewaltformen) vgl. Eike *Hennig,* Jugend und Neofaschismus — organisierter Neonazismus und Fußballrowdytum, in: Offensive Jugendhilfe in Kassel. Materialien zur Veranstaltungsreihe „Auseinandersetzung mit Jugendkulturen" für Mitarbeiterinnen und Mitarbeiter des Jugendamtes der Stadt Kassel, Kassel: März 1986, S. 13ff., 17ff., 21ff.; vgl. insgesamt Eike *Hennig,* „Das ist 'n ganz kriminelles System, was wir hier haben." Kultur, Gegenkultur und Rechtsextremismus in der Bundesrepublik, in: Volkmar *Gessner,* Winfried *Hassemer* (Hrsg.), Gegenkultur und Recht, Baden-Baden 1985, s. 133-165, hier S. 141ff., 150ff.

23 Zur Methodik und zu den Prämissen dieser „idealtypischen" Vorgehensweise vgl. Eike *Hennig,* Wie wird man rechtsextremer Jugendlicher in der Bundesrepublik?, in: „Extremismus und Schule" Schriftenreihe der Bundeszentrale für politische Bildung, Bd. 212, Bonn 1984, S. 151-170, bes. S. 154ff.; Zu den Gruppen vgl. Peter *Dudek,* Jugendliche Rechtsextremisten, Köln 1985, S. 153ff.

24 *Dudek,* Jugendliche Rechtsextremisten (Anm. 23), S. 154, s. S. 175f.; zu den Mitgliedern dieser Gruppen vgl. Eike *Hennig,* Neonazistische Militanz und Rechtsextremismus unter Jugendlichen = Schriftenreihe des Bundesministeriums des Innern Bd 15, Stuttgart / Berlin / Köln / Mainz 1982; ders., „Wert habe ich nur als Kämpfer". Rechtsextremistische Militanz und neonazistischer Terror, in: Reiner *Steinweg* (Red.), Faszination der Gewalt = Friedensanalysen 17, Frankfurt 1983, S. 89-122; ders., F. Sch. (1957-1980) ein „politischer Soldat", in: Werner *Graf* (Hrsg.), „Wenn ich die Regierung wäre ..." Die Rechtsradikale Bedrohung, Berlin / Bonn 1984, S. 54-86.

25 Zit. n. Urteilsschrift 50 J s 33. 738 / 83 der 23. großen Strafkammer LG Frankfurt 1985 (S. 16f.).

26 Die Neue Zeit. Zentralorgan der Aktionsfront Nationaler Sozialisten — A.O., Nr. 13, Mai 1986, S. 4.

27 Karl-Heinz *Hoffmann* (Wehrsportgruppe Hoffmann), 1979 — Zit. n. Dudek, Jugendliche Rechtsextremisten (Anm. 23), S. 158.

Detlev Kraa

Sozialistische Rituale und kulturelle Überlagerung in der DDR*

Wenn heute bei der Untersuchung von Kulturmustern[1] in der DDR nach der kulturellen Eigenart, der Gesamtprägung oder mit Werner Rossade nach dem Stil[2] der DDR-Gesellschaft gefragt wird, so erscheint die Antwort plausibel: „die ... DDR zeigt sich ... im Stil einer Übergangsgesellschaft, aber nicht mehr vom Kapitalismus zum Sozialismus, sondern vom Sozialismus zu einer ‚modernen Industriegesellschaft' ".[3] Eine derartige Charakterisierung stützt sich darauf, daß Erscheinungen und Probleme moderner Industriegesellschaften die alten — ideologisch behaupteten — Antagonismen der Systeme überlagern. Solcherart Konvergenzen lassen sich in Bereichen beobachten, die für das Alltagsleben von Bedeutung sind und Massencharakter tragen. Jeder kennt beispielsweise das Stichwort vom „Weltniveau", dem sich die DDR nicht nur im Zeichen der augenblicklichen CAD/CAM-Seuche verschreibt. Sie gelten nicht allein im ökonomischen Bereich. Wichtige Leitbilder, Formen der Lebensgestaltung, der Mode und der Unterhaltungskunst kennen keine Grenzen. Bisher ist es in der Regel ein west-östliches Kulturgefälle, das insbesondere die Jugend der DDR in seinen Bann zieht.[4] Die Rücknahme allzu strikter staatlicher Kontrolle in weiten Bereichen ist unverkennbar: Beispiele liefern etwa die Geschichte des Jazz, besonders des Free Jazz in der DDR. Auch könnte die massive Übernahme westlicher Filme im DDR-Fernsehen seit wenigen Jahren als Ausdruck purer Hilflosigkeit gelten — es sei denn, das offizielle Ziel heiße Entpolitisierung der Bevölkerung. Ohne Zweifel korrespondiert solche Entwicklung mit der jeweils vorherrschenden Mentalität der DDR-Nomenklatura. Doch ungeachtet dessen, in welchem Verhältnis Konzessionen von oben oder der unaufhaltsame kulturelle Wandel von unten standen: Kulturelle Austausch- und Übernahmeprozesse durch systemdiffundierende Kulturmuster sind es heute, die in ihrer Gesamtheit den Stil der DDR-Gesellschaft prägen.

Diffusion und Konvergenz finden jedoch im Bereich sozialistischer Öffentlichkeit ein jähes Ende. Hier scheinen andere Kulturmuster wirksam, die von einem Stilbruch zwischen gesellschaftlichen Prozessen und politischer Verfaßtheit sprechen lassen. Es ist nach wie vor dieser Bereich, der unverückt unter ideologischem, machtbesetztem Vorzeichen steht und strikter staatlicher Kontrolle unterliegt. Solcherart Öffentlichkeit kann als „inszeniert"[5] oder in Anwendung der bekannten Formel Dietrich Geyers als „staatliche Veranstaltung"[6] bezeichnet werden. Nichts anderes auch meinte Christoph Hein, als er Ende November 1987 auf dem X. Schriftstellerkongreß der DDR das Bild von der „verschlossenen Tür" gebrauchte, die „nicht nur ein Symbol fehlender Öffentlichkeit (ist). Sie ist notwendigerweise auch das Zeichen einer verhinderten Öffentlichkeit, einer eingeschränkten Gesellschaft."[7]

Als die wichtigsten Merkmale von „Öffentlichkeit" — in der DDR wie in den anderen sozialistischen Ländern — erweisen sich Rituale. Als für Rituale typisch lassen sich

stilisierte, sich wiederholende Aktivitäten bezeichnen, die soziale Beziehungen ausdrücken und eingrenzen. Dies geschieht in der Regel unter Verwendung von Symbolen, die Bedeutungsgehalte transportieren sollen. Auf der Seite der Beherrschten kommen sie den metaphysischen Bedürfnissen der Bevölkerung nach integrierender Sinngebung, auf der Seite der Herrschenden Bedürfnissen nach Stabilität und Loyalität entgegen. Rituale verbinden den Einzelnen mit der Gruppe, die wiederum Bestandteil des politisch-sozialen Umfelds ist. Sie werden überwiegend von oben eingesetzt und verbinden in der DDR wie in anderen sozialistischen Staaten Nomenklaturkader in der Form von institutionalisierten Handlungen.[8]

Der DDR-Bürger ist in ein dichtes Netz von Ritualen, Traditionen und Bräuchen eingebunden, die nur zu einem Teil den natürlichen Bedürfnissen jeder Gesellschaft nach derartiger Einbettung entgegenkommen. In weit größerem Ausmaß scheinen sie Ersatz für jegliche Art staatsbürgerlicher Partizipation zu gewährleisten. Das fängt bei den staatlichen Feier- und Gedenktagen an, geht über jahreszeitliche und Volksfeste, Ehrentage von Berufsgruppen und führt bis zu Ritualen für Jugendliche und Übergangsritualen bei Wechsel von Lebensphasen. Es ergibt sich ein Rhythmus von Festen und Feiern in der DDR, der Ralf Rytlewski und Birgit Sauer von einer Ritualisierung des Jahres selbst sprechen läßt. In weiterer Zukunft könnten damit „gesellschaftliche Bedingungen für eine gewisse Renaissance mythischen Denkens" gelegt werden, das die Züge struktureller Ähnlichkeit der kommunistischen Utopie mit einem Mythos verstärken dürfte.[9]

Vor allem das Ritualen eigene Moment der Wiederholung verleiht neben anderen systemspezifischen Merkmalen dem Erscheinungsbild öffentlichen Lebens sozialistischer Staaten eine gewisse Eintönigkeit und Gleichförmigkeit — auch von Monumentalität und Schematismus,[10] Erstarrung und Anachronismus[11] ist in diesem Zusammenhang die Rede.

Das sowjetische Vorbild

In derartigen Vorwürfen manifestiert sich in erster Linie — und das soll im folgenden verfolgt werden — das Ergebnis eines kulturellen Austauschs eigener Art: der kulturellen Überlagerung.

Sie ist als ein einseitiger Prozeß der erzwungenen, aber durchaus auch freiwilligen Übernahme fremdkultureller Muster aufzufassen, der zum Verlust kultureller Identität führen kann — an dessen Beginn zumeist eine weitgehende Orientierungsverunsicherung steht.[12] Kulturelle Überlagerung kann in Verdrängung oder Ersetzung nationalkultureller Traditionen münden. Es kann heißen, daß die dafür an die Stelle getretenen Formen derartig tiefgreifende Wirkungen zeitigen, daß sie nicht allein das Erscheinungsbild bestimmen, sondern bereits integraler Bestandteil der politischen Kultur sind.

So folgt die Ritualisierung in der DDR deutlich fremdkulturellen Mustern: ihrer Art und Dimensionierung nach dem sowjetischen Vorbild. Besonders augenfällig ist dies in den frühen siebziger Jahren. Eine „Hypertrophie symbolischer Politik"[13] ging mit der Ausweitung von Ritualisierung Hand in Hand und holte die sowjetische Entwicklung der sechziger Jahre nach.

Begonnen hatte dieser Prozeß bereits 1945. Das Nachkriegsdeutschland bot ideale Voraussetzungen für jedwede kulturelle Überlagerung: Die ungeheure Kulturzerstörung durch die Nationalsozialisten mündete 1945 in eine Orientierungslosigkeit, in der die Mehrheit der Bevölkerung von Seiten der Besatzungsmächte mit fremden Kulturmustern konfrontiert wurde. Nach der vorangegangenen Isolierung Deutschlands wurde dieser Umbruch nicht selten als Kulturschock erlebt.

Daß es nach 1945 in den Gebieten Deutschlands östlich der Elbe und in Osteuropa sowjetische Kulturmuster waren,[14] findet offizielle Bestätigung. Nicht jedoch, daß damit Abhängigkeitsverhältnisse etabliert wurden:

„Was hier als ‚Abhängigkeit' " — so die offizielle Kulturpolitik heute — „deklariert und in der täglichen antikommunistischen Propaganda bis zum Exzeß kolportiert wurde, gründete sich auf die allgemeine Gesetzmäßigkeit der gesellschaftlichen Entwicklung, wie sie der historische Materialismus herausgearbeitet hat. Sie sind Grundlage der Politik aller revolutionären Arbeiterparteien, darunter auch der KPdSU und der SED." Doch ist „zu berücksichtigen ... daß die Sowjetunion 1945 als einziges Land bereits über Erfahrungen verfügte, wie eine neue, von den Antagonismen der Ausbeutergesellschaft freie, sozialistische Kultur sich entwickelt und welche Rolle das kulturelle Erbe dabei spielt. Diese Erfahrungen in den Wind zu schlagen wäre nicht nur unvernünftig, sondern für eine Partei der revolutionären Arbeiterklasse auch in höchstem Maße verantwortungslos gewesen."[15]

Träger kultureller Überlagerung

In der sowjetischen Zone lag die Zuständigkeit für Kultur in den Händen von Kulturoffizieren der Sowjetischen Militäradministration (SMAD). Diese waren auf ihre Nachkriegsaufgaben ausgezeichnet vorbereitet. Das schloß nicht aus, daß sich hinter der taktischen Toleranz der Anfangsperiode mit ihrer Förderung vor allem klassischer deutscher Traditionen[16] die natürliche Gleichgültigkeit, ja Mißachtung der Kultur Unterworfener verbarg — um so mehr als sich diese durch die Nationalsozialisten als von Grund auf korrumpiert darstellte. Die eigenen, sich als überlegen erwiesen habenden und damit — naiv gesagt — „besseren" Werte und Normen bestimmten den an das deutsche Volk zu legenden erzieherischen Maßstab.

Es ist nicht falsch, wenn später — 1967 — der Chef der Informationsabteilung der SMAD, Sergej Tjulpanov, sagt:

> „Wir Offiziere der SMAD waren sehr vorsichtig mit eigenen Anweisungen auf dem Gebiet der Kultur … (wir mußten) uns aber auf die Hilfe der Genossen stützen, denn sie kannten die Mentalität des deutschen Volkes. Der Aufbau der demokratischen Kultur konnte nur die Sache der Deutschen selbst sein."[17]

Entscheidend aber blieb der Rückhalt, den die deutschen Kommunisten für ihre Tätigkeit bei der Besatzungsmacht fanden. Sie und nur sie war die Quelle der Macht. Diese Macht konnte umsomehr im Hintergrund gehandhabt werden, als es die deutschen Kommunisten waren, die im Auftrag Stalins die Entwicklung der SBZ dominierten. Den ersten Rang unter ihnen nahmen diejenigen ein, die ihr Exil in der Sowjetunion verbracht und damit die stalinistische Schule durchlaufen hatten.[18]

Daß sie sich der Sowjetunion verpflichtet fühlten, ist kein Wunder in einer Zeit, in der es galt, in klarer, harter Frontstellung gegen „unversöhnliche Klassenfeinde" innen wie außen vorzugehen. In einer Zeit, als ideologiegeleitete sozialistische Transformation mittels Druck und Massenagitation angesagt war, war die Berufung auf die Sowjetunion und deren Vorbild geradezu notwendige „Flucht nach vorn" für die bestimmenden Kader. Deren vielfach gefährdete Position ist dabei nicht zu unterschätzen. Die gesamte Entwicklung war von der anhaltenden politischen Dominanz der Sowjetunion und der Bereitwilligkeit der DDR-Kader gleichermaßen geprägt, diesem Einfluß Tür und Tor zu öffnen.[19]

Der Erste Mai in der Tradition

Am Beispiel des Ersten Mai und seines Wandels soll hier nun versucht werden, Elemente kultureller Überlagerung aufzuzeigen. Der Erste Mai eignet sich aus vielerlei Gründen dafür: Er ist der älteste und bedeutendste Feiertag der gesamten Arbeiterbewegung und aller sich dieser Tradition bedienenden Staaten. Er wird bis auf den heutigen Tag gefeiert, so daß sich an ihm die gesamte bisherige Entwicklung der sozialistischen Selbstauffassung und ihres Selbstgefühls ablesen läßt. Er ist kein Nationalfeiertag, sondern eine „Systemfeier". Kein anderer Festtag verkörpert daher einen derartigen Gradmesser, eine übergreifende Klammer emotionaler Befindlichkeit und Lebendigkeit sozialistischer Programmatik. Jedem anderen fehlt es entweder an vergleichbarer historischer Dauer oder er verkörpert nur Teiltraditionen. Seine erste Begehung 1890 liegt vor jeder Dominanz eines bereits politisch etablierten und mit staatlichen Machtmitteln ausgestatteten sozialistischen Systems. Im inhaltlichen wie formalen Ablauf dieses Massenrituals bündeln sich die jeweils vorherrschenden Tendenzen und Ziele gleichsam zu einem Stil des jeweiligen Festes, dessen Beschreibung Rückschlüsse auf die gesellschaftlichen und politischen Standorte und auf das hier interessierende Verhältnis zur Sowjetunion zulassen.

Dabei ist es zunächst erforderlich, einen kurzen Blick auf die wesentlichen Merkmale der Maifeier der KPD und das kulturelle Umfeld zu werfen, da sich die SED nicht zu Unrecht auf diese Vorgeschichte beruft. Der Erste Mai ist eingebettet in die Auffassung der KPD von Kultur überhaupt. Im Mittelpunkt stand — so Wittfogel 1925[20] durchaus typisch für die KPD — der Kampfwert proletarischer Kultur. Die Folge war eine bewußte, dirigistische und verkürzte Einstellung gegenüber kulturellen Aktivitäten und der Arbeiterkulturbewegung insgesamt. Organisatorisch hieß das: Integration der kommunistischen Kulturorganisationen in den Agitprop-Apparat. Damit einher ging die Ablehnung, Gefühlspotentiale der Massen anzusprechen — wie es Clara Zetkin noch 1923 gefordert hatte.[21] Marxistische Wahrheiten mußten agitatorisch, propagandistisch, belehrend und aufklärerisch vorgetragen werden. Eine negative Haltung gegenüber Ritualen war damit — ungeachtet ihrer Inanspruchnahme — vorgezeichnet. Zumindest war man dagegen gefeit, den dezidiert proletarischen Inhalt der Feiern in einem Konglomerat von Naturzyklus und Naturmythos mit emanzipatorischen Akzenten untergehen zu sehen, woraus sich — besonders abstrus in einem Falle — sogar eine Art ,,Maienglaube" einstellen wollte.[22]

Der 1. Mai trug deutlichen Kampfcharakter, der schon in der frühen Weimarer Zeit auf eine Republik rätedemokratischen Zuschnitts zielte — später jedoch allein das sowjetische Modell propagierte. So hob bereits Rosa Luxemburg seinen Kampfaspekt hervor, schätzte jedoch auch — anders als die spätere KPD — seinen emotionalen Gehalt. Sie bezeichnete ihn als

,,ein lebendiges historisches Stück des internationalen proletarischen Klassenkampfes" in dem sich ,,alle Phasen, alle Momente dieses Kampfes" widerspiegeln. ,,Äußerlich genommen ist es immer dieselbe monotone Wiederholung gleichlautender Reden und Artikel, gleichlautender Forderungen und Resolutionen ... [klassische Elemente des Rituals] ... Allein unter der äußerlich gleichen Erscheinungsform birgt die Maifeier in sich den wechselnden Puls des proletarischen Klassenkampfes, sie lebt zusammen mit der Arbeiterbewegung und verändert sich daher mit ihr, gibt in der eigenen Stimmung, in der eigenen Spannung die wechselnden Situationen des Klassenkampfes wieder."[23]

Der Kampfcharakter dieses Tages war der bürgerlichen Gesellschaft bewußt: Nur den 1. Mai 1919 deklarierte die Nationalversammlung als Feiertag — alle folgenden blieben dies nur in einzelnen Ländern des Reiches. Diese Zugeständnisse an die Arbeiterbewegung wurden ab 1925 teilweise rückgängig gemacht, so daß 1928 bereits fristlose Kündigungen bei Teilnahme zu gewärtigen waren. Manchmal feierten SPD und KPD — wenn auch in getrennten Blöcken — zusammen, so daß die Maifeier neben programmatischen Differenzen auch das gegenseitige Verhältnis beider Arbeiterparteien widerspiegelte.[24]

Die Frage danach, welche spezifisch eigenen KPD-Traditionen der SED 1946 zur Verfügung standen, führt auch hier zunächst zur Frage des sowjetischen Einflusses und damit der kulturellen Überlagerung. Die KPD war bereits zu Beginn ihrer Existenz von der sowjetischen Partei abhängig — spätestens ab 1925 jedoch vollständig bolschewisiert.[25] Die zentralistische Organisationsform der Maifeier teilte sie mit der KPdSU. Nur die ausschließliche Bereitschaft, das Mairitual als von Gefühlswerten freies und bewußtes Kampfinstrument anzusehen, mag hier unterschiedlichen Ausdruck gefunden haben. In der Sowjetunion trat der Kampfaspekt naturgemäß nicht mehr intern, sondern allein noch nach außen in Erscheinung.

Staatsfeiertag sowjetischer Prägung

Als „Wiedergeburt des 1. Mais"[26] feiert die SED heute die ersten einheitlichen Maidemonstrationen nach dem Krieg 1946 und scheint damit an die eigene KPD-Tradition anzuknüpfen. In gleichem Atemzuge jedoch spricht sie von einem „neuen Inhalt" und betont:

„Die deutschen Arbeiter konnten nun dem weltgeschichtlichen Beispiel folgen, das ihnen ihre sowjetischen Klassengenossen mit dem ersten gesamtrussischen Subbotnik [unbezahlter, freiwilliger Arbeitstag] und den ihm folgenden Maifeiern im ersten Arbeiter- und Bauernstaat gegeben hatten."[27]

Ohne jede Einschränkung stellt sich die SED somit wie selbstverständlich in die sowjetrussische Tradition und es ist zu fragen, wie weit sich dies in den Maifeiern seit 1946 nachweisen läßt.[28]

Der Beginn stand offensichtlich im Bann eines rein nationalen Ereignisses: Der 1. Mai 1946 war der „erste große Tag des Aufmarschs der wieder vereinten Arbeiterklasse"[29] d.h. der gerade vollzogenen Vereinigung von KPD und SPD. Damit war zunächst ein nationales — wenn auch durch Zwang bereits korrumpiertes — Anliegen Mittelpunkt auch des symbolischen Aktes: Marschkolonnen, aus verschiedenen Richtungen kommend, fanden sich an der Spitze zusammen. Spätestens 1948 aber ist der Maifeiertag inhaltlich und formal dem sowjetischen Vorbild angeglichen, wenn etwa der Gruß an „das große heroische Sowjetvolk, dem Vorkämpfer für den Frieden"[30], ebenso ein „Maigruß an Marschall Sokolowskij und das Parteiaktiv der KPdSU" gehen und die Aktivisten der Betriebe zum ersten Male prämiert werden.[31]

Selbst die Bestandsaufnahme und Berichterstattung über die Maifeier gewann zunehmend Ritualcharakter: die Höhe der Teilnehmerzahlen galt dabei als Erfolg. Lediglich im Gefolge des Aufstandes vom 17. Juni wurde darauf verzichtet. Hier wirkt die bekannte Potëmkinsche Tradition Russlands: Die Teilnahme wurde früher wie heute mit Geld und Vergünstigungen entgolten, d.h. der äußere Schein innerer Beteiligung wird gewahrt. Solcherart „Selbstinszenierung" wird als „wachsende Macht der Arbeiter"[32] verkündet.

Die Symbole der Maifeiern transportieren deutlich den jeweiligen politischen Inhalt und setzen ihn in Szene. Als gleichbleibende Symbolik erscheinen die Rote Nelke, die Fahnen, die Porträts von herausragenden Persönlichkeiten; Orden und Abzeichen, Modelle von Produkten, Friedenstauben und Waffen. Zu den verbalen Symbolen gehören alle Parolen und Losungen auf Transparenten. Auch gibt es Festwagen einzelner Betriebe oder Institutionen.

Vor allem die mitgeführten Porträts sind der Tradition des Ersten Mai fremd. Vor der Oktoberrevolution prägten internationale Parolen und Transparente das Bild der Maifeiern der Welt. Es wurde gelegentlich durch Karikaturen bereichert. Porträts und ihre Symbolik zählen zur orthodox-byzantinisch-ikonographischen Tradition Rußlands.[33] Darüberhinaus erweist sich die Anordnung der Ehren- und Zuschauertribüne wie der Marschsäulen ebenfalls als Übernahme von Prozessionselementen orthodoxer Prägung. Die separaten Marschblocks der Jugend und der Sportler sind hingegen Gestaltungsformen sowjetischer Provenienz.

Andere Elemente sind darauf zurückzuführen, daß der Erste Mai in der Sowjetunion erstmalig Staatsfeiertag wurde. Diese Staatstradition läßt sich in der Leistungsschau, den Militärparaden und dem Tragen von Orden durch prämierte Werktätige erkennen. Die ursprüngliche Maifeier war trotz ihres Kampfcharakters und vielfacher harter Auseinandersetzungen mit der Polizei waffenlos. Die Leistungsschau konnte auch erst nach Übernahme der Macht diese Gestalt annehmen.

Die zentralen Aussagen aller Symbole scheinen zunächst auf Eigenes zu deuten — abgesehen von denen, die die Blockintegration zum Thema haben. So

— die lange KPD-Tradition in der Arbeiterbewegung,
— der Stolz auf die eigenen Leistungen
— die Bereitschaft, sie zu verteidigen,
— der Wille zu Leistung und Zukunft und
— die Solidarität mit den unterdrückten Völkern. Erst bei genauerem Hinsehen fällt auf, daß hier die charakteristische Mischung von Aussagen auf die Stereotype der zentralen Aussagen der Maifeier der Sowjetunion zurückgreift.

Darüberhinaus sind es auch direkte sowjetische Inhalte, die die Maifeiern prägen: So 1961, als man Dutzende Modelle sowjetischer Raumschiffe mitführte. 1972 markierte die Parole „Mit der Sowjetunion verbunden — mit der Zukunft verbunden"[34] die Maifeier. Bis zu diesem Jahr war es die Dankbarkeit über die Befreiung vom Faschismus, die in der Darstellung der Bindung an die So-

wjetunion aufschien. So wurde 1965 ein Wagen mitgeführt, auf dem ein Rotarmist über den Ruinen von Berlin auf dem Reichstag „die Fahne der siegreichen Sowjetarmee hißt. Während der Maidemonstration 1975 formierten sich Thälmannpioniere zu einem „leuchtend roten Siegesstern, über dem eine Nachbildung des Treptower [sowjetischen]Ehrenmals aufragt: der Sowjetsoldat, das Hakenkreuz zerschlagend, ein Kind auf dem Arm." Dazu erklang die Siegesmeldung des Moskauer Rundfunks vom 9. 5. 45. Pioniere stürmten mit Blumen zu den sowjetischen Soldaten auf beiden Seiten der Straße. Über allem die Stimme Ernst Buschs: „Dank Euch, ihr Sowjetsoldaten."[35] Deutlicher können Unterwerfungsriten nicht geraten.

Zwei gewichtige Unterschiede in Ablauf und DDR-Inszenierung des Rituals fallen in die neuere Zeit: Einmal wurde im Gegensatz zur Moskauer Feier 1982 die Höhe der Tribüne gesenkt, so daß „Landesvater" Erich Hände schütteln und Resolutionen entgegennehmen konnte. Zum anderen entfiel 1978 die Militärparade. Dies erfolgte erst 13 Jahre nach der Sowjetunion. Auch wenn darüber nur spekuliert werden kann[36] — beide Änderungen laufen auf eine gewisse Lockerung und Abkehr von Elementen totaler Reglementierung und herrschaftlicher Distanz hinaus. Dem entspricht auch der in den 80er Jahren heitere Charakter der Maifeier, die in ein sich regelmäßig anschließendes Volksfest mündet.[37]

Noch deutlicher ist auf der Ebene der symbolischen Inhalte ein Wandel der DDR-Selbstauffassung zu erkennen. Natürlich halten alle Maidemonstrationen bis 1953 an den obligatorischen Porträts von Marx, Engels, Lenin und Stalin fest und dokumentieren damit die unverrückte Unterordnung der SED unter die sowjetischerseits behauptete Hauptströmung der Arbeiterbewegung. 1954/55 erwähnt die DDR-Presse überhaupt keine Leitgestalten — bis dann 1956 mit Marx, Lenin und Engels eine dauerhaftere, korrigierte Version proletarischer Traditionslinien erscheint. Tausende Bilder des Parteivorsitzenden, auch der Politbüromitglieder symbolisieren die Einheit von Volk und Führung im Ritual. Die Person Honeckers rückt in den 80er Jahren immer mehr in den Vordergrund. Waren jedoch aus der eigenen Tradition früher lediglich Liebknecht, Zetkin, Thälmann und Pieck — nie Grotewohl — mitgeführt, so erweiterten sich die deutschen Traditionsbezüge ab 1978 erheblich. Nichtsozialistische Persönlichkeiten der deutschen Geschichte wurden in Überlebensgröße präsentiert: Leibniz, Koch, Virchow, die Brüder Humboldt, Schinkel, Knobelsdorff, Gneisenau, Scharnhorst, Brecht und Eisler. Die DDR wird als Heimat und Vaterland besungen, so 1984 durch die FDJ: „Unsere Liebe, unsere Treue, unsere Tat unserem Vaterland der DDR."[38] Der internationalistische Aspekt scheint sich immer mehr in der Formel zu verflüchtigen: „Die Welt braucht Frieden".

Der 1. Mai 1987 steht ganz im Zeichen der 750-Jahr-Feier Berlins: Berliner Bären werden im Zug mitgeführt, ein Wohnungsrapport resümiert die Leistungen im Stadtteil Prenzlauer Berg. Das Generalthema ist die provinzielle

Bescheidung auf die DDR als „Staat der Geborgenheit". Erst gegen Ende folgen die stereotypen Verpflichtungen zur Erfüllung der Beschlüsse des XI. Parteitages. Den Abschluß bilden die Kampfgruppen der Arbeiterklasse.[39] In der Reihenfolge der Maiparolen scheint sich eine gewisse Absetzung von der Sowjetunion anzudeuten: Der „Bruderbund" mit der UdSSR rangiert — ungleich früherer Prioritätensetzung — nach der Nennung eigener außenpolitischer Aktivitäten.[40]

Schlussbetrachtung

Das Ergebnis dieses Überblicks über einige Charakteristika des Mairituals läßt erkennen:

1. Allein die Umwandlung des „Kampftages der Arbeiterklasse" in einen offiziellen Staatsfeiertag ist als der entscheidende Geburtsfehler des 1. Mais anzusehen. Denn dies vollzog sich nicht im Rahmen einer selbst erkämpften innergesellschaftlichen Auseinandersetzung, d.h. nicht aus eigenem Recht sondern — und hier ist die Parallele unverkennbar — ebenso wie der vorangegangene nationalsozialistische „Tag der nationalen Arbeit" verdankt der Erste Mai seinen staatlich-offiziellen Charakter einem Oktroi.

2. In wesentlichen Zügen ist das Mairitual — wie von der SED behauptet — als Übernahme des sowjetischen Vorbilds anzusehen, auch wenn dies erst ab 1948 deutlich wird.

3. Die Überlagerung ist vorwiegend im formalen Bereich festzustellen — ungeachtet zweier gewichtiger Unterschiede, die sich nach über 30 Jahren einstellten: der Senkung der Ehrentribüne und der zeitlichen Differenz bei Abschaffung der Militärparade.

4. Seit den späten siebziger Jahren ist jedoch die Ausweitung spezifisch deutscher Traditionselemente vor allem bei den symbolischen Inhalten unverkennbar. Es wäre nicht zu verwundern, wenn sich ein ein lang unterdrücktes DDR-Selbstbewußtsein auch des Rituals bediente. Versteckte Bekenntnisse — auch Animositäten der Art „Wir sind nicht so rückständig"[41] — fänden eine ritualisierte Form der Abgrenzung gegenüber sowjetischem Einfluß.

Natürlich bliebe es erforderlich, auch die übrigen, Öffentlichkeit inszenierenden Massenrituale genauer zu untersuchen. Es sind ausgesprochen politische Massenfeste und -veranstaltungen, die größtenteils bereits durch ihre Widmung zum Ausdruck bringen, daß sie ideologische Inhalte transportieren.[42] Auch sie dienen gleich dem Ersten Mai staatlicher Beheimatung wie offizieller Traditionsausrichtung und -festlegung des DDR-Bürgers.[43] Sogar ihre religiöse Ersatzfunktion bleibt nicht immer unerwähnt.[44] Bestandteile sind jeweils identische Elemente wie Festveranstaltungen mit Ansprachen, Demonstrationen oder Paraden, Kranzniederlegungen und Ordensverleihungen. Die gesamte Partei-

und Staatsführung ist daran beteiligt. Solcherart sozialistische Festkultur weist in ihrem mit großem zeitlichem, gestalterischem und personellem Aufwand gefeierten Gepräge deutliche Züge kultureller Überlagerung auf. Nur wenige allerdings zeigen in Inhalt und Form so unverkennbaren Unterwerfungscharakter wie etwa der 23. Februar als „Jahrestag der Sowjetarmee" nebst der sich anschließenden „Woche der Brüderlichkeit".

Wichtiger aber ist die Frage nach der Wirkung. Es ist anzunehmen — Erhebungen fehlen — daß in einer im wesentlichen antiritualistisch gestimmten Gesellschaft wie der DDR[45] Rituale keine großen Wirkungen zeitigen,[46] da die innere Beteiligung fehlt. Ungeachtet dessen aber glauben sich die Regierenden des Nutzens sicher: seit spätestens 1975 kann von einer Hypertrophie ritueller Einordnung und Beheimatung des DDR-Bürgers analog der Entwicklung in der UdSSR gesprochen werden. Der Überblick über den Ritualisierungsprozeß und die Wandlungen eines Massenrituals lassen den Schluß zu, daß Rituale und Ritualisierung umso eher akzeptiert werden, als sie eigene Traditionen verkörpern. M.a.W. die Ausweitung der Ritualisierung wie die Anwendung des jeweils konkreten Rituals als Mittel der Herrschaftssicherung bedarf in der DDR mehr und mehr symbolischer Inhalte deutsch-traditioneller Provenienz. Es ist, als ob der SED heute daran gelegen sei, den oben genannten Geburtsfehler des Ersten Mai vergessen zu machen.

Ideologische und Ritualisierungsprozesse scheinen miteinander verwoben: Solange nach dem Kriege allein die Revolutionierung der Produktionsverhältnisse gleichsam zwangsläufig auch das neue sozialistische Bewußtsein zu schaffen versprach,[47] stieß das Ritual auf kaum mehr als das tradierte Interesse am agitatorischen Nutzen. Dies mußte sich ändern, als etwa die Beschäftigung mit der „sozialistischen Persönlichkeit" in den frühen sechziger Jahren und erst recht mit der „sozialistischen Lebensweise" ab den siebziger Jahren eine realitätsgerechtere, eher mehrdimensionale Sicht menschlichen Verhaltens anzeigte.[48] Traditionen und auch Ritualen war damit ein größeres Augenmerk sicher.[49]

So erleichterten zwar ideologische Modifikationen den Weg vermehrter Anwendung von Ritualen, doch erst im Zeitraum massiv abnehmender Integrationskraft offizieller Ideologie kam es zur planmäßigen Ausweitung der Ritualisierung. Da die Sowjetunion ihre Vorbildrolle bisher wesentlich durch die Ideologie legitimierte — darüberhinaus sicherte nur die Drohung mit machtpolitischen Instrumenten ihre Vorherrschaft im sozialistischen Lager — ist zu fragen, ob die rituell verankerten Elemente kultureller Überlagerung in der inszenierten Öffentlichkeit einen Ausgleich für das Verblassen der ideologisch behaupteten sowjetischen Rolle zu schaffen vermögen. Die Stärkung nationaler Symbolik spricht eine andere Sprache.

Am Horizont jedoch zeichnen sich erstmals in der sowjetischen Geschichte mit Gorbatschow zaghafte Umrisse einer nichtritualisierten Öffentlichkeit ab. Es mag sein, daß damit die Zeit weiterer Ritualisierung für die SED kurz bemessen ist.

* Erweiterte Fassung eines Vortrags, gehalten am 18. 10. 1987 auf der Eleventh Annual Conference der German Studies Association in St.Louis, Missouri, im Rahmen des panel „Political Rituals in the GDR"

1 Kulturmuster sind zu definieren als „mehr oder minder generelle und relativ beständige Strukturen soziokultureller Gesamtheiten"; „Komplex von Kulturmerkmalen"; oder nach Ruth Benedict „‚Muster'(pattern) als Organisationsprinzip, das gewissen Kulturmerkmalen bestimmte Positionen im kulturellen Gesamtzusammenhang einräumt und andere, die nicht in das Schema passen, ausschließt" so W. Rossade, Kulturelle Muster in der DDR, in: PVS Sonderheft 18 (1987) S. 229;

2 zum Stil s. W. Rossade (1987) S. 229 ff

3 W. Rossade (1987) S. 236 f

4 s.a. W. Rossade, Gesellschaft und Kultur in der DDR. Politik, Kulturtheorie und Kulturmuster im Realsozialismus, in: Aus Politik und Zeitgeschichte B 40-41/87 (3. 10. 1987) S. 30

5 W.Löcher/V.Blaum, Stichwort „Öffentlichkeit" in: W.R.Langenbucher/R.Rytlewski/B.Weyergraf (Hg.) Kulturpolitisches Wörterbuch Bundesrepublik Deutschland/Deutsche Demokratische Republik im Vergleich, Stuttgart 1983

6 bezogen auf die zaristische Gesellschaft s. D. Geyer, „Gesellschaft" als staatliche Veranstaltung, in: Wirtschaft und Gesellschaft im vorrevolutionären Rußland, hg. D. Geyer, Köln 1975 S. 20-52

7 Die Zeit Nr. 50 vom 4. 12. 1987 S. 58; vgl. Rosa Luxemburg: „Das öffentliche Leben der Staaten mit beschränkter Freiheit ist eben deshalb so dürftig, so armselig, so schematisch, so unfruchtbar, weil es sich durch Ausschließung der Demokratie die lebendigen Quellen allen geistigen Reichtums und Fortschritts absperrt", Zur russischen Revolution, in: Gesammelte Werke Bd.4 Berlin/O 4. Aufl. 1987 S. 360 Hervorheb.v.Verf.

8 R. Rytlewski/D. Kraa, Politische Rituale der Sowjetunion und der DDR, in: Aus Politik und Zeitgeschichte B 3/87 (17.1.1987) S. 34

9 so R. Rytlewski/B. Sauer, Die Ritualisierung des Jahres. Zur Phänomenologie der Feste und Feiern in der DDR, in: A. Waschkuhn/W. Luthardt (Hg.), Politik und Repräsentation, Marburg 1988 S. 283

10 s. A. Hinze, Der Genosse Paradiesvogel, in: Süddeutsche Zeitung vom 8. 10. 1987, der ein Porträt eines DDR-„Zeremonienmeisters", des „Chefregisseurs für Sonderveranstaltungen" Jochen Lohse entwirft

11 so Michael Hofmann, Vom Schwung der Massenfeste (I), Zur Gestaltung und Organisation der politischen Festkultur der siegreichen Arbeiterklasse; Vom Schwung der Massenfeste (II), Überlegungen zur wirksameren Gestaltung traditioneller und neuer Feiertage, in: Kultur und Freizeit 11(1986) S. 25 und 12(1986) S. 27

12 I.M. Greverus, Stichwort: „Kultur" in: Kulturpolitisches Wörterbuch (1983)

13 W. Rossade (1987, Anm. 1) S. 231

14 W. Rossade (1987, Anm. 4) S. 33 spricht allgemein von der „politisch durchgesetzten Dominanz der sowjetischen Soziokultur", die großrussisch bestimmt sei.

15 Die SED und das kulturelle Erbe, Akademie für Gesellschaftswissenschaften, Autorenkollektiv Ltg.: H. Haase, Berlin/O 1986 S. 80f

16 M. Jäger, Kultur und Politik in der DDR, Köln 1982, S. 4 ff

17 S.J. Tjulpanow, Vom schweren Anfang, in: Weimarer Beiträge (1967) H.5, S. 725 zitiert in: Die SED und das kulturelle Erbe, (1986) S. 83

18 W.Leonhard, Die Revolution entläßt ihre Kinder, Köln/Berlin 1955

19 Der stellvertretende Direktor des Instituts für die Wirtschaft des sozialistischen Weltsystems der sowjetischen Akademie der Wissenschaften, Leonid Jagodovskij, spricht heute beispielsweise von „Elementen blinder Nachahmung" und auch davon, daß vor allem in den 50er Jahren die Nachahmung des sowjetischen Modells dominierte, s. Kriterien der Effektivität in: Neue Zeit 37(1987) S. 18

20 Zitiert bei W. van der Will/R. Burns, Arbeiterkulturbewegung in der Weimarer Republik, Frankfurt, Berlin, Wien 1982 S.242 ff auch für das ff

21 W. van der Will/R. Burns (1982) S.152 ff, vgl. auch die S.153 f angeführte Kritik Ernst Blochs, Erbschaft dieser Zeit, Frankfurt/M. 1973 S.16 f und 146 ff an der Vernachlässigung der Gefühlspotentiale durch die KPD im Gegensatz zu ihrer vollendeten Nutzung durch die Nationalsozialisten

22 W. van der Will/Burns (1982) S. 149

23 Die Maifeier, in: Gesammelte Werke Bd. 2 Berlin/O 4. Aufl. 1986 S. 201, auch zitiert in U. Achten/M. Reichelt/R. Schultz, Mein Vaterland ist international, Illustrierte Geschichte des 1. Mai 1886 bis heute, Oberhausen 1986 S. 62; vgl. a. Ernst Thälmanns Aussage: „nicht leere Gedenktage, sondern Richtlinie für den Klassenkampf, Leitfaden für die Aktion" zit.bei A.Hinze, Aufmarschieren und Abtransportieren, Süddeutsche Zeitung 19. 1. 87

24 U. Achten, u.a.(1986) S.52 f

25 s. H. Weber, Die Wandlung des deutschen Kommunismus. Die Stalinisierung der KPD in der Weimarer Republik, Frankfurt/M. 1969

26 so der Leitartikel des ND 28. 4. 1946

27 D.Fricke, Kleine Geschichte des Ersten Mai, Berlin/O 1980, S. 260

28 Die Darstellung entnimmt einige Beispiele dem Vortrag von B. Sauer/U.Treziak, „DDR: Loyalität im Ritual" auf dem 16. Kongreß der Deutschen Vereinigung für politische Wissenschaft vom 7. 10.-10. 10. 1985, als Artikel in revidierter Form s. Anm. 37

29 Leitartikel ND 28. 4. 1946

30 ND 25. 4. 1948

31 ND 1. 5. 1948

32 ND 2. 5. 1957

33 Einige Beispiele byzantinischer Tradition vermittelt über die russische Orthodoxie bis zur formalen Übernahme durch die SED vgl. H. Hunger, Reich der neuen Mitte. Der christliche Geist der byzantinischen Kultur. Graz, Wien, Köln. 1965 S. 376-380; zur Bedeutung der Ikonenverehrung s. F. Heiler, Die Ostkirche. München, Basel 1971 S.192-195; vgl. a. R. Rytlewski/D. Kraa (1987, Anm. 8) S.40 und 47; vgl. a. den Hinweis auf die ersatzreligiösen Züge von Massenritualen s. Anm. 44

34 ND 2. 5. 1972

35 ND 2. 5. 1975

36 Die Fortführung der Militärparade deutet m.E. eher auf die Weiterführung vormals übernommener stalinistischer Tradition durch DDR-Kader sowie auf Legitimationsschwächen als auf eine Abkehr vom großen Vorbild; s.a. die Vermutung Ralf Rytlewskis, daß der preußisch-deutsche Militarismus dem sowjetischen Platz gemacht habe, Soziale Kultur als politische Kultur, in: PVS Sonderheft 18(1987) S. 241 f

37 Vgl. a. R. Rytlewski/B. Sauer/U. Treziak, Politische und soziale Rituale in der DDR, in: PVS Sonderheft 18(1987) S. 255 f

38 ND 2. 5. 1984

39 Vgl. ND 2. 5. 1987

40 ND 8. 4. 1987; s.a. P. Danylow, Revolutionäre Umgestaltung und revolutionäre Selbstgewißheit. KPdSU und SED zum Maifeiertag 1987, in: Deutschland Archiv 6(1987) S. 563 ff

41 nach Angaben Hermann von Bergs (am 19. 1. 1987 vor dem „Arbeitskreis für Politik und Zeitgeschichte Osteuropas", Freie Universität Berlin) hat das ideologische Vorbild Sowjetunion unter leitenden DDR-Kadern spätestens seit Gorbatschow ausgespielt. Anerkannt wird seine lediglich historische Rolle als des Landes der ersten sozialistischen Revolution. Die Gesellschafts- und Wirtschaftsstruktur der Sowjetunion wird als zweitklassig empfunden.

42 zu nennen wären: — Mitte Januar die Kampfdemonstration zu Ehren und zur Erinnerung an die Ermordung von Rosa Luxemburg und Karl Liebknecht. — der 23. Februar als „Jahrestag der Sowjetarmee" mit der sich anschließenden „Woche der Waffenbrüderschaft". — der 8. März als Internationaler Frauentag, der auf die Initiative von Clara Zetkin zurückgeht. — die Festveranstaltung zum Revolutionsjahr 1848. — der Internationale Tag für die Beseitigung der Rassendiskriminierung. — der Erste Mai — der 8. Mai als Jahrestag der „Befreiung vom Faschismus" — am 1. September der Weltfriedenstag — am 2. Sonntag im September der Internationale Gedenktag für die Opfer des faschistischen Terrors und Kampftag gegen den Faschismus — der 7. Oktober als Gründungstag der DDR — der 7. November als „Tag der Großen Sozialistischen Oktoberrevolution" eingebettet in den Monat der „Deutsch-Sowjetischen Freundschaft".

43 wenn es eines Beweises dazu bedurft hätte, so lieferten ihn die Ereignisse des 17. 1. 1988, als DDR-Bürger auf der „Kampfdemonstration zu Ehren und zur Erinnerung an die Ermordung von Rosa Luxemburg und Karl Liebknecht" den Versuch unternahmen, der symbolischen Vereinnahmung von Rosa Luxemburg durch Partei- und Staatsführung Rosa Luxemburgs berühmtes Diktum von der „Freiheit der Andersdenkenden" auf selbstgefertigten Plakaten entgegenzuhalten, s. A. Hinze, Aufmarschieren und abtransportieren, Süddeutsche Zeitung 19. 1. 88 S.3

44 so Prof. Dr. Heinz Kamnitzer, Präsident des PEN-Zentrums der DDR, in seiner Reaktion auf die Störung der „Totenfeier für die Märtyrer der Kommunistischen Partei" (s. Anm.43), in der er schreibt: „Was da geschah, ist verwerflich wie eine Gotteslästerung. Keine Kirche könnte hinnehmen, wenn man eine Prozession zur Erinnerung an einen katholischen Kardinal oder protestantischen Bischof entwürdigt. Ebensowenig kann man uns zumuten, sich damit abzufinden, wenn jemand das Gedenken an Rosa Luxemburg und Karl Liebknecht absichtlich stört und schändet." ND 28. 1. 88

45 s. R. Rytlewski / D. Kraa (1987) S.36 f, 47

46 mit der Wirkung von Massenfesten unzufrieden zeigt sich offensichtlich auch M. Hofmann (1986, Anm. 11); vgl. dagegen den Versuch, ihre Wirkung — Erzeugung loyaler Mentalitätsstrukturen — mittels einer strukturellen Analyse zu belegen, s. R. Rytlewski, B. Sauer, U. Treziak (1987, Anm. 28 und 37)

47 heute bezeichnet Otto Reinhold, ZK, diese Vorstellungen als „primitiv" s. das Gespräch mit Günter Gaus, Frankfurter Rundschau 3. 6. 86 S. 10

48 vgl. die Stadien dieser Entwicklung bei Ch. Lemke, Persönlichkeit und Geschichte. Zur Theorie der Persönlichkeit in der DDR, Opladen 1980, u.a. die Seiten 13, 15 ff, 38 f

49 wobei zwar der Ritualbegriff in der DDR auf Ablehnung stößt und nicht verwandt wird, vgl. R. Rytlewski / D. Kraa (1987) S.36 ff jedoch beispielsweise M. Hofmann (1986, Anm. 11) den erstarrten — und das heißt als „bloßes Ritual" empfundenen, — Massenfesten neues Leben einhauchen will

4. Teil
Politische Identität II:
Zur Bedeutung von Staatsmythos, politischer Symbolik und Symbolisierung für die Legitimation von Herrschaft

Wolfgang Seibel

Staatslehre und Staatsmythos

Historische und aktuelle Vorbelastungen der Staatsdiskussion in der Bundesrepublik Deutschland

1. Der Staat als Mythos

Wenn deutsche Wissenschaftler umstandslos vom „Staat" sprechen, so liegt darin eine gewissen Verwegenheit. Man tut so, als ob vom „Staat" in sachlich-pragmatischer Weise die Rede sein könnte, ideologiefrei und konnotationslos. Wer dergestalt so tut, „als ob", wirkt entweder als Ideologe oder er verfolgt normative Absichten. In normativen Entwürfen wird dann der Staat zur rationalen Ordnung der Demokratie als „politischer Lebensform" (*Carl J. Friedrich*), wohl wissend, daß dies nicht so ist, aber eben so sein sollte. Ideologisch hingegen ist es, wenn der Staat als Institution der Organisationsform „Demokratie" vorausgesetzt und für die Stabilisierung von Spannungen zwischen staatlicher Herrschaft und demokratischem Prozeß der Appell an die „Staatsräson" bereitgehalten wird.[1]

Daß die Demokratie als Staatsform ein lebendiger Widerspruch ist, daß sie die Spannung von Demokratie als Herrschaft und Demokratie als Lebensform repräsentiert, wie *Carl J. Friedrich* es formuliert hat,[2] ist uns geläufig. Gerade in Deutschland aber ist diese Spannung Ursache und Gegenstand *politischer Mythen,* die es erschweren, vom Staat „einfach so" zu sprechen und die zu den Vorbelastungen auch der wissenschaftlichen Staatsdiskussion gerechnet werden müssen.

Mythen wirken durch die Affektbesetzung von Symbolen. Solche Affekte sind spannungsentladend, sie wirken mildernd, gleich, ob es positive oder negative Affekte sind. Auch der Mythos politischer Symbole, speziell der *Mythos des Staates*, ist, wie *Ernst Cassirer* es beschrieben hat, ein „dauerhaftes Muster der Milderung".[3] Denken wir an den soeben in Mogadischu erfolgreichen Krisenhelfer, der beim Erklingen des Deutschlandlieds auf dem Flughafen die Tränen nicht unterdrücken kann. Umgekehrt kann aber auch die Dämonisierung von Symbolen mythenhafte Effekte haben. Es ist gemütsentlastend, wenn der Staat als verlängerter Arm der herrschenden Klasse oder als Sinnbild einer bürokratischen Großmaschinerie betrachtet wird, die nach radikalen Alternativen des politischen Verhaltens und Entscheidens zu verlangen scheint.

In jedem Fall ist der Mythos eine „Einheit in der Vielfalt", er erlaubt eine „Einheit des Fühlens"[4] auch in sozial und kulturell hochdifferenzierten Gesellschaften. Politische Mythen können wesentliche, wenn nicht tragende Elemente einer politischen Kultur sein, sie prägen homogene politische Verhaltensstile unabhängig von heterogenen Interessenlagen.[5]

Ein solcher homogener politischer Verhaltensstil ist in Deutschland die *praktische Distanz zur institutionellen Ordnung der Demokratie als Staatsform*. Die Wirkung vor- oder anti-demokratischer Traditionen in der politischen Kultur und im „Staatsdenken" auch noch der Bundesrepublik ist vielfach dargestellt worden.[6] Als charakteristischer Zug wurde dabei insbesondere das komplementäre Verhältnis von unpolitischer Konfliktscheu und Alltagsetatismus oder ,Staatsbewunderung' hervorgehoben.

Allerdings begünstigt diese Art der Betrachtung den Schluß, daß das Unverhältnis zum demokratischen Staat in Deutschland allein eine konservative Erblast sei. Es wird der historischen Wirklichkeit mehr gerecht, wenn man das nach wie vor unsichere Verhältnis von Staat und Demokratie in Deutschland wenigstens *auch* als Auswirkung eines homogenen *politischen Generalmythos* auffaßt, der Staat und Demokratie als einen spannungsgeladenen Gegensatz erscheinen läßt.

Heterogen sind nur die Prioritätensetzungen innerhalb dieser Spannungslage. Während die politische Rechte sie konzeptionell wie auch praktisch zugunsten der Staatssouveränität auflöst, hat die politische Linke in Deutschland traditionell den nicht-staatlichen Bereich als Ort der „eigentlichen" Demokratie betrachtet. Wo die politische Rechte Institutionen staatlicher Demokratie immer wieder im Interesse über-demokratischer Staatsräson zur Disposition stellte, erscheinen der politischen Linken diese Institutionen in erster Linie aus nur-taktischen Gründen verteidigenswert. Der mythische Glanz des Staates bewirkt, daß die einen der „Würde des Staates" (so *Herbert Krüger*) jenseits aller Staatsformen, also auch der Demokratie, huldigten und die anderen meinten, „Demokratie" spiele sich ganz woanders ab, nur nicht im Staat. Antidemokratischer Etatismus von Rechts und antietatistische Demokratierungsstrategien von Links haben so in Deutschland seit Jahrzehnten gemeinsam das Generalsyndrom staatlicher Demokratieschwäche erzeugt.

2. Die Entstehung deutscher Staatsmythen im 19. Jahrhundert

Ein solcher politischer Generalmythos ist im Deutschland des 19. Jahrhunderts entstanden. Er erfüllt eine ideologische Doppelfunktion: Stabilisierung der jedem bürgerlichen Gemeinwesen innewohnenden Spannung zwischen dem Ideal der Freiheit und der Notwendigkeit der Herrschaft; ferner die Ableitung von Enttäuschungsdruck, der aus der gescheiterten Bildung eines demokratischen Nationalstaates resultieren mußte. *Helmuth Pleßners* klassische Studie über die „verspätete Nation"[7] hat die psychologischen Auswirkungen dieses „deutschen Sonderweges" beschrieben. Alle Modernisierungsleistungen, die das bürgerliche Zeitalter auf die Tagesordnung gesetzt hatte, waren in Deutschland, und hier typischerweise in Preußen, nicht vom Bürgertum selbst, sondern als „Revolution von oben" vom monarchischen Staat durchgeführt, die späte Einheit der Nation war nicht vom Bürgertum erkämpft, sondern als Ergebnis der Hegemoniebestrebung des Bismarckschen Preußen empfangen worden.

Das geeinte Reich war in praktisch-politischer wie in psychologischer Hinsicht nur eine „Ersatzleistung" für das liberal-demokratische Projekt der Deutschen Nation. Weil das Bismarcksche Reich nicht das Werk der bestimmenden gesellschaftlichen Kräfte der Epoche, von Bürgertum und Arbeiterbewegung, und insofern ein künstliches Gebilde war, war der neugeschaffene Staat mit einem prinzipiellen ideologischen Vakuum versehen.[8] Der Bedarf an symbolischen Ersatzleistungen war daher erheblich. Für das Bürgertum fand er sein Ventil im Pathos der Ordnungsmacht, des Kaiserkults und eines Nationalstolzes, der nicht mehr von Freiheits- und Einheitsbestrebungen, sondern von der Abgrenzung nach außen und schließlich von nationaler Überheblichkeit getragen war.[9]

Für das Großbürgertum in Industrie und Handel ergab sich im letzten Drittel des 19. Jahrhunderts freilich auch eine materielle Funktion dieses Staatsmythos. Ein ‚starker Staat' versprach die Möglichkeit, wenigstens noch in die Schlußphase der Aufteilung der Kolonialgebiete eingreifen zu können; nach innen aber war er die Ordnungsmacht gegenüber der sozialdemokratischen Arbeiterbewegung. Dennoch lag die Wurzel für den bürgerlichen Staatsmythos nicht in der Funktionalisierung des Staates für die eigenen Klasseninteressen, sondern im praktischen Nicht-Befaßtsein mit Staatsgestaltung und Staatspraxis in der Modernisierungsphase der zweiten Hälfte des 19. Jahrhunderts, im Fernhalten des Bürgertums von der politischen Macht und seiner Zuschauerrolle bei der Verwirklichung des bürgerlichen Projekts des Nationalstaates.

Zum besseren Verständnis ist es nützlich, die *frühere* Entwicklung einer bürgerlichen politischen Kultur im 19. Jahrhundert zu betrachten, deren Erbe im letzten Drittel jenes Jahrhunderts mit dem affektiven Staatsbezug des Bürgertums in bemerkenswerter Weise harmonierte. Das Scheitern der Revolution von 1848, das Scheitern der Beteiligung an der Staatsmacht also, hatte einen „geradezu eruptiven Aufschwung des *Vereinswesens*" zur Folge.[10] Überspitzt könnte man sagen: Das politisch in die Defensive geratene Bürgertum trat die Flucht in den Verein an. Im Vormärz waren die Vereine oder die „freien Assoziationen", wie sie genannt wurden, ihrem Charakter nach politische Tarnorganisationen im Wartestand der Revolution gewesen. Die liberalen Theoretiker des Vormärz, insbesondere *Welcker* und *von Rotteck,* forderten die abstrakte Vereinigungsfreiheit im Sinne eines Grundrechts der unbeschränkten öffentlichen Betätigung, deren Zweck aber die Einwirkung *auf den Staat* als politische Zentralinstanz war.[11] Nach 1849 übernimmt das Assoziationswesen in der politischen Praxis wie in der Theorie eine Surrogatfunktion — das gilt jedenfalls für die bürgerlichen Vereine. Der Tendenz nach werden sie vom Mittel zum Zweck zum Selbstzweck. Die vorenthaltene Beteiligung an der Staatsmacht macht die Vereinstätigkeit zunehmend zur politischen Ersatzbetätigung. Noch begünstigt durch die fortdauernde staatliche Beschränkung des Vereinswesens wird hier der Keim zu einem weiteren Mythos gelegt: Daß nämlich der Ort der ‚eigentlichen‘ Demokratie die freie Assoziation, nicht der Staat sei. Der in vergleichenden Arbeiten, insbesondere bei *Ernst Fraenkel,* immer wieder hervorgehobene *Rousseauismus* (und damit Anti-Institutionalismus) des deutschen Demokratieverständnisses dürfte hier seine Wurzel haben. Diese sich gern „radikaldemokratisch" gebende Attitüde eines deutschen politischen Verhaltensstils ist jedoch schon in ihrer Entstehungszeit Ausdruck *politischer Defensive* gewesen. Die Wirkung dieses Mythos war, daß „Staat" und „Demokratie" auch aus der Perspektive der fortschrittlichen gesellschaftlichen Kräfte in Deutschland auseinanderzutreten begannen.

Dabei muß beachtet werden, daß das Vereinswesen bis in die 60er Jahre des 19. Jahrhunderts für wesentliche Gemeinsamkeiten in der politischen Kultur von Bürgertum und der entstehenden Arbeiterklasse bestimmend war. Neben und mit den bürgerlichen Gesangs-, Geselligkeits- und Turnvereinen waren die Gesellen- und Arbeitervereine entstanden.[12] In vielen Volksvereinen waren Arbeiter und Kleinbürgertum gemeinsam organisiert. Was auf staatlicher Ebene fehlte, wurde hier also geschaffen: Ein übergreifender Traditionsbestand an Formen aktiver Mitgestaltung des Gemeinwesens, der keineswegs nur symbolisch, sondern praktisch gelebt war. Als Traditionsbestand aktiver *politischer* Betätigung bleibt die „freie Assoziation" gleichwohl nur in der Arbeiterbewegung erhalten. Die bürgerlichen Vereine differenzierten sich einerseits in die später gesellschaftsrechtlich kodifizierten Verbandsformen, andererseits degenerierten die Assoziationen zu den sprichwörtlichen „Honoratiorenvereinen".[13]

In der *liberalen Verbandstheorie* jedoch — am deutlichsten ablesbar in der „Verwaltungslehre" *Lorenz von Stein*s (1865), die einen selbständigen Band über „Das System des Vereinswesens und des Vereinsrechts" enthält — war der sich abzeichnenden Funktionsveränderung der freien Vereinigung inzwischen Rechnung getragen worden. Die Momente der aktiven freien Vereinsbetätigung wurden bewahrt, ja durch *von Stein* sogar zur „eigentlich freie(n) und höchste(n) Form der Verwaltung" stilisiert,[14] die Momente der unmittelbaren Einwirkungen auf das öffentliche Leben und den Staat jedoch grundsätzlich revidiert. In der neuen, durch *von Stein* und später insbesondere durch *Otto (von) Gierke* entwickelten Konzeption werden die freien Assoziationen zu *intermediären Verbänden* in bestimmten Zweckbereichen unter staatlicher Aufsicht. Das *Bürgerliche Gesetzbuch* (1896) mit den Geboten der Zweckspezifizierung und der gerichtlichen Vereinsgenehmigung trug dem Rechnung.[15]

Was damit im Grundsatz konzipiert und mit unterschiedlichem Erfolg später realisiert wurde, war die staatliche Kanalisierung der Vereins- und Verbandstätigkeit, deren Verdrängung aus dem Bereich der allgemeinen Öffentlichkeit, ihre *Entpolitisierung und Verstaatlichung zugleich*. *Lorenz von Steins* Konzept des „arbeitenden Staates" beschreibt in eben dieser Weise die Vereinigungen und Verbände als halbgesellschaftliche und halbstaatliche Organe, als „organische Elemente des Staates".[16] Die Grundlage hierfür ist die zur Gesellschaft spiegelbildliche Binnendifferenzierung des Staates als „arbeitender Staat", als Verwaltung.[17] Die Verwaltung bewirkt parlamentsfreie Integration gesellschaftlicher Kräfte und Interessen in den Staat.

Damit war ein Grundmodell staatlicher Stabilisierungsleistung entworfen, das dem bürgerlichen Freiheitsideal ebenso Rechnung trug wie den sozialen Bedürfnissen der neuen Arbeiterklasse und der Staatssouveränität. Die freie Betätigung der Bürger und Arbeiter in den Vereinigungen und Verbänden sollte gewährleistet, die unmittelbare Einwirkung auf die Staatswillensbildung aber verhindert werden. Was sich hier abzeichnete, ist die doppelte Auffangstellung, welche die bürgerliche Gesellschaft mit der Eigentumsgarantie als ideologischer Grundlage des Freiheitsideals gegenüber Bestandsgefährdungen durch eine demokratische Staatsorganisation ausbilden kann: Die Begrenzung des Einflusses der zahlenmäßigen Mehrheit der Besitzlosen auf die allgemeine Öffentlichkeit und die Ausdifferenzierung eines Staatsapparates nicht allein zur bloßen Repression, sonder vor allem zur Kanalisierung von Interessenkonflikten.

Durch die Beachtung insbesondere der Rolle der Arbeitervereine beziehungsweise -koalitionen und der sozialen Hilfsvereine öffnet sich die Konzeption *von Steins* wiederum gegenüber der Arbeiterbewegung. Die in praktisch-politischer Hinsicht mittlerweile scharf kontrastierten bürgerlichen und proletarischen Vereinigungen wurden hier auf theoretischer Ebene wieder zusammengeführt.[18] Ein direkter Einfluß *von Steins* auf die Arbeiterbewegung ist zu seiner Zeit nicht nachweisbar. Die sozialdemokratische Arbeiterbewegung war von den Staatskonzeptionen *Lasalles* und *Marx'* beherrscht. Die historisch weit ausholende, in normativer Hinsicht aber der *von Stein*schen Konzeption ähnelnde Verbändelehre *Otto (von) Gierke*s und deren Fortentwicklung im Arbeitsvertragsrecht[19] hat jedoch später auf die sozialdemokratische Arbeiterbewegung — insbesondere durch die Person *Hugo Sinzheimer*s — einen maßgeblichen Einfluß gehabt. Die gemeinsamen Traditionen des bürgerlichen und proletarischen Vereinswesens bildeten hierfür immer noch den kulturellen Resonanzboden.

Die Leistung der am Ende des 19. Jahrhunderts bestehenden Konstellation aus sozialen Kräften, Staatsorganisation, rechtfertigenden politischen

Ideen und theoretischen Konzeptionen bestand in der Stabilisierung des Nationalstaates als politische Ordnungsmacht und der ideologischen Neutralisierung von Bürgertum und Arbeiterbewegung angesichts ihres Ausschlusses von den unmittelbaren Staatsgeschäften. Die wesentliche strukturelle Bedingung hierfür war die Trennung von Staat und Demokratie und die Bildung *politischer Mythen* zu ihrer Rechtfertigung, die für die gesellschaftlichen Hauptkräfte der Epoche, Bürgertum und Arbeiterklasse, gleichermaßen identifikationsfähig sein mußten. Die daraus resultierende tragische Paarung des autoritären Machtstaates mit der irrationalen Distanz der wesentlichen gesellschaftlichen Kräfte der Epoche zum praktischen Staatsgeschehen hat das Abgleiten der deutschen Staatsgeschichte ins Abenteuerliche und Katastrophenhafte begünstigt, mit dem das nach innen stabilisierende Grundmodell einschließlich seiner tragenden Mythen bereits 1914 gescheitert war.

Aufgrund der historischen Umstände nach 1918, insbesondere durch die russische Revolution, blieb die Lernfähigkeit der politischen Kultur in Deutschland allerdings prinzipiell beschränkt.[20] Die tragenden politischen Mythen sind bis heute mehr oder weniger latent erhalten geblieben. Latent, weil ihre politische Legitimationsfähigkeit unter den Bedingungen einer demokratischen Verfassungsordnung erheblich reduziert ist.

3. Staatsmythen und demokratische Verfassung: Revolution und Weimarer Republik

Die Funktionstüchtigkeit der politischen Grundmythen der Staatsferne der Demokratie und der Demokratieferne des Staates auch unter einer parlamentarisch-demokratischen Verfassung erforderte bestimmte Entlastungen und Flexibilisierungen des Staatshandelns, die durch die Staatsrechtslehre abzusichern waren. Der staatsrechtliche Positivismus *von Gerbers* und *Labands* ebenso wie die „Allgemeine Staatslehre" *Georg Jellineks* und *Otto Mayers* „Deutsches Verwaltungsrecht" (1. Aufl. 1895) hatten das praktische Staatshandeln als Ordnung von Rechtsfunktionen umrissen. Der letztlich religiöse Rückzug auf „materielle" Rechtsstaatlichkeit, wie noch bei *Friedrich Julius Stahl,* war ausgeschaltet. Für den modernen wilhelminischen Staatsapparat mit seiner ausdifferenzierten Bürokratie war Staatsmetaphysik in der Staatslehre selbst umso weniger erforderlich, wie sie im politischen Alltag gewährleistet war.

Dies war solange ein erlaubter Luxus, wie die Rechtsetzung parlamentsfrei erfolgte, also kein Zusammenhang von öffentlicher Willensbildung, Mehrheitsentscheid und Staatshandeln existierte. Sobald dies jedoch verfassungsrechtlich normiert war, wurde die *Parlamentsschwächung* zum Angelpunkt einer fortdauernden Trennung von Staatsorganisation und Demokratie.

218

Sektorale und strukturelle Parlamentsschwächungen übernahmen diese Funktion. Davon war eine wesentliche in der Territorialstruktur des Reiches angelegt: die Bundesstaatlichkeit, die das Prinzip der öffentlichen Meinungsbildung, typischerweise durch Parteienwettbewerb, durch das Prinzip polyarchischer Verhandlung unter selbständigen Gebietskörperschaften abschwächte.[21] Grundlegender war jedoch die sektorale und strukturelle Schwächung des Parlamentsgesetzes. Dies geschah durch die weitgehende Ausklammerung des wirtschaftlichen Produktionsbereiches aus der parlamentarischen Rechtsetzungskompetenz und durch eine *antipositivistische Wendung der Staatsrechtslehre*. Die Wirkung politischer Generalmythen unabhängig vom unmittelbaren Interessenstandpunkt der Beteiligten läßt sich in beiden Fällen ablesen.

Die Ausgrenzung der wirtschaftlichen Produktionssphäre aus dem Herrschaftsbereich des Parlamentsgesetzes erfolgte keineswegs auf Betreiben der bürgerlich-industriellen Kräfte. Sie ist vielmehr unmittelbar auf die Forderungen der Arbeiter- und Soldatenräte von 1918/19 zurückzuführen. Das Vorbild der russischen Sowjets und der überkommenen Interpretation der Pariser Kommune von 1871 durch *Karl Marx* einerseits und die scharfe Konfrontation mit den Verteidigern der alten gesellschaftlichen und staatlichen Ordnung andererseits erzeugten auf dem linken Flügel der gespaltenen Sozialdemokratie eine Räteeuphorie.[22] Getragen war diese Euphorie vom Antietatismus in der Tradition der Arbeiter-Assoziationen und der politischen Gettosituation der Sozialdemokratie bis 1914. Daraus resultierte eine Mischung aus verbalem Radikalismus und dilettantischem Umgang mit der Macht — als symbolhaft kann hier die Person *Ernst Däumigs* angesehen werden[23] — die in der SPD, insbesondere aber auf ihrem linken Flügel, bis heute immer wieder anzutreffen ist.

Auf der anderen Seite hat die unsichere Haltung der sozialdemokratischen Führung der Staatsmacht gegenüber, die fehlende praktische Erfahrung und die Konzeptionslosigkeit für die demokratische Durchgestaltung der Staatsorganisation zu der Koalition der Mehrheits-SPD-Führung mit den alten Ordnungskräften geführt. Gläubigkeit gerade republikanisch gesonnener Sozialdemokraten gegenüber dem, was von Rechts als Staatsräson definiert wird, ist ein weiteres Kennzeichen sozialdemokratischen Politikstils, der bis heute erhalten geblieben ist. Umgekehrt hat das mangelnde Vertrautsein mit den inneren Mechanismen auch demokratisch-verfassungsmäßiger Machtausübung in der Arbeiterbewegung ein latentes Mißtrauen gegenüber „dem Staat" wachgehalten, dessen Kompetenzordnungen und Verfahrensnormen mit dem eigenen „demokratischen" Anspruch nichts zu tun zu haben scheinen.

Ernst Fraenkel resümiert dieses Doppelphänomen mit der Feststellung: „Nachdem die deutsche Sozialdemokratie ein halbes Jahrhundert ihr Dasein in einem politischen Getto verbracht hatte, hatten ihre Anhänger ein gestörtes Verhältnis zur Macht. Sie haben sie entweder verschmäht (Däumig) oder mißbraucht (Noske)."[24]

Dieses „gestörte Verhältnis zur Macht" war (und ist) eingebettet in die Tradition der deutschen Staatsmythen schlechthin[25], in die praktische Distanz zur Demokratie als Staatsform. Insofern kopierte die Sozialdemokratie nur den Stil der bürgerlichen Fortschrittskräfte während und nach der 1848er Revolution. Dabei war das „Wegtauchen" vor dem Staat, hinein in das Vereins-, Verbände- oder eben Rätewesen der charakteristische Zug.[26]

Eine direkte dogmengeschichtliche Verwandtschaft zur liberalen Verbändetheorie des 19. Jahrhunderts zeigte sich in dem gemäßigten Rätekonzept *Hugo Sinzheimers* und in dessen Ausdehnung auf die Gestaltung des Arbeitsrechts und die sogenannte „Wirtschaftsdemokratie". Die Idee der „Arbeiter- und Wirtschaftsräte" beruhte bei *Sinzheimer* auf der Theorie der verbandsmäßigen Ordnung der Gesellschaft, wie sie durch *Otto (von) Gierke* — und annähernd zeitgleich auch von *Harold Laski* — entworfen worden war. Ihre politische Funktion war insbesondere während der Verfassungsberatung von 1919 die Formulierung eines Kompromisses, der den revolutionären Elan der Arbeiter- und Soldatenräte auffangen und die Ordnungsfunktion der Staatsgewalt sichern konnte. Die Position *Sinzheimers* hatte erheblichen Einfluß auf die Formulierung der „Räteartikel" der Weimarer Reichsverfassung (Art. 156, 165 WRV), mit denen das Modell der „Arbeitsgemeinschaft" zwischen Unternehmerverbänden und Gewerkschaften abgesichert wurde.

Die „autonomen Verbände" des Wirtschafts- und Soziallebens sollten, so *Sinzheimer,* der Ort der „sozialen Selbstbestimmung" sein.[27] Der Wirtschaftsbetrieb sei nicht allein durch den Gegensatz von Kapital und Arbeit gekennzeichnet, er sei auch eine „Gemeinschaft", geprägt durch das gemeinsame Produktionsinteresse von Unternehmer und Arbeiter. Das Konzept der „sozialen Selbstbestimmung" auf der Basis der Betriebsgemeinschaften und der Verbandskooperation von Unternehmern und Arbeitern war ausdrücklich gemeint als Modell einer „kollektiven Demokratie".[28] Weil es aber dem *Staat* dabei nur eine Nebenrolle, sozusagen als Schiedsrichter, zuwies, beließ es eine offene Flanke gegenüber Staatseingriffen, die, wenn nicht willkürlich, so doch an politischen Opportunitäten ausgerichtet werden konnten. Faktisch wurde der Staat die zuteilende Ordnungsmacht gegenüber den Verbänden, so wie es schon bei *Lorenz von Stein* konzipiert worden war.

Franz L. Neumann, dessen Arbeiten in diesem Zusammenhang immer wieder zitiert werden müssen, hat erläutert, wie mit der „Idee der sozialen Selbstbestimmung im Recht" die Institution des kapitalistischen Produktionsbetriebes praktisch unantastbar, der Staatsgewalt aber die Möglichkeit zu dezisionistischem Eingreifen offengehalten wurde.[29] Auch dies gehörte zu den praktischen Auswirkungen des Staatsmythos, der die „Demokratisierung" vom Staat weglenkte und Staatlichkeit im Zweifelsfall nur un-demokratisch durchsetzbar erscheinen ließ.

Neumann hat am Beispiel des „institutionellen Rechtsdenkens" auch auf den Zusammenhang von veränderter Staatsfunktion — nämlich der Rücknahme des staatlichen Rechtsetzungsanspruchs gegenüber bestimmten gesellschaftliche Teilbereichen — und der *juristischen Methodenlehre* hingewiesen. Nur wenn gesellschaftliche Teilbereiche mit einer „institutionellen Garantie" versehen wurden, deren störungsfreie Funktion und Eigengesetzlichkeit, so die Lehre, sich dem Zugriff des Gesetzgebers verschließe, war die Ausgrenzung dieser Bereiche aus dem Gestaltungsraum des parlamentarischen Gesetzgebers auch in der Rechtsanwendung durchzuhalten.

Diese strukturelle Schwächung des Parlamentsgesetzes als dem wesentlichen Instrument der politischen Steuerung in der parlamentarischen Demokratie — ist vor allem in den Theorien *Carl Schmitt*s und *Rudolf Smend*s konzipiert worden. Die methodisch-juristische Essenz beider Theorien war der Vorrang des gesellschaftlichen Status quo gegenüber staatlichen Rechtsnormen. Die Art und Weise ihrer Umsetzung aber war unterschiedlich, sowohl im Hinblick auf die Rechtsanwendung, als auch im Hinblick auf die Legitimation ihrer Ergebnisse.

Dabei standen und stehen alle juristischen Methodenlehren, die die Rechtsanwendung vom Parlamentsgesetz emanzipieren wollen, vor dem Problem, einen Ersatzsouverän definieren zu müssen, wenn doch Monarch und das im Parlament repräsentierte Volk in dieser Funktion verschwunden sind bzw. theoretisch relativiert werden sollen. Wo bei *Schmitt* nur das Insistieren auf der Staatsautorität schlechthin — sozusagen auf dem „reinen Staatsmythos" — erfolgt,[30] ist *Smend*s Lösung eleganter, flexibler: es sei die wandlungsfähige, aber unter gegebenen Umständen jeweils konstante „Wertgesetzlichkeit" eines Gemeinwesens, an der sich Staatshandeln und Rechtsanwendung auszurichten hätten.[31] Nicht das Parlamentsgesetz, sondern der beständige Ausgleich des Staates in all seinen Funktionen mit der gesellschaftlichen Wirklichkeit und — wie bei *Lorenz von Stein* — die wechselseitige Integration von Staat und Gesellschaft — gewissermaßen unter der ideologischen Saugglocke der „Wertgesetzlichkeit" — sollen das Staatshandeln leiten. Der Common sense des gesellschaftlichen Status quo wird zur Richtschnur auch der Gesetzesanwendung. Während das „institutionelle Rechtsdenken" bei *Carl Schmitt* eine gesellschaftliche Institutionenordnung voraussetzt, deren ideologische „Aufladung" gegenüber Gestaltungsansprüchen des Parlaments auf der souveränen Entscheidung durch die Staatsmacht beruhen soll,[32] eröffnet die „Integrationslehre" *Smend*s erheblich weitere Anpassungsspielräume für das parlamentsfreie Staatshandeln: Der *ganze* Staatsapparat soll integrieren, und er soll dabei — allerdings innerhalb der Grenzen der gegebenen „Wertgemeinschaft" — für gesellschaftlichen Wandel offen sein.

Mit den Lehren *Smend*s und *Schmitt*s ist die Grundstruktur des deutschen Staatsmythos beibehalten, seine Wirkungsform aber erheblich modernisiert worden. Die außerordentlich einflußreichen Lehren beider Theoretiker ermöglichten die Wiederbelebung „*materieller Staatlichkeit*"[33] jenseits von Demokratie und Parlamentsgesetz und sie konnten durch ihre „soziologische"

Öffnung der Rechtsanwendung gegenüber der gesellschaftlichen Wirklichkeit — jedenfalls in *methodologischer* Hinsicht — auch von den gesellschaftlichen Trägern eines sozialen Wandels, namentlich also in der Arbeiterbewegung, akzeptiert werden. Der auf den ganzen Staatsapparat bezogene Integrationsgedanke *Smends* lud Justiz und Verwaltung geradezu ein, bei der Rechtserzeugung mit dem Parlament zu konkurrieren. Das parlamentarisch-demokratische Modell öffentlicher Meinungsbildung und staatlicher Vollziehung wurde verwischt, das Prinzip der Gewaltenteilung relativiert. Der Gegensatz von Staat und Demokratie wurde damit auf die operative Staatsebene übertragen. Wo jede Staatsfunktion „integrierend" wirken soll, wird die *formelle Differenzierung* der Staatsfunktionen in Frage gestellt. Kompetenzzuweisungen, Verfahrensnormen, Öffentlichkeit und Transparenz des Staatshandelns werden nachrangig. Der Gehalt der „materiellen Staatlichkeit" — des institutionellen Charakters des Staates also — liegt dann nicht in der institutionellen Differenzierung, in der Garantie einer Kompetenz- und Verfahrensordnung, sondern im „wert"-geladenen Bezug auf die Institution Staat schlechthin.[34]

4. Das Münchhausenphänomen bei der staatsrechtlichen Vergangenheitsbewältigung und die „materielle Rechtsstaatlichkeit" der Bundesrepublik

Es sei, so heißt es, der Formalismus von Rechtsstaat und Rechtswissenschaft gewesen, der die Instrumentalisierung des Staates für die nationalsozialistischen Zwecke erleichtert habe. Diese Legende hat sich bis heute hartnäckig gehalten, obwohl sie in vielen ausführlichen Untersuchungen widerlegt worden ist.[35] Der Antiformalismus der nationalsozialistischen Staatsideologie, die Identifikation von Staat und Volksgemeinschaft und die ständige Polemik gegen „Förmelei" und Positivismus bei der Rechtsanwendung[36] gingen völlig konform mit der theoretischen Neubelebung „materieller Staatlichkeit", der Betonung der fortwährenden Integration von Volk und Staat[37] und der Notwendigkeit staatlicher Handlungsentschlossenheit in den Schriften *Smends*, *Schmitts* und deren Adepten. Vielfach konnte bei nationalsozialistischen Rechtskonstruktionen direkt auf anti-parlamentarische Gesetzessystematik und „institutionelles Rechtsdenken" zurückgegriffen werden. Die „soziale Arbeits- und Betriebsgemeinschaft" etwa war der Eckpfeiler des nationalsozialistischen Gesetzes „Zur Neuordnung der nationalen Arbeit" vom 20. 1. 1934. Die personelle Kontinuität prominenter deutscher Juristen nicht nur im Arbeits-, sondern insbesondere auch im Staatsrecht ist beredter Ausdruck für die Kontinuität auch deutscher Staats- und Rechts-„Anschauung", die sich mit der These vom Formalismus als Vehikel nationalsozialistischer Machtübernahme in exculpativer Absicht gewissermaßen selbst an den Haaren aus dem Sumpf zu ziehen trachtete.[38]

Diese Legende wäre nicht so notwendig und auch nicht so erfolgreich gewesen, wenn das Fortwirken der deutschen Staatsmythen nicht auch für die Verfassungskultur der Bundesrepublik von so elementarer Bedeutung gewesen wäre.

Das Verlaufsmuster einiger politischer Entscheidungsprozesse nach 1945 ähnelte denen nach 1918. Das betrifft zunächst wiederum das Verhalten der Sozialdemokratie. Nicht allein ideologische Tradition, sondern auch das Erlöschen einer deutschen Staatlichkeit begünstigte die neuerliche Konzentration des politischen Demokratisierungswillens auf den wirtschaftlichen Bereich. Das war insbesondere aus der Perspektive der Arbeiterbewegung zusätzlich durch die Tatsache gerechtfertigt, daß der Einfluß der Industrie für die Errichtung der nationalsozialistischen Diktatur mitverantwortlich gemacht wurde, eine Diagnose, die in der unmittelbaren Nachkriegszeit politischer Gemeinkonsens war.

Mit *Kurt Schumachers* Rede auf dem Hannoveraner SPD-Parteitag von 1946 unter dem Motto „Sozialismus — eine Gegenwartsaufgabe" wurde eine politische Mentalität zugleich widergespiegelt und entfacht, die wiederum durch die Diskrepanz von verbaler Radikalität und subjektivem Vermögen, vor allem aber fehlenden objektiven Möglichkeiten gekennzeichnet war. Im wesentlichen gestützt auf *Fritz Naphtalis* Konzept der „Wirtschaftsdemokratie"[39] konzentrierte sich sozialdemokratische Politik in den Westzonen auf Betriebsräteabkommen und Mitbestimmung. Die Unternehmerseite war kompromißbereit, weil durch die betriebliche Mitbestimmung die weitreichenden allgemeinen Sozialisierungsforderungen abgewehrt werden konnten. Der einsetzende Kalte Krieg setzte solchen Perspektiven ohnehin bald objektive Grenzen.[40]

Die Wirkung dieser Nachkriegssituation auf die verfassungspolitische Position der SPD war jedoch eine neuerliche Vernachlässigung der *staats*bezogenen Konzeption eines demokratischen Neubeginns und die Hinnahme von Formelkompromissen bei der Formulierung des Grundgesetzes für die Bundesrepublik Deutschland, die für die formelle Ausgestaltung der Demokratie in der Bundesrepublik sehr ambivalent sein sollten, deren Zustandekommen aber wesentlich durch die Kontinuität deutscher Staatsmythen zu erklären ist.

Neben dem Zugeständnis des Art. 14 GG mit der Ermöglichung der Enteignung „zum Wohle der Allgemeinheit" waren die Formulierungen der Art. 20 und 28 GG („Die Bundesrepublik Deutschland ist ein demokratischer und sozialer Bundesstaat. (...) Die Gesetzgebung ist an die verfassungsmäßige Ordnung, die vollziehende Gewalt und die Rechtsprechung sind an Gesetz und Recht gebunden") dergestalt, daß sie die Identifikation der SPD und der sozialdemokratischen Arbeiterbewegung mit der „materiellen Staatszielbestimmung" des *Sozialstaates*, insbesondere aber generalklauselhaft die Konstruktion einer „*materiellen Rechtsstaatlichkeit*" in der herrschenden Verfassungsinterpretation erlaubten. Dabei wird die Formulierung, wonach vollziehende Gewalt und Rechtssprechung „an Gesetz *und* Recht gebunden" sind, in der ‚herrschenden Lehre' so interpretiert, daß die Staatspraxis nicht allein an das positive parlamentarische Gesetzesrecht, sondern an eine überpositive Wertordnung gebunden sei.[41]

Dies entspricht nicht nur als theoretische Konstruktion der konservativen Staatsrechtslehre der Weimarer Republik, insbesondere der *Smend*schen Integrationslehre, sondern auch in der praktischen Konsequenz, daß die Integrationsfunktionen nicht allein dem politischen Prozeß der öffentlichen Meinungsbildung in Parteien und Parlamenten, sondern auch der vollziehenden Verwaltung,[42] insbesondere aber der Justiz zugewiesen werden.

Wenn „Rechtsstaatlichkeit" sich nicht allein aus dem Parlamentsgesetz herleiten soll, muß auch einer überparlamentarischen Instanz die letztverbindliche Definitionsgewalt über die „richtige" Staatspraxis zukommen. Für die Ausgestaltung der Verfassungswirklichkeit in der Bundesrepublik ist aus diesem Grund das Bundesverfassungsgericht in eine überragende Funktion hineingewachsen. Auch hier ist das Münchhausenphänomen zu beobachten: das Bundesverfassungsgericht hat selbst — beginnend mit seinen frühen Entscheidungen zur Wiederbewaffnung — die institutionelle Funktion und die rechtsmethodologische Richtschnur formuliert, die ihm zu dieser überragenden Stellung verhelfen sollten.[43]

Über die Auswirkungen dieser *Justizialisierung von Politik* auf die politische Kultur der Bundesrepublik ist viel geschrieben worden. Die Verfassung wird vom offenen Forum zum geordneten Haus.[44] Nicht der offene politische Prozeß führt zum Konsens, sondern die höchstrichterliche Definition des Konsenses über die „gute Ordnung" wird zur Richtschnur des politischen Prozesses. Es entsteht eine justiziell gedämpfte Offenheit des politischen Prozesses.

Beachtet werden müssen jedoch auch die strukturellen Folgen einer solchen Justizialisierung politischer Prozesse. Wenn die staatsleitende Funktion des Parlamentsgesetzes einmal relativiert ist, wenn Gerichte in die eigenständige Formulierung und in die Folgenverantwortung der Staatspraxis eingebunden sind, muß dem auch die Programmierung der Rechtsanwendung, also juristische Methodenlehre und Rechtsdogmatik, angepaßt werden.[45] Insofern hat, wie *Ralf Dreier* festgestellt hat, die „Wert-Orientierung der Bundesverfassungsgerichts-Judikatur zu einer Flexibilisierung unserer gesamten Rechtsordnung" geführt.[46] Allgemein steigt mit diesem „beispiellosen Aufstieg der Dritten Gewalt"[47] enorm die *Bedeutung juristischer Methodenfragen* für die Staatspraxis. Die Diskussion, die unter dem Stichwort „Folgenorientierung" geführt wird,[48] reflektiert insofern die Entwicklung, die mit der Verknüpfung

„materieller Staatlichkeit" und parlamentarischer Verfassungsordnung in der Weimarer Staatsrechtslehre eingeleitet worden ist.

Die „materielle Rechtsstaatlichkeit" ist der Ausgangspunkt dieser Verfestigung westdeutscher Verfassungswirklichkeit, worin der politische Mythos vom Spannungsverhältnis von Staat und Demokratie eine neue Überlebensform gefunden und ein weiteres Mal sowohl für die politische Linke wie für die Rechte identifikationsfähig wurde. Als demokratische Staatsorganisation gelten nicht die Buchstaben der Verfassung, sondern allgemeine Grundsätze, wie sie das Bundesverfassungsgericht mit Sonderkriterien der „freiheitlichen demokratischen Grundordnung" formuliert hat (BVerGE 2, 10). Daß das Grundgesetz in erster Linie eine „Wertordnung" und nicht ausschließlich eine Verfahrensordnung sei, wird zum verfassungspolitischen Common sense der Bundesrepublik.[49]

Dennoch birgt auch diese gedämpfte Offenheit des politischen Prozesses noch die Chance des Wandels. Immerhin können alle politischen Kräfte vom Einwirken auf die öffentliche Meinungsbildung eine Veränderung des Common sense erhoffen, der schließlich auch wieder auf die justizielle Fixierung des gesellschaftlich „Machbaren" zurückwirken kann.[50] Die Sozialstaatsklausel des Grundgesetzes bietet hierfür einen klassischen Ansatzpunkt, und sie ist in der westdeutschen Arbeiterbewegung auch in diesem Sinne begriffen worden.[51] Diese Chance ist allerdings schwer kalkulierbar, sie muß vor dem Hintergrund der ökonomischen und sozialen Machtverhältnisse abgeschätzt werden. Der Grund dafür ist die prinzipielle Flexibilisierung der staatlichen Integrationsleistungen, die mit der „materiellen Rechtsstaatlichkeit" zwangsläufig verbunden ist, und hier insbesondere die Abhängigkeit von der Praxis der Rechtsanwendung, was andererseits zu einer starken konzeptionellen Beanspruchung der juristischen Dogmatik führt. Deren Entwicklung ist jedoch noch schwerer berechen- oder beeinflußbar als der gesellschaftliche Common sense, zumal der objektiven Bedeutung dieser Methodenfragen durchaus keine dementsprechende Beachtung im politischen Prozeß entspricht. Auch hier zeigt sich ein uninteressierter, utilitaristischer Umgang mit den Förmlichkeiten der Demokratie.[52] Die Argumentation des Bundesverfassungsgerichts ist methodisch uneinheitlich.[53] Selbst eine Mobilisierung der öffentlichen Meinung mit einer nachfolgenden Veränderung des gesellschaftlichen Common sense durch die politischen Parteien und Vereinigungen bietet dann nur ungewisse Aussichten auf eine dementsprechende Ausrichtung des Staatshandelns.

5. Die gegenwärtige Situation: Staatsentlastung und Staatsstärkung

Die sich ‚im Lichte‘ des hier entwickelten Interpretationsvorschlags abzeichnende jüngere und gegenwärtige Entwicklung läßt sich so skizzieren: Die Innenpolitik nach der Konsolidierungsphase der Bundesrepublik, also, grob gesagt, die Reformphase der sozialliberalen Ära, hat einerseits zu strukturellen Belastungen des Staatshandelns durch mehr und komplexere Aufgaben, andererseits auch zu Unsicherheiten über die gesellschaftspolitische Reichweite („systemverändernd" oder nicht) geführt. Das Motto „mehr Demokratie wagen" sollte zum einen die Konkretisierung der Sozialstaatsklausel beinhalten, zum anderen bedeutete sie aber auch die faktische Thematisierung des Zusammenhangs von Staat und Demokratie schlechthin, jedoch ohne daß es hierfür strategische Konzepte mit breitem Rückhalt in der größeren Regierungspartei, der SPD, gegeben hätte.

In Krisenszenarien, die in den 70er Jahren sowohl von marxistischer als auch von konservativer Seite entworfen wurden, wurde prophezeit, daß der Staat die neugestellten Anforderungen kaum werde verkraften können.[54] Der Staat habe sich selbst unter Leistungszwang gesetzt, dem er entweder aus technischen Gründen (begrenzte Planungs- und Vollzugskapazität) oder aus „systemischen" Gründen (keine Möglichkeit direkter ökonomischer Steuerung) nicht nachkommen könne. Die mittlerweile stimulierte Erwartungshaltung der Bevölkerung müsse daher zu Legitimationskrisen führen. Diese Diagnosen wurden im wesentlichen nach dem Beginn der ökonomischen Struktur- und öffentlichen Finanzkrisen mit ihren neuerlichen Staatsbelastungen und Steuereinbußen abgegeben.

Wenn diese Diagnosen richtig waren, dann stellt sich die nachfolgende Entwicklung als folgerichtig dar. Sie lief auf allgemeine *Staatsentlastung* hinaus.

Die früheste Begleiterscheinung der sozial-liberalen Reformpolitik war eine noch zunehmende Justizialisierung des politischen Prozesses. Dies geschah einerseits durch die häufige Anrufung des Bundesverfassungsgerichts durch die oppositionelle CDU, andererseits durch die starke Inanspruchnahme der Verwaltungsgerichte bei der konflikthaften Konkretisierung neugeschaffener Rechtsregeln, die — etwa im Bauplanungs-, Atom- oder Immissionsschutzrecht — oft mit Generalklauseln und unbestimmten Rechtsbegriffen arbeiten mußten, weil die komplexen Regelungsmaterien Einzelfallnormierungen nicht zuließen. Dieser Prozeß staatlicher Entscheidungsverlagerung auf Gerichte war durch eine entsprechende Anpassung der juristischen Dogmatik (Stichwort „Folgenorientierung") abgesichert.[55] Diese Verlagerung hatte zumindest drei Funktionen. Sie entlastete Parlament und Regierung von sachlicher Komplexität und — über die Delegation von Streitigkeiten an die Gerichte — von politischem Konfliktpotential, und sie bot, insbesondere in der Verfassungsrechtsprechung, die generelle Gewähr, daß die angestrebten politischen und sozialen Reformen systemkonform blieben.[56]

Eine Entlastungsfunktion gegenüber Konflikten mit unkalkulierbaren Ergebnissen und zugleich gegenüber weiteren Ansprüchen an Staatsleistungen hatte die Einbindung von Unternehmerverbänden und Gewerkschaften in die staatliche Entscheidungsbildung auf nicht-parlamentarischem Wege, vor allem in der Konzertierten Aktion nach § 3 des Stabilitätsgesetzes von 1967. Eine Entlastung von Ausgaben und von Aufgabenkomplexität wurde angestrebt durch die Haushaltsstrukturgesetze seit 1975, durch die Bemühungen um die Privatisierung öffentlicher Dienstleistungen, durch Verwaltungsvereinfachung, Entbürokratisierung, Drosselung der „Gesetzesflut" und dergleichen mehr. Eine Entlastung ideologischer Art bedeutete diejenige Senkung des Erwartungsniveaus gegenüber dem Staat, die von dem vielzitierten „Wertewandel" insbesondere in der jungen Generation ausging, der mit nicht auf Erwerbstätigkeit ausgerichteten" („post-acquisitiven") Orientierungen und Affekten gegen wirtschaftliche und staatliche Großorganisationen, Expertentum etc. verbunden war.

Während dieser zweiten Phase der sozial-liberalen Ära trat der Staat punktuell aus der „etatistischen Reserve".[57] Dies gilt vor allem für die „Sicherheitsgesetze" als Reaktion auf die terroristischen Anschläge in der zweiten Hälfte der 70er Jahre und für den sogenannten „Radikalenerlaß". Beide Maßnahmen bedeuteten eine Schwächung von Verfahrensrechten, nämlich der Rechte des Angeklagten im Strafprozeß bzw. der Bewerber für den öffentlichen Dienst. Dabei wiederholte sich übrigens die bereits erwähnte Erscheinung, daß Sozialdemokraten — insbesondere solche, die ihre politische Sozialisation im nicht-staatlichen Bereich erfahren hatten — im eigenen Verständnis als republikanische Haltung akzeptierten, was von konservativer Seite als Staatsräson definiert wurde.

Dieser Generaltrend zur Staatsentlastung mit partiellen ‚etatistischen Verhärtungen' ist in sich widersprüchlich, und die aktuelle Situation ist nicht zuletzt durch die Bemühungen zur Bewältigung dieser Widersprüche gekennzeichnet.

Wenn die Hypothese zutrifft, daß auch die sich hier abzeichnenden veränderten Anforderungen an die Staatsfunktionen durch traditionelle politische Verhaltensstile vorbelastet sind, die hier als Ausdruck deutscher politischer Mythen interpretiert worden sind, dann könnten sich Lösungen anbieten, die die politische Organisationsform der Demokratie und die Praxis des Staatshandelns eher auseinander- als zusammenführen.

So wird seit längerem die Rücknahme der Justizialisierung der Politik gefordert, nicht nur im Namen der Verwaltungsgerichtsentlastung,[58] sondern auch im Sinne einer Stärkung der Regierungsfunktion.[59] Beides sind legitime Anliegen. Wenn jedoch die „flexible" Verwaltungsrechtsdogmatik nicht ebenfalls revidiert und die Lösung von Konflikten nicht an Parlament und Parteienwettbewerb rückverlagert wird, ist die Stärkung der Verwaltung als parlamentsfreier Integrationsfaktor die zwangsläufige Folge.[60] Sinngemäßes gilt für die Stärkung der Regierungsfunktion. Wenn diese sich nicht auf eine Stärkung der offenen Parlamentsdiskussion und transparenter parlamentarischer Entscheidung gründet,[61] ist eine weitere Stärkung der Exekutive gegenüber der Legislative unausweichlich. Beide Formen der Exekutivstärkung[62] aber könnten ihren Legitimationsbedarf ersichtlich nicht aus der Rückbindung an parlamentarisch-demokratische Organisationsprinzipien decken. Es bleibe nur der Appell an die Staatsautorität. Also Staatsmythos Nr. 1.

Auf der anderen Seite kann eine unzureichende Integration wesentlicher gesellschaftlicher Kräfte — dies sind namentlich die Gewerkschaften und die „Neuen sozialen Bewegungen" —, zumal wenn sie mit demonstrativen Gesten der „Staatsräson" verbunden wird, zur neuerlichen Stilisierung von „Demokratisierungs-"-Projekten ‚am Staat vorbei' führen. Denkbar wären etwa Sozialisierungsforderungen im Sinne einer „Wirtschaftsdemokratie" — siehe oben — oder das Programm einer „ökologisch-sozialen Umgestaltung" der Gesellschaft ohne staatliche „Großorganisationen". Beides sind ‚unter den obwaltenden Umständen' primär gemütsentlastende Apelle, die politische Energie von der staatlichen Demokratie ablenken, statt auf ihre Durchgestaltung hinzuwirken. Was bliebe, ist die Mobilisierung eines linken Antietatismus im Zeichen „demokratischer" Gegenwehr. Also Staatsmythos Nr. 2.

Daß bei entsprechenden wechselseitigen Verstärkungen autoritär-staatlicher und anti-staatlicher Affekte die demokratische Organisationsform des Staats erheblichen Schaden nehmen kann, liegt auf der Hand.

Anmerkungen

1 Vgl. *Christian Graf von Krockow:* Staatsideologie oder demokratisches Bewußtsein. Die deutsche Alternative, in: Politische Vierteljahresschrift 1965, S. 118-131
2 *Carl J. Friedrich:* Demokratie als Herrschafts- und Lebensform, Heidelberg 1959
3 *Ernst Cassirer:* Der Mythus des Staates, Zürich 1949, S. 65
4 Ebd., S. 53
5 Der Kunsthistoriker *Friedrich Möbius* schreibt über die relative Selbständigkeit von Stilformen gegenüber unmittelbar interessengebundenen gesellschaftlichen Einflüssen von einem „semantischen ‚Grundinventar' einer Kultur, das für alle Zeitgenossen verbindlich ist. (...) Das heißt: Es gibt einen Geist der Zeit. (...) Dort, wo es um den Bestand der Gesamtgesellschaft geht, müssen die antagonistischen Klassen ihre Konflikte im gemeinsamen Aufbau und in der unterschiedlichen Nutzung eines einheitlichen Zeichensystems austragen. Am Repertoire der symbolischen Formen partizipieren alle Angehörigen einer Gesellschaft nach dem Maß ihrer Stellung in der Sozialstruktur." — *Friedrich Möbius:* Stil als Kategorie der Kunsthistoriographie, in: ders. (Hrsg.), Stil und Gesellschaft. Ein Problemaufriß, Dresden 1984, S. 8-50 (32)
6 Vgl. *Karl Dietrich Bracher:* Staatsbegriff und Demokratie in Deutschland, in: Politi-

sche Vierteljahresschrift 1966, S. 2-27; *Ernst Fraenkel:* Deutschland und die westlichen Demokratien, 7. Aufl., Stuttgart (usw.) 1979, insbesondere S. 11ff., 48ff., *Helga Grebing:* Konservative gegen die Demokratie. Konservative Kritik an der Demokratie in der Bundesrepublik nach 1945, Frankfurt a.M. 1970; *Martin und Sylvia Greiffenhagen:* Ein schwieriges Vaterland. Zur Politischen Kultur Deutschlands, München 1979, insbes. S. 65ff. („Deutscher Staat — immer noch ‚Obrigkeit'?"); *v. Krockow:* Staatsideologie oder demokratisches Bewußtsein (FN 1), *Kurt Sontheimer:* Grundzüge des politischen Systems der Bundesrepublik Deutschland, München 1971, S. 74ff.; *ders.:* Deutschland zwischen Demokratie und Antidemokratie. Studien zum politischen Bewußtsein der Deutschen, München 1971. Ausdrücklich von „Staatsmythos" sprach *Otto von der Gablentz* in seiner Rezension von *Herbert Krügers* „Allgemeiner Staatslehre" (1. Aufl. 1964): Der Staat als Mythos und Wirklichkeit, in: Politische Vierteljahresschrift 1966, S. 138-163

7 *Helmuth Pleßner:* Die verspätete Nation. Von der Verführbarkeit bürgerlichen Geistes, Stuttgart 1959

8 Vgl. *Klaus Eder:* Geschichte als Lenrprozeß? Zur Pathogonese politischer Modernität in Deutschland, Frankfurt a.M. 1985, S. 554 (FN 179), mit Verweis auf die entsprechende Bemerkung Max Webers.

9 Vgl. *Bracher:* Staatsbegriff und Demokratie (FN 6)

10 *Alfred Rinken:* Kommentar zu Art. 9 GG, in: Kommentar zum Grundgesetz für die Bundesrepublik Deutschland — Reihe Alternativkommentare, hrsg. von Rudolf Wassermann, 2 Bde., Neuwied/Darmstadt 1984, Bd. 1, S. 776-893 (782); Hervorh. v. mir — W.S.

11 Vgl. *Friedrich Müller:* Korporation und Assoziation. Eine Problemgeschichte der Vereinigungsfreiheit im deutschen Vormärz, Berlin 1965

12 Vgl. *Helga Grebing:* Geschichte der deutschen Arbeiterbewegung, München 1966, S. 40ff.

13 Vgl. *Gerhard Wurzbacher:* Die öffentliche freie Vereinigung als Faktor soziokulturellen, insbesondere emanzipatorischen Wandels im 19. Jahrhundert, in: Walter Rüegg / Otto Neuloh (Hrsg.), Zur soziologischen Theorie und Analyse des 19. Jahrhunderts, Köln 1971, S. 103-126

14 *Lorenz von Stein:* Verwaltungslehre, 1. Aufl., Bd. 1 (1865), S. 535 (zit. n. Ulrich Scheuner: Zur Rolle der Verbände im Rahmen der sozialen Verwaltung nach der Lehre von Lorenz von Stein. Die Stellung Lorenz von Steins in der neueren Staats- und Gesellschaftslehre, in: Roman Schnur (Hrsg.), Staat und Gesellschaft. Studien über Lorenz von Stein, Berlin 1978, S. 273-304 (298))

15 Vgl. *Scheuner* zur Rolle der Verbände (FN 14); *Eckart Pankoke:* Lorenz von Steins staats- und gesellschaftswissenschaftliche Orientierungen, in: Dirk Blasius/Eckart Pankoke: Lorenz von Stein. Geschichts- und gesellschaftswissenschaftliche Perspektiven, Darmstadt 1977, S. 79-179 (146ff.)

16 Zit. n. *Scheuner:* Zur Rolle der Verbände (FN 14), S. 298

17 Vgl. *Eckart Pankoke:* Soziale Politik als Problem öffentlicher Verwaltung. Zu Lorenz von Steins gesellschaftswissenschaftlicher Programmierung des „arbeitenden Staates", in: Schnur (Hrsg.), Staat und Gesellschaft (FN 15), S. 405-417

18 Vgl. *Karl-Hermann Kästner:* Von der sozialen Frage über den sozialen Staat zum Sozialstaat. Zu Lorenz von Steins Sozialtheorie in ihrer Relevanz für die sozialen Probleme des 19. Jahrhunderts und für den sozialen Rechtsstaat der Gegenwart, in: Schnur (Hrsg.), Staat und Gesellschaft (FN 14), S. 381-402

19 Vgl. *Otto (von) Gierke:* Die Genossenschaftstheorie und die deutsche Rechtsprechung,

Berlin 1887 (Nachdruck 1963); *ders.:* Die Wurzeln des Dienstvertrages, in: Festschrift für Otto Brunner, Berlin 1914, S. 37-61

20 Mit dem Begriff der „Lernfähigkeit" beziehe ich mich auf das Konzept von *Klaus Eder,* ohne mir dessen materielle Interpretationen zu eigen zu machen. Vgl. *Eder:* Aus der Geschichte lernen? (FN 8)

21 Vgl. *Winfried Steffani:* Der parlamentarische Bundesstaat in Deutschland heute, *in:* Zeitschrift für Parlamentsfragen 1985, S. 219-228

22 *Ernst Fraenkel* spricht vom „Rätemythos". Vgl. *ders.:* Rätemythos und soziale Selbstbestimmung. Ein Beitrag zur Verfassungsgeschichte der deutschen Revolution, in: Der Staat als Aufgabe. Gedenkschrift für Max Imboden, hrsg. von Peter Saladin und Lucius Wildhaber, Basel / Stuttgart 1972, S. 74-114

23 Ebd. S. 100ff.

24 Ebd. S. 104

25 Vgl. auch die Bemerkung *Rudolf Smends,* der die „echt deutsche praktische Staatsfremdheit" erwähnt, eine „letzte innere Unbeteiligung am Staat", und fortfährt: „Auf dieser Grundlage theoretischer und praktischer Staatsfremdheit erwachsen gleichmäßig und vielfach in derselben Seele die beiden politischen Hauptmängel des Deutschen: unpolitische Staatsenthaltung und ebenso unpolitische Machtanbetung. Sie sind zwei Seiten derselben Sache; es ist die innere Unsicherheit dem Staat gegenüber, die so zwischen Unter- und Überschätzung des Staates schwankt." — Verfassung und Verfassungsrecht (1928), in: Smend, Staatsrechtliche Abhandlungen, 2. Aufl., Berlin 1968, S. 119-276 (123). Einschlägig ist auch die Bemerkung von *Ernst Robert Curtius:* „Es will mir scheinen, daß heute wie vor 100 Jahren die wertvollsten Leistungen des deutschen Geistes sich auf dem Gebiet der wissenschaftlichen, der philosophischen und außerund überfachlichen Erkenntnis vollziehen. Wenn irgendwo, dann sind wir hierin den anderen europäischen Nationen überlegen. Der deutsche Geist hat nicht entfernt in demselben Maße wie der Franzose oder der Engländer den Rückhalt an einer klar aufgebauten Gesellschaft und an wohlgefällig ausgebildeten Lebensformen. Aber dafür hat er in viel stärkerem Maße als die Westvölker ein metaphysisches Bedürfnis, einen philosophischen Drang zum Wesensurgrund aller Dinge." — Deutscher Geist in Gefahr (1932), zit. n. Helmuth Pleßner: Deutsches Philosophieren in der Epoche der Weltkriege (1938), in: ders., Zwischen Philosophie und Gesellschaft. Ausgewählte Abhandlungen und Vorträge, Bern 1953, S. 9-38 (9)

26 Es war dies „das politische Denken in den Kategorien der Vereinsorganisation, sei es der Gewerkschaft, sei es der Partei, (welches) der Tradition der deutschen Arbeiterbewegung entsprach, (eine Tradition, die) ihre guten historischen Gründe hatte, und (die) das Denken der überwiegenden Mehrheit der organisierten Arbeiterschaft bestimmte, und zwar auf der Rechten ebenso wie auf der Linken". — *Peter von Oertzen:* Betriebsräte in der Novemberrevolution, Düsseldorf 1963, S. 77

27 *Hugo Sinzheimer:* Ein Arbeitstarifgesetz. Die Idee der sozialen Selbstbestimmung im Recht, München / Leipzig 1916

28 Vgl. *Fraenkel:* Deutschland und die westlichen Demokratien (FN 21(, S. 110

29 *Franz L. Neumann:* Der Funktionswandel des Gesetzes im Recht der bürgerlichen Gesellschaft, Zeitschrift für Sozialforschung 1937, S. 542-596. *Neumann* hat auch auf die ideologische Heterogenität des um die Institution der Betriebsgemeinschaft zentrierten Arbeitsrecht-Denkens hingewiesen: „Völlig disparate politische Theorien haben sich der des Institutionalismus bemächtigt, sowohl die Theorie der Sozialreform, vor allem der gewerkschaftlichen Sozialreform, als auch die des autoritären Staates. Diese Tatsache zeigt die Verwirrung an, die im Rechtsdenken der Gegenwart besteht." — Ebd. S. 592

30 Vgl. insbesondere *Carl Schmitt:* Verfassungslehre, 5. Aufl., Berlin 1970 (1. Aufl. 1928); *ders.:* Über die drei Arten des rechtswissenschaftlichen Denkens, Hamburg 1934

31 *Smend:* Verfassung und Verfassungsrecht (FN 25)

32 Vgl. *Carl Schmitt:* Die geistesgeschichtliche Lage des heutigen Parlamentarismus, 2. Aufl., München/Leipzig 1926

33 *Smends* „Verfassung und Verfassungsrecht" beginnt mit einer Klage über die Entmaterialisierung der Staatslehre durch Laband, Jellinek u.a. (a.a.O. (FN 25), S. 121f.)

34 Vgl. *Hans Kelsen:* Der Staat als Integration. Eine prinzipielle Auseinandersetzung, Wien 1930

35 Vgl. zuletzt *Hubert Rottleuthner:* Substanzieller Dezisionismus. Zur Funktion der Rechtsphilosophie im Nationalsozialismus, in: Archiv für Rechts- und Sozialphilosophie, Beiheft 18 (1983), S. 20-34 (mit vielen weiteren Nachweisen)

36 Vgl. etwa *Hans Frank:* Deutsches Verwaltungsrecht, München 1937

37 Vgl. *Klaus Anderbrügge:* Völkisches Rechtsdenken. Zur Rechtslehre in der Zeit des Nationalsozialismus, Berlin 1978

38 Vgl. dazu *Helmut Ridder:* Die soziale Ordnung des Grundgesetzes. Leitfaden zu den Grundrechten einer demokratischen Verfassung, Opladen 1975, S. 20ff., 35ff.; *ders./Richard Bäumlin:* Kommentar zu Art. 20 GG, in: Kommentar zum Grundgesetz für die Bundesrepublik Deutschland (FN 10), S. 1248-1433 (1308ff.)

39 *Fritz Naphtali:* Wirtschaftsdemokratie — ihr Wesen, Weg und Ziel (1929), Neudruck: Frankfurt a.M. 1966

40 Vgl. *Ernst Ulrich Huster* u.a.: Determinanten der westdeutschen Restauration 1945 bis 1949, Frankfurt a.M. 1972, S. 120ff.

41 Vgl. statt vieler anderer *Klaus Stern:* Das Staatsrecht der Bundesrepublik Deutschland. Bd. II, 2. Aufl., München 1984, S. 774ff.

42 Vgl. etwa *Hans Peters:* Die Verwaltung als eigenständige Staatsgewalt, Krefeld 1964

43 Vgl. *Ridder:* Die soziale Ordnung des Grundgesetzes (FN 38), v.a. S. 75ff.

44 *Jürgen Seifert:* Haus oder Forum. Wertsystem oder offene Verfassungsordnung, in: Jürgen Habermas (Hrsg.), Stichworte zur geistigen Situation der Zeit, Bd. 1, Frankfurt a.M. 1979, S. 321-339

45 Vgl. *Niklas Luhmann:* Rechtssystem und Rechtsdogmatik, Stuttgart (usw.) 1974

46 *Ralf Dreier:* Der Rechtsstaat im Spannungsfeld zwischen Gesetz und Recht, in: Juristenzeitung 1985, S. 253-259 (256)

47 *Fritz Ossenbühl:* Aktuelle Probleme der Gewaltenteilung, in: Die Öffentliche Verwaltung 1980, S.545-553 (546)

48 Vgl. *Gunther Teubner:* Verrechtlichung — Begriffe, Merkmale, Grenzen, Auswege, in: Friedrich Kübler (Hrsg.), Verrechtlichung von Wirtschaft, Arbeit und sozialer Solidarität. Vergleichende Analysen, Frankfurt a.M. 1985, S. 289-346 (308ff.), mit weiteren Nachweisen.

49 Vgl. *Ernst Benda/Werner Maihofer/Hans Jochen Vogel* unter der Mitwirkung von *Konrad Hesse* (Hrsg.): Handbuch des Verfassungsrechts der Bundesrepublik Deutschland, Berlin 1983, sowie die kritische Rezension von *Michael Breitbach* und *Ulli F.H. Rühl,* in: Demokratie und Recht 1984, S. 469-473

50 Vgl. in diesem Sinne *Peter Häberle:* Die offene Gesellschaft der Verfassungsinterpreten. Ein Beitrag zur pluralistischen und „prozessualen" Verfassungsinterpretation (1975), in: ders., Verfassung als öffentlicher Prozeß. Materialien zu einer Verfassungstheorie der offenen Gesellschaft, Berlin 1978, S. 155-181 (mit einem Nachtrag 1978, S. 180f.)

51 Vgl. *Wolfgang Abendroth:* Begriff und Wesen des sozialen Rechtsstaats (1953), in: ders., Arbeiterklasse, Staat und Verfassung. Materialien zur Verfassungsgeschichte und Ver-

fassungstheorie der Bundesrepublik Deutschland, hrsg. u. eingel. v. Joachim Perels, Frankfurt a.M. 1975, S. 64-69

52 Vgl. *Peter Römer:* Kleine Bitte um ein wenig Positivismus. Thesen zur neueren Methodendiskussion, in: ders. (Hrsg.), Der Kampf um das Grundgesetz. Über die politische Bedeutung der Verfassungsinterpretation. Referate und Diskussionen eines Colloquiums aus Anlaß des 70. Geburtstages von Wolfgang Abendroth, Frankfurt a.M. 1977, S. 87-97, sowie *Helmut Ridder:* Die Bundesrepublik: Was für eine Demokratie ist das? in: Blätter für deutsche und internationale Politik 1985, S. 430-441

53 Vgl. *Karl-Heinz Ladeur:* Verfassungsgerichtbarkeit und die „grundlegende Konvention" der bürgerlichen Gesellschaft — Vorüberlegungen zu einer Theorie des Verfassungsrechts, in: Friedhelm Hase / Karl-Heinz Ladeur, Verfassungsgerichtbarkeit und Politisches System. Studien zum Rechtsstaatproblem in Deutschland, Frankfurt a.M. / New York 1980, S. 189-331 (262ff.: „Zum Verhältnis von Verfassungsgerichtpraxis und Verfassungsinterpretation")

54 Vgl. *Jürgen Habermas:* Legitimationsprobleme im Spätkapitalismus, Frankfurt a.M. 1973; *Claus Offe:* ‚Krisen des Krisenmanagements'. Elemente einer politischen Krisentheorie, in: Martin Jänicke (Hrsg.), Herrschaft und Krise. Beiträge zur politikwissenschaftlichen Krisenforschung, Opladen 1977, S. 197-223; *Wilhelm Hennis:* Vom gewaltenteilenden Rechtsstaat zum teleokratischen Programmstaat. Zur „lebenden Verfassung" der Bundesrepublik, in: ders., Politik und praktische Philosophie. Schriften zur politischen Theorie, Stuttgart 1977, S. 243-274; *ders. / Peter Graf Kielmansegg / Ulrich Metz* (Hrsg.): Regierbarkeit. Studien zu ihrer Problematisierung, 2 Bde., Stuttgart 1977 und 1979; *Helmut Klages:* Die unruhige Gesellschaft. Untersuchungen über Grenzen und Probleme sozialer Stabilität, München 1975; *Kurt Sontheimer:* Die verunsicherte Republik. Die Bundesrepublik nach 30 Jahren, München 1979

55 Vgl. „Die Dogmatik des Verwaltungsrechts vor den Gegenwartsaufgaben der Verwaltung". Bericht und Mitarbeit an die Tagung der Vereinigung der Deutschen Staatsrechtslehrer in Regensburg vom 29. September bis 2. Oktober 1971 von *Otto Bachhof* und *Winfried Brohm,* VVDStRL 30, Berlin 1972, sowie *Karl-Heinz Ladeur:* Vom Gesetzesvollzug zur strategischen Rechtsfortbildung. Zur Genealogie des Verwaltungsrechts, in: Leviathan 1979, S. 339-375; *ders.:* „Abwägung" — Ein neues Paradigma des Verwaltungsrechts. Von der Einheit der Rechtsordnung zum Rechtspluralismus, Frankfurt a.M. / New York 1984

56 „Wo … die Gefahr einer Systemveränderung nicht von der Hand zu weisen ist, entfällt die Begründung für eine Zurückhaltung des Bundesverfassungsgerichts. Der Respekt vor dem Willen des demokratischen Gesetzgebers findet am Grundgesetz seine Grenze. Ihm kann genügend Rechnung getragen werden durch die Zulassung eines schrittweisen Vorgehens, welches dem Willen des Gesetzgebers zur Veränderung Raum gibt, ohne das Risiko einer irreversiblen Systemveränderung einzugehen." — *Fritz Ossenbühl:* Die Kontrolle von Tatsachenfeststellungen und Prognoseentscheidungen durch das Bundesverfassungsgericht, in: Bundesverfassungsgericht und Grundgesetz. Festgabe aus Anlaß des 25-jährigen Bestehens des Bundesverfassungsgerichts, hrsg. v. Christian Starck u.a., 2 Bde., Tübingen 1976, Bd. 1, S. 458-515 (513)

57 Diesen Ausdruck entlehne ich von *Stephan Leibfried,* bei dem er allerdings auf die USA bezogen ist; vgl. *ders.:* Die Verwaltung der etatistischen Reserve. Charakteristiken einer Strukturreform der Verwaltung im entwickelten Interventionsstaat — dargestellt an der Reformentwicklung im Zentralstaat der USA im letzten Jahrzehnt, in: Leviathan 1975, S. 473-507 (I) und 1976, S. 97-121 (II)

58 So der Tenor bei *Volkmar Götz / Hans H. Klein / Christian Starck* (Hrsg.): Die öffentli-

che Verwaltung zwischen Gesetzgebung und richterlicher Kontrolle, München 1985. Vgl. a. den Bericht über das dort dokumentierte Göttinger Symposion von *Friedrich Karl Fromme:* Kritik am Gesetzgeber, Selbstkritik der Verwaltungsrichter — Wo bleibt die Exekutive?, in: FAZ v. 3. Juni 1985, S. 7

59 So bei *Rüdiger Altmann* und *Johannes Gross:* Was bleibt von Carl Schmitt? Verfassungslehre als politische Wissenschaft, in: FAZ vom 4. Oktober 1986 („Bilder und Zeiten")

60 Vgl. *Wolfgang Seibel:* Der Staatsstil für Krisenzeiten. „Selbststeuerung" öffentlicher Aufgabenträger und das Problem der Kontrolle, in: Politische Vierteljahresschrift 1987, S. 197-219

61 Beachtlich ist deshalb auch jene interfraktionelle Initiative im Deutschen Bundestag, die sich mit „Parlamentsreform" ein zweifellos ambitiöses Motto gesetzt hat, aber bei aller Heterogenität der Motive immerhin auf eine Parlamentsstärkung abzielt und damit zwangsläufig gegen den ‚Geist der Zeit' anrennt. Vgl. „Bericht der Ad-hoc-Kommission Parlamentsreform", (BT-Drs. 10/3600 v. 1. 7. 1985, sowie *Hildegard Hamm-Brücher:* (Un)heimliche Bremser. Viele Worte, aber wenig Konkretes, in: Deutsches Allgemeines Sonntagsblatt v. 6. 4. 1986

62 Ideengeschichtlich betrachtet wäre dies eine Wende von *Smend* zu *Schmitt:* von der Integration zur Dezision; vgl. auch *Altmann / Gross:* Was bleibt von Carl Schmitt? (FN 59)

Otwin Massing

Identität als Mythopoem

Zur politischen Symbolisierungsfunktion verfassungsgerichtlicher
Spruchweisheiten

> *„Das Schwierige in der Soziologie ist gerade,
> dahin zu gelangen, das, was man schon immer ver-
> standen zu haben glaubte, auf überraschende und
> irritierende Weise zu denken."* (Pierre Bourdieu:
> Delegation und politischer Fetischismus)

1.

Eine Dramaturgie konkurrierender politischer Deutungsmuster, die für die
Bundesrepublik Deutschland als Ganzes erst noch zu erstellen wäre, fiele in
jedem Falle unvollständig aus, wenn sie nicht auf das Kondominium zu sprechen käme, in dessen Symbiose-Verbund einerseits die gesellschaftliche Integration durch aktives Handeln staatlich-administrativer Instanzen und ihrer
politischen Funktionseliten andererseits, die die Arbeit an der politischen
Identitätsbildung zwecks Herstellung und Durchsetzung ihrer kulturellen He-
gemonie durch verfassungsgerichtliche Interpretationstätigkeit korrelativ zueinander sich vollziehen, kurz, wenn sie das spezifische Verhältnis von Recht
und Politik,[1] deren „synchrone Präsenz"[2] für die bundesrepublikanischen
Verhältnisse ebenso unverwechselbar wie konstitutiv ist, ausblenden wollte.
    Tatsächlich ist das verfassungsgerichtliche Deutungsangebot zur Begrün-
dung und Stabilisierung jener identitätsbewehrten „freiheitlich demokratischen Grundordnung" (fdG0) — deren Sicherung die Aktivitäten aller anderen politischen Instanzen erklärtermaßen ebenso bezwecken, vom Verfas-
sungsschutz bis zu den Innenministerkonferenzen, von kirchlich-konfessio-
nellen Flankierungsmaßnahmen bis zu den gewerkschaftlichen Rüstzeiten,
von den ideologischen Beteuerungsformeln aller Unternehmerverbände bis zu
den „vested interests" ihrer Kapitalverwertungsstrategien — im Wettbewerb
mit denen anderer Agenten und Sinnproduzenten nur eines unter vielen;
gleichwohl kommt ihm eine Art hegemoniale Vorreiterrolle zu.
    Selbst wenn arbeitsteilig und in getrennten Arenen agiert wird, ist immer
zu bedenken, was allerdings rechtstechnisch, nämlich funktionell-rechtlich
begründet, längst sichergestellt ist, daß die Orakel-Weisheiten der Verfas-
sungsgerichts-Pythia gegenüber allen anderen Akteuren vorrangig Geltungsglauben für sich beanspruchen dürfen, in vorauseilendem Gehorsam zur

Nachfolge „in vinculis iuris" Veranlassung geben und als Ziviltheologie des Verfassungsstaates dessen Gläubige und deren „fides implicita" nicht gegen die Karlsruher Priesterherrschaft aufwiegeln, sondern sie nach Möglichkeit mit ihr zu versöhnen trachten. Ergebnis ist jener vielbeschworene Konsens aller billig und gerecht denkenden Demokraten, der die neue „deutsche Ideologie" rechtsstaatlicher Funktionstüchtigkeit[3] obendrein zivilreligiös verbrämt.

Der der Verfassungsrechtsprechung zugefallenen und seither via Verfassungsrechtsinterpretation betriebenen *Identitätserzeugungsfunktion* dieser neu formierten, konzentrierten Dritten Gewalt „namens" und zugunsten des politischen Gemeinwesens „Bundesrepublik Deutschland" wollen wir uns im folgenden zuwenden. Dabei stehen nicht so sehr wissenschaftstheoretisch verselbständigte Überlegungen zum „symbolischen Gebrauch von Politik"[4] im Mittelpunkt, formal verstanden als „Methode, ein Repertoire von kognitiven Gehalten zu Bedeutungen zu organisieren",[5] vielmehr soll, sozusagen entlang einer gedachten Explorationslinie, d.h. in heuristischer Absicht, das *Ensemble von Symbolisierungsfunktionen,* die der Verfassungsgerichtsjudikatur gelegentlich und eher nebenher, d.h. sekundär zufallen, anhand zweier Urteilsanalysen hermeneutisch erschlossen und einer kritischen Aufbereitung zugänglich gemacht werden.

Um das Ergebnis vorwegzunehmen und an den entsprechend symbolhaltigen, „repräsentativen" Urteilen zu belegen, handelt es sich um einen Beitrag zur Analyse der Methode, der Funktion und des Resultats deutsch-deutscher Verketzerung, um Feindaufklärung und Feindausgrenzung nach innen und nach außen, um politische Ideologieplanung unter den Bedingungen des in eine Entspannungsphase hinein sich modifizierenden „Kalten Krieges" der Systemkonkurrenz und Blockauseinandersetzungen und schließlich um den Bannzauber juridischer Identitätserzeugung mittels des in typischen und unverwechselbaren Verdichtungssymbolen sich auslegenden verfassungsgerichtlichen „Weltbildes" — konkret, um eine Analyse des (sogen.) Grundlagenvertrags-Urteils von 1973 (BVerfGE 36, 1-37) und des (sogen.) Radikalen-Beschlusses von 1975 (BVerfGE 39, 334-391), dies allerdings im Horizont eines die weitgehend apolitische politische Symbolforschung hinter sich lassenden Wissenschaftsverständnisses.

2.

Urteile des Bundesverfassungsgerichts (BVerfG) müssen, wenn ihre widerspenstige und widersprüchliche Struktur als ärgerlicher Anlaß für Erkenntnisse, die die Oberfläche eines rein handwerklichen (vorausgesetzt, dies ist gewährleistet) und dogmatischen Argumentierens zu durchdringen vermögen, soll nutzbar gemacht werden können, immer wieder systematisch gegen den

Strich gelesen werden. Gelegentlich empfiehlt es sich, die Reihenfolge der vom Gericht und seinen „grauen Eminenzen" (dem sogen. „Dritten Senat"[6] seiner wissenschaftlichen Mitarbeiter) autoritativ verordneten, in eigener Askeseleistung auch vorexerzierten Argumentationsschritte aufzukündigen, d.h. das Unterste nach oben zu kehren, das Hinterste nach vorn zu ziehen und unorthodox dem Uneigentlichen Bedeutung beizumessen; dann wieder, die Stringenz der dichtgefugten Urteilstextur nicht ängstlich ernst zu nehmen, sondern eher als Ausdruck eines seinerseits zwanghaft doktrinären, wenn auch kompetenzrechtlich geordneten Befehls- und Gehorsamsschematismus, als Manifestation jener „Transzendenz des Sozialen" sozusagen, die von Durkheim und seiner Schule auf den Begriff der „conscience collective" — worunter ebensowohl kollektives Bewußtsein wie kollektives Gewissen zu verstehen ist — gebracht worden ist, womit jene Form des politischen Fetischismus gemeint sein dürfte, die Nietzsche als „die geradezu Genie werdende Selbstverstellung ins ‚Heilige' "[7] bezeichnet hat — „...wenn man die Gottheit im Busen trägt, Mundstück jenseitiger Imperative ist, so steht man mit einer solchen Mission bereits außerhalb aller bloß verstandesmäßigen Wertungen — *selbst* schon geheiligt durch eine solche Aufgabe, selbst schon der Typus einer höheren Ordnung";[8] darüber hinaus aber immer als ständig wiederkehrende Manifestation jener „Selbstkonsekration des Bevollmächtigten" (P. Bourdieu), dessen symbolische Macht gerade darin besteht, daß ihre Anerkennung vorausgesetzt wird, ohne daß die mit ihrer Ausrüstung verknüpften Gewalt- und Abhängigkeitsverhältnisse als solche unmittelbar durchschaut werden, i.d.R. nicht einmal von denen, die ihnen als Opfer anheimfallen. Damit ist jener fatale Zirkel aller Repräsentations- und Delegationsmechanismen benannt, der in der Freud-Nachfolge bekanntlich als „Identifikation mit dem Aggressor" bezeichnet worden ist, jene historische Naturalausstattung des Menschen, auf die eine kritische Anthropologie nur mit Resignation zu reagieren vermag, daß die Menschen zu jener Macht sich flüchten, die ihnen das Unheil, unter dem sie leiden, selber zufügt.[9]

Unbeschadet ihrer früh schon konstatierten zweifelhaften juristischen Relevanz, auch jenseits der je unterschiedlich motivierten tagespolitischen Aufgeregtheit, die die beiden Entscheidungen — das Urteil zum Grundlagenvertrag zwischen der Bundesrepublik Deutschland und der DDR sowie der Beschluß zur Frage der Einstellung von sogen. Radikalen in den Öffentlichen Dienst — anläßlich ihrer Verkündung hervorgerufen haben und seither immer wieder provozieren, läßt sich gleichwohl die These verfechten, daß sie als die zentralen Identitätspapiere bundes- bzw. „gesamtdeutscher" Existenzform heute, unter den Bedingungen des ausgehenden 20. Jahrhunderts, gelesen werden können, das eine primär nach innen gewandt, das andere auch nach außen hin sich orientierend.

Im Radikalen-Beschluß buchstabiert das BVerfG eine Art Ultra-Kurzgeschichte bundesdeutscher Identitätsbildung auf seine Weise radebrechend nach und macht sie gleichzeitig für deren Binnenverhältnisse durch Oktroi verbindlich, d.h. rechtsgültig; im Grundlagenvertragsurteil bündelt und verdichtet es die Minimal-Lösung der deutschen Existenzfrage als polarisierende Entzweiung von Teil-Identitäten nach dem Schema der Freund-Feind-Dissoziation: auf der Ebene der symbolischen Namensgebung — verallgemeinerte „fdGO" versus „kommunistischer deutscher Staat der Zukunft"[10] — wird, eindeutig und verwechslungssicher, politischer Identität erzeugt, diese selbst jedoch nach der Interpretationsmatrix verfassungsgerichtlicher „Wert"-Vorstellungen systemgerecht gemodelt und also verständlich, lesbar gemacht.

Mythen, das sind, Blumenberg zufolge, Geschichten, in denen die Bedeutsamkeit der Welt auf Umwegen erschlossen wird."[11]

Ein Mythopoem besonderer Art entwickelt das BVerfG in seinem Grundlagenvertragsurteil, indem es die zeitgemäße Wiederkehr des altdeutschen Kyffhäuser-Mythos beschwört: Das real existierende Konkurrenzverhältnis zweier selbständiger deutscher Staaten unter den Bedingungen des ideologischen und machtpolitischen Ost-West-Gegensatzes wird derart ins Streck- und Dehnbett eines im Wege des Interpretationsoktrois verfügten „Deutschland-Bildes" des Grundgesetzes gespannt, daß der empirischen Realität der deutsch-deutschen Zustände und ihrer politischen Sympathisanten Hören und Sehen vergeht, hüben wie drüben.

„Das Grundgesetz... geht davon aus, daß das Deutsche Reich den Zusammenbruch von 1945 überdauert hat und weder mit der Kapitulation noch durch Ausübung fremder Staatsgewalt in Deutschland... noch später untergegangen ist (...). Das Deutsche Reich existiert fort, ...ist allerdings als Gesamtstaat mangels Organisation... selbst nicht handlungsfähig";[12] bezogen auf den Anlaß des Organstreites, heißt es fast wortgleich: „Das Besondere dieses Vertrages ist, daß er zwar ein bilateraler Vertrag zwischen zwei Staaten ist..., aber zwischen zwei Staaten, die Teile eines immer noch existierenden, wenn auch handlungsunfähigen, weil noch nicht reorganisierten umfassenden Staates Gesamtdeutschland mit einem einheitlichen Staatsvolk sind...".[13]

Obwohl inzwischen selbst Joachim Fest verkündet, das Deutsche Reich sei 1945 endgültig untergegangen und aus seiner Asche seien zwei neue deutsche und durchaus handlungsfähige Staaten entstanden,[14] hält das BVerfG in „grundgesetzintrovertierter" (Oppermann) In-Treue-Fest-Haltung an der These von Deutschlands Existenz im Nirgendwo fest — ob man es in die Transzendenz meta-physischer Wesenheiten versetzt oder in der illusionären Scheinwelt rechtsdogmatischer Semantik lokalisiert oder ob man es in die Höhle des Mythos verbannt, Produkt eigener Projektionswünsche sowie eigener Verlust- und Versagungsängste.

Diesen Mythos von der Noch-Existenz im ideellen Nirgendwo ausdeutend, überschlagen sich daher im weiteren Gefolge der Argumentation die juristischen Volten. „Mit der Errichtung der Bundesrepublik Deutschland wurde nicht ein neuer westdeutscher Staat gegründet... [sie ist] als Staat identisch mit dem Staat „Deutsches Reich", — in bezug auf seine räumliche Ausdehnung allerdings ‚teilidentisch' ...",[15] etc.

So wird die Pragmatik der Identitätsherstellung einer geschichtlichen Individualität, der „Bundesrepublik Deutschland", und ihres negativen Gegenbildes, der sozialistischen „DDR", allmählich aus ihren juristischen Verschalungen herausgepellt, gleichzeitig aber ihr Anspruch auf die stromlinienförmig politisierte Rolle des neuen „praeceptor Germaniae", wie der imperiale Alleinvertretungsanspruch der Bundesrepublik neutralisierend reformuliert werden darf, gerettet, wenn auch auf die verfassungsgerichtliche Judikatur als juridischen Plenipotentiar und symbolischen Sachwalter der „politischen" Interessen verlagert.

Wieder einmal konzertieren Recht und Politik miteinander. Die Politik wird von unrealistischen, nicht unmittelbar einlösbaren Ansprüchen entlastet; diese selbst werden keineswegs vollständig, nicht einmal zu Teilen, aufgegeben, sondern sozusagen in die Obhut juristischer Ableitungskompetenz genommen und in deren Argumentations-Versatzstück-Repertoires zunächst auf Halde archiviert.

Symbolisches Handeln des Verfassungsgerichts, das sich in der Bereitstellung virtuell einsetzbarer argumentativer Muster, also in der Erzeugung „unterprägnanter" politischer Lösungen bescheiden kann, im Gegensatz und an Stelle politisch aktiver Instanzen, deren politische Problemlösungen der Tendenz nach „wirklich" sein, d.h. überprägnant ausfallen müssen, wenn sie nicht zu Delegitimierung führen sollen, entlastet dergestalt die „Politik", gleichzeitig aber werden durch diese Art symbolisches Handeln semantische Muster, d.h. reflexive Rechtspositionen ausformuliert, die als politische Steuerungsmodule für politisches Krisenmanagement auf Vorrat angelegt und zur selektiven politischen Verwendung den verfassungsrechtlichen Interpretationsrepertoires eingefügt werden. Zwar sind sie mit funktionellen Unsicherheiten behaftet (in keinem Falle funktionieren sie automatisch, schon gar nicht zuverlässig instinktiv), sie erweitern aber, zumindest der Möglichkeit nach, die Chancen aktiven Handelns um höhere Handlungselastizitäten und stellen variablere, die kulturelle Vielfalt ebenso zur Geltung bringende wie abbildende Deutungsangebote zur Verfügung. Mittels ideologischer Vorratsbewirtschaftung erweitern sie das Repertoire der kollektiv nutzbaren Lebens- und Überlebensmittel.

Dennoch ist verfassungsgerichtliche Symbolisierungsarbeit alles andere als „l'art pour l'art" oder selbstvergessenes Spiel, formal bleibenden Arrangement, nur dazu taugend, „ein Repertoire von kognitiven Gehalten zu Bedeutungen zu organisieren",[16] so wenig wie Schumpeters Reduktion der Demokratie auf „Methode" und deren Schrumpfung auf „diejenige Ordnung der Institutionen zur Erreichung politischer Entscheidungen, bei welcher einzelne die Entscheidungsbefugnis vermittels eines Konkurrenzkampfes um die Stimmen des Volkes erwerben",[17] hinreichen, den materialen Gehalt von Demokratie, die Genese des ihr zugrundeliegenden Ordnungsmodells sowie den Zweck des Konkurrenzkampfes um Volkes Stimmen und deren Maximierung auch nur andeutungsweise transparent zu machen.

Sie ist vielmehr, unter anderem, Ausdruck einer Trotzreaktion auf die Identitätskrise jener pubertierend-aggressiven CDU-Staats-Politik, wie sie von den frühen Adenauerregierungen, noch unterm Bann des „Kalten Krieges" und diesen gleichzeitig eskalierend, bei unverbrauchter Kittfähigkeit des Antikommunismus-Syndroms, „gen Osten" betrieben wurde und die durch die „Neue Ost-Politik" der sozial-liberalen Regierung Brandt / Scheel, der neuen Bürgerkriegskoalition als Ausdruck einer veränderten, wenn auch unerwartet mehrheitsfähigen Interessenkonstellation, sowohl in ihrem Selbstverständnis wie in ihrer bündnissichernden Akzeptanz in eine Legitimationskrise geraten war. Gleichzeitig gerieten ihre ideologischen Überzeugungsmuster, einmal in die gesellschaftliche Defensive abgedrängt, in den Sog jenes Mahlstroms, der einen geordneten Rückzug anzutreten und aus den selbstgestellten Fallen politisch-ideologischer Selbstevidenzen ohne größere Glaubwürdigkeitsamputationen, d.h. relativ unbeschädigt sich abzusetzen zwang.

Daher ist die Rechtsprechung zum Grundlagenvertrag mit der DDR nur zu verstehen als Dammbautechnik gegen die infolge der neuen Ostpolitik destabilisierte Lage der Bundesrepublik Deutschland als bröckelnder „CDU-Staat" und gleichzeitig als Eindämmungsstrategie, um mit Hilfe rechtstheoretischer und politisch-praktischer Auffangposition den absehbaren Schaden an Ansehens- und Vertrauensverlusten im In- und Ausland wenigstens in Grenzen halten, gleichzeitig aber aus der neuen Auffangposition heraus jederzeit auch wieder in die Offensive übergehen zu können.

Deren Linie wird vom ausdrücklichen Verbot markiert, im Grundgesetz begründete Rechtstitel preiszugeben oder auf unverzichtbare Rechtspositionen, sofern sie der Sache der Wiedervereinigung nutzbar gemacht werden könnten, Verzicht zu leisten — jetzt nicht und später nicht,[18] wobei allemal fragwürdig bleibt, daß von deren Erwünschtheit unvermittelt auf ihre „Rechtmäßigkeit" geschlossen wird. Gleichzeitig werden alle verfassungsmäßigen Organe darauf verpflichtet, das Bewußtsein der Systemdifferenz zwischen Deutschland-Ost und Deutschland-West, aus dessen Wohlstands- und Freiheitsgefälle allein schon der Wiedervereinigungsanspruch, nach weitverbreiteter öffentlicher Meinung tonangebender Kreise in der Bundesrepublik, beständig genährt wird, „im Inneren wachzuhalten und nach außen beharrlich zu vertreten".[19]

Mittels fiktiver nationaler Mythenbildung wird demnach die Illusion genährt, die Rechtsstaatspositionen Deutschland-West ließen sich, statt unmittelbarer Übermächtigung, Überherrschung und realer Einverleibung, wenigstens symbolisch für derart unverhüllt nationalistisch-expansionistische Optionen instrumentalisieren — zumindest für jene „unilaterale ‚Zwangseinweisung' des ostdeutschen Staates in ein lediglich noch von der Bundesrepublik Deutschland gesehenes imaginäres gesamtdeutsches Völkerrechtssubjekt",[20] die früh schon als verdeckt revanchistische Unbelehrbarkeit „alter" Politik entlarvt worden war.

Der materielle Rechtsimperialismus, zunächst auf den Weg verfassungsgerichtlich entwickelter Vereinnahmungstendenzen mittels Rechtstitel-Verteidigung und Rechtstitel-Expansion gebracht, wird jedoch noch unverblümter einbekannt. Nicht nur der Leitsatz 7 bläht die bundesrepublikanische Schrumpfstaats-Souveränität zur solipsistischen Handlungsposition eines gegenüber autonomen Vertragspartnern rücksichtslos auftrumpfenden, rüde agierenden Weltpolizisten im kleindeutschen Westentaschenformat auf, es geschieht dies vor allem mit der Forderung, dem Vertrag zwischen den beiden deutschen souveränen Völkerrechtssubjekten dürfe nur die Auslegung gegeben werden, „die nach dem Grundgesetz erforderlich ist, insbesondere auch gegenüber dem Vertragspartner".[21]

Damit jedoch bringt sich das BVerfG unter Berufung auf seine (legitimen) Ansprüche als Grundgesetz-Interpretationsmonopolist gegenüber allen anderen politischen Akteuren selbst in die Vorhand, zumal in grotesker Verletzung seiner eigenen Litaneiformeln zu „judical self-restraint" und funktionell-rechtlich gebotener Zurückhaltung die Urteilsbegründungen zum Grundlagenvertrag, und nicht nur die Tenorierungsformel, also auch sämtliche „obiter dicta" mit verpflichtender Wirkung, „ex tunc", ausgestattet werden. Der politisch unkontrollierte Ersatzgesetzgeber sprach's und verkündete als Entscheidungsformel: „Das Gesetz... ist (sc. nur) in der sich aus den Gründen ergebenden Auslegung mit dem Grundgesetz vereinbar".[22]

Schon einmal hatte das BVerfG mit einem semantischen Trick gearbeitet, als es sich die Justiziabilität der in Frage stehenden Streitsache — einen völkerrechtlichen Vertrag behandelt es einfach „wie ein vom Bundesgesetzgeber erlassenes Gesetz"[23] — sozusagen unter den Nagel riß, wodurch ihm zwei Fliegen mit einer Klappe zu schlagen möglich wurde: Als Interpret stellvertretend für die Bundesregierung zu handeln und diese dabei verfassungsgerichtlich Mores zu lehren; zweitens die DDR, wenigstens der Tendenz nach, der verfassungsgerichtlichen Bindungswirkung nach § 31 BVerfGG ipso jure zu unterwerfen und sie damit mehr als nur symbolisch zu überherrschen.

Es ist daher kein Zufall, daß derartige Tendenzen, sowohl der Gesetzgebung wie der Verfassungsjudikatur, das „rechtliche Interessengebiet" der Bundesrepublik auszudehnen und beispielsweise auch auf die Hoheitssphäre des souveränen DDR-Staates zu erstrecken, immer wieder als revanchistische Anmaßung schärfstens zurückgewiesen wurden; zuletzt als eine eindeutige Form der „juristischen Aggression".[24]

Tatsächlich läuft das verfassungsgerichtliche Flaggezeigen in der Frage der verbindlichen Vertragsauslegung indirekt darauf hinaus, der DDR gegenüber ein Interpretationsverbot zu verhängen; wenn dies aber nicht durchzusetzen sein sollte, weil es die BVerfG-Kompetenzsphäre widerrechtlich überschritte, die an den Grenzen des Geltungsbereichs des Grundgesetzes sozusagen ihr natürliches Ende findet, dann wenigstens deren selbständigen, autonomen Interpretamenten die gleiche legale Dignität, die gleiche Grundrechtsfestigkeit, den gleichen Legitimitätsbonus, kurz: ihren verfassungsstaatlichen Charakter generell abzusprechen.

Nicht nur in Befolgung rechtsimperialistischer Interpretationsstrategien, sondern auch direkt wird der auf diese Weise formulierte *rechtliche* Arrondierungsanspruch des Grundgesetzes bzw. anderer Teile Deutschlands, wie er in Art. 23 zu Buche steht, unter der Hand und unvermittelt, wenn auch in der Form einer klassischen Freudschen Fehlleistung, in einen *gebietlichen* Arrondierungsanspruch umgedeutet, unbeschadet des Wortlauts von Art. 146, der der Geltungs- und Gültigkeitsdauer des Bonner Grundgesetzes ausdrücklich ein zeitlich zeitiges, wenn auch ehrenvolles Ende bereiten will. Indem den Bestimmungen des Art. 23 eine Bedeutung „eigener" Art (sui generis-Klauseln erlauben ohnehin, infolge ihrer interpretativen Variabilität, höhere Flexibilisierung politischen Handelns) untergeschoben wird, kann als politische Zielbestimmung, um nicht zu sagen: Staatszielbestimmung, verfügt werden, „daß sich diese Bundesrepublik Deutschland als gebietlich unvollständig versteht…, und daß sie erst ‚vollständig' das ist, was sie sein will, wenn die anderen Teile Deutschlands ihr angehören".[25]

Nur notdürftig wird dieser ausgreifende Expansionsdrang (realiter wohl doch nur nach Osten, noch dazu „erstrebter Zuwachs" genannt) mit rabulistischer Verbrämung als „rechtliches Offensein" verhüllt. In Wirklichkeit kommt der Exkulpationsformel die Funktion zu, jene Zukunfts-Weichenstellung vorzubereiten, die auch die DDR eines Tages in den Block des „Westens" zu integrieren erlauben würde, zumal die sogenannten Westverträge, insbesondere Art. 7 des Deutschlandvertrages, von den besonderen, bilateralen Vertragsbeziehungen der beiden deutschen Staaten ausdrücklich „unberührt" bleiben sollen.

Diese rechtliche Verschärfung des Dilemmas der Deutschen Frage wird also bewußt in Kauf genommen, wenn nicht gar auf die Spitze getrieben. Deren widersprüchliche Ambivalenz dann auszutarieren, bleibt entweder einer Politik der vollendeten Tatsachen überlassen oder der symbolischen Unterwerfung unter die Plenipotestas des BVerfG anheimgestellt, des für verbindliche Interpretation allein zuständigen Organs.

Rechtstechnisch wird diese Art verfassungsgerichtlicher „overprotection" nach innen, westdeutschen Instanzen gegenüber, wie nach außen, adressiert an die zuständigen DDR-Regierungsstellen, als verfassungsrechtliche Grenzziehung in Szene gesetzt, die ein möglicherweise „freies" Ausfüllen des Vertrages durch spätere Vereinbarungen und Abreden, dem Verfahren wie den Inhalten nach, mit appellativen Weisungen rigide beschränkt.[26] Tatsächlich wird die verfassungsrechtliche Auslegung des Grundlagenvertrags zwischen der Bundesrepublik und der DDR, wie vom BVerfG vorgenommen,

„sinngemäß auch für den Abschluß der im Zusatzprotokoll... vorgesehenen und der sonst zur Ausfüllung des Vertrages *noch denkbaren* Folgeverträge und -vereinbarungen mit der Deutschen Demokratischen Republik"[27] gefordert, was bedeutet, daß dessen gegenwärtige Rechts- und Wertvorstellungen heute schon die Zukunft präjudizieren sollen.

Als ob es dabei nicht sein Bewenden haben könnte, gleich werden, voll Mißtrauen gegen die rechtsstaatliche Zuverlässigkeit des Gesetz- und Verordnungsgebers, fünffach Werke der Übergebühr erbracht: die judikative Regulierungsmanie wird erstreckt auf die später vorgesehenen Post- und Fernmeldeabkommen, auf zukünftige fernseh- und rundfunkpolitische Regelungen, auf die Ausgestaltung des Grundrechts der Vereinigungsfreiheit, auf eine Verschärfung der systemischen Abgrenzungspolitik gegenüber dem ostdeutschen „alter ego" sowie auf offensive Mobilisierung von Menschenrechtspositionen gegenüber dem (Unrechts-)Regime des real existierenden deutschen Sozialismus.

Diese Verbetonierung der politischen Zukunft durch Festschreibung eines aktualiter triumphalistisch sich aufplusternden Verfassungsrigorismus, der notwendigerweise die unkalkulierbaren Gefahren einer möglichen Dogmatisierung des Irrtums heraufbeschwören und vergrößern würde, müßte vor allem aber jenen Entspannungs- und Normalisierungsprozeß behindern, den in die Wege zu leiten Ziel des Grundlagenvertrages selber, und den über die Flanken legitimatorisch abzusichern, erklärte Absicht auch des BVerfG war, wenn man seinen Worten glauben soll.

Das auffällige soziale Phänomen, daß die beabsichtigten, erst recht die unbeabsichtigten Folgen eines Tuns wie dieses selbst nur zu oft zum erklärten Willen ein und desselben Handelnden in offenen Widerspruch geraten, läßt sich vordergründig zunächst damit erklären, daß eine bestimmte Identitätsvorstellung, die mit großer emotionaler Heftigkeit Rollen zu verteidigen zwingt, die man im Verlaufe dieser Identitäts- und Rollenübernahme freiwillig auf sich genommen oder unter Zwang sich hat aufherrschen lassen, nur gegen mächtige innere Widerstände sich aufkündigen oder in gegenteilige Überzeugungen umpolen läßt. Identitätsgewinn zum Preis von Identitätsverlust, aber auch Identitätsumschichtungen auf Kosten von Einschränkungen ihrer ursprünglichen Sollensverbindlichkeit führen regelmäßig in soziale Beziehungsfallen, deren Widersprüche seitens der von ihnen Betroffenen nur selten ohne psychische Kränkungen oder sonstige Nachteile, die sie dabei zu gewärtigen haben, aufgelöst werden können. Allemal erzeugen Identität und Identitäten Selbstnormierungszwänge. Ohne sich an ihnen wundzuschlagen, ist ihnen selten zu entrinnen.

Dennoch reicht diese Erklärung kaum über das hinaus, was sie beschreibend uns vor Augen führt.

Sollten nicht vielleicht doch die Doppeldeutigkeit und Ambivalenz der Situation, daß für das Identifikationsobjekt „Gesamtdeutschland" vom BVerfG positive Regungen mobilisiert werden, währenddessen „teilidentische" (staatliche) Organisationsform, die DDR als „sezessionaler Neustaat im deutschen Raum",[28] der politischen Ächtung, tendenziell dem moralischen Verdikt anheimfällt, „unmenschliche Zustände"[29] an ihren Grenzen nicht nur zu dulden, sondern unmittelbar für sie verantwortlich zu zeichnen, einen „Sinn" machen, den zu enträtseln es not täte? Kommt dieser Dichotomisierung des verfassungsgerichtlichen „Weltbildes" nicht möglicherweise eine besondere politische Funktion zu? Ist sie vielleicht gar erwünscht? Wäre es nicht sogar denkbar, daß ihrer negativen Bestimmung ineins eine positive Funktion zugeschrieben werden könnte?

Bevor wir uns einer genaueren Beantwortung dieser und ähnlicher Fragen zuwenden, um den Beitrag der Verfassungsgerichtsjudikatur zur deutsch-deutschen Verketzerung in Funktion zur Dynamik der kapitalistischen Weltvergesellschaftung bei anhaltender globaler Systemkonkurrenz näher bestimmen zu können, sei eine Urteilspassage in Erinnerung gerufen, die den verfassungsrechtlichen „Selbststand" der Bundesrepublik im Vergleich zur insoweit „minderen" DDR am unverblümtesten ausspricht. Sie bringt den eigentlichen politischen „System"-Konflikt — um nichts anderes handelt es sich nämlich — präzise auf den Begriff, mit unerwarteten Folgen freilich für das herrschende binnensystemische Selbstverständnis.

Mehrmals wird — und das ist kein Zufall — mit äußerster Schärfe jeder mögliche oder immerhin denkbare Versuch der DDR, die Bundesregierung an der verfassungsmäßigen Vertretung der Interessen der freiheitlich demokratischen Grundordnung hindern zu wollen, etwa mit der Behauptung, diese mische sich damit in die inneren Angelegenheiten eines fremden Staates ein und verstoße insoweit gegen Inhalt und Geist des Grundlagenvertrages, seinerseits als vertragswidriges Handeln gebrandmarkt. Wenn auch nur prophylaktisch, wird doch jede denkbare Behauptung einer Vertragsverletzung ihrerseits als Vertragswidrigkeit zurückgewiesen. Unmißverständlich heißt es dazu: „Ebensowenig darf der Vertrag dahin verstanden werden, daß er die Bundesregierung und alle übrigen Organe in Bund und Ländern von der verfassungsmäßigen Pflicht entbinde, das öffentliche Bewußtsein nicht nur für die bestehenden Gemeinsamkeiten, sondern auch dafür wachzuhalten, welche weltanschaulichen, politischen und sozialen Unterschiede zwischen der Lebens- und Rechtsordnung der Bundesrepublik Deutschland und der Lebens- und Rechtsordnung der Deutschen Demokratischen Republik bestehen".[30] Notabene — dies alles vor dem Hintergrund jenes „Deutschland-Bildes", dessen spitzfindige Ableitung aus dem Grundgesetz soeben erst vom Verfassungsgericht zur Begründung und Rechtfertigung aller denkbaren und erlaubten Wiedervereinigungsansprüche vorgeturnt worden war.

3.

Zuvor aber soll noch einer anderen Dimension höchstrichterlicher Rechtsprechung nachgegangen werden. Gemeint ist der spezielle Beitrag des Bundesverfassungsgerichts zur innerstaatlichen Freund-Feind-Diskussion, in die es, wie im symbiotischen Herrschafts-Verbund sonst auch, sein Eigenmaß und seinen besonderen Anteil erst einmal einbringen muß, um sie dann mit anderen administrativen Instanzen, Gerichtsurteilen und, nicht zu vergessen, einer höchst diffusen, wankelmütigen „öffentlichen Meinung", die es nach Hegels Diktum verdient, ebenso verachtet wie geachtet zu werden, abgleichen und „de concert" mischen zu können. Immer ist es „nur" Mitspieler, wenn auch einer der wichtigsten, die beim normsetzenden Definitionsgeschäft, dem Vorgang eines kollektiven Labelings, mitmischen. Daß es im Konzert der meinungsbildenden Mächte kaum je einmal durch das Anstimmen einer schrillen Tonlage aufgefallen ist, wie sie den resonanzgeilen medialen Eintagsfliegen professionell eigentümlich zu sein pflegt, weil sie über keinen bürokratischen Unterbau mit Tendenz zur sakralisierenden Verstetigung, d.h. Verewigung schon auf Erden verfügen, darf nicht darüber hinwegtäuschen, daß seine Mittel, sich verständlich zu machen, spezifisch „leisere" sind, vor allem aber sanktionsbewehrt, wenn auch ohne eigenen Durchsetzungsapparat, und daß sie sich in erster Linie dadurch auszeichnen, daß sie im Wege normativer Setzung Geltungsglauben zu erzeugen vermögen und insoweit dauerhaft auch „greifen".

4.

Selbst wenn man, ebenso knapp wie abstrakt formuliert, die moderne Verfassungsgerichtsbarkeit im Rahmen einer historisch spezifischen politischen „System"-Kultur als Teil der suprema potestas bestimmt,[31] darüber hinaus als teilautonomen Akteur des politischen Krisenmanagements zur Bewältigung von Modernisierungs- und Legitimitätskonflikten,[32] dann muß doch, auf einer niedrigeren Ebene der Abstraktion, immer wieder neu angegeben werden, ob sie als politisch funktionale System-Komponente in Betracht gezogen wird oder ob sie als einzelfallösende, quasi mechanisch funktionierende Betriebseinheit des „arbeitenden Staates" (Lorenz v. Stein) von Interesse ist, d.h. auf den Prüfstand einer technisch sorgfältigen Betriebsanalyse gestellt bzw., um im Bild zu bleiben, einem mehr oder minder standardisierten Funktions-Check unterzogen werden soll. Je nachdem, auf welcher Ebene die Funktionsbestimmung ansetzt, variieren die Aussagen über den Zustand, die Wirkungsweise und den Leistungspegel des Aggregates als Ganzes wie seiner einzelnen Bestandteile.

Angewandt auf unser Thema, bedeutet dies, daß z.B. einzelne Urteile des Karlsruher Gerichts, jeder Senats- oder Kammerbeschluß, für sich genommen, zwar die unentbehrliche Kleinarbeit einer Einzelfallösung enthält (und repräsentiert), daß aber jede einzelne dieser Art, für sich genommen, über die politische Funktionsbestimmung der Verfassungsgerichtsbarkeit, z.B. über ihre Rolle als Integrationsfaktor höherer Ordnung, i.d.R. wenig oder gar nichts auszusagen vermag.

Während jede Fallösung, die das Karlsruher Gericht produziert (und keine ist wichtiger, unentbehrlicher als die jeweils die neueste, weil sie im wahrsten Sinne des Wortes jedes Mal wieder Sozialschicksal pur spielt), und alle zusammen genommen interpretiert werden können als Artefakte und Prozesse der *Systemindividualisierung,* wird eine Standortbestimmung dieser Form der gesellschaftlich nützlichen Tätigkeit (das Brötchenbacken sozusagen) erst möglich, wenn wir uns auf ein Argumentations- und Theorienniveau begeben, das es uns erlaubt, das Ensemble verfassungsgerichtlicher Tätigkeit, das Verfassungsorgan qua Apparat und dessen Judikatur als solche, als ein ebenso funktionstüchtiges wie funktionales Ganzes zu bestimmen (nicht mehr wie und was für Brötchen gebacken werden, ist dann wichtig, sondern nur die allgemeine Bestimmung der erweiterten gesellschaftlichen Lebensmittelproduktion unter Bedingungen z.B. automatisierter, computerisierter und sonstiger Spezialindustrien etc.).

In dieser Perspektive lassen sich die Urteile aus Karlsruhe als Artefakt *und* Prozeß der *Systemgeneralisierung* im Wege und vermittels einer „Umdeutung" und Indienststellung individualisierender Fallbearbeitung zu Zwecken der Bestandssicherung des gesellschaftlichen Systemganzen interpretieren, d.h. als eine Strategie aktiver Strukturanpassung an bestandsbedrohende „challenges", interner wie externer Art, und zwar unter Ereignisbedingungen, die aus dem ursprünglichen Funktionssinn ihres Anlasses und aus der Evidenz der Fallösung selbst nicht abgeleitet werden können.

Daß sich die Verfassungsjudikatur zu einer eigenständigen, relativ autonomen Rechtsquelle hat entwickeln können, die wie das Delphische Orakel die Deutungs- und Regulierungsbedürfnisse der am Prozeß der Verfassungsentwicklung beteiligten Akteure unter Bedingungen fortdauernder Zukunftsungewißheit und Konfliktlösungsunsicherheiten magisch auf sich zieht und mit dem Bannzauber seiner Bindungswirkung die einzig „richtige" reflexive, d.h. rechtliche Lösung suggeriert, ist dafür die Probe aufs Exempel.

Dennoch muß immer unterschieden werden, auf welchen Ebenen der Problemverarbeitung und Problempräsentation die Unterwerfungsrituale in Szene gesetzt werden.

So läßt sich z.B. die Diskursrationalität, wie sie juristischer Argumentationsweise spezifisch zu eigen ist,[33] mit den bewußten, planrationalen Absichten in Verbindung bringen, die es erlauben, vermittelt über eine Analyse der tragenden Urteilsgründe, deren jeweilige Interpretation zu rekonstruieren und diese als die eigentlich *manifeste* Funktion systemindividualisierender Judikatur-„Leistungen" zu bestimmen. Darüber hinaus aber ist deren *latente* Funktion darin grundgelegt (und im einzelnen je neu zu benennen), daß sie, unbewußt, Geschichte machen, indem sie Geschichten erzählen, daß sie mythopoetisch raunen und vor Schreck erstarren lassen, daß sie, individualisierende Tendenzen gewalttätig abschneidend, die synchrone Präsenz des verbindlich Authentischen verfügen, daß sie, als Rationalisierung der Ratio, Rechtssicherheit zum Fetisch erheben, daß sie — onomatomanisch — mystifizieren und Bannflüche aussprechen, daß sie Lebenssphären ein- und Systemfeinde ausgrenzen, kurz, daß sie soziale Werte verteilen und Kollektivschicksal mitbestimmen.

In der Tat ist die Verfassungsgerichtsbarkeit, jenseits ihrer justiziellen Funktion, wenn auch ausschließlich über diese vermittelt, eine der zentralen politischen Sozialisationsagenturen im System der entwickelten Rechtsstaats-Kultur,[34] ebenso Konformität verstärkend wie Devianz sanktionierend, vor allem aber daran beteiligt (und interessiert), erst einmal zu definieren, was das eine und das andere „ist" bzw. sein „soll" — insoweit ein klassischer Anwendungsfall von „social construction of reality".[35]

Methodisch bewerkstelligt das BVerfG das Problem, seinen „Lösungen" den Anschein von Objektivität zu verleihen, um sich selbst vom Verdacht dezisionistisch gekürter Entscheidungsformeln freisprechen zu können bzw. an ihnen den „haut goût" von relativer Willkür gar nicht erst aufkommen zu lassen, auf ebenso rationalistische wie Enttäuschungsfestigkeit bloß in Aussicht stellende Weise. Die Berufung auf einen in historisch langen Wellen arbeitsteilig entwickelten Methodenkanon und die Beachtung der von ihm sanktionierten Argumentationsregeln, wobei die Behauptung, diese strikt zu befolgen oder befolgt zu haben, noch nicht ihre Faktizität unter Beweis stellt, übernehmen dabei die Funktion, gleichsam voraussetzungslos die Irrtumswahrscheinlichkeit der mit ihnen geführten „Beweise" zu minimieren, ja als Problem gar nicht erst aufkommen zu lassen, hingegen die Treffgenauigkeit ihrer Deduktionen und Schlußfolgerungen progressiv zu steigern. „Irrtum ausgeschlossen" — das ist in letzter Konsequenz die Funktion dieser Art Pragmatik der Methodenhandhabung.

Methodenkonsens und Kanonierung von Argumentationsregeln ebenso wie die im Dauerpalaver öffentlicher Aufmerksamkeit sich haltende verfassungsrechtliche Methodendiskussion als wissenschaftliche Begleitung verfassungsgerichtlicher Praxis qua „Arbeit am Urteil", und insoweit Arbeit in der Urteilsfabrik Justiz, mit der Folge, daß jeder einigermaßen modernen realistischen Staats- und Verfassungstheorie notwendigerweise die Aufgabe gestellt wäre, eine Art tayloristische Theorie der gesellschaftlichen Produktionsweise „Verfassungsjudikatur" zu entwickeln (bisher nur in Einzelfällen und allenfalls in Form von Spurenelementen sozusagen nachweisbar), lassen sich insofern interpretieren als selbstinszenierte, symbolische „good will"-Beschaffungspro-

gramme, denen die bekannten Schaukampf- und Placebo-Effekte gleichermaßen eigentümlich sind. Die Angst, daß durch unverstellte Offenlegung der juridischen Zunftgeheimnisse, vom „wissenschaftlichen" Hexeneinmaleins
nicht länger besprochen und also gebannt, die Zauberkraft ihres normieren-
den Schamanentums schwinden könnte, muß ebenso abgewehrt werden, wie
die Grenze zum „Voodoo" nicht überschritten werden darf.

Die Notwendigkeit, diese Ambivalenz nicht einseitig aufzukündigen,
sondern sie — in der Schwebe haltend — mit entsprechenden Vorkehrungen
ständig zu bemeistern, läßt die juristischen Funktionseliten bei permanenten
Selbstverteidigungsausreden Zuflucht suchen; gleichzeitig signalisieren diese
Vorkehrungen auf der Ebene intersubjektiver Kommunikation ihren Adressaten gegenüber die beschwichtigende Gewißheit, was auf deren Seite und im
Ergebnis zu amtshöriger Illusionsbildung führt, daß es in ihrem Verantwor-
tungsbereich durchaus mit rechten Dingen zugehe. „Führer und Geführte haben im wesentlichen psychologischen Nutzen voneinander. Das inszenierte
Schattenboxen des Führers mit öffentlichen Problemen macht die Welt verstehbar und vermittelt einer verunsicherten und vereinzelten Masse das Ver-
sprechen ‚Gemeinsam werden wir es schaffen' ".[36] Amt und Gefolgschaft
sind also über Symbolresonanzen wechselseitig aufeinander bezogen.

Dennoch stellt sich dabei unweigerlich die Frage, ob die in den Tenorie-
rungsformeln der höchstrichterlichen Rechtsprechung und den sie tragenden
Gründen enthaltene Behauptungen, Deutungen, Handlungsanweisungen und
Verhaltenskodifizierungen unter Beachtung derjenigen methodischen Regeln
zustande gekommen sind, „bei deren Beachtung wir wissenschaftspraktisch
eine historische Behauptung für eine *gerechtfertigte* Behauptung halten".[37]

Wann aber ist eine Behauptung in praktischer Hinsicht „gerechtfertigt"
und nicht nur (gut) begründet, „richtig", gar objektiv „wahr"?

Gegenüber sogenannter Begründungsobjektivität, die auf einem Ermitt-
lungs- bzw. Konstruktionsverfahren beruht, das methodisch nach den Regeln
der dafür zuständigen „Kunst" unter Kontrolle gehalten wird, so daß die Ergebnisse dieser Art „artifiziellen" Problemhandlings über privatsemantische
Codes und Evidenzen hinaus auch intersubjektiv kommmuniziert werden
können, mit der Möglichkeit ihre Annahme oder Ablehnung bzw. Kritik,[38]
hat Lübbe eine Art sozial verschobene Objektivität herausgearbeitet, die er
„Konsensobjektivität"[39] nennt.

In Anlehnung an diesen Begriff, dessen idealistische Spitze m.E. allzu
unvermittelt gegen den Begriff der Parteilichkeit gekehrt wird und dessen Prä-
misse, wonach die beteiligten Subjekte bei der Annahme dessen, was er „hi-
storiographische Identitätspräsentation" nennt, im Verhältnis zueinander
nicht (oder nicht mehr) Partei, sondern „im Konsens"[40] sind, was zur Folge
hat, daß er in der Sackgasse eines sozialen Objektivismus landet, insoweit
eine gegebene und begrifflich noch keineswegs „entschiedene" soziale Realität als eine schon „im Konsens seiend" schlichtweg hypostasiert wird, schlage

ich vor, diesen Begriff durch den der Referenz- bzw. Kontextobjektivität zu ersetzen und ihn insoweit präzisierend zu ergänzen. Dieser hätte den Vorteil, noch den Konsens zwischen den Subjekten, sollte er denn feststellbar sein, als ein Gemachtes, Fremdes, Abgeleitetes, kurz, als produziertes Produkt, d.h. als Artefakt des gesellschaftlichen Prozesses selber zu begreifen.

Diese *kontextabhängige Objektivität,* von der hier die Rede ist, bestimmt sowohl die Mythopoeme, wie das von der Identität „Gesamtdeutschlands“, als auch die Konstruktion des „signifikanten Anderen“,[41] dessen Funktion, sich willig in die Bereitschaft einweisen zu lassen, sich mit sich selbst als dem „guten“ Ich zu identifizieren, wie sich vom „bösen“ Anderen abzuwenden, offen zu Tage liegt.

Zunächst weist schon ein nicht mehr ganz neues Krähensyndrom, das in der Nährlösung (französisch: bouillon de culture) des funktionell-rechtlichen Methodenansatzes[42] inzwischen in geradezu stilbildender Manier zu der Krankheit sich entwickelt hat, für deren Therapie sie sich hält — in symbolischen Demuts- und Unterwerfungsgesten versichern sich die Funktionseliten der drei Staatsgewalten augenzwinkernd ihres wechselseitigen Wohlwollens, geloben sich die Respektierung ihrer jeweiligen Kompetenzsphäre, und jeder der Beteiligten schwört, im Funktionsgrenzen überschreitenden Machtverkehr keinem anderen ein Auge aushacken zu wollen —, darauf hin, daß Referenzobjektivität von allen Akteuren praktiziert wird und allen als Basiskonsenslager dient. Gleichzeitig aber wird daran deutlich, daß der in dieser Weise „generalisierte Andere“ (G. H. Mead), die gesellschaftliche Totalität, in erster Linie zu einem Kontrollinstrument sich auswächst, das die Entfremdung der sozialen Rollenträger untereinander eher verstärkt als mindert.

Interaktionsabhängigkeiten dieser Art, daß die Menschen über die unterschiedlichsten „organisierten Reaktionsketten“[43] zueinander in Beziehung treten und sich darin wechselseitig innervieren, determinieren nicht nur die Struktur des „objektiven Geistes“ einer bestimmten „Politischen Kultur“; diese selbst und die in ihr vorherrschenden Werthaltungen, Normvorstellungen und Einstellungsmuster bestimmen ihrerseits das Sozialklima, in dem die sozialen Atome, sediert oder gepuscht, sich tummeln, die Bedürfnisstruktur, die sie, weil als gesellschaftliche Naturalausstattung verinnerlicht, als die ihre ausgeben, die lebensweltlichen Optionen, mit denen sie Chancen oder Scheitern verbinden.

So sind die Realitätsdeutungen, denen eine sinnstiftende Vermittlungsagentur wie z.B. das BVerfG Plausibilität und Geltungsglauben zuführt, keine creatio ex nihilo, kein soziales An-sich, selbst wenn sie an den Schreibtischen der Verfassungsrichter demiurgisch „geschöpft“ und in ihren Beratungszimmern kleingruppenspezifisch deliberiert, d.h. als Formelkompromisse ausgehandelt werden, vielmehr, höchst vermittelt, Produkt eines sozialen Interaktionsprozesses, in dessen Verlauf hinsichtlich der in Frage stehenden Realität (vom fragmentierten Entscheidungsanlaß bis zum „Modell Deutschland“) Verständigung und Einverständnis erarbeitet und deren semantisch-symbolische Präsentation in gezielten Verlautbarungskampagnen an die entsprechenden Adressatenkreise vermittelt werden muß. Normative, Sinn vorgebende Appelle dieser Art fänden niemals Anerkennung, wenn nicht gleichzeitig, wenigstens rudimentär, ähnliche oder identische Einschätzungen und Überzeugungen vorhanden wären, die auch schon (an-)gedacht, kommuniziert und favorisiert wurden, ob in emotionaler bzw. kognitiver Dissonanz oder nicht, ist dabei nicht einmal ausschlaggebend.

Tatsächlich können und müssen in einer hochdifferenzierten Gesellschaft Interpretations- und Handlungsspielräume, Freiheitsgrade möglicher Alternativen des Denkens, Fühlens und Handelns, wenn auch nicht infinit, so doch in wachsendem Umfange und zunehmender Verbreitung in Rechnung gestellt werden.

Um so wichtiger wird die Frage nach den tonangebenden, den Verhältnissen die Tanzmelodie vorspielenden Anführern, Meinungsmachern, Interessenten und Steigbügelhaltern der erwünschten gesellschaftlichen Entwicklung, kurz, nach den Vorstellungen und Interessen der herrschenden „classe politique".

Allein schon seines privilegierten Eliten-Status wegen — hinsichtlich seiner Funktion als Verfassungsorgan ebenso wie als letztinstanzlicher Rechtsprechungshierarch — kommt dem BVerfG im Club der politischen Funktionseliten noch am ehesten die Rolle eines „elder statesman" zu, teils infolge eigener Selbststilisierung als Hort der Verfassungs-„wahrheit", teils infolge einer allgemeinen, wenn auch diffusen Akzeptanz, die seine konkreten Konfliktabsorbierungsleistungen ebenso kreditiert wie sein eitel angemaßtes Rechtsstaatsapostolat und die Tatsache seiner Existenz als solcher, nur weil es existiert und insofern die Berechtigung seiner Existenz durch Funktionsbeflissenheit als der ihm eigenen Form der Erbringung gesellschaftlich nützlicher Arbeit unter Beweis zu stellen vermag. Implementationsgewißheit kann es bekanntlich nicht haben.

5.

Abgesehen von seiner konkreten Leistung der Streitlösung im Einzelfall, abgesehen auch von allgemeiner Konfliktentzerrung anläßlich sogenannter Richtungsentscheidungen bzw. den Zeitdehnungsgewinnen, die seine Rechtsprechung bewirkt, so daß neue Nutzenmaximierungsstrategien entwickelt und die Kosten politischer Risikohaftung durch „bargaining" der Kontrahenten gesenkt werden können, soll hier noch einmal der Funktion des BVerfG als Situationsdeuter und politischer Sinnstifter nachgegangen werden.

Der Möglichkeiten, dieser Funktion zu genügen, gibt es viele. Die wichtigste unter ihnen besteht in der Erzeugung glaubwürdiger, d.h., wie Lübbe es ausdrückt, „gerechtfertigter" Verdichtungssymbole und ihrer gezielten Implantation ins öffentliche Bewußtsein, dergestalt, daß dieses von den Schockwellen einer solchen judikativen Operation so nachhaltig geflutet wird, daß seine Befehlsautomatik „Schotten dicht"-Alarm schrillt.

Wie verläßlich und dauerhaft das BVerfG seiner Funktion der politischen Sinnstiftung nachzukommen vermag, hängt nicht zuletzt von den offen umlaufenden und — noch nachhaltiger — von den latenten Überzeugungen, Vorurteilen und Feindbildern ab, den gruppenspezifischen Phobien, Ostrazismusneigungen und Pogromhysterien, die ihrerseits als soziales Substrat und politisches Stimmungsambiente über Erfolg und Mißerfolg verfassungsinterpretatorisch angeheizter — wörtlich — Stimmungsmache, advokatorischer Wegweisung mittels normativer Werte-Justierung und politisch „projektiver Identifizierung" (Melanie Klein) als Form und Motiv aggressiver Objektbeziehungen, Resonanzen je nachdem verstärkend oder dämpfend, mitbefinden.

Wenn es noch eines Beweises für die analytische Peilgenauigkeit bzw. Plausibilität des vorgeschlagenen Begriffes der kontextabhängigen, sozialbezüglichen „Referenz-Objektivität" juristischer Argumentationsformen, des vom BVerfG ermittelten grundgesetzkonformen Rechtsverständnisses etwa, bedurft hätte, an den nachweislichen Entsprechungen zwischen der Verfassungsjudikatur als grundgesetzkonformer Rechtsüberzeugung und den Exekutivmaßnahmen als grundrechtsgebundener Durchsetzung politischer Überzeugungen — beide nur in jeweils unterschiedliche Symbol-Sprachen übersetzt —, wie sie im sogenannten Radikalenbeschluß des BVerfG zutage treten, ließe er sich mühelos führen.

Kristallisationskern der darin entwickelten Freund-Feind-Dissoziation im Verdichtungssymbol „wehrhafte Demokratie" versus „Feinde der Demokratie" ist jener monolithische, gegen empirische Widerlegungsversuche sich immer wieder immunisierende Überzeugungs-Block von der besonderen Rechtsstaatskultur der BRD, wie er juristisch als identitätsbewehrte „fdGO" und politisch ökonomisch als „Modell Deutschland" zur bundesrepublikanischen Ziviltheologie des trinitarischen „Weltbildes" von Feiheitsordnung, Wertordnung, Pflichtenordnung[44] hochstilisiert wurde. Jedesmal wieder, wenn „im Namen des Volkes" Recht gesprochen wird, wird diese Gebetsmühle gedreht, dieser apotropäische Zauber bewirkt und dem Fetisch die ideologische Mandorla erneuert.

Es kann in dem bisher entwickelten Kontext nun nicht darum gehen, den Radikalenbeschluß des BVerfG auf seine rechtstechnischen Konstruktionselemente hin zu untersuchen, auf deren handwerklich korrekte, normgerechte Dimensionierung und Fügung, wenn sich die Urteilskonstrukteure einer solchen überhaupt befleißigt haben sollten, woran berechtigte Zweifel angemeldet wurden; schon gar nicht auf Konstruktionsfehler und Verfahrensmängel hin.

Worum es hier vor allem geht, ist der Nachweis, wie die Konstruktion des „signifikanten Anderen", Reflex und Verstärkung binnengesellschaftlicher

Bürgerkriegssituationen, die zwar in Latenz sich halten lassen, dennoch Blasen treiben, blubbern und brodeln, planrational kalkuliert und symbolisch-metaphorisch durchgezogen, nicht, wie sie handwerklich bewerkstelligt wird, darüber hinaus aber auch, welche Funktion ihr bei der Konstruktion der sozialen Realität „fdGO" im besonderen zukommt.

So wie die Präsentation einer eigenen, unverwechselbaren BRD-Identität am ehesten gelingt, wenn das geschilderte dissoziative Solarisationsverfahren angewandt wird, d.h. wenn die Konturen der eigenen, positiv besetzten Identitäts-Imago mittels Konstrastierung am Negativbild des anderen, „feindlichen" Bruders gewonnen werden (noch dazu, wenn dabei eine Art politisch bedingter Geschwisterrivalität ins Spiel kommt), so wird im Wege einer Identifizierung und Bekriegung des inneren Feindes (der „Radikale") jedesmal die in der Gesellschaft vorherrschende Binnenmoral wieder aufgerüstet. In der Tat ist heute, um die (tatsächlichen oder nur phantasierten) Krisen des Legalitätssystems bewältigen zu können, eine *formelle* Ausrufung des Ausnahme- und Belagerungszustandes nicht mehr erforderlich. Eine der moderneren Strategien, sich der Loyalität[45] und Zuverlässigkeit der Subjekte zu versichern, besteht darin, deren normative, legale Freiheitsausübung „in eine Verpflichtung zu ihrem funktionsgemäßen Gebrauch"[46] zu transformieren.

Dem Zweck dient die (wenn auch nicht-intendierte) selektive Politisierung des funktionsneutralen Berufsbeamtentums durch Einschwörung seiner Anwärter und Amtsträger auf das BVerfG-Konstrukt „politische Treuepflicht". Gemeint ist damit die repressive Versöhnung des Subjekts, konkret: des Beamten, mit den Funktionserfordernissen einer *bestimmten* staatlichen Ordnung, selbst wenn diese mit rechtshegelscher Staatsmetaphysik („Idee des Staates, dem der Beamte dienen soll"[47]) überhöht und ideologisch verbrämt wird. Der moderne, leistungsfähige Verwaltungsstaat sei auf einen „intakten, loyalen, pflichttreuen, dem Staat und seiner verfassungsmäßigen Ordnung *innerlich verbundenen* Beamtenkörper angewiesen. Ist auf die Beamtenschaft kein *Verlaß* mehr, so sind die Gesellschaft und ihr Staat in *kritischen Situationen* ,verloren' ".[48]

Dann aber wird, in Kontrast zu dem Fluidum dieser polit-loyalen Beamtenschaft, das Odium des dämonisierten „Verfassungsfeindes" verbreitet (obwohl diese Kategorie im Verhältnis zu den „Wortlautgrenzen" (Friedrich Müller) des Grundgesetzes nicht einmal eine gedachte Rechts,,qualität" zukommen dürfte) und dieser selbst zum gefährlichen Verschwörer hochphantasiert. In Wirklichkeit übernimmt die von der fiktiven Mehrheit der Westdeutschen angeblich geteilte Sicherheitshysterie (als Korrelat zu ihren irrealen Unsicherheitsängsten), in der die Subjektivität einer Minderheit (hier: die politische Funktionselite des BVerfG) als die herrschende Objektivität sich ausgibt,[49] insgeheim die Funktion, die Anarchie-Angst der politisch Herrschenden mittels Verdikt der interpretatorisch Einflußreichen zu überspielen und ihre latenten Ansteckungsphobien, die ihnen eine mögliche Erschütterung ihrer sozialen Machtbasis signalisieren, abzuwehren. Nur so macht es Sinn, daß überhaupt erwähnt wird, jeder Beamte, der sich gegen die „fdGO" betätige, was immer er dabei und wie immer er es tue, sei „nicht nur als eine Gefahr im Hinblick auf die Art der Erledigung der ihm obliegenden Dienstaufgaben anzusehen..., sondern auch als eine Gefahr im Hinblick auf die naheliegende (!?) Möglichkeit der Beeinflussung seiner Umgebung, seiner Mitarbeiter, seiner Dienststelle, seiner Behörde (!) im Sinne seiner verfassungsfeindlichen politischen Überzeugung".[50]

Insoweit schlüpft das BVerfG in die gesellschaftspolitische Rolle eines, wenn man so sagen darf, positiven Bürgerschrecks. Als rechtspolitischer Saubermann der Nation betätigt es sich ebenso zuverlässig, wie es in der Rolle dessen, der den rechtsstaatsinferioren Partner stigmatisiert und den sogenannten „Radikalen" schlichtweg als Verfassungsfeind dämonisiert, seinen gesellschaftlich legitimierten Ostrazismusneigungen nachhaltig frönt. Bedrohungsphantasien darf es ebenso mobilisieren, wie es anläßlich der Umwidmung des gemeindeutschen Erbes im Wege gezielter Ideologieplanung jene argumentativen Handlungsrepertoires bevorratet, die, jederzeit vergegenwärtigungsfähig, den Akteuren der Zukunft das gute Gewissen verschaffen, so daß die umgewidmeten Traditionsbestände für raumgreifendere politische Zielverschiebungen jederzeit neu einsetzbar werden.

Daß dabei das geheime Band der Antipathie die funktionalen Eliten hüben wie drüben auf systemisch bedingtem Sympathiekurs hält,[51] ist kein Treppenwitz der Geschichte, sondern läßt die beiden offen miteinander konkurrierenden Machtgruppen insgeheim als die wahren Kriegsgewinnler und Profiteure der Systemkonflikte und ihrer wechselseitigen Eskalation erscheinen. Beide Seiten beziehen daraus ihre Vergünstigungen; beide Seiten sind sich bei politischer Vorteilsannahme und -gewährung immer wieder auch behilflich, ja geradezu in einer Art schicksalhafter interaktionistischer Kausalität aneinander gebunden — und einander verbunden. Immer ist der politische Gegner gleichzeitig der politische Verbündete. Siegfried, der Held, wächst an Fafner, dem Unhold.

Zwar induziert das BVerfG als Fürsprecher und Agent präventiven politischen Krisenmanagements mittels symbolischer Vor- und Nachdeutung staats- und gesellschaftspolitische Impulse, dennoch kann es nicht sicher sein, daß deren Induktionseffekte die gewünschten Veränderungen am Zustand der Lage- und Bewegungsenergie jener politischen Machtpotentiale und rechtsgenossenschaftlichen Kollektive auch automatisch zustandebringen, an deren Adresse seine imperativen Signale regelmäßig gerichtet sind. In der Tat ist ihm, worauf bereits hingewiesen wurde, infolge fehlender apparativer Durchsetzungsmöglichkeiten, Implementationsgewißheit keineswegs garantiert.

Verdrängt und vergessen wird ohnehin in aller Regel das eigentliche rechtstheoretische und -praktische Apriori jeder verfassungsgerichtlichen Spruchtätigkeit: Die liberalkapitalistische Präfiguration allen politischgesellschaftlichen Lebens in Deutschland-West in und nach der (durchaus inhaltsvollen) sogenannten „Stunde Null" — der Überbau als die Basis! Sollte eine kritische Geschichte der bundesrepublikanischen Verfassungsjudikatur eines Tages geschrieben werden, hätte sie sich zuallererst dieser politischen Konsequenzlogik zu vergewissern, um den apotropäischen Zauber der demiurgischen Konstruktion jenes neuen „sekundären Systems" nicht zu erliegen, deren Struktur als „objektiver Geist" trotz seiner „weichen", symbolischen Unterfütterung mit rechtssemantischen Dichtungsmaterialien wohl nie stabiler, nie reißfester gesponnen war.

Wie sagte doch Kant? „Satzungen und Formeln, diese mechanischen Werkzeuge eines vernünftigen Gebrauchs oder vielmehr Mißbrauchs seiner (sc. des Menschen) Naturgaben, sind die Fußschelle einer immer wiederkehrenden Unmündigkeit".[52]

Tatsächlich gibt es keinen vernünftigen Grund, dem textverarbeitenden System der Verfassungsjudikatur die Orakel-Weisheiten seiner „self fulfilling-prophecies" wie Befehle von den Lippen abzulesen und ihnen umstandslos, gläubig zu gehorchen.

Anmerkungen

1 Vgl. Otwin Massing: Recht als Korrelat der Macht? Überlegungen zu Status und Funktion der Verfassungsgerichtsbarkeit, in: Schäfer, Gerd / Nedelmann, Carl (Hrsg.): Der CDU-Staat, Studien zur Verfassungswirklichkeit der Bundesrepublik, München 1967, S. 123-150 und 179-250; 2. Auflg., Frankfurt / M. 1969, Bd. I, S. 211-258.

2 Hermann Lübbe: Die Identitätspräsentationsfunktion der Historie, in: ders.: Praxis der Philosophie — Praktische Philosophie — Geschichtstheorie, Stuttgart 1978, S. 97-122 (97).

3 Vgl. Hans-Joachim Lietzmann: Das Bundesverfassungsgericht. Eine sozialwissenschaftliche Studie über Wertordnung, Dissenting Votes und funktionale Genese, Opladen 1988.

4 Vgl. Murray Edelman: „The Symbolic Uses of Politics" und „Politics as Symbolic Action", (dt.: Politik als Ritual. Die symbolische Funktion staatlicher Institutionen und politischen Handelns, Frankfurt / New York 1976; neuerdings Ulrich Sarcinelli: Symbolische Politik. Zur Bedeutung symbolischen Handelns in der Wahlkampfkommunikation der Bundesrepublik Deutschland, Opladen 1987.

5 Edelmann, a.a.O., S. 95.

6 Vgl. Otwin Massing: Zur Rolle und Funktion der wissenschaftlichen Mitarbeiter im Entscheidungsprozeß des Bundesverfassungsgerichts (BVfG) — oder: eine juristische „black box" als Forschungsgegenstand?, in: Gawron, Thomas / Rogowski, Ralf (Hrsg.): Verfassungsgerichte im Vergleich — Constitutional Courts in Comparison: Supreme Court / Europäischer Gerichtshof / Bundesverfassungsgericht, Tagungsreader der Theodor-Heuß-Akademie der Friedrich Naumann-Stiftung, Gummersbach 1988.

7 Friedrich Nietzsche: Der Antichrist, in: Werke in drei Bänden, herausgegeben von Karl Schlechta, 2. Bd., Nr. 44, S. 1 161-1 235 (1 206).

8 Ders., a.a.O., Nr. 12, S. 1 173.
9 Vgl. Otwin Massing: Kritische Theorie als Institutionenkritik, 1988 (unveröffentl. Ms.).
10 BVerfGE 36, 29.
11 Hans Blumenberg: Wirklichkeitsbegriff und Wirkungspotential des Mythos, in: Manfred Fuhrmann (Hrsg.): Terror und Spiel. Probleme der Mythenrezeption, München 1971, S. 11-66.
12 BVerfGE 26, 23.
13 BVerfGE 36, 23.
14 Vgl. Joachim C. Fest: Die deutsche Frage: Das offene Dilemma, in: Wolfgang Jäger / Werner Link: Republik im Wandel 1974-1982: Die Ära Schmidt, Stuttgart 1987. Bd. V / 2, S. 433-446.
15 BVerfGE 36, 16.
16 Edelman, vgl. FN 5.
17 Joseph A. Schumpeter: Kapitalismus, Sozialismus und Demokratie, 2., erweiterte Auflage, Bern 1950, S. 428.
18 Vgl. BVerfGE 36, 18.
19 BVerfGE 36, 18.
20 Thomas Oppermann: Anmerkung, in: JZ 1973, S. 594-597 (596).
21 BVerfGE 36, 36.
22 BVerfGE 36, 2f.
23 BVerfGE 36, 35.
24 Hans Weber: Krise der Strafverfolgung in imperialistischen Ländern, in: Neue Justiz, 8/84, S. 315-318 (316).
25 BVerfGE 36, 28.
26 VGl. BVerfGE 36, 21; 33ff.
27 BVerfGE 36, 33; Hervorhebung von mir, O.M.
28 Oppermann, a.a.O., vgl. FN 20, S. 596.
29 BVerfGE 36, 35.
30 BVerfGE 36, 34.
31 Vgl. Massing, a.a.O., vgl. FN 1.
32 Vgl. Otwin Massing: Das Bundesverfassungsgericht als Instrument sozialer Kontrolle. Überlegungen zu einer funktionskritischen Formanalyse der Verfassungsgerichtsbarkeit in der Bundesrepublik Deutschland, in: Politische Vierteljahresschrift (PVS), 11. Jg., 1970, Sonderheft 2, S. 180-225; desgl. in: Mehdi Tohidipur (Hrsg.): Verfassung, Verfassungsgerichtsbarkeit, Politik. Zur verfassungsrechtlichen und politischen Stellung und Funktion des Bundesverfassungsgerichts, Frankfurt / M. 1977, S. 30-91.
33 Vgl. Robert Alexy: Theorie der juristischen Argumentation. Die Theorie des rationalen Diskurses als Theorie der juristischen Begründung, Frankfurt / M. 1978.
34 Vgl. Otwin Massing: Rechtsstaat und Justizherrschaft, in: ders.: Verflixte Verhältnisse. Über soziale Umwelten des Menschen. Opladen 1987, S. 114-129.
35 Vgl. Berger, P.L. / Luckmann, Th.: The Social Construction of Reality, New York 1966 (dt.: Die gesellschaftliche Konstruktion der Wirklichkeit. Eine Theorie der Wissenssoziologie, Frankfurt / M., 2. Auflg., 1971).
36 Edelman, a.a.O., vgl. FN 4, S. 68f.; 165.
37 Lübbe, a.a.O., vgl. FN 2, S. 105.
38 Otwin Massing: Politische Theorie und gesellschaftliche Konstitution, in: ders.: Politische Soziologie, Frankfurt / M. 1974, S. 8-36.
39 Lübbe, a.a.O., vgl. FN 2, S. 110.

40 Lübbe, a.a.O., vgl. FN 2, S. 115.
41 Vgl. Sigmund Freud: Massenpsychologie und Ich-Analyse, in: Gesammelte Werke, Bd. XIII, S. 71 - 161 (73); desgl. George H. Mead: Mind, Self and Society. From the Standpoint of Social Behavior, Chicago 1934 (dt.: Geist, Identität und Gesellschaft, Frankfurt / M. 1973).
42 Vgl. Alfred Rinken: Vorbemerkung zu Artikel 93 und 94, RZ 75ff., in: Alternativkommentar zum GG, Bd. 2, Neuwied 1984.
43 George H. Mead: Sozialpsychologie, Neuwied-Berlin 1969, S. 320.
44 Vgl. Erhard Denninger: Freiheitsordnung — Wertordnung — Pflichtordnung, in: Tohidipur, a.a.O., vgl. FN 32, S. 163 - 183.
45 Vgl. Otwin Massing: Loyalität als soziales Tauschverhältnis, a.a.O., vgl. FN 34, S. 48 - 74.
46 Ulrich K. Preuß: Die Aufrüstung der Normalität, in: Kursbuch 56 / 1979, S. 15 - 37 (29).
47 BVerfGE 39, 347.
48 BVerfGE 39, 347; Hervorhebungen von mir, O.M.
49 Vgl. Günter Gaus: Die Welt der Westdeutschen. Kritische Betrachtungen, Köln 1986.
50 BVerfGE 39, 355; vgl. dazu neuerdings Dammann, Klaus / Siemantel, Erwin (Hrsg.): Berufsverbote und Menschenrechte in der Bundesrepublik, Köln 1987.
51 Vgl. FN 24; vgl. zuletzt die Kampagnen der DDR-Führung gegen sogenannte Dissidenten aus der Friedensbewegung sowie ausreisewillige DDR-Bürger, die anläßlich der Gedenkveranstaltungen zum 43. Jahrestag der Zerstörung Dresdens im „Neuen Deutschland" als kriminelle Subjekte, Verräter und als vom faschistischen Ausland gesteuert denunziert wurden. Vgl. FR vom 17.2.1988 und HAZ vom 18.2.1988.
52 Immanuel Kant: Beantwortung der Frage: Was ist Aufklärung?, in: Was ist Aufklärung? Beiträge aus der Berlinischen Monatsschrift, herausgegeben von Norbert Hinske, Darmstadt 1973, S. 452 - 465 (454).

Harald Kindermann

Alibigesetzgebung als symbolische Gesetzgebung

1.

In seinem richtungsweisenden Aufsatz „Symbolische Gesetzgebung" nimmt Peter Noll die Unterscheidung zwischen instrumenteller und symbolischer Gesetzgebung auf, die aus der amerikanischen Rechtssoziologie zu uns gekommen ist. Während bei der instrumentellen Gesetzgebung die Effektivität im Vordergrund stehe, fehle bei der symbolischen Gesetzgebung die „Absicht, ... die Realität zu beeinflussen".[1] Welche Absicht liegt der symbolischen Gesetzgebung dann aber zugrunde? Welche Funktion haben Gesetze, „die nicht darauf abzielen und auch nicht durch die Absicht motiviert sind, über normiertes Verhalten reale Zustände zu beeinflussen"?[2] Funktionslos können sie, wie Noll selbst sagt, schon deshalb nicht sein, weil alles menschliche Handeln, auch das gesetzgeberische, immer von Motiven getragen und von Reflexionen geleitet und begleitet ist.[3] Damit ist nun aber nichts anderes gesagt, als daß es bei der symbolischen Gesetzgebung doch um die Beeinflussung menschlichen Verhaltens geht. Da der Gesetzgeber weder autistisch handeln kann noch will, läßt sich jedes gesetzgeberische Motiv auf die Absicht zurückführen, das Verhalten der Gesetzesadressaten beeinflussen zu wollen. Instrumentelle und symbolische Gesetzgebung unterscheiden sich nicht darin, *ob* der Gesetzgeber auf menschliches Verhalten Einfluß nehmen will, sondern *wie* er es zu tun sucht und um *welches* Verhalten es ihm geht.

2.

In den letzten Jahren ist über die Krise der instrumentellen Gesetzgebung und damit über die Krise regulativer Politik viel geschrieben worden. Das Schlagwort vom Steuerungsversagen des Rechts ist fast zu einem Gemeinplatz geworden. Dabei wird nicht selten der Eindruck erweckt, als ob es sich bei diesem Steuerungsversagen um eine Erscheinung unserer Zeit handele, während das Recht früher wirksam gewesen sei. In dieser Allgemeinheit ist das nicht richtig. Gesetzgebung als solche ist ein zur Verhaltensbeeinflussung eher untaugliches Mittel; ihr Steuerungsversagen ist weitgehend strukturell bedingt.[4] Parallel dazu greift die Gegenüberstellung von symbolischer und instrumenteller Gesetzgebung zu kurz. Symbolische Gesetzgebung darf nicht lediglich als Kontrapunkt zur instrumentellen Gesetzgebung zeitgenössischer Provinienz gesehen werden, sondern muß als Alternative zur normativ-generellen Verhaltenssteuerung begriffen werden. Sie ist, wenn man so will, eine Alternative zum Recht. Auf den ersten Blick erscheint dieser Ansatz unsinnig, denn symbolische Gesetzgebung ist Gesetzgebung und kann deshalb nicht gut eine Alternative zu sich selbst sein. Die Analyse aber zeigt, daß symbolische Gesetzgebung nicht an diejenigen adressiert ist, die im herkömmlichen Sinn die Klasse der Gesetzesadressaten bilden und daß sie das Verhalten ihrer Adressaten auf nicht-rechtliche Weise zu steuern versucht.

Die Verknüpfung des Rechts mit anderen Regelungssystemen ließ seine spezifischen Probleme lange Zeit nicht zutage treten. Das weitgehend normkonforme Verhalten der Bürger verführte Gesetzgeber und Rechtswissenschaft dazu, die Gesetze als befolgt anzusehen. Aber schon Theodor Geiger wußte: Im tatsächlichen Einklang mit der Norm zu handeln, heißt nicht notwendig, die Norm zu befolgen.[5] Aus juristischer Sicht ist freilich die bloß äußere Übereinstimmung von Handlung und Rechtsnorm ausreichend und nicht zu bemängeln. Die Handlungen der Bürger sollen mit den Gesetzen übereinstimmen, während ihre Motive den keinen Totalitätsanspruch erhebenden, die persönliche Sphäre der Bürger achtenden Gesetzgeber nicht zu interessieren haben. So gesehen ist es richtig, eine aus welchen Gründen auch immer befolgte Norm als wirksam anzusehen. Falsch ist dagegen der Glaube, allein aus der Übereinstimmung von Norm und Handlung ergebe sich bereits die spezifische Wirksamkeit des Rechts als „Recht". Spätestens als der moderne Staat begann, dem Bürger Verhaltensweisen abzuverlangen, die durch andere Regelungssysteme nicht zusätzlich abgedeckt waren, als das Recht gleichsam als Regelungssystem zum ersten Mal „pur" in Erscheinung trat, brach diese Illusion zusammen. Die Wirksamkeit des Rechts wurde problematisch, und es zeigte sich: Die Steuerungskapazität des isolierten Rechts ist überaus begrenzt.

Die strukturell bedingte und deshalb nicht aufhebbare Schwäche normativ-genereller Verhaltenssteuerung ist es, daß erstens der generellen Norm eine konkrete Handlungsanweisung nur schwer zu entnehmen ist, daß zweitens die Norm den Adressaten nur mehr oder weniger zufällig erreicht und daß drittens die gesetzliche Norm als „paper rule" den Adressaten emotional zu wenig ergreift und deshalb zu wenig Handlungsenergie freisetzt. Damit ist über den Wert des Gesetzes als Steuerungsmittel noch nichts gesagt. Gerade die Vertreter der modernen Gesetzgebungslehre sind sich über die strukturellen Schwächen des Gesetzes im klaren, bestehen aber aus demokratietheoretischen Gründen auf seiner Bevorzugung vor allen anderen Möglichkeiten der Verhaltenssteuerung.[6] Hat die normativ-generelle Verhaltenssteuerung hier ihre eigentliche Stärke, so hat die symbolische Gesetzgebung genau hier ihr Defizit. Symbolische Gesetzgebung ist in hohem Maß ideologieanfällig und bietet fatal viel Möglichkeiten, manipulativ Handlungsenergie freizusetzen. So gesehen ist die Wertentscheidung für die normativ-generelle Verhaltenssteuerung legitim und gut begründbar, vermag ihre strukturellen Schwächen aber nicht aufzuheben.

Was diese Schwächen im einzelnen angeht, so sind sie in sehr unterschiedlichem Ausmaß Gegenstand der Diskussion. Die Frage, wie aus einer generellen Norm eine konkrete Handlungsanweisung abzuleiten ist, darf als *das* klassische Problem der Rechtswissenschaft bezeichnet werden und bedarf hier keiner weiteren Erörterung. Die mangelnde Normkenntnis der Adressaten ist als Problem zwar seit langem bekannt, wird aber meist nur beiläufig und mit einer gewissen Unlust erörtert.[7] Der Grund mag darin zu suchen sein, daß keine Lösung in Sicht ist, dieses Problem aber andererseits eine existenzielle Voraussetzung gesetzgeberischen Handelns betrifft. Während der von Person zu Person ausgesprochene konkrete Befehl dem Angesprochenen nur die Entscheidung abverlangt, ob er den Befehl befolgen will oder nicht, ist mittels der Gesetzgebung diese Entscheidungssituation nur schwer zu produzieren. Ein verläßlicher Weg, neue gesetzliche Regelungen dem Adressaten zur Kenntnis zu bringen, steht nicht zur Verfügung. Die Verkündung in den Gesetz- und Verordnungsblättern und die mit ihr verbundene Fiktion der Möglichkeit einer jederzeitigen Kenntnisnahme ist aus mancherlei Gründen unverzichtbar, vermag die faktische Kenntnisnahme der Betroffenen aber nicht zu gewährleisten. Verhaltenserwartungen, die die Betroffenen nicht oder nicht richtig kennen, vermögen sie aber in keine Entscheidungssituation zu stellen. Das Grundmodell gesetzlicher Verhaltenssteuerung ist durch die zeitgenössische Rechtssoziologie und Rechtstheorie allerdings erheblich modifiziert worden. Eine differenzierte Typologie der Norm wurde entfaltet; Gebot und Verbot, denen früher das ausschließliche Interesse galt, auf den ihnen gebührenden Platz verwiesen. Auch das Vermittlungsproblem wurde neu definiert. Der kommunikative Weg, den neu erlassene Normen nehmen, ist weitaus verschlungener und weniger standardisiert als lange Zeit angenommen. Der moderne Gesetzgeber ist dabei gegenüber dem historischen Gesetzgeber teils in einer schwächeren, teils aber auch in einer stärkeren Position. Um im intendierten Sinn wirksam zu werden, bleibt Gesetzgebung aber auf Strukturen und Handlungsabläufe angewiesen, die sie nicht selbst produzieren kann und die deshalb auch nicht verläßlich sind. Erhebliche Transmissionsverluste sind die von niemandem bestrittene Folge.

Gänzlich unbeachtet blieb bislang die dritte Schwäche normativgeneraler Verhaltenssteuerung: ihr geringer Auslösungseffekt von Handlungsenergie. Auszunehmen von dieser Bewertung sind nur die Verfassungen. Vom Inhalt ganz abgesehen, sind die strukturellen Unterschiede zwischen einer Verfassung und einem gewissermaßen alltäglichen Gesetz weitaus größer als ihre Gemeinsamkeiten.[8] Der normativ-generellen Verhaltenssteuerung sind die Verfassungen deshalb nur sehr bedingt zuzurechnen. Nicht wenige Verfassungen zählen vielmehr im ganzen oder zum Teil zur symbolischen Gesetzgebung. Aber auch insoweit unterscheiden sich die Verfassungen von der einfachen symbolischen Gesetzgebung, die freilich so alltäglich wie die instrumentelle Gesetzgebung nie sein kann, erheblich; ihre Berücksichtigung ist deshalb hier nicht angezeigt.

Es ist die Qualität, aber eben auch die Schwäche der normativ-generellen Verhaltenssteuerung, daß sie den Menschen als animal rationale und nicht als animal emotionale anspricht.[9] Die von Eugen Huber immer wieder beschworene Verpflichtung des Gesetzgebers, auch das „Herz" der Bürger anzusprechen, ändert daran nichts.[10] Huber ging es darum, lebensfremden Begrifflichkeiten entgegenzuwirken und Gesetzgebung mit dem allgemeinen Wertempfinden wo immer möglich zur Deckung zu bringen. Weil der Gesetzgeber den Bürger als animal rationale anspricht, sucht er bei aller Pflicht der Bürger, ordnungsgemäß beschlossene Gesetze auch dann zu beachten, wenn sie ihnen nicht gefallen oder einleuchten, seine Normen einsichtig zu begründen und zu formulieren und damit sowohl auf den Oktroi als auch auf die Manipulation zu verzichten. v. Arnim spricht geradezu von der „Pflicht des Staates zur Rationalität".[11] Die kritische Auseinandersetzung mit der Gesetzgebung, mag sie Politik und Rechtsstab manchmal auch ungelegen sein, wird nicht nur geduldet, sondern ist erwünscht, soll doch die Wahlentscheidung der Bürger nach dem demokratischen Modell nicht zuletzt auf ihr beruhen. Erkauft werden diese Vorzüge aber mit einer gewissen Kraftlosigkeit des Gesetzes. Da wir unser Leben als solches nicht rational steuern, dringen rational begründete und formulierte Normen nicht bis zu unserem Antriebszentrum vor und setzen deshalb auch keine besondere Handlungsenergie frei. Von Hannah Arendt stammt das kluge Wort: „Es gibt nichts Beruhigenderes, als daß ein Mensch auf Gründe hören kann".[12] Damit ist nicht gemeint, daß die meisten Menschen nicht willens oder intellektuell nicht fähig seien, auf Gründe zu hören, sondern vielmehr, daß selbst der intellektuell Überzeugte seine Handlungen von eben diesen neuen Überzeugungen häufig nicht leiten läßt — Gründe also wohl vernehmen, letztlich aber nicht auf sie „hören" kann.

Der Gesetzgeber ist deshalb stets darum bemüht gewesen, das Gesetz nicht als rationales Produkt, sondern als von Gott oder der Natur gewollte Ordnung erscheinen zu lassen. Das Gesetz sollte so an der Achtung, Unverbrüchlichkeit und Motivationskraft teilhaben, die die Religion und andere „starke" Regelungssysteme auszeichneten und individuell auch heute weiterhin auszeichnen.

Die Zehn Gebote als strukturelles und nicht als historisches Beispiel genommen: Vom 1. Gebot abgesehen, ist der Dekalog ein klares, einsichtiges, zur Regelung menschlichen Verhaltens geeignetes Gesetz. Er ist sicherlich rational im modernen Sinn. Plausibilität und Zweckmäßigkeit sind aber als Begründungskriterien zu wenig exklusiv, um ein Gesetz als *das* Gesetz in einer Gemeinschaft zu verankern und den Bruch des Gesetzes als Auflehnung zu stigmatisieren, die keiner Rechtfertigung fähig ist. Erzielen läßt sich diese Wirkung jedoch, wenn das Gesetz als von Gott gegeben erscheint und der Bruch des Gesetzes so zum Sakrileg wird. Dabei kommt, um die überaus starken Wirkungsmechanismen der Religion auf das Recht zu übertragen, dem Rechtsetzungsakt zentrale Bedeutung zu. So heißt es im 2. Buch Mose, Kapitel 24:

„Und der HERR sprach zu Mose: Komm herauf zu mir auf den Berg und bleib daselbst, daß ich dir gebe die steinernen Tafeln, Gesetz und Gebot, die ich geschrieben habe, um sie zu unterweisen. Da machte sich Mose auf mit seinem Diener Josua und stieg auf den Berg Gottes. ... Als nun Mose auf den Berg kam, bedeckte die Wolke den Berg, und die Herrlichkeit des HERRN ließ sich nieder auf dem Berg Sinai, und die Wolke bedeckte ihn sechs Tage; und am siebten Tag erging der Ruf des HERRN an Mose aus der Wolke. Und die Herrlichkeit des HERRN war anzusehen wie ein verzehrendes Feuer auf dem Gipfel des Berges vor den Israeliten. Und Mose ging mitten in die Wolke hinein und stieg auf den Berg und blieb auf dem Berg vierzig Tage und vierzig Nächte."

Der hier vorgezeichnete Weg ist von vielen Gesetzgebern beschritten worden. Um mögliche Mißverständnisse zu vermeiden, sei klargestellt, daß bewußtes Handeln dabei nicht angenommen werden darf. Im Laufe der Zeit trat die Religion als Bezugspunkt beiseite und andere Regelungssysteme an ihre Stelle. So wird berichtet, daß das Gesetz zu Zeiten der Französischen Revolution bei den Rednern der Assemblée Nationale eine „geradezu mystische Verehrung" genoß.[13] Das Gesetz galt als Emanation der Vernunft und der politischen Selbstbestimmung. Nach den dunklen Tagen des Ancien Régime wurden auf das Gesetz all die Hoffnungen und Gefühle übertragen, die sich mit der neuen Ordnung verbanden.

Die Möglichkeiten der Mystifizierung und damit der Immunisierung des Gesetzes wurden mit fortschreitender Zeit aber schwächer und schwächer. Die Regelungssysteme, deren Kraft auf das Recht übertragen werden sollte, gerieten selbst unter Druck und wurden kraftlos. Wo das nicht der Fall war, gelang die Übertragung nicht mehr. Versuche, die Vergangenheit nochmals zu beschwören, wie René Marcic sie 1969 noch unternahm, konnten kein Echo mehr finden:

„Das Recht ist die allzeit leuchtende, niemals verrückbare Mitte, worum diese unsere Welt kreist. Wie Kohlen in Feuers Nähe sich in Glut wandeln, davon gesondert aber erlöschen, so stirbt der Mensch, wenn er sich vom Recht abwendet, ehe er stirbt."[14]

Keine Magie vermochte mehr zu helfen; das Gesetz war fortan auf sich selbst angewiesen. Wirkungskrisen waren und mußten die zwangsläufige Folge sein.

Als die Mystifizierung des Gesetzes in eine Sackgasse geraten war, schlug Smend der staatlichen Gewalt einen anderen Weg vor. Er nahm Gedanken Theodor Litts zu Struktur und Wirkungsweise begrifflicher Normen auf[15] und setzte der normativen Generalisierung die Symbolisierung entgegen. Die Symbolisierung, die mit der symbolischen Gesetzgebung nicht verwechselt werden darf, soll dabei nicht an die Stelle normativ-gereller Verhaltenssteuerung treten. Symbolisierungen sollen vielmehr das Gesetz von Aufgaben entlasten, die es nicht zu erfüllen vermag. Smend denkt in erster Linie an die Integration des Gemeinwesens. Durch diese Entlastung gewinnt das Gesetz für einen sektoral richtigen Einsatz neue Kraft zurück.

„Die Integrationswirkung des Sachgehalts der staatlichen Gemeinschaft hat ihre besonderen Schwierigkeiten. Im heutigen Staat wirkt gerade die Fülle dieses Gehalts seiner Integrationswirkung entgegen: sie ist so ungeheuer, daß sie vom Einzelnen nicht mehr übersehen werden kann, und sie ist zugleich vermöge dieser Ungeheuerlichkeit und ihrer Rationalität dem Einzelnen so fremd, daß er ihren Eindruck als entfremdend empfindet, seinen eigenen Anteil daran gar nicht mehr erlebt. Soviel integrierende Wirkung das sachliche Leben der Staatsgemeinschaft auch in seiner Einzelheit unmerklich hat: die Totalität dieses Lebens ist jedenfalls als extensive nicht übersehbar und insofern, d.h. als extensive, nicht erfaßbar. Um erlebt zu werden, um integrierend zu wirken, muß sie gewissermaßen in ein Moment zusammengedrängt, durch dieses repräsentiert werden. Das geschieht institutionell durch die Repräsentation des geschichtlich-aktuellen Wertgehalts im politischen Symbol der Fahnen, Wappen, Staatshäupter (besonders der Monarchen), der politischen Zeremonien und nationalen Feste. … Die gesteigerte Integrationskraft eines symbolisierten Sachgehalts beruht allerdings nicht nur darin, daß er als irrationale und individuelle Fülle mit besonderer Intensität erlebt wird, sondern auch darin, daß er in dieser Gestalt zugleich elastischer ist, als in der extensiven, rationalen, gesetzlichen Formulierung. Als formulierter, als Satzung niedergeschlagener Gehalt ist er heteronom und starr und bringt ebenso sehr die Spannung zwischen Einzelnem und Gemeinschaft zum Bewußtsein, wie die Einbezogenheit in das Ganze. Die Symbolisierung dagegen, geschichtlich begründet in der Ausdrucksnot ursprünglicherer Zeiten mit undifferenzierter Wertwelt, hat aus dieser Not die Tugend besonders wirksamer und zugleich besonders elastischer Repräsentation eines Wertgehalts gemacht: einen symbolisierten Wertgehalt kann jeder so erleben, ‚wie ich ihn verstehe‘, ohne Spannung und Widerspruch, wie ihn Formulierung und Satzung unvermeidlich hervorrufen, und zugleich erlebt er ihn als totale Fülle, in einer Weise, die auf keinem anderen Weg zu erreichen ist."[16]

Als Beleg führt Smend die liturgische Erfahrung an, daß derselbe dogmatische Gehalt in der Form der religiösen Dichtung niemals auf die Schwierigkeiten stoße, die seiner die Gemeinde integrierenden Wirkung im Wege stünden, wenn er als Theologumenon eines formulierten, gesetzten Bekenntnisses erscheine. Weitere Beispiele ließen sich anführen. Eines konnte Smend 1928 noch nicht kennen: die massenpsychologische Strategie des Faschismus.

Der Faschismus setzte Symbolisierungen zur Steuerung der Gesellschaft in einem Ausmaß ein, das die Neuzeit bis dahin nicht gekannt hatte und das geschichtliche Vorläufer wie den Bonapartismus verblassen ließ. Gleichfalls unbekannt und unerwartet waren die Handlungsenergien, die durch diese Symbolisierungen freigesetzt wurden und deren Lenkung selbst gegen Ende des Faschismus ganz im Belieben der staatlichen Führung zu stehen schien. Das Recht spielte dagegen im Faschismus wie in allen Diktaturen keine oder nur eine untergeordnete Rolle. Kommt es auf möglichst konformes und vor allem ein den berechtigten Individualinteressen zuwiderlaufendes Verhalten an, ist auf das Recht als Steuerungsmittel kein Verlaß; eine Erkenntnis, die bislang noch alle Diktaturen instinktiv beherzigt haben. Weder mit Gesetzen noch mit Führerbefehlen, mögen sie soviel Strafe androhen wie nur möglich, ist der Mensch in den totalen Krieg zu treiben. Auch mit keiner Ideologie, solange sie ein mehr oder minder ausformuliertes Gedankengebäude bleibt. Politische Ideen und Werte sind nach Karl Loewenstein für die „Massen" nur indirekt faßbar.[17] Der Mann auf der Straße könne so komplizierter Dinge wie dem Patriotismus oder dem Nationalgefühl nur dann habhaft werden, wenn sie ihm in handlicher Form, das hieße, vereinfacht, konzentriert, abgekürzt oder sonstwie zurechtgeschnitten, vorgeführt würden. Derart symbolisiert vermag die Ideologie dann ihren Mobilisierungseffekt zu entfalten:

„Wir heutigen Menschen treten zur Verteidigung der Symbole unserer Kultur mit den gleichen angeborenen Bewegungsweisen der haaresträubenden, kinnvorschiebenden, verstandumnebelnden kollektiven Kampfreaktionen an, mit der ein Schimpanse unter Einsatz seines Lebens seine Gruppe verteidigt."[18].

Was die Integrität ihrer Symbole angeht, sind deshalb alle totalitären Staaten höchst empfindlich. Eine Beeinträchtigung dieses effizienten Steuerungsmittels können sie nicht dulden. Um ihre Symbole mit einem „Schutzgürtel" zu versehen, greifen auch sie regelmäßig auf das Recht zurück.[19]

Das Beispiel des Faschismus zeigt, welche Schubkraft Symbolisierungen zu entwickeln vermögen. Das ‚Werterlebnis' im Sinne Smends ist keineswegs ein innersubjektiv bleibender Vorgang. Es gehört vielmehr zum Wesen des politischen Symbols, bei seinen Adressaten ein Kollektiv- oder Gruppengefühl zu erzeugen, das sich nicht in einem Solidaritätsempfinden erschöpft, sondern zu *einheitlichem Handeln* veranlaßt. Die Art dieses Handelns ist freilich vielschichtig. Es handelt sich einmal um Unterlassungen. Der Bürger, von nationalen Empfindungen beseelt, unterläßt die kritische Auseinandersetzung mit dem Staat; selbst dort, wo es nötig wäre, geht er nicht auf Distanz. Aktives Tun ist die Folge von Symbolisierungen, wenn die freigesetzte Handlungsenergie durch einen weiteren Befehl in eine bestimmte Richtung gelenkt wird: Das Heer ist unter Fahnen angetreten, und der Feldherr gibt mit dem Stab das Zeichen zum Angriff. Um den Angriff als konkrete Handlung auszulösen, ist beides erforderlich: das Symbol und der Befehl. Die Versammlung unter Fahnen allein setzt das Heer nicht in Bewegung; der Befehl bliebe ohne die durch das Symbol freigesetzte Handlungsenergie möglicherweise ohne Folge. Eine Parallele zu Habermas sei angedeutet. Nach ihm dienen rituelle Handlungen der Herstellung und Erhaltung einer kollektiven Identität. Diese Identität erlaube es, die Interaktionssteuerung von einem genetischen, im einzelnen Organismus verankerten Programm auf ein intersubjektiv geteiltes kulturelles Programm umzustellen, denn dieses kulturelle Programm könne erst

„gesendet" werden, wenn die intersubjektive Einheit einer Kommunikations-gemeinschaft gesichert sei.[20]. Es sei vorweggenommen, daß die symbolische Gesetzgebung in ähnlicher Weise kollektive Identität herzustellen und zu erhalten sucht, um sodann konkrete Programme „senden" zu können. Diese Programme können, wie beispielsweise nachfolgende instrumentelle Gesetze mit eigenständigem Regelungsgehalt, durchaus rechtlicher Art sein, müssen es aber nicht.

Die enge Verbindung von Symbolisierung und totalitärem Staat darf nicht dazu verführen, Symbole als potentielle Verführer zurückzuweisen und für den demokratischen Staat als entbehrlich anzusehen. Symbolisierungen sind für jede Gemeinschaft unverzichtbar. In dieser Erkenntnis treffen sich moderne Verhaltensforschung und klassische Soziologie. Gruppen, die größer sind als jene, die durch persönliche Bekanntschaft und Freundschaft zusammengehalten werden, verdanken nach Konrad Lorenz ihre Kohärenz „immer und ausschießlich" Symbolen, die durch kulturelle Ritualisation hervorgebracht wurden.[21] So auch bereits Anfang des Jahrhunderts der französische Soziologe Emile Durkheim, für den sich kollektive Vorstellungen nur über materielle Gegenstände, die sie äußerlich darstellen und symbolisieren, und eine gemeinsame rituelle Praxis bilden können.[22] Die Erkenntnisse Gusfields, Arnolds und Edelmans fügen sich nahtlos in diesen Kontext ein.[23]

Es kann deshalb nicht verwundern, daß der Einsatz politischer Symbole auch von erklärten Demokraten nachhaltig befürwortet wird. Den Staatssymbolen als notwendiges Element jeder Staatlichkeit komme die wichtige Aufgabe zu, die innere Festigkeit der staatlichen Gemeinschaft, die von den Bürgern repräsentiert werde, zu stärken[24] — eine These, die bereits mehrfach Eingang in die Rechtsprechung gefunden hat.[25] Mit den Staatssymbolen verbinde sich der Appell an die Bürger, ihr Staatsbewußtsein im Sinne eines ‚Willens zur Verfassung' zu kräftigen. Gerade der demokratische Rechtsstaat von heute könne auf die Zustimmung der Bürger zu den Grundwerten der Verfassung nicht verzichten. Seine Existenz sei in hohem Maße von der permanenten Massenloyalität der Bürger abhängig.[26] Umgekehrt sei die Verächtlichmachung des Staates, seiner Repräsentanten und Symbole ein hervorstechendes Moment jener Strategien, die sich als bewußte Aggression gegen unsere Staatlichkeit richten. Es dürfe nicht vergessen werden, daß die Weimarer Republik wegen der dauernden Angriffe auf ihren Bestand, wie sie nicht zuletzt auch in „Symbolverachtung" zum Ausdruck gekommen sei, dem Untergang geweiht gewesen wäre.[27] Ob mit dieser sehr apodiktischen Argumentation das Problem zeitgenössischer Staatlichkeit treffend beleuchtet wird und ob der häufig vertretenen These, die Symbolverachtung der Weimarer Republik sei für ihr Scheitern mitverantwortlich, zu folgen ist, sei dahingestellt. An der schlichten Feststellung Quaritschs führt letztlich kein Weg vorbei: Symbole sind für den Staat unentbehrlich.[28] In der aktuellen Diskussion um die Zukunft der Europäischen Gemeinschaft fehlt denn auch nicht der Ruf nach mehr Gemeinschaftssymbolen. Die Europäische Gemeinschaft sei ein rationales Gebilde. Sie habe keine Fahne, keinen Orden, keinen Paß, schrieb Werner von Simson 1981. Für all das sei sie viel zu vernünftig. Die Europäische Gemeinschaft sei eine Einrichtung, aber keine Person. Sie sei deshalb auch außerstande, an Geglaubtes und Geliebtes und damit an die irrationalen Gehalte, die die eigentliche Stärke jeder politischen Gesamtheit ausmachten, zu appellieren.[29] Die späteren Versuche, der EG mit dem grünen E auf weißem Grund und dem bordeauxroten Paß äußere Symbole zu geben, belegen dabei die Hindernisse, auf die jeder Versuch, politische Symbole in der Retorte erzeugen und gleichsam von oben im Wege der Verordnung einführen zu wollen, stoßen muß.

3.

Das Recht kann in Symbolisierungsprozesse mehrfach eingebunden sein. In der Regel werden staatliche Symbole durch Gesetz oder Verordnung verbindlich festgestellt. So bestimmte Art. 3 WRV die Farben schwarz-rot-gold zu den Reichsfarben, während die gegenwärtige Bundesflagge nur durch eine Anordnung des Bundespräsidenten festgestellt wurde.[30] Das Strafgesetzbuch hat sodann die rechtlich fixierten Symbole davor zu bewahren, ,,verunglimpft" zu werden.[31] Um symbolische Gesetzgebung handelt es sich hier nicht. Von symbolischer Gesetzgebung darf nur gesprochen werden, wenn ein Gesetz selbst als Symbol figurieren soll. Mit anderen Worten, wenn es dem Gesetzgeber darum geht, mit seinem Gesetz ein ,,Zeichen" aufzurichten, dessen Bedeutung weit über die in ihm statuierten Handlungspflichten hinausgeht.

So stellte die amerikanische Prohibitionsgesetzgebung Herstellung, Handel und Konsum von Alkohol unter Strafe und statuierte damit eine ganze Fülle konkreter Handlungspflichten. Die eigentliche Bedeutung dieser Gesetzgebung sieht Gusfield aber in ihrem symbolischen Gehalt.[32] Dem ländlichen Amerika sei es in seiner kulturellen, sozialen und politischen Auseinandersetzung mit dem städtischen, von Einwanderern dominierten Amerika darum gegangen, die eigene Kultur als herrschend auszuzeichnen. Die Durchsetzung des Gesetzes und damit seine instrumentelle Wirksamkeit seien von nebensächlicher Bedeutung gewesen. Selbst laufende Übertretungen hätten keinen Zweifel daran gelassen, ,,wessen Gesetz galt und wessen Lebensstil als verwerflich gebrandmarkt worden sei". Gesetzgebung könne als ein ,,zeremonielles und rituelles" Verfahren begriffen werden, um soziale Normen und Ideale zu bekräftigen. Das symbolische Gesetz sei eine ,,Geste", um den Wert einer gesellschaftlichen Gruppe zu glorifizieren und den Wert einer anderen Gruppe herabzusetzen. Es zeige, welche Kultur herrschend sei und welche nicht.

Daß eine so verstandene Gesetzgebung verhaltensbeeinflussend ist, liegt auf der Hand. Die gesellschaftlich siegreiche Gruppe wird durch das Gesetz gestärkt und ihre Angehörigen vermögen deshalb auch in Lebenssituationen, die nicht Regelungsgegenstand des Gesetzes sind, mit mehr Nachdruck aufzutreten. Die Kultur der unterlegenen Gruppe dagegen wird stigmatisiert. Auch diese Stigmatisierung ist handlungsrelevant. Die einen werden das stigmatisierte Verhalten einstellen und sich der als herrschend ausgezeichneten Kultur unterwerfen, andere werden ihr Verhalten beibehalten, dabei aber den Rückzug in abgeschlossene Subkulturen antreten und sich so zumindest partiell unterwerfen, wieder andere werden den Kampf um die kulturelle Vorherrschaft mit noch mehr Nachdruck führen als zuvor. Das Gesetz ist erfolgreich, wenn es mehr Unterwerfung als Auflehnung zur Folge hat. Auch das symbolische Gesetz kann mithin effektiv sein; auch seine Effektivität läßt sich mit sozialwissenschaftlichen Mitteln klären, wenn auch wohl nicht direkt messen. Der für die instrumentelle Gesetzgebung entwickelte Effektivitätsbegriff ist dabei allerdings nicht zu brauchen. Nur wer von diesem Begriff ausgeht, darf sagen, daß symbolische Politik durch das Fehlen evaluierbarer Ziele gekennzeichnet sei.[33]

Ohne Zweifel hat Gusfield mit seinen Überlegungen eine neue und produktive Lesart legislativer Vorgänge in die Gesetzgebungslehre eingeführt. Ob er sein Beispiel gut gewählt hat, ist heftig umstritten. In Anlehnung an Friedman wendet Noll ein, daß es den Anhängern der Prohibition sehr wohl darum gegangen sei, das Alkoholverbot effektiv durchzusetzen; sie seien geradezu fanatisch davon überzeugt gewesen, dem Trinken ein Ende machen zu müssen.[34] Ohne daß es auf das Beispiel der Prohibitionsgesetzgebung noch weiter ankommt, wird hier ein zentrales Methodenproblem deutlich: Die Qualifizierung einer Gesetzgebung als symbolisch ist nur sehr schwer verläßlich zu belegen. Als Gesetz muß das Gesetz konkrete Handlungspflichten enthalten, andernfalls ist es, von hier nicht interessierenden Sonderfällen abgesehen, kein Gesetz und im regulären Gesetzgebungsverfahren nicht ordnungsgemäß zu beschließen. Als „reines" Symbol vermag kein Gesetz erlassen zu werden. Wer ein Gesetz als symbolisch qualifiziert, sagt deshalb nichts anderes und kann wegen der strukturellen Eigenart des Gesetzes auch gar nichts anderes sagen, als daß es den Protagonisten des Gesetzes nicht um die konkreten Handlungspflichten des Gesetzes gegangen sei, sondern „eigentlich" um etwas anderes, eben um den behaupteten symbolischen Gehalt des Gesetzes.

Der Gesetzgeber wird also gewissermaßen enttarnt. Seine deklarierten Intentionen werden als vorgeschoben entlarvt, seine wahren Absichten aufgedeckt.[35] Die methodischen Schwierigkeiten werden nicht geringer, wenn der Vorwurf subjektiver Unaufrichtigkeit nicht erhoben und die symbolische „Funktion" des Gesetzes in den Mittelpunkt gestellt wird. Stets wird der Gesetzgeber sich gegen diese Unterstellung wehren und unter Hinweis auf die Materialien auf dem instrumentellen Charakter des Gesetzes beharren. Wer hier nicht auf äußerste methodische Sorgfalt bedacht ist, öffnet haltlosen Spekulationen und ideologischen Zuschreibungen Tür und Tor. Apodiktische Urteile sollten ohnehin unterlassen werden. Von wirklich wertneutralen Festlegungen wie dem Rechtsfahrgebot im Straßenverkehr einmal abgesehen, bringen auch instrumentelle Gesetze stets eine Wertentscheidung zum Ausdruck und symbolisieren sie damit. Andererseits bezweifelt Friedman mit einem gewissen Recht, daß der Symbolwert eines Gesetzes eine eigenständige „Intention" ausmachen könne und daß soziale Bewegungen überhaupt „primär" symbolische Wertvorstellungen beinhalten.[36] In der Regel sind symbolische und instrumentelle Intentionen miteinander verbunden. Nach Hegenbarth ist nur darüber zu befinden, welche Intention im konkreten Fall die „Oberhand" gewann.[37]

Die Fälle, die unter dem Stichwort der symbolischen Gesetzgebung diskutiert werden, sind sehr heterogen. Sollen sie methodisch präzise erfaßt werden, gilt es, Fallgruppen zu bilden. Eine Dreiteilung empfiehlt sich. Danach kann es erstens Ziel symbolischer Gesetzgebung sein, soziale Werte zu bekräftigen, zweitens die Handlungsfähigkeit des Staates unter Beweis zu stellen und drittens die Lösung gesellschaftlicher Konflikte durch dilatorische Kompromisse aufzuschieben. Eine gewisse terminologische Unschärfe rührt daher, daß die meisten Autoren nur eine dieser Fallgruppen behandeln, den Begriff symbolische Gesetzgebung dabei aber mit der behandelten Fallgruppe gleichsetzen.[38]

Zur ersten Fallgruppe zählen alle Versuche gesellschaftlicher Gruppen, ihre Wertvorstellungen mittels der Gesetzgebung demonstrativ zu plakatieren.[39] Was die Ausländerpolitik angeht, hat Groenendijk darauf hingewiesen, daß die Regierung und damit die sie tragende Gruppierung es mit ihrer Politik in der Hand habe, die Unterschiede oder aber die Gemeinsamkeiten zwischen Ausländern und Stammbevölkerung zu betonen. Dabei sei die symbolische Kraft der Gesetzgebung sehr wichtig. Sie beeinflusse, wie die Immigranten von der einheimischen Bevölkerung gesehen würden, ob als Fremde, Außenseiter und Eindringlinge oder aber als Nachbarn, Arbeitskollegen und Vereinskameraden und damit als Teil der Gemeinschaft. Gesetzgebung fungiere hier als „Etikett".[40] Ein weiteres Beispiel bringt Bryde. Die symbolische Funktion des Gesetzes spiele in der afrikanischen Rechtsetzung eine große Rolle und werde von westlichen Beobachtern häufig übersehen, die die Effektivität afrikanischer Gesetze untersuchten. Gesetzgeber, die wie der äthiopische Kaiser 1960 eine den einheimischen Traditionen völlig fremde, ehrgeizige Kodifikation einführten, gäben sich möglicherweise hinsichtlich der Durchsetzung solcher Phantom-Gesetze nicht den Illusionen hin, die die kritische Literatur anmerke. Ihnen sei die symbolische Bestätigung der Modernität bereits ein wichtiges Ziel. Umgekehrt werde die Abgrenzung gegenüber der Kolonialmacht durch die Betonung von „négritude" oder „autenticité" und damit durch die Integration von als „afrikanisch" verstandenen Traditionsbruchstücken im Recht symbolisch dargestellt.[41]

Die zweite Fallgruppe der symbolischen Gesetzgebung wird gemeinhin als Alibigesetzgebung bezeichnet. Ihr sollen die weiteren Ausführungen gelten.

Im Frühsommer 1987 berichtete das Fernsehmagazin Monitor über den zunehmenden Nematodenbefall der Seefische. Lange, ekelerregende Wurmlarven wurden in Großaufnahme gezeigt; eine gefährliche, durch den Verzehr befallener Fische verursachte Darmerkrankung des Menschen (Anisiakiasis) eingehend erörtert. Der Bericht hatte ein ganz ungewöhnliches Echo. Die Presse griff das Thema auf und wenige Tage später gab es praktisch niemanden mehr, der nicht informiert war. Der Absatz der Fischhändler ging drastisch zurück und nahm existenzbedrohende Formen an. Die Fischereiwirtschaft reagierte sofort und führte eingehende Kontrollen ein, ohne das Vertrauen der Verbraucher wiedergewinnen zu können. Auch eine großangelegte Informationskampagne, die die angeblichen Verzerrungen des Monitor-Berichts richtigzustellen suchte, blieb ohne durchschlagenden Erfolg. Im Herbst 1987, als diese Zeilen geschrieben wurden, lag der Fischverbrauch noch immer ganz erheblich unter dem üblichen Niveau. Neben der Fischereiwirtschaft geriet der Gesetzgeber in das Kreuzfeuer der Kritik. Er habe die Dinge treiben lassen, keine gesetzlichen Vorschriften erlassen und damit fahrlässig die Gesundheit der Verbraucher gefährdet. Der niederländische Gesetzgeber, der bereits vor geraumer Zeit eine einschlägige Verordnung erlassen hatte, wurde als Vorbild hingestellt. Der Bundesgesundheitsminister reagierte sofort. Er kündigte eine umfangreiche Verordnung an, die sicherstellen soll, daß kein befallener Fisch mehr in den Handel gelangt. Das Abtrennen der Bauchlappen, das Salzen und Marinieren, das Tiefgefrieren der Fische etc. sollen detailliert geregelt werden. Die Ankündigung der Verordnung wurde mit Befriedigung aufgenommen; der Staat zeigte, daß er die Probleme im Griff hat, soweit sie angesichts der natürlichen Gegebenheiten überhaupt in den Griff zu bekommen sind.

Die Verordnung ist ein Alibigesetz und zählt deshalb zur symbolischen Gesetzgebung, obwohl sie äußerlich betrachtet mit ihren detaillierten Handlungspflichten geradezu der Inbegriff eines instrumentellen Gesetzes zu sein scheint.[42] Die Fischereiwirtschaft hat sämtliche verordnete Maßnahmen gleich im Sommer von sich aus eingeführt, um den Skandal einzudämmen. Der öffentliche Druck stellt dabei sicher, daß diese Maßnahmen auch in Zukunft von allen Beteiligten peinlich genau beachtet werden. Findet sich bei den zahlreichen Kontrollen privater und halbstaatlicher Stellen auch nur ein lebender Wurm oder eine einzige lebende Larve, so ist es, wie die Fischereiwirtschaft sehr wohl weiß, um ihre Existenz geschehen. Auch dem Gesetzgeber kann nicht verborgen geblieben sein, daß Handlungsbedarf im instrumentellen Sinn deshalb nicht besteht.[43] Politischer Handlungsbedarf dagegen ist nicht zu bezweifeln.

Eine soziale Organisation muß ihr Dasein, ihre Ziele und Handlungen dauernd vorweisen, um sich gegenüber den Mitgliedern und der Umwelt als sinnvoll, vertrauenswürdig und erfolgreich zu präsentieren. Der Staat ist, wie Quaritsch herausgearbeitet hat, mehr als jede andere Organisation gezwungen, das eigene Erscheinungsbild auf diese Präsentationsfolgen auszurichten.[44] Im Gegensatz zu fast allen anderen Organisationen sei das Dasein des Staates unausweichlich, seien seine Wirkungen unwiderstehlich, seine Gebote oft mehr als lästig. Zwar sei der Wirtschaftsbürger gewohnt, für gute Leistungen einen guten Preis zu zahlen, aber der Staat habe im Verhältnis zu den Bürgern die Austauschbeziehung von Leistung und Gegenleistung beseitigen müssen. Es sei nicht selten schwierig, die Leistungen des Staates positiv wahrzunehmen, zumal Zweck und Tätigkeit des Staates unübersichtlich, kontrovers und im konkreten nicht mehr unmittelbar einsichtig geworden seien. Um funktionieren zu können, sei der Staat aber andererseits auf permanente Massenloyalität angewiesen.[45]

Es liegt nahe, auch die Gesetzgebung einzusetzen, wenn es darum geht, den Staat als „sinnvoll, vertrauenswürdig und erfolgreich" zu präsentieren. Dabei geht es meist weniger um den Staat als solchen, sondern mehr um die Präsentation der jeweiligen politischen Mehrheit.[46] Es ist eine Crux des parlamentarischen Systems, daß der Politiker spätestens mit Ablauf der Wahlperiode Erfolge vorweisen muß, um wiedergewählt zu werden, die Legislaturperiode aber regelmäßig zu kurz ist, um den Erfolg gerade verabschiedeter Gesetze überzeugend nachweisen zu können.[47]

Für den Politiker liegt es deshalb nahe, jede Gelegenheit zu nutzen, sich *allein* durch die Verabschiedung eines Gesetzes als führungsstark darstellen zu können. Hinzu kommt, daß der Bürger trotz aller Klagen über die Gesetzesflut und bei aller Kritik am einzelnen Gesetz letztlich mehr als früher bereit ist, Gesetzgebung als Erfolgsnachweis gelten zu lassen. Es geht keine Krise vorüber, ohne daß nicht sofort nach dem Gesetzgeber gerufen würde. Der Gesetzgeber gerät so unter einen politischen Druck, von dem er sich umgehend entlasten will.[48] Aber Alibigesetzgebung entlastet auch das Publikum.[49] Es sieht, daß etwas geschieht; die Zweifel, die an Wert und Handlungsfähigkeit des Systems aufgetaucht waren, verfliegen. Systemvertrauen wird neu begründet. Alibigesetzgebung ist nach Edelmann deshalb eine Form „symbolischer Beschwichtigung".[50] Ihr komme die Aufgabe zu, „Zweifel und Ressentiments hinsichtlich bestimmter politischer Entscheidungen zu zerstreuen, den Glauben an die Rationalität unseres Systems und seinen demokratischen Charakter zu festigen und auf diese Weise die Konformität künftiger Verhaltensweisen festzulegen".[51] Die Beziehung zwischen Publikum und Gesetzgeber muß dabei als ein kompliziertes, wechselseitiges Verhältnis begriffen werden. Ist die öffentliche Irritation sehr groß, hat der Gesetzgeber kaum eine andere Wahl, als zur Alibigesetzgebung zu greifen. Da sich die Bundesrepublik Deutschland als ein Staat versteht, dem die Gesundheit seiner Bürger am Herzen liegt, muß der Gesetzgeber in Krisensituationen diese Sorge unter Beweis stellende Gesetze erlassen; „kognitive Dissonanzen" wären andernfalls die nicht ungefährliche Folge.[52] Daß die Gesundheitsfürsorge wegen des Nematodenbefalls der Fische keine Verordnung erfordert, ist unter den gegenwärtigen Verhältnissen kaum zu vermitteln. Auf die Gründe kann hier nicht eingegangen werden. Es greift aber sicher zu kurz, bei der Alibigesetzgebung den Gesetzgeber als den Täuschenden und die Bürger als die Getäuschten anzusehen.[53]

Auch bei der Alibigesetzgebung bestätigt sich, daß es bei der symbolischen Gesetzgebung um Handlungsbeeinflussung geht. Wiedergewonnenes oder auch nur erhalten gebliebenes Systemvertrauen ist handlungsrelevant; es hilft, wie Edelman treffend schreibt, „die Konformität *künftiger* Verhaltensweisen festzulegen". Alibigesetzgebung schafft die Loyalität und die Handlungsenergie, die nachfolgende Programme brauchen, um im instrumentellen Sinn wirksam zu werden.

Aber Alibigesetzgebung kann auch scheitern. Dies wird um so häufiger der Fall sein, je mehr sie verwandt wird. Eine am Ende nur noch symbolisch wirkende Gesetzgebung wird unglaubwürdig und zerrüttet nachhaltig das Rechtsbewußtsein. Mit guten Gründen wird bei aller politischen Bedingtheit des Rechts zwischen Recht und Politik unterschieden. Wird erkennbar, daß Gesetzgebung nicht Recht setzt, sondern nur eine besondere Form politischen Handelns darstellt, wird die Gesetzgebung als solche und damit das Regelungssystem Recht in Mißkredit gezogen — nicht nur beim Publikum, sondern auch bei den politischen Akteuren. Die einen fühlen sich getäuscht, die anderen werden zynisch. Ein zweites kommt hinzu: Nicht alle Alibigesetze sind lediglich überflüssig wie die angeführte Fisch-Verordnung. Nicht selten geht es um gesellschaftlich wichtige, eminent lösungsbedürftige Probleme. Alibigesetze, die hier lediglich eine politische Aktivität demonstrieren, lassen diese Probleme ungelöst, ja mitunter verbauen sie gerade den Weg zu ihrer Lösung.[54] Der Aufforderung des Bundesjustizministers, sich jeder Alibigesetzgebung zu enthalten, ist deshalb uneingeschränkt zuzustimmen.[55] Nur wird der gute Wille allein nicht viel nützen. Alibigesetzgebung ist strukturell bedingt. Soll sie zurückgedrängt werden, müssen sich die politischen Strukturen ändern.

Anmerkungen

1 *Noll* 1981, 349
2 *Noll* 1981, 352
3 *Noll* 1981, 353; *Schild,* 198
4 *Voigt* 1986, 18; *Blankenburg,* 118
5 *Geiger,* 87
6 *Rödig,* 22ff.
7 anders zuletzt *Dimmel*
8 *Krüger,* 42
9 *Krüger,* 26ff.; 47

10 *Huber,* 1901
11 *v. Arnim,* 235
12 *Arendt,* 147
13 *Klein,* 93
14 *Marcic,* 13
15 *Litt,* 126ff.
16 *Smend,* 47ff.
17 *Loewenstein,* 562
18 *Lorenz,* zitiert nach *Noll* 1981, 348
19 *Loewenstein,* 576. Bereits am 21. März 1933 stellte die sog. Heimtückeverordnung in § 1 das unbefugte Tragen eines Abzeichens eines Verbandes, der hinter der „Regierung der nationalen Erhebung" steht, unter Strafe; RGBl. I, 1933, 135. Die Verordnung ging damit weit über den bislang üblichen Schutz staatlicher Symbole hinaus. Am 19. März 1933 folgte das „Gesetz zum Schutz der nationalen Symbole", am 20. Dezember 1934 das „Gesetz gegen heimtückische Angriffe auf Staat und Partei und zum Schutz von Parteiuniformen" und am 28. Juni 1935 ein einschlägiges Strafrechtsänderungsgesetz; RGBl. I 1933, 285; RGBl. I 1934, 1269; RGBl. I 1935, 839.
20 *Habermas,* 88
21 zitiert nach *Noll* 1981, 348; *Eibl-Eibesfeldt,* 155
22 *Durkheim,* 327ff.
23 *Arnold, Edelman, Gusfield* 1975 und 1976
24 *Würtenberger,* 311
25 OLG Frankfurt, NJW 1985, 1128 (1130); LG Baden-Baden, NJW 1985, 2431 (2432)
26 *Quaritsch* 11; *Würtenberger,* 311
27 *Loewenstein,* 573f.; *Quaritsch,* 18; *Würtenberger,* 313; kritisch *Backes,* 67
28 *Quaritsch,* 19
29 *v. Simson,* 484, 487; *Stein,* 58f.
30 BGBl. 1950, 205
31 § 90a StGB; kritisch *Krutzki*
32 *Gusfield* 1975, 168ff.
33 *Görlitz/Voigt,* 241
34 *Noll* 1981, 350
35 *Schild,* 205
36 *Friedman,* 210
37 *Hegenbarth,* 20
38 Beispielsweise *Pawlowski,* der die dritte Fallgruppe mit der symbolischen Gesetzgebung gleichsetzt. Noch anders diejenigen, die wie *Zielcke* und *Jakob* im Recht ein symbolisches System sehen.
39 *Röhl,* 248
40 *Groenendijk,* 22
41 *Bryde,* 37
42 Fink-Verordnung vom 8. August 1988; BGBl. I, S. 1570. Diese Bewertung gilt aber nur, soweit die Verordnung den Nematodenbefall zum Gegenstand hat, nicht jedoch, soweit es um die zulässigen Höchstgehalte an Histamin und Algentoxinen geht.
43 Zur Begründung der Verordnung wird dennoch vorgetragen, daß die potentielle Gefahr menschlicher Erkrankungen es erforderlich mache, die tatsächliche Einhaltung geeigneter Behandlungsverfahren auf dem Verordnungswege sicherzustellen. das oben angesprochene methodische Problem der Qualifizierung eines Gesetzgebungsaktes als symbolisch wird hier erneut deutlich.

44 *Quaritsch*, 10f.
45 *Quaritsch*, 11; *Hegenbarth*, 201
46 *Görlitz / Voigt*, 127; *Maihofer*, 23
47 *Rupp*, 49
48 *Noll* 1973, 159
49 *Edelman*, 34
50 *Edelman*, 3
51 *Edelman*, 14; zustimmend *Hoffmann-Riem*, 73 und *Schild*, 199
52 *Bryde*, 31
53 eingehend *Kindermann*, S. 237ff.
54 *Noll* 1981, 364
55 *Engelhard*, 59

Literaturverzeichnis

Arendt, Hannah; Rahel Varnhagen, München 1981
Arnim, Hans Herbert von; Staatslehre der Bundesrepublik Deutschland, München 1984
Arnold, Thurman W.; The Symbols of Government, 5. Aufl. New Haven 1948
Backes, Otto; Rechtsstaatsgefährdungsdelikte und Grundgesetz, Köln 1970
Blankenburg, Erhard; Rechtssoziologie und Rechtswirksamkeitsforschung: Warum es so schwierig ist, die Wirksamkeit von Gesetzen zu erforschen, in: Schreckenberger (Hrg.), Gesetzgebungslehre, Stuttgart 1986, 109
Bryde, Brun-Otto; Recht und Verwaltung nach der Unabhängigkeit — Entwicklungstendenzen, in: Illy / Bryde, Staat, Verwaltung und Recht in Afrika 1960 - 1985, Berlin 1987, 27
Dimmel, Nikolaus; Überlegungen zur Funktion des Nicht-Wissens von Recht, Zeitschrift für Rechtssoziologie 1986, 143
Durkheim, Emile; Le dualisme de la nature humaine et ses conditions sociales, in: ders. La science sociale et l'action, herausgegeben von Filloux, Paris 1970, 314
Edelman, Murray; Politik als Ritual. Die symbolische Funktion staatlicher Institutionen und politischen Handelns, Frankfurt 1976
Eibl-Eibesfeldt, Iräneus; Der vorprogrammierte Mensch, 3. Aufl. Wien 1973
Engelhard, Hans A.; Mehr Recht durch weniger Gesetze?, recht-Information des Bundesministers der Justiz 1986, 57
Friedman, Lawrence M.; Einige Bemerkungen über eine allgemeine Theorie des rechtsrelevanten Verhaltens, in: Rehbinder / Schelsky (Hrg.), Zur Effektivität des Rechts, Düsseldorf 1972, 206
Geiger, Theodor; Vorstudien zu einer Soziologie des Rechts, 2. Aufl. Neuwied 1970
Görlitz, Axel / Voigt, Rüdiger; Rechtspolitologie: Eine Einführung, Opladen 1985
Groenendijk, C.A.; Vom Ausländer zum Mitbürger: Die symbolische und faktische Bedeutung des Wahlrechts für ausländische Immigranten, Zeitschrift für Ausländerrecht und Ausländerpolitik 1987, 21
Gusfield, Joseph R.; Der Wandel moralischer Bewertung: Devianzdefinition und symbolischer Prozeß, in: Stallberg (Hrg.), Abweichung und Kriminalität, Hamburg 1975, 167
ders. Symbolic Crusade, 4. Aufl. Illinois 1976
Habermas, Jürgen; Theorie des kommunikativen Handelns, Bd. 2, Zur Kritik der funktionalistischen Vernunft, Frankfurt 1981
Hegenbarth, Rainer; Symbolische und instrumentelle Funktionen moderner Gesetze, ZRP 1981, 201

Hoffmann-Riem, Wolfgang; Fernsehkontrolle als Ritual?, JZ 1981, 73

Huber, Eugen; Schweizerisches Civilgesetzbuch — Erläuterungen zum Vorentwurf, Heft 1, Bern 1901

Jakob, Raimund, Zur psychologischen Dimension der Gesetze, in: Tammelo / Mock (Hrg.), Rechtstheorie und Gesetzgebung, Frankfurt 1986, 259

Kindermann, Harald; Symbolische Gesetzgebung, in: Grimm / Maihofer (Hrg.), Gesetzgebungstheorie und Rechtspolitik, Opladen 1988, 222

Klein, Eckart; Diskussionsbeitrag, in: Stein (Hrg.), Die Autorität des Rechts, Heidelberg 1985, 93

Krüger, Herbert; Von der Staatspflege überhaupt, in: Quaritsch (Hrg.), Die Selbstdarstellung des Staates, Berlin 1977, 21

Krutzki, Gottfried; „Verunglimpfung des Staates und seiner Symbole" — Eine Dokumentation zu § 90a StGB, Kritische Justiz 1980, 294

Litt, Theodor; Individuum und Gemeinschaft, Leipzig 1919

Loewenstein, Karl; Betrachtungen über politischen Symbolismus, in: FS-Laun, Hamburg 1953, 559

Maihofer, Werner; Gesetzgebungswissenschaft, in: Winkler / Schilcher (Hrg.), Gesetzgebung, Wien 1981, 3

Marcic, René; Rechtsphilosophie, Freiburg 1969

Noll, Peter; Gesetzgebungslehre, Reinbek bei Hamburg 1973

ders. Symbolische Gesetzgebung, Zeitschrift für Schweizerisches Recht 1981, 347

Pawlowski, Hans-Martin; Zu den Ursachen „normativer Fehlleistungen", in: Tammelo / Mock (Hrg.), Rechtstheorie und Gesetzgebung, Frankfurt 1986, 353

Quaritsch, Helmut; Probleme der Selbstdarstellung des Staates, Tübingen 1977

Rödig, Jürgen; Einführung in eine analytische Rechtslehre, herausgegeben von Kindermann, Berlin 1986

Röhl, Klaus; Rechtssoziologie, Köln 1987

Rupp, Hans-Heinrich; Politische Anforderungen an eine zeitgemäße Gesetzgebungslehre, in: Schreckenberger (Hrg.), Gesetzgebungslehre, Stuttgart 1986, 42

Schild, Wolfgang; Funktionale und nicht-funktionale Bedeutung des Gesetzes, in: Tammelo / Mock (Hrg.), Rechtstheorie und Gesetzgebung, Frankfurt 1986, 195

v. Simson, Werner; Wachstumsprobleme einer europäischen Verfassung, in: FS-Kutscher, Baden-Baden 1981, 481

Smend, Rudolf; Verfassung und Verfassungsrecht, München 1928

Stein, Torsten; Die Autorität des Europäischen Gemeinschaftsrechts, in: ders. (Hrg.), Die Autorität des Rechts, Heidelberg 1985, 53

Voigt, Rüdiger; Grenzen rechtlicher Steuerung, in: ders. (Hrg.), Recht als Instrument der Politik, Opladen 1986, 14

Würtenberger, Thomas; Kunst, Kunstfreiheit und Staatsverunglimpfung (§ 90a StGB), JR 1979, 309

Zielcke, Andreas; Die symbolische Natur des Rechts, Berlin 1980

Manfred Opp de Hipt

Der Staat schützt die Bürger[1]

Denkbilder und symbolische Sprache in Parteiprogrammen

1. Zeichen und Symbol

Symbole haben mit Zeichen gemeinsam, daß sie für etwas anderes, nämlich das Bezeichnete oder Symbolisierte stehen. Das Morsealphabet ersetzt Buchstaben durch Ton- oder Lichtsignale, Worte meinen Gegenstände, auf Altarbildern stellt eine Taube den heiligen Geist dar, und ein Piktogramm weist den Weg zum Notausgang. Wodurch aber *unterscheiden* sich Symbole von Zeichen? Mit Hilfe der einschlägigen Literatur läßt sich folgende Trennungslinie skizzieren:

Zeichen, auch „Verweisungssymbol"[2] oder „diskursives Symbol"[3] genannt, gelten als „neutral"[4], als „harmlose"[5] Mittel, um auf etwas zu verweisen, sie sind „nützlich"[6] bzw. „ökonomisch"[7]. Symbole dagegen werden als gerade nicht neutral gegenüber dem Symbolisierten beschrieben. Sie „wecken ... Emotionen"[8] und existieren in einem Bereich, „in dem Intuition und emotionale Spannung, nicht das diskursive Denken den Ausschlag geben"[9]. Symbole, so stellt der Theologe Tillich mit Blick auf die religiöse Sphäre fest, sind in der Lage, etwas „indirekt" auszudrücken, das „nicht unmittelbar ergriffen werden kann"[10]. Partiell vergleichbar mit dieser Auffassung ist die ‚repräsentative' Symbolkonzeption Goethes, für den ein Symbol das Besondere ist, das ein Allgemeines vorstellbar und überschaubar macht. „So ist die Geschichte des großväterlichen Hauses in Frankfurt für Goethe ein Symbol, weil sie stellvertretend für die Geschichte der Stadt Frankfurt im Übergang zu einer kapitalorientierten Marktgesellschaft steht."[11] Stellvertretung in diesem Sinne wird nicht als bloßer zeichenhafter Hinweis verstanden, sie soll vielmehr dazu dienen, etwas verständlich zu machen und zu interpretieren. „Das Symbol ist kein semiotisches, es ist ein hermeneutisches Phänomen."[12]

Zwei Funktionen sind unterscheidbar, die Symbole im Gegensatz zu den neutralen Zeichen zu übernehmen in der Lage sind:

— Auf der kognitiven Ebene dienen Symbole der Faßbarmachung und Interpretation von Phänomenen, die komplex oder abstrakt sind und sich deshalb der unmittelbaren menschlichen Vorstellung entziehen. Mehr noch:

es gibt gute Gründe für die These, daß Symbolgebrauch die Wirklichkeit nicht nur erklärt, sondern erst konstruiert.[13]
— Auf der wertenden oder emotionalen Ebene rufen Symbole Gefühle und Einschätzungen hervor.

Beide Funktionen sind normalerweise eng miteinander verknüpft, die kognitive kann als Voraussetzung der normativen oder der emotionalen gelten. Wenn etwas nicht ‚verstanden‘ wird, läßt es sich auch nicht beurteilen; andererseits ist die Auffassung, die Menschen von etwas haben, kaum von den Gefühlen trennbar, die diesem Etwas entgegengebracht werden. Die Unterscheidung zwischen kognitiver und emotional/normativer Ebene ist eine analytische.

Ein Beispiel für ein Symbol, das alle genannten Funktionen in sich vereint, nämlich das Symbolisierte begreifbar macht, Emotionen sowie Wertungen weckt und darüber hinaus auch als hinweisendes Zeichen dient, ist die Fahne. Sie kann zunächst als technisches Hilfsmittel benutzt werden, um Grenzen und Territorien sowie militärische Einheiten zu markieren, stellt sodann die Verkörperung eines vielschichtigen Phänomens wie etwa des Vaterlands dar und ruft schließlich Gefühle wie Ehrfurcht, Stolz und Begeisterung wach. Auch Allerweltsworte wie z.B. ‚Freund‘ oder ‚Haus‘ können gleichzeitig zur Bezeichnung, zur Interpretation, zur Bewertung und schließlich zur Weckung von Gefühlen dienen. Die Fahne wird gelegentlich sogar zu einer Art Fetisch, der einen Eigenwert erhält und den es im Kampf mit allen Mitteln zu verteidigen gilt. Im Extremfall hat dabei das Symbol das „Eigentliche … verdrängt"[14], es steht nicht mehr für etwas, sondern ist zum Selbstzweck geworden.

Symbole können auch etwas vortäuschen, das gar nicht oder zumindest nicht in dieser Form vorhanden ist. Wobei die Annahme, daß Symbole Realität erst konstruieren, das Auffinden einer ‚wirklichen‘ Wirklichkeit zu einem erkenntnistheoretisch prekären Unterfangen machen. Dennoch hält vor allem Murray Edelman am Aspekt der Täuschung fest. Er sieht beispielsweise den Einfluß von Wahlen auf das Verhalten von Gesetzgeber und Verwaltung als vergleichsweise gering an. Die Wähler seien in der Regel kaum hinreichend über aktuelle politische Streitfragen informiert, so daß schon aus diesem Grund keine verantwortliche politische Teilhabe stattfinden könne. Die eigentliche Funktion von Wahlen sei eine symbolische, denn sie „geben den Leuten Gelegenheit, ihre Unzufriedenheit oder ihre Begeisterung zu artikulieren und das Gefühl des ‚Dabeiseins‘ zu haben"[15], obwohl die vorgeblich vorhandene politische Mitbestimmung in Wirklichkeit gar nicht existiere. Die symbolische Wirkung der Wahlen liegt laut Edelman in der Befriedung der Bevölkerung und der Legitimierung von Herrschaft.

Zurück zur Unterscheidung zwischen Zeichen und Symbol, nun mit speziellem Augenmerk auf die Sprache: Wenn eingangs gesagt wurde, daß Worte

276

— oder in diesem Fall wohl besser: Begriffe — Gegenstände ‚meinen‘, so sollte dies keineswegs heißen, daß Worte typischerweise bloße Zeichen seien, die nur eine neutrale Verweisungsfunktion ausüben. In reiner Form dürfte ein solcher Fall in der Realität vielmehr kaum aufzufinden sein, da sprachliche Wendungen immer bis zu einem gewissen Grad Annahmen über Sinn und Wert eines Gegenstandes transportieren, für den sie stehen. Es ist nicht ‚natürlich‘, einen Stuhl zum ‚Stuhl‘ zu erklären, er könnte ebenso gut ‚Möbelstück‘, ‚Holz‘, ‚Ansammlung von Atomen‘ etc. genannt werden. Welche ‚Bezeichnung‘ ein Sprecher wählen wird, hängt nicht von den Eigenschaften eines Gegenstandes ab, sondern davon, was ihn an dem fraglichen Gegenstand interessiert. Daß darüber hinaus viele Begriffe implizite oder explizite Wertungen enthalten, muß nicht weiter erläutert werden.

Doch auch wenn unbestreitbar ist, daß Sprache letztlich immer Symbolcharakter besitzt, weil sie immer auch die Bedeutung (Sinn) eines Phänomens oder Sachverhalts evoziert,[16] läßt sich doch die Unterscheidung zwischen Zeichen und Symbol mit pragmatischen Argumenten verteidigen. Der Symbolcharakter von Worten kann nämlich in einer konkreten Situation vergleichsweise unwesentlich sein. Wenn z.B. ein Möbelpacker seinen Kollegen auffordert: ‚Schieb mir mal das Bett rüber‘, so ist beiden die Bedeutung eines Bettes, nämlich ein Gegenstand zum darin Liegen zu sein, zwar bekannt; diese Bedeutung spielt jedoch in der spezifischen Situation kaum eine Rolle. Der Gebrauch des Wortes Bett ist weitgehend hinweisend und zeichenhaft, es hätte auch genügt, wenn der Möbelpacker den anderen aufgefordert hätte, ihm das ‚Dingsda‘ zu geben. Wäre diese Anweisung mit einer entsprechenden Handbewegung verbunden, wäre kaum ein Mißverständnis möglich.

Einmal vorausgesetzt, die von den Vertretern eines rationalistischen Wissenschaftsideals formulierten Postulate träfen im wesentlichen zu, dann ließen sich auch wissenschaftliche, exakt definierte Aussagen als tendenziell zeichenhaft beschreiben. Eine Gesetzesaussage nach dem Muster ‚Immer wenn A, dann B‘ enthält Zeichen, die für Gegenstände oder Sachverhalte stehen bzw. für Relationen zwischen diesen Phänomenen. Interpretationen oder gar Emotionsstimuli werden nicht oder zumindest nicht in erster Linie geboten, die Aussagen verweisen relativ neutral auf bestehende Realität, auch wenn hier wie anderswo die Komplexität der Wirklichkeit durch das Überstülpen vergleichsweise stereotyper Begriffe reduziert ist.[17] Allerdings wird der Fall spätestens in dem Moment problematisch, in dem es zu einer Frage der Auslegung würde, was genau zu Phänomen ‚A‘ gehört und was nicht. Deshalb noch einmal zurück zum Bettenbeispiel:

Zwei Kunden eines Möbelgeschäfts stehen zweifelnd vor einem merkwürdigen Schrank, dessen Türen sich nicht öffnen lassen. Endlich hat der eine die richtige Idee und erklärt: ‚Das ist ein Schrankbett‘. Hier hat das Wort Bett deutlich eine nicht in erster Linie hinweisende, sondern interpretierende Bedeutung, es soll den Sinn des vorher unverständlichen Gegenstandes erklären.

Einen solchen Wortgebrauch symbolisch zu nennen, mag insofern kein typisches Beispiel für das Symbolverständnis der eingangs erwähnten Theoretiker sein, als diese bei der von ihnen beschriebenen Sinngebungsfunktion des Symbols prinzipiell an einen grundsätzlicheren, ‚tieferen‘ Sinn gedacht haben dürften. Aber auch wenn die Aussage ‚Das ist ein Bett‘ weder Bedeutungsschwere noch eine ausgeprägte emotionale Komponente besitzt, so ist die Frage ‚Zeichen oder Symbol?‘ in dem zuletzt genannten Kontext dennoch nicht zugunsten des neutralen, hinweisenden Zeichens zu beantworten. Das Wort ‚Bett‘ gehört hier, um die Unterscheidung von Gerhard Kurz aufzugreifen,[18] in den hermeneutischen und nicht in den semiotischen Bereich.

Daß es bei der Isolierung von symbolischen und zeichenhaften Qualitäten eines Wortes größte Schwierigkeiten gibt, zeigt schon die Umständlichkeit, der es bei der Konstruktion halbwegs eindeutiger Fälle bedarf. Welchen Wert haben — angesichts der deutlichen Praxisferne dieser Unterscheidung — Überlegungen zum Symbolcharakter der Sprache dann, wenn versucht werden soll, konkrete politische Texte zu analysieren und auf diese Weise Wahrnehmungsmuster und letztlich Handlungsoptionen der Parteien zu entschlüsseln? Es wurde bereits darauf hingewiesen, daß das Nachdenken über Zeichen und Symbol die schlichte, für unser Alltagsverständnis aber dennoch zwingende Annahme, Sprache bilde Realität ab, nachdrücklich infrage stellen soll. Damit aber verweisen sie auf die inhaltlichen Implikationen, die in eben nicht neutralen, nicht nur zeichenhaften Worten liegen. Dies gilt mit Sicherheit für politische Schlüsselbegriffe wie ‚Vaterland‘, ‚Freiheit‘ und ‚Sozialismus‘, deren Sinngebungsfunktion und emotionaler Gehalt auf der Hand liegt und die deshalb — zumindest im Kontext einer Politikerrede — leicht als symbolisch zu identifizieren sind. Fruchtbarer noch ist die Suche nach Vorstellungmustern bei ‚unauffälligeren‘ und unter diesem Aspekt weniger beachteten Begriffen wie ‚Staat‘. Der Staat ist ein diffuses Gebilde, das interpretierende Einschränkungen und Bewertungen geradezu erzwingt. Wer vom Staat redet, muß erklären, was er mit diesem Allerweltswort eigentlich meint. Nur finden solche ‚Erklärungen‘ häufig nicht in der Art von expliziten Definitionen statt, sondern durch symbolischen Wortgebrauch, der Denkbilder oder Topoi wachruft, die sich leicht der Kritik entziehen, eben weil sie dem flüchtigen Blick als ‚selbstverständlich‘ oder gar ‚natürlich‘ gelten. Eine Analyse, die sich der Symbolhaftigkeit von Sprache bewußt ist, kann Vorstellungen dagegen als etwas Konstruiertes und gesellschaftlich Geformtes, als Produkt einer Interpretation erkennen.

Um Mißverständnisse zu vermeiden, ist bei der Analyse von Staatsvorstellungen zweierlei zu beachten:

1. Der Begriff des Symbols, wie er hier benutzt wird, taugt nicht dazu, in einer konkreten Analyse zwischen Zeichen und Symbol zu unterscheiden und daraus gar eine Trennung zwischen einem wertfreien bezeichnenden

und einem wertenden symbolischen Text abzuleiten. Dies wäre zu mechanisch gedacht und würde übersehen, daß Symbolhaftigkeit kein abgrenzendes Kriterium ist, sondern ein Aspekt, unter dem potentiell jede sprachliche Wendung zu betrachten ist. Daraus folgt:
2. Es wäre ein rationalistisches Vorurteil, eine völlig neutrale, nicht interpretierenden Sprache zu fordern. Hier kann es höchstens um ein Mehr oder Weniger gehen.

Jenseit der Überlegungen zur Symbolhaftigkeit der Sprache bedarf es zur Durchführung von Textanalysen, wie sie hier vorgestellt werden sollen, selbstverständlich noch weiterer methodisch-konzeptioneller und auch theoretischer Anstrengungen, um ein Analysedesign zu entwerfen. Zu diesem Zweck habe ich, unter Anlehnung an Überlegungen zur Sprach- und besonders zur Metapherntheorie, den Begriff des ,,Denkbildes"[19] entwickelt, über den an dieser Stelle nicht mehr gesagt werden muß, als daß mit seiner Hilfe Form und Funktion symbolischer Sprache hinreichend präzise bestimmt werden kann, um die für eine computerunterstützte, qualitative und quantitative Inhaltsanalyse notwendigen Operationalisierungen vorzunehmen. Denkbilder ließen sich — diese Parallele zu bekannten Konzepten erleichtert vielleicht das Verständnis — meist als Topoi[20] und manchmal als Mythen[21] beschreiben, wobei diese beiden Begriffe u.a. den Nachteil haben, daß sie nicht auf sprachliche Eigenschaften verweisen und wenig Hilfe bei Operationalisierungsversuchen bieten.

Denkbilder können sehr unterschiedliche sprachliche Formen annehmen. Sie können implizit und häufig unabsichtlich in bestimmten Wendungen enthalten sein, aber auch explizit angesprochen werden. Paradoxerweise führt gerade die Tatsache, daß sich Sprecher oder Schreiber gelegentlich offen zu einem Denkbild bekennen, zu Irritationen. Es stellt sich dann nämlich die beim Thema ,Sprache und Politik' verbreitete Frage, was noch das spezifisch Sprachliche der Analyse sei und wodurch sie sich vom ,normalen' Verstehen eines Textes unterscheide. Ein Antwortversuch könnte lauten: Zwar ist das Ziel einer Untersuchung sprachlicher Symbole (der Begriff Sprachanalyse sollte vielleicht den Linguisten vorbehalten bleiben) tatsächlich das Aufspüren impliziter und auf den ersten Blick nicht sichtbarer oder nicht voll bewußter Inhalte. Dies kann aber nicht heißen, daß explizite Aussagen ignoriert werden dürfen. Oder sollte etwa der implizite Hinweis, der in dem Satz ,Der Staat wird benutzt' steckt, höher bewertet werden als die offene Behauptung ,Der Staat ist ein Instrument'? Was ist hier überhaupt der offene, was der verdeckte Sprachgebrauch. Die Analyse von Denkbildern unterscheidet sich nicht grundsätzlich vom alltäglichen Textverstehen, das ebenfalls durchaus auf die Wortwahl achtet. Was allerdings im Alltag meist beiläufig und unbewußt geschieht, nimmt in der Denkbildanalyse einen zentralen Platz ein und wird systematisch betrieben.

2. Staatsvorstellungen der CDU und SPD

Untersucht wurden in der nun vorzustellenden Studie[22] Denkbilder vom
Staat, wie sie in Parteiprogrammen von CDU und SPD vorfindbar sind. Als
Materialgrundlage dienten bei der SPD das Godesberger Programm (1959),
der Orientierungsrahmen '85 (1975) und das Wahlprogramm von 1980. Bei der
CDU wurden analysiert: das Ahlener Programm (1947), das Berliner Programm (1971), die Beschlüsse des Hamburger Parteitages (1973), die Mannheimer Erklärung (1975) und das Grundsatzprogramm von 1978.[23] Damit liegt
das zeitliche Schwergewicht der untersuchten Texte bei der CDU deutlich in
den 70er Jahren, aber auch für die SPD ist zu beachten, daß der Umfang des
Orientierungsrahmens '85 und damit auch die Zahl der Äußerungen über den
Staat erheblich größer ist als beim Godesberger Programm.

2.1 Das menschliche Gesicht des Staates

Bei der Analyse der Parteiprogramme stellte sich heraus, daß die SPD den
Staat in erster Linie als einen Apparat versteht. Dieser hat beispielsweise
Dienstleistungen zu erbringen, für den sozialen Ausgleich zu sorgen oder die
Konjunktur zu steuern. Die CDU kennt ebenfalls einen solchen Staatsapparat,
steht ihm, den sie als Feind der Eigeninitiative und der Selbstbestimmung be-
greift, aber skeptisch bis deutlich ablehnend gegenüber. Vor diesem
Hintergrund[24] soll im folgenden ein Bereich näher betrachtet werden, in dem
es außer um die interpretierende Funktion symbolischer Sprache besonders
deutlich um Werte, Normen und Emotionen geht. Zentrale Themen sind dabei
Bürger- und Freiheitsrechte, Vertrauen und Mißtrauen sowie Stärke, Schutz
und Unterstützung.

Angesichts der Tatsache, daß die CDU — in diesem Punkt der (wirt-
schafts)liberalen Tradition verpflichtet — erhebliche Vorbehalte gegen einen
steuernden, die Marktmechanismen störenden und die Bürger entmündigen-
den Staat geltend macht, wäre es nur konsequent, wenn ihr die Vorstellung eines starken Staates Unbehagen bereitete. Umgekehrt liegt der Fall bei der auf
staatliche Regulation bauenden SPD, ihr müßte die Stärkung des Staates als
Mittel zum Zweck willkommen sein. Das Gegenteil aber ist der Fall. In der
inhaltsanalytischen Kategorie, in der Denkbilder gesammelt wurden, die von
einem Staat handeln, für den die Bürger Verantwortung haben und der von ihnen gestärkt wird, finden sich nur drei einschlägige Nennungen der SPD, gerade eine davon stammt aus dem Orientierungsrahmen. Ihnen stehen zwölf
Nennungen der CDU gegenüber. Wenn es in einer anderen Kategorie um Vertrauen geht, das dem Staat entgegengebracht wird oder werden soll, bietet sich
ein ähnliches Bild: eine Nennung bei der SPD gegenüber 13 bei der CDU. Bei

diesen Zahlenangaben ist zu beachten, daß in den umfangreicheren Dokumenten der CDU insgesamt beinahe doppelt soviel Denkbilder vom Staat gezählt wurden wie bei der SPD.

Nun wäre denkbar, daß die rein quantitative Auszählung der Fälle in die Irre führt, weil z.b. die CDU nur deshalb relativ häufig von einem starken Staat sprechen könnte, um sich besonders nachhaltig von ihm zu distanzieren. Die Lektüre der entsprechenden Sätze bestätigt jedoch den durch die Häufigkeitsverteilungen nahegelegten Eindruck, daß die SPD den Staat kaum, die CDU dagegen sehr deutlich als Objekt von staatsbürgerlicher Unterstützung und Vertrauen ansieht. In den vergleichsweise seltenen Aussagen der SPD sind es Parlament, Regierung und Parteien, die Verantwortung für den Staat tragen, von den einzelnen Menschen wird verhältnismäßig zurückhaltend Mitverantwortung „im" Staat[25] erwartet. Emotionale Beziehungen werden nur einmal und recht kühl angesprochen, wenn die Sozialdemokraten konstatieren, daß die Bürger heute ein „positiveres Verhältnis" zum demokratischen Staat hätten als zur Zeit der Weimarer Republik[26]. Die CDU dagegen streicht als wesentliches Merkmal eines ‚guten' Staates das Vertrauen heraus, das seine Bürger zu ihm fassen können. Ein solcher, nämlich „unser(es)" Staat ruht auf dem „Fundament", welches die Familie für ihn darstellt[27]. Ist das Vertrauen nicht groß genug, so liegt die Ursache u.a. in der Skepsis säenden sozialdemokratischen Bildungspolitik[28]. Die SPD dagegen bewegt sich auch in diesem Bereich im Rahmen ihres technischen Staatsverständnisses: Ebensowenig, wie es ihrer Ansicht nach Gründe gibt, sich vor dem helfenden und steuernden Staatsapparat zu fürchten oder ihn als Belastung zu empfinden, entspricht es dem sozialdemokratischen Denkbild, ihn mit emotionaler Zuwendung oder Unterstützung von Seiten der Bürger in Verbindung zu bringen.

Im Staatsbild der CDU hat sich eine Zweiteilung gezeigt. Die Union ließ zwar deutliche Distanz zu einem vorwiegend als Apparat verstandenen Staat spüren, doch offenbar kennt sie, da sie gleichzeitig die Bürger auffordert, Vertrauen zum Staat zu haben, noch einen anderen Typus als die unmißverständlich negativ eingeschätzte Planungs- und Verwaltungsmaschine. Wie sieht dieser andere Typ aus? Er ist, so lassen sich die in diesem Themenfeld gesammelten Sätze zusammenfassen, stark und er benutzt diese Stärke, um die Bürger und ihre Rechte zu schützen. Die Anlehnung an die klassische Vorstellung von Hobbes, nach der der Staat die Menschen voreinander zu bewahren habe, ist unübersehbar, obwohl eine deutliche Formulierung des dazugehörigen negativen Menschenbildes bei den Christdemokraten fehlt.

Die SPD erwähnt zwar den Schutz der Familie, des Friedens, der Sicherheit und der Schwachen, und bis zu einem gewissen Grade mag ein solches Bild immer Stärke, Durchsetzungsvermögen und Autorität des Schützenden implizieren, doch spricht sie diese Eigenschaften kein einziges Mal explizit an. Selbst angespielt wird auf sie in nur einem Fall, wo es mit strengem Unterton heißt: „… gegenüber einem Staat, der weiß, was er wirtschaftspolitisch will und der sein Instrumentarium konsequent und wirksam einzusetzen vermag, (werden) nur wenige Unternehmer noch geneigt sein ... , Kooperation und Verständigung zu verweigern"[29]. Die CDU dagegen nennt in ihren 24 von Schutz handelnden Denkbildern einmal ausdrücklich die Stärke, zweimal die Durchsetzungsfähigkeit und viermal die Autorität des Staates beim Namen. Weitere Sätze, in denen diese Begriffe nicht vorkommen, weisen trotzdem massiv in Richtung eines Denkbilds vom starken Staat, zu dem sich die CDU in ihrem Wahlprogramm von 1980 auch deutlich bekennt, wenn sie schreibt: „SPD und FDP setzen den ordnenden, die Freiheit der Bürger schützenden Staat ständigem Verdacht aus."[30]

Vergleichbare Resultate erbringt jene Kategorie, die die Schwäche des Staates zum Thema hat. Auch hier ist die CDU zahlenmäßig stärker engagiert (CDU elf, SPD vier Nennungen), inhaltliche Unterschiede bleiben jedoch auf den ersten Blick verschwommen. Beide Parteien benutzen, um die Art der Schwäche zu kennzeichnen, u.a. das Bild vom Staat als einer Beute von Gruppen bzw. des Gruppensystems. Dabei denkt die SPD mehr an einzelne Gruppen. Zumindest für den Orientierungsrahmen ist nachweisbar, daß die Sozialdemokraten eine den Staat okkupierende „Großwirtschaft"[31] als zentralen Gegner ansehen, auch wenn sie es sorgfältig vermeiden, ein Vokabular zu benutzen, das eindeutig als marxistisch identifizierbar wäre. Der symbolgeladene Begriff des ‚Kapitals' beispielsweise gehört in der Regel nicht zum Wortschatz ihrer Programme.

Betrachtet man die beiden in der Inhaltsanalyse einzeln erhobenen Kategorien ‚Gruppenabhängigkeit' und ‚Schwäche' gemeinsam, so haben SPD und CDU in diesem Komplex jeweils elf Nennungen, womit die SPD wegen des geringeren Umfangs ihrer Programmtexte anteilmäßig sogar stärker engagiert ist. Läßt sich daraus schließen, daß die Sozialdemokraten, wenn sie auch der Stärke des Staates explizit kaum Bedeutung beilegen, zumindest seine Schwäche für ebenso bedrohlich und vielleicht sogar bedrohlicher halten als die Christdemokraten? Die Frage verfehlt die Eigentümlichkeit des sozialdemokratischen Denkbilds: Zunächst ist darauf hinzuweisen, daß das bei der SPD dominierende Denkbild von der ‚Beeinflussung' oder ‚Abhängigkeit' des Staates durch die Wirtschaft nicht notwendigerweise eine Vorstellung der ‚Schwäche' nach sich zieht. Doch selbst dies außer acht gelassen, bleiben noch gravierende Unterschiede zur CDU bestehen. Sie werden bei Betrachtung der Mittel deutlich, die gegen Schwäche oder Beeinflußbarkeit des Staates empfohlen werden. Für die CDU ist es der Staat selbst, der handelt; von ihm heißt es, er dürfe „seine Autorität nicht mit den Gruppen teilen"[32]. Gleich dreimal warnen die Christdemokraten vor einem Staat, „der sich nicht gegen seine Feinde verteidigt"[33]. Die SPD dagegen pflegt einen anderen Sprachgebrauch, der ihrer Vorstellung vom Staat als einem Apparat angemessen ist. Bei ihr spielt der Staat keine aktive Rolle, nicht *er* soll sich *seiner* Stärke bedienen, sondern andere gesellschaftliche Kräfte müssen „seine

Handlungsfähigkeit" verstärken oder seinen „Handlungsspielraum" erweitern[34]. Der Staat hat für die SPD offensichtlich nicht Eigenwillen und Potenz genug, um sich selbst zu schützen, er ist genaugenommen — auch wenn diese Vorstellung nicht immer rein durchgehalten wird — in den Augen der SPD weder stark noch schwach. Seine Okkupation durch Gruppen, d.h. vor allem durch die wirtschaftlich Mächtigen, zu verhindern, ist Aufgabe jener gesellschaftlichen Kräfte, die damit ihre eigenen Interessen verteidigen — falls es die Sozialdemokraten nicht vorziehen, die Stärkung des Staates zu fordern, ohne ein Subjekt zu nennen, das sie übernimmt.

Auch wenn der Staat als Akteur geschildert wird, tendieren die Sozialdemokraten dazu, sein Handeln zu entpersonalisieren, was sich bis in die Grammatik hinein nachweisen läßt. Diese unpersönliche Haltung, die die SPD gegenüber dem Staat einnimmt, ist dem Denkbild eines Staatsapparates insofern angemessen, als es schwerfällt, sich das von der SPD gezeichnete staatliche Dienstleistungs- und Lenkungssystem als handelndes und damit bis zu einem gewissen Grade selbständiges Subjekt vorzustellen. Schon Marx und noch stärker Lenin deuteten den Staat bevorzugt als „Werkzeug". Das in ähnliche Richtung weisende Bild vom Staat als Apparat mag zwar vernünftig sein und sich wenigstens teilweise der Wirklichkeit gut anpassen, dennoch weckt diese Art, über den Staat zu sprechen, zumindest in der bundesrepublikanischen Situation während der 70er Jahre auch zwiespältige Assoziationen, die mit dem technokratischen Image verbunden sind, das der ‚Macherpartei' SPD im Verlauf ihrer Regierungszeit zuwächst.

Der Sprachkritiker Karl Korn zählte bereits in den 50er Jahren einen subjektlosen Sprachstil zu den Merkmalen der „verwalteten Welt", die von Technokraten gelenkt und handhabbar gemacht wird[35]. Später schloß sich Pankoke dieser Diagnose an und konstatierte eine Beziehung zwischen der „syntaktische(n) Verschiebung, durch welche die Vorgangsbezeichnungen die Bezeichnung der Akteure aus dem Satzmittelpunkt (Subjektstellung) verdrängt hat" und der „kulturkritische(n) Aussage …, daß der Mensch auf die passive Rolle des Mitläufers und Adressaten von anonymen Aktionen und Manipulationen … reduziert sei."[36] Ist die auf Menschen gemünzte Behauptung Pankokes sinnvoll auf den Staat übertragbar? Zunächst läßt sich schon statistisch feststellen, daß die SPD zur Bezeichnung des Staates häufiger Adjektive und entsprechend weniger Substantive benutzt als die CDU. Insgesamt benutzt die SPD im Orientierungsrahmen und im Godesberger Programm zusammen 60mal die Begriffe „staatlich", „staatliche", „staatlichem", „staatlichen", „staatlicher" und „staatliches" (aus EDV-technischen Gründen wurden nur die kleingeschriebenen Worte gezählt) und 92 mal die Begriffe „Staat", „Staate" und „Staates". Bei der CDU fand sich die adjektivische Variante 66mal, die substantivische 191mal. Damit kommen bei der SPD auf ein Adjektiv 1,5 Substantive, bei der CDU ist das Verhältnis 1:2,9. Im Orientierungsrahmen beträgt die Relation sogar 1:1, denn 57 Adjektive stehen 58 Substantiven gegenüber. Die Union benutzt rund dreimal mehr Substantive als die Autoren des Orientierungsrahmens. Typisch für die CDU ist eine Wendung wie ‚Der Staat fördert …‘, während die SPD der 70er Jahr eher über ‚staatliche Förderungsmaßnahmen‘ sprechen würde. Im Godesberger Programm dagegen pflegen die Sozialdemokraten einen völlig anderer Stil, hier stehen einem einzigen Adjektiv 22 Substantive gegenüber. Die Veränderung sozialdemokratischen Sprachgebrauchs erscheint in diesem Punkt als geradezu dramatisch. Mit Sicherheit ist die auf symbolträchtige Weise entsubstantivierte Form der 70er Jahre mitverantwortlich für den Eindruck von bürokratischer Unverbindlichkeit, von vergleichsweise geringer Plastizität und Prägnanz, der sich schon beim flüchtigen Lesen des Orientierungsrahmens einstellt und der eine eigentümliche Verbindung mit den hohen Erwartungen eingeht, die andererseits an den Staat als regulierendes und Ansprüche befriedigendes Instrument gestellt werden.

Es zeigt sich, daß symbolische Sprache sich nicht nach Belieben als politisches Instrument einsetzen läßt, sie vermag im Gegenteil auch solche Denkmuster zu evozieren, die die Sprecher selber womöglich lieber vermieden hätten. Die SPD steht vor einem Dilemma: Spricht sie in der substantivischen Form vom Staat, dann stellt sie ihn als handelndes Subjekt dar, was einer romantischen bis autoritären Sichtweise Vorschub leisten könnte. Entsubstantivierte Sprachformen dagegen wecken Assoziationen an eine ‚verwaltete Welt‘. Um das eine wie das andere Stereotyp zu vermeiden, bedarf es sehr differenzierter Darstellungen, die dann aber kaum noch als Texte für Parteiprogramme geeignet wären. Die CDU mit ihrem klaren Bekenntnis zu einem starken Staat, das sich sinnfällig bis in die Sprache fortsetzt, hat es hier leichter, zumindest solange sie der Frage aus dem Weg gehen kann, ob und wie die symbolgeladenen Begriffe staatlicher ‚Stärke‘ und ‚Führungsfähigkeit‘ in konkrete politische Maßnahmen übertragen werden können.

2.2 Gemeinwohl

Während die SPD dahin tendiert, bestimmte Gruppen zu nennen, die den Staat vereinnahmen, geht aus der Sicht der CDU seine Schwächung eher vom Gruppen*system* aus, wobei das Denkbild für den Betrachter aber noch zu wenig Konturen hat, um schon ein endgültiges Urteil zu erlauben. Größere Klarheit bringt der symbolische Schlüsselbegriff ‚Gemeinwohl‘, der traditionell mit der vor allem von Rousseau herausgearbeiteten Vorstellung verbunden ist, das allgemeine Beste sei mehr als ein Kompromiß zwischen verschiedenen Einzelinteressen, mehr als ein kleinster gemeinsamer Nenner, auf den sich alle Beteiligten in der politischen Auseinandersetzung einigen können[37]. Anhänger eines ‚reinen‘ Pluralismus dagegen — die unterschiedlichen Mischformen und Synthesen müssen hier außer acht gelassen werden — halten die Idee des Gemeinwohls für ein Produkt metaphysischer Verirrung. Sie können sich dabei auf Adam Smith berufen, der festgestellt hat: „Wer sein eigenes Interesse verfolgt, befördert das der Gesellschaft häufig wirkungsvoller, als wenn er wirklich beabsichtigt, es zu fördern. Ich habe nie erlebt, daß viel Gutes von denen erreicht wurde, die vorgaben, für das öffentliche Wohl zu handeln."[38] Vergleichbare Frontstellungen sind in der expliziten wissenschaftlichen Diskussion wie im symbolischen Sprachgebrauch bis heute aktuell.

Als Sammelbecken für das auf den Staat bezogene Denkbild vom Gemeinwohl wurde in der Textanalyse eine Kategorie angelegt, die mit folgenden Beispielen umschrieben ist: Der Staat ist Wahrer des Gemeinwohls, setzt Ziele, gibt die Richtung an, schafft Sittlichkeit, gestaltet die gesellschaftliche Ordnung, trägt Verantwortung für das Ganze, erfüllt Gemeinschaftsaufgaben. Die Tatsache, daß die CDU 14, die SPD sechs Nennungen hat, weist schon in die richtige Richtung, gibt aber einen noch zu schwachen Eindruck von der Tiefe der Kluft, die die Parteien hier voneinander trennt. Von den sechs Sätzen der SPD wenden sich zwei explizit *gegen* das Denkbild vom Gemeinwohl, da es sich „deutlich" gezeigt habe, „daß der Staat ... kein Vertreter eines ‚objektiven' Gemeinwohls gegenüber den Interessen der konkreten gesellschaftlichen Gruppe ist"[39]. Auch die übrigen vier Nennungen liegen insofern am Rande des Gemeinwohl-Gedankens, als sie keine explizit anti-pluralistische Komponente aufweisen. Stattdessen steht ein weiteres Mal technologisches Vokabular im Vordergrund. Vom Staat wird die „Koordination der einzelwirtschaftlichen Entscheidungen" und ihre „Abstimmung mit den öffentlichen Zielsetzungen"[40] verlangt; dem Gesamtinteresse stellt die SPD *einzelne* Interessen gegenüber, nicht aber *die* Einzelinteressen. Anders verfährt die CDU, bei der es neben Aussagen, die den letztgenannten der SPD ähnlich sind, auch solche gibt, in denen das Gemeinwohl — eine Vokabel, die expressis verbis nur die CDU benutzt — ausdrücklich *nicht* als Produkt des Wettbewerbs zwischen Gruppen dargestellt wird. So kennt die Union einerseits das „gesellschaftliche und staatliche Ganze" und, davon unterschieden, die „Summe von Individual- und Gruppeninteressen"[41]. Gleich zweimal wird die Notwendigkeit staatlichen Schutzes für ‚Machtlose und Minderheiten' damit begründet, daß der Staat „Anwalt des Gemeinwohls" sein müsse[42].

2.3 Grundwerte und Normen

Im Bereich jener weniger explizit als durch Formen des symbolischen, interpretierenden Wortgebrauchs aufgeworfenen Fragen, ob sich die Bürger emotional an den Staat binden sollten und ob der Staat stark zu sein habe, gab es deutliche Unterschiede zwischen den Standpunkten von SPD und CDU. Hier tat sich zwischen den beiden bundesrepublikanischen Großparteien ein breites Feld kontroverser Vorstellungen auf, die sich bis in den Bereich des Gemeinwohlgedankens erstreckten. Wesentlich einheitlicher ist das Bild dort, wo hinter den symbolischen Begriffen elaborierte und kanonisierte Konzepte klassischer Staatstheorie stehen, wo es also um das Verhältnis des Staates zu Werten wie Freiheit, Sicherheit, Recht, Minderheitenschutz, Gewaltenteilung etc. geht. Quantitativ lassen sich keine deutlichen Unterschiede zwischen SPD und CDU erkennen, und auch die Lektüre der einschlägigen Aussagen bestätigt den Eindruck, daß sich beide Parteien mit vergleichbarer Intensität für staatlichen Respekt vor den Rechten der Individuen aussprechen bzw. vom Staat verlangen, er solle nach besten Kräften Werte wie Demokratie und Solidarität fördern.

Der Fülle von differenzierten Vorstellungen in den traditionellen Staatstheorien steht auf der Ebene der Parteiprogramme — wie zu erwarten — nichts gleichwertiges gegenüber. Viele klassische staatstheoretische Denkbilder werden dort nur selten oder gar nicht angesprochen. So ist bei beiden Parteien das Thema ‚Staatszweck‘, verstanden als die Frage nach dem Sinn des Staates, gleichermaßen ausgeblendet. CDU und SPD halten es offenbar für überflüssig, den Staat zu rechtfertigen, seine Existenz gilt ihnen als selbstverständlich, zumindest wird sie nicht problematisiert. Dieser Behauptung ließe sich entgegenhalten, Sozial- und Christdemokraten würden doch wenigstens implizit ständig Begründungen für die Existenz des Staates liefern, sei es, daß sie auf seine Notwendigkeit als Beschützer, auf seine Steuerungsfunktionen oder auf seine Wichtigkeit für die Realisierung von Werten hinweisen. Das Argument ist nicht falsch, doch verfehlt es den Kern des Problems. Zwar können tatsächlich eine Reihe von Aussagen im Sinne klassischer Theorien des Staatszwecks und der Staatsrechtfertigung eingeordnet werden, doch verweisen die Parteien heute nicht einmal mehr verdeckt auf das früher übliche Denkbild, daß die Existenz des Staates der Begründung bedarf. Auch wenn der Staat als Gefahr gesehen wird, so doch immer nur in speziellen Formen oder Auswüchsen. Grundsätzliche Zweifel am Sinn des Staates werden nicht einmal für wert gehalten, zurückgewiesen zu werden, sie kommen einfach nicht vor.

Der Konsens bezüglich der Grundwerte ist mit Vorbehalten zu versehen. Wie weit meinen SPD und CDU das gleiche, wenn sie für Freiheit oder andere Werte eintreten? Es hat sich gezeigt, daß in den Ausführungen darüber, *auf welche* Art der Staat Werte zu berücksichtigen oder zu fördern hat, wieder die bekannten unterschiedlichen, im Zusammenhang mit der Stärke des Staates geschilderten Denkbilder zutage treten. Dies legt den Schluß nahe, auch die angesprochenen Werte seien nur dem Namen nach identisch, ein Schluß, der durch die Taktik der „Begriffsbesetzung"[43] gestützt wird, die die CDU offen im Zusammenhang mit dem sogenannten ‚Grundwerte-Streit‘ betrieben hat und die eine der Ursachen ist, warum Sozial- und Christdemokraten verstärkt identische Vokabeln benutzen.

Nicht zufällig treten ähnliche Phänomene wie bei den Werten allgemein auch in den speziellen Textpassagen auf, in denen die Begriffe Sozialstaat,

Rechtsstaat, demokratischer Staat und freiheitlicher Staat vorkommen. Diese Vokabeln sind Namen für besonders elaborierte, traditionsreiche Denkbilder vom Staat, die allemal in enger Verbindung mit verschiedenen Normen stehen. Der demokratische und soziale Rechtsstaat ist sogar im Grundgesetz verankert (Art. 28). Nicht zuletzt mit dieser Festschreibung in der Verfassung, die allein schon allen politisch relevanten Parteien Bekenntnisse zu den entsprechenden mit hohem Ansehen ausgestatteten Schlüsselworten abnötigt, läßt sich vermutlich der von Anfang an bei der Durchsicht der Parteiprogramme bestehende Eindruck erklären, daß CDU und SPD die entsprechenden Vokabeln weitgehend formelhaft benützen und die Denkbilder verschwommen bis unkenntlich bleiben.

Auch der Versuch, mit Hilfe der inhaltsanalytischen Technik bei SPD und CDU unterschiedlichen Definitionen dieser Schlüsselworte auf die Spur zu kommen, führte zu keiner Revision des Eindrucks einer gewissen Beliebigkeit. Zu ähnlich blieben selbst bei systematischer und detaillierter Betrachtung die sprachlichen Gewohnheiten der beiden Parteien. Die Begriffe ,Rechtsstaat' (bzw. ,rechtsstaatlich'), ,Sozialstaat' (bzw. ,sozialstaatlich') und ,demokratischer Staat' benutzen CDU und SPD prozentual etwa gleich häufig, nur beim ,freiheitlichen' Staat dominiert die Union. Ebenso wie beim Thema Werte im allgemeinen tauchen ergänzend die bereits aus dem Komplex Stärke, Vertrauen und Gemeinwohl bekannten Denkbilder auf. So verweist im Zusammenhang mit dem Sozialstaat die SPD auf die Notwendigkeit der „Daseinsvorsorge"[44] und der „Bejahung der aktiven Rolle des Staates in der Gestaltung der gesellschaftlichen Verhältnisse"[45], während die CDU beim Thema Rechtsstaat SPD und FDP vorwirft, sie verkennen, „daß Rechtsstaat nicht nur Schutz des einzelnen vor staatlichen Übergriffen bedeutet, sondern auch Schutz durch den Staat."[46] Das Thema Autorität und politische Führung herrscht auch beim ,freiheitlichen Staat' vor, der bis auf eine Ausnahme ausschließlich zum Sprachgebrauch der CDU gehört. Gerade hier tritt die Law and Order Thematik am massiertesten auf. Typisch ist die je zweimal benutzte Formulierung, „Freiheitlichkeit und Autorität des Staates" seien „keine Gegensätze"[47] bzw. die bereits oben zitierte Behauptung, der „freiheitliche Staat, der sich nicht gegen seine Feinde verteidigt, verspielt die Freiheit seiner Bürger"[48]. Hier versucht die CDU, den stark positiv besetzen Begriff der Freiheit in einer Weise symbolisch umzudefinieren, daß er sich mit ihren Vorstellungen von einem starken Staat in Einklang bringen läßt.

Die Analyse der Begriffe Rechtsstaat, Sozialstaat, freiheitlicher und demokratischer Staat verstärkt den Eindruck eines an der Oberfläche breiten Konsenses in Grundfragen, der den Aussagen zu dieser Problematik mangels einer von den etablierten Parteien ernstgenommenen Gegenposition eine gewisse Banalität und Beliebigkeit aufnötigt. CDU und SPD sprechen sich beide uneingeschränkt für Rechtsstaat, Sozialstaat etc. aus. Doch bestätigen sowohl die wenig konturierte Häufigkeitsverteilung als auch die Lektüre der einzelnen Formulierungen den Verdacht, daß Verweise auf Werte und demokratische Basisnormen für CDU und SPD vielfach eine routinemäßige Pflichtübung sind, die mangels Reibungsfläche an einer von der eigenen abweichenden Meinung ohne Engagement betrieben wird.

Anmerkungen

1 Der Aufsatz basiert auf einer Untersuchung, deren Methode und konzeptuelle Voraussetzungen in: Opp de Hipt, Denkbilder in der Politik, 1987 beschrieben werden. Zur Ergänzung siehe auch Opp de Hipt 1988.
2 Edelman 1976, S. 5; vgl. Sapir 1934, S. 493.
3 Tillich 1962, S. 6.
4 Lincke 1981, S. 106 f.
5 Tillich 1962, S. 6.
6 Edelman 1976, S. 5.
7 „Economical devices", Sapir 1934, S. 493.
8 Edelman 1976, S. 5.
9 Pross 1974, S. 71.
10 Tillich 1962, S. 4, vgl. auch die Unterscheidung zwischen semantischer und ästhetischer Information bei Moles 1971, S. 168 ff.
11 Kurz 1982, S. 69.
12 Ebda, S. 79. Eine aktuelle Literaturübersicht zum Thema Symbol findet sich bei Sarcinelli, 1987, S. 54 ff.
13 Berger / Luckmann 1980.
14 Lincke 1981, S. 106.
15 Edelman 1976, S. 3; vgl. Dieckmann 1981, S. 255 ff; Edelman 1985.
16 Vgl. Schumann 1975, S. 129 und Dieckmann 1975, S. 30 f.
17 Vgl. Mervis / Rosch 1981.
18 Siehe Anmerkung 12.
19 Dieser Begriff taucht, allerdings ohne präzise Bestimmung, schon bei Walter Benjamin auf.
20 Baeumer 1973.
21 Siehe hierzu in Verbindung mit Sprachanalyse Geis 1987, S. 26 - 57.
22 Opp de Hipt, Denkbilder in der Politik, 1987, S. 71 ff.
23 Als Quelle für die Programme diente die Loseblattsammlung von Pulte (1979 ff), auf die sich im folgenden auch die Seitenangaben beziehen.
24 Für einen kurzen Gesamtüberblick über die Staatsvorstellungen der SPD und der CDU siehe Opp de Hipt, Denkbilder vom Staat, 1987.
25 Orientierungsrahmen, S. 16 / 17.
26 Orientierungsrahmen, S. 51.
27 Wahlprogramm 1980, S. 24.
28 Mannheimer Erklärung, S. 36.
29 Orientierungsrahmen, S. 72.
30 Wahlprogramm, S. 30.
31 Godesberger Programm, S. 8; Orientierungsrahmen, S. 30, S. 31.
32 Mannheimer Erklärung, S. 34.

33 Mannheimer Erklärung, S. 35; Wahlprogramm 1980, S. 30/31.
34 Orientierungsrahmen, S. 31.
35 Korn 1958, S. 29, S. 128, passim.
36 Pankoke 1966, S. 260.
37 Sontheimer 1964; Kriele 1975, S. 165 ff; Zippelius 1969, S. 196 ff; Bull 1977, S. 21.
38 Zit. nach Kriele 1975, S. 179.
39 Orientierungsrahmen, S. 28.
40 Orientierungsrahmen, S. 72.
41 Mannheimer Erklärung, S. 15.
42 Grundsatzprogramm, S. 32; Wahlprogramm, S. 28.
43 Reichel 1981, S. 155.
44 Godesberger Programm, S. 5.
45 Orientierungsrahmen, S. 27.
46 Wahlprogramm, S. 30.
47 Mannheimer Erklärung, S. 35; Grundsatzprogramm, S. 43.
48 Wahlprogramm der CDU, S. 30/31.

Literaturverzeichnis

Baeumer, Max L. (Hg.), Toposforschung, Darmstadt 1973
Berger, Peter L.; Luckmann, Thomas, Die gesellschaftliche Konstruktion der Wirklichkeit. Eine Theorie der Wissenssoziologie, Frankfurt/M., 5. Aufl. 1980
Bull, Hans-Peter, Die Staatsaufgaben nach dem Grundgesetz, Kronberg/ Taunus, 2. Aufl. 1977
Dieckmann, Walther, Sprache in der Politik. Einführung in die Pragmatik und Semantik der politischen Sprache, Heidelberg, 2. Aufl. 1975
Dieckmann, Walther, Politische Sprache, politische Kommunikation. Vorträge, Aufsätze, Entwürfe, Heidelberg 1981
Edelman, Murray, Politik als Ritual. Die symbolische Funktion staatlicher Institutionen und politischen Handelns, Frankfurt/M. 1976
Edelman, Murray, Political Language and Political Reality, in: PS, Jg. 18 (Winter 1985) Nr. 1, S. 10ff
Geis, Michael L., The Language of Politics, New York u.a. 1987
Kriele, Martin, Einführung in die Staatslehre. Die geschichtlichen Legitimtätsgrundlagen des demokratischen Verfassungsstaates, Reinbek bei Hamburg 1975
Kurz, Gerhard, Metapher, Allegorie, Symbol, Göttingen 1982
Lincke, Harold, Instinktverlust und Symbolbildung. Die psychoanalytische Theorie und die psychobiologischen Grundlagen des menschlichen Verhaltens, Berlin 1981
Mervis, Carolyn B.; Rosch, Eleanor, Categorization of Natural Objects, in: Annual Review of Psychology, Jg. 32 (1981), S. 89 ff
Moles, Abraham A., Informationstheorie und ästhetische Wahrnehmung, Köln 1971
Opp de Hipt, Manfred, Denkbilder in der Politik. Der Staat in der Sprache von CDU und SPD, Opladen 1987
Opp de Hipt, Manfred, Denkbilder vom Staat in bundesrepublikanischen Parteiprogrammen, in: Dirk Berg-Schlosser, Jakob Schissler (Hg.), Politische Kultur in Deutschland. Bilanz und Perspektiven der Forschung, Opladen 1987 (PVS-Sonderheft 18/ 1987), S. 403 ff

Opp de Hipt, Manfred, Zur Entwicklung des Staatskonzepts der SPD seit den 70er Jahren, in: pds (Perspektiven des Demokratischen Sozialismus), Jg. 5 (1988), H. 2, S. 125 - 128

Pankoke, Eckart, Sprache in ‚sekundären Systemen'. Zur soziologischen Interpretation sprachkritischer Befunde, in: Soziale Welt, Jg. 17 (1966) H. 3, S. 253 ff

Pross, Harry, Politische Symbolik. Theorie und Praxis der öffentlichen Kommunikation, Stuttgart u.a. 1974

Pulte, Peter (Hg.), Parteiprogramme, Darmstadt, Neuwied 1979 ff (Loseblattsammlung, Stand März 1981)

Reichel, Peter, Politische Kultur der Bundesrepublik, Opladen 1981

Sapir, Edward, Symbolism, in: Seligman, Edwin; Johnson, Alvin (Hg.), Encyclopaedia of the Social Sciences, Vol. 14, New York 1934, S. 492 ff

Sarcinelli, Ulrich, Symbolische Politik. Zur Bedeutung symbolischen Handelns in der Wahlkampfkommunikation der Bundesrepublik Deutschland, Opladen 1987

Schumann, Hans-Gerd, 1975, Ideologische Probleme der Nachrichtensprache, in: Straßner, Erich (Hg.), Nachrichten. Entwicklungen — Erfahrungen, München, 1975, S. 127 ff

Sontheimer, Kurt, Pluralismus, in: Fraenkel, Ernst; Bracher, Dietrich (Hg.), Staat und Politik, Frankfurt/M., Neuausgabe 1964, S. 254 ff

Tillich, Paul, Symbol und Wirklichkeit, Göttingen 1962

Zippelius, Reinhold, Allgemeine Staatslehre, München 1969

Die Autoren

Prof. Dr. Gerhard Brunn, Historisches Seminar der Universität zu Köln

Prof. Dr. Eike Hennig, Fachbereich Gesellschaftswissenschaften der Gesamthochschule-Kassel-Universität

Dr. jur. Harald Kindermann, Bundesministerium der Justiz, Bonn

Dr. Detlex Kraa, Fachbereich Politische Wissenschaft der Freien Universität Berlin

Prof. Dr. Ortwin Massing, Fachbereich Rechtwissenschaften der Universität Hannover

Prof. Dr. Max Matter, Institut für Kulturanthropologie und Europäische Ethnologie der J.W. Goethe-Universität Frankfurt

Dr. Thomas Meyer, Direktor der Gustav-Heinemann-Akademie und Privatdozent an der Universität Siegen

Lothar Mikos, Dipl.-Soz., Freier Journalist, Berlin

Dr. Manfred Opp de Hipt, Fachbereich Politische Wissenschaft der Freien Universität Berlin

Prof. em. Dr. Harry Pross, Weiler

Dr. habil. Wolfgang Seibel, Fachbereich Wirtschaftswissenschaften der Gesamthochschule-Kassel-Universität

Priv.-Doz. Dr. Dieter Tiemann, Historisches Insitut der Universität Dortmund

Prof. Dr. Horst Ueberhorst, Fakultät für Sportwissenschaft der Ruhr-Universität Bochum

Prof. Dr. Rüdiger Voigt, Forschungsschwerpunkt Historische Mobilität und Normenwaldel der Universität Siegen

Prof. Dr. Dirk Wendt, Institut für Psychologie der Christian-Albrechts-Universität zu Kiel